JACQUES DUCOM

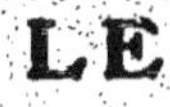

LE
CINÉMATOGRAPHE
SCIENTIFIQUE ET INDUSTRIEL

SON ÉVOLUTION INTELLECTUELLE
SA PUISSANCE ÉDUCATIVE ET MORALE

TRAITÉ PRATIQUE DE CINÉMATOGRAPHIE

ENTIÈREMENT REFAIT
CONSIDÉRABLEMENT AUGMENTÉ
ET DÉCRIVANT LES PROCÉDÉS
LES PLUS NOUVEAUX

ALBIN MICHEL, ÉDITEUR
PARIS — 22, rue Huyghens, 22 — PARIS

LE CINÉMATOGRAPHE
SCIENTIFIQUE & INDUSTRIEL

JACQUES DUCOM

LE CINÉMATOGRAPHE

SCIENTIFIQUE ET INDUSTRIEL

SON ÉVOLUTION INTELLECTUELLE
SA PUISSANCE ÉDUCATIVE ET MORALE

TRAITÉ PRATIQUE DE CINÉMATOGRAPHIE

Entièrement refait, considérablement augmenté
et décrivant les procédés les plus nouveaux

2ᵉ ÉDITION

ALBIN MICHEL, ÉDITEUR
PARIS — 22, RUE HUYGHENS, 22, — PARIS

LES PRÉCURSEURS DU CINÉMATOGRAPHE.
Une salle de projections fantastiques à Paris, vers 1800.

Gravure extraite des *Mémoires Récréatifs, Scientifiques et Anecdotiques du physicien-aéronaute* E.-G. Robertson, connu par ses expériences de fantasmagorie et ascensions, etc., etc., à Paris, Boulevard Montmartre, 12, chez l'auteur (1833).

PRÉFACE

Lors de la publication de la première édition de cet ouvrage, le cinéma paraissait avoir atteint, quoique de création bien récente encore, son maximum de perfection. Mais que de progrès cependant ont été réalisés depuis. L'auteur, qui n'a pas cessé de se tenir au courant de tous les perfectionnements apportés tant aux appareils qu'aux méthodes de développement et de tirage, est plus qualifié que quiconque pour les faire connaître dans cette seconde édition.

Mais si la partie mécanique a progressé, la technique du film a, elle aussi, subi de profondes modifications.

Au début, on avait considéré l'exploitation du cinéma comme ne devant pas dépasser le sujet comique destiné à amuser les enfants et le public peu difficile de la foire. Aujourd'hui tous les gens sincères et sans parti pris reconnaissent qu'il est possible d'arriver à créer de véritables œuvres d'art, capables de produire chez le spectateur une émotion aussi intense que les plus belles œuvres théâtrales. Les moyens ne sont pas les mêmes, le résultat est peut-être plus complet; il atteint de plus grandes masses, il est populaire, universel.

Quand l'association du cinématographe et du phonographe, déjà réalisée, ainsi que la reproduction des couleurs, seront tout à fait entrés dans le domaine de la pratique courante, en les mettant à la portée de tous les exploitants, on aura obtenu le plus puissant moyen d'éducation qui puisse exister.

Au point de vue de l'instruction, l'image animée n'a pas encore atteint tout le développement qu'elle comporte. Chaque école devrait avoir son appareil de projection animée et les films documentaires et démonstratifs reproduisant toutes les phases d'une fabrication, toutes les branches d'une industrie, devraient abonder chez les éditeurs. Mais ici c'est la question financière qui est en jeu : l'Etat n'a pas les ressources suffisantes pour donner les subventions indispen-

sables. Ce ne sont pas les moyens mécaniques qui font défaut et il est même assez curieux de constater que l'appareil cinématographique, qui a été créé pour faciliter l'étude du mouvement, semble aujourd'hui une nouveauté quand il permet de l'analyser sur un écran. Les Janssen, les Muybridge, les Marey, les Demeny n'avaient pas d'autre but en inventant leurs appareils, précurseurs de ceux actuellement employés, que de fixer les différentes phases d'un phénomène pour les étudier ensuite sur chaque image tout à loisir. C'est seulement depuis peu que la mécanique a permis aux appareils de prendre par seconde plus de 200 images qui, projetées ensuite sur l'écran à raison de 16 images dans le même temps, donnent ces gestes lents et gracieux qui font comprendre à toute une assemblée par quels moyens un joueur de tennis, un sauteur, un gymnaste arrivent à réaliser leurs prouesses; qui, en reproduisant lentement le travail d'un bon ouvrier, permettent d'étudier quel est le meilleur moyen d'arriver à sa réalisation rapide et économique.

L'instrument scientifique a repris sa place et vulgarise les études de tout genre non seulement à l'école, mais dans le public.

Toutes les questions qui intéressent le cinéma sont traitées fréquemment dans tous les journaux, mais souvent avec combien peu de compétence. Aussi un livre bien documenté, écrit par un spécialiste en la matière soucieux de puiser aux meilleures sources, est-il assuré de rencontrer parmi tous ceux qui désirent se tenir au courant du progrès le même succès qui a accueilli la première édition.

G. MARESCHAL.

Le Cinématographe Scientifique et Industriel

PREMIÈRE PARTIE

CHAPITRE PREMIER

Les Origines du Cinématographe

Dès les âges les plus reculés, l'homme — et c'est là une des manifestations les plus évidentes de sa supériorité — s'est livré à des ébauches de dessin et de sculpture qui tendaient à reproduire, aussi fidèlement qu'il était en son pouvoir alors, l'image des êtres et des objets environnants.

Cette préoccupation lui est propre; elle le poursuivra pendant toute son existence et se transmettra de génération en génération.

De ce fait nous pouvons apprécier et mesurer les progrès accomplis par les facultés intellectuelles de ceux qui nous ont précédés sur la terre. Grâce aux documents retrouvés, nous voyons le temps modifier l'atavisme et les civilisations, les conceptions morales artistiques et scientifiques des hommes primitifs. Nous constatons leur continuel effort pour réaliser des imitations de plus en plus parfaites de la Nature, modèle idéal.

Dans l'antiquité, pendant la Renaissance, et autres époques, que de merveilles et de chefs-d'œuvre ces goûts innés n'ont-ils pas engendrés! Les sculpteurs et les peintres de tous les temps nous ont légué des reconstitutions de la nature qui font et feront toujours l'admiration de tous ceux qui pourront les connaître, tant au point de vue de l'art, de la ligne, que des couleurs et de la perspective.

Les reproductions des âges modernes ne sont pas inférieures, du point de vue art, à celles des temps précédents; elles serrent seulement la réalité de plus près, et, à cet effet, appliquent des règles et des connaissances scientifiques propres à augmenter le caractère de vérité de l'objet reproduit.

Mais toutes ces imitations, si admirables par la délicatesse d'attitude prêtée aux personnages, la finesse du coloris, le respect des proportions, ne donnent et ne peuvent donner malgré tout qu'une très parfaite reconstitution de l'attitude immuable d'un être vivant, de la perspective et des harmonies de colorations d'un beau paysage. Mais jamais encore elles n'ont exprimé complètement l'illusion de la vie par la mobilité du regard, des attitudes et les palpitations de l'être organisé, l'insaisissable mouvement de l'air passant dans un paysage, tout en entraînant les nuages et faisant courber les ramures et scintiller l'eau au soleil sous ses efforts invisibles.

De grands esprits déjà teintés de science se passionnent pour trouver une solution à ce troublant problème : physiciens épelant les règles préliminaires de l'optique; alchimistes découvrant les premières vertus du vif argent; peintres décorateurs et sculpteurs rendant mouvantes leurs conceptions; mécaniciens constructeurs d'automates et de poupées articulées; tous, par les moyens de leurs sciences particulières, s'ingénient à réaliser leur rêve. Mais le secret est bien gardé! Leurs efforts n'aboutissent qu'à de pauvres résultats; pourtant ils sont suffisants pour émerveiller leurs contemporains, tant ceux-ci sont épris de la même hantise.

Parmi ces chercheurs, certains avaient déjà constaté un phénomène qui doit retenir notre attention dans ce livre : nous voulons parler des remarques qui nous font savoir que les anciens connaissaient la persistance de l'image sur la rétine de l'œil humain.

Ces observations dirigent certains esprits plus perspicaces vers une solution qui permettra d'animer une image à l'aide de nombreux éléments qui représenteront chacun une phase du mouvement dont on souhaite la reproduction tout en laissant à l'œil du spectateur l'illusion qu'il ne voit qu'une seule et même image, mais mouvante dans certaines de ses parties.

Voici en effet comment peut être réalisée cette illusion grâce au phénomène que nous venons de signaler :

Si nous prenons, par exemple, comme modèle un tableau représentant : au fond, une maison et au premier plan un homme marchant en travers, de droite à gauche, et entrant dans le champ du tableau du fait de ce mouvement, nous circonscrirons d'abord exactement le champ embrassé par l'image que nous voulons rendre animée dans certaines de ses parties. Partant de ce premier modèle nous dessinerons une deuxième image où toutes les parties fixes, telles que terrain, maison, arbres, etc., etc., pourront être superposées à celles de la première image. Mais comme dans cet exemple le personnage va entrer par la droite dans le champ inscrit sur le tableau, nous le dessinerons à la place et dans l'attitude qu'il a exactement au moment où il y devient visible. En marchant, ses mouvements, sa place et ses gestes vont changer très rapidement. Il faudra donc encore que de nouvelles images représentent chacune une phase décomposante des mouvements du marcheur et en plus sa position relative à ces moments-là par rapport aux objets fixes représentés sur le tableau.

Supposons maintenant que nous possédions une suite considérable de vues ainsi dessinées et que, par un mécanisme quelconque, nous puissions les superposer dans leur ordre exactement les unes aux autres et en un temps qui durera moins d'un dixième de seconde (temps moyen de la persistance de l'image sur la rétine), le spectateur aura l'illusion de ne voir qu'une seule et même image, laquelle restera fixe dans toutes les parties qui ne représentent pas un mouvement et deviendra mobile partout où s'est produit un changement d'attitude du modèle animé et cela pendant la période de temps à laquelle pourra correspondre la suite des images ainsi préparées.

Une proportion constante entre le nombre d'images décomposantes, la vitesse avec laquelle chacune d'elles doit être inscrite et superposée à la précédente, ainsi que la qualité du dispositif qui assure la substitution, permettront de réaliser une synthèse plus ou moins parfaite du mouvement, tentée par ces artifices.

Jusqu'à une époque qui ne remonte guère qu'à une soixantaine d'années, les chercheurs et les artistes ne disposaient que de moyens manuels pour fixer leurs conceptions. En cet art ils étaient passés maîtres et leurs œuvres font toujours notre admiration. Mais comparativement à l'exactitude scientifique nécessaire de nos jours, quelle large part ne fallait-il pas laisser à leurs interprétations personnelles, ou à leur manque de connaissances techniques !

Ce n'est qu'à l'apparition de la photographie vers cette époque que l'on a pu entrevoir la possibilité de reconstituer mathématiquement, si l'on peut s'exprimer ainsi, l'image d'un objet quelconque en mouvement.

Aussi est-ce de l'emploi simultané des phénomènes de persistance de la vision sur la rétine de l'œil et des moyens de substitution et d'enregistrement précis et successifs procurés par la photographie que le cinématographe est né.

Mais que de travaux, que de vains efforts, que d'idées géniales accumulés, pour obtenir ces résultats qui nous paraissent si simples aujourd'hui! Nous ne voulons pas retracer exclusivement de nous-même toutes ces étapes.

Pourtant il faut que notre lecteur connaisse les noms de ceux dont les efforts lui ont procuré cet art nouveau; il leur doit de l'admiration, si ce n'est de la reconnaissance; dans tous les cas, ces documents peuvent servir.

Pour réaliser cette publication, nous n'avons pas cru pouvoir mieux faire que de reproduire à cette place le texte d'une conférence faite par une des personnalités qui ont apporté une des plus grosses parts au faisceau d'idées et de réalisations d'où est sorti la chronophotographie : nous voulons nommer M. Demeny, le créateur des premiers éléments mécaniques qui procurèrent une solution scientifique et pratique du problème qui nous occupe.

En lisant cette conférence (¹), le lecteur pourra suivre les évolutions et les progrès réalisés par les chercheurs qui se sont passionnés pour cette question; il pourra aussi y lire entre les lignes; il y trouvera bien des amertumes et de sages réflexions émises par un inventeur courageux mais désabusé ici, comme dans bien d'autres circonstances semblables du reste. Enfin, on pourra prendre en considération des conseils qu'il sera toujours bon de méditer avant de se lancer à corps perdu dans une branche de l'industrie moderne extrêmement séduisante, mais aussi combien difficile à pratiquer utilement aujourd'hui!

Personnellement, et dans un rôle beaucoup plus modeste, depuis que le cinématographe est exploité, nous n'avons cherché qu'à être son serviteur. Aujourd'hui nous voyons également combien a été difficile et décevante pour nous cette tâche.

Lorsque nous avons publié la première édition de ce livre le cinématographe n'était qu'un enregistreur d'images animées; on ne le considérait que comme un instrument scientifique et l'on s'occupait davantage de ses nécessités techniques que de son avenir *spirituel*, si l'on peut dire!

---

(1) *Les Origines du Cinématographe*, par GEORGES DEMENY. Henry Paulin et Cⁱᵉ, 21, rue Hautefeuille, Paris.

Maintenant cette partie technique est arrivée à son rendement maximum ou à peu près. Tout le monde trouve ses images jolies, on oublie qu'elles ont été clignotantes, trépidantes et le reste; on ne pense plus à leur nature, mais seulement à ce qu'elles montrent. Ce sont les moyens et les pratiques qui ont permis d'arriver à ces heureux résultats que nous comptons d'abord décrire ici, ainsi que leurs plus récents perfectionnements.

Intellectuellement le cinématographe a évolué d'une façon extraordinaire, tout le monde l'admet. Il est devenu avec la lecture le moyen le plus puissant de propagande, de pénétration intellectuelle, parce qu'il sait, par ses images en action, influencer au plus haut point la pensée humaine. Il la charme, la captive, souvent pour son plaisir et son bien, quelquefois pour son mal, mais toujours pour son plus grand développement.

M. Albin Michel nous a demandé de venir dire dans une édition nouvelle en quoi consistait aujourd'hui cet art moderne et peu connu au fond de ses coulisses spéciales. Nous allons tâcher d'y faire pénétrer le lecteur. Puisse notre savoir accumulé au cours de trente années de pratique lui servir utilement de guide.

Brevets et références relatifs à la Chronophotographie, de 1860 jusqu'à 1895

1860. — Desvignes exécute un appareil dans lequel des vues successives sont éclairées par l'électricité et émet l'idée de la bande sans fin.

1861. — Du Mont's; première idée de la Chronophotographie.

1864. — Ducos du Hauron; brevet français pour reproduire une scène quelconque.

1867. — Edwards émet l'idée de la Chronophotographie sur une même plaque.

1869. — Brown; Lanterne magique avec disques d'images et disque obturateur.

1870. — Heyl's; Phasmatrope.

  »   Muybridge; appareils photographiques en batterie.

1874. — Jansen; Photo-revolver.

1876. — Donisthorpe obtient de longues séries d'images en travaillant l'idée de du Mont's; il construit le Kinésigraph.

1882. — Marey; Fusil photographique.

1888. — Le Prince; appareil à plusieurs objectifs à films et à rouleaux.

1888. — Marey; appareil à bande avec arrêt de la pellicule par le moyen d'une mâchoire d'électro-aimant.

1889. — RAYNAUD; théâtre optique.

— MUYBRIDGE; Zoopraxinoscope.

— FRIESE-GREENE et EVANS reproduisent les images en mouvement et fondent une société commerciale; à eux reviendrait l'honneur de la projection animée.

— DONISTHORPE et CROFTS; appareils à projection et à bande pour reproduire le mouvement.

1890. — EVANS; se sert de bielles et d'excentriques pour mouvoir le film de façon intermittente.

1890. — VARLEY; se sert de mouvements de leviers divers pour obtenir le mouvement intermittent du film.

— MAREY; emploie un compresseur mécanique pour arrêter la pellicule.

1891. · EDISON fait breveter le Kinétoscope qu'il exhibe en 1893; il emploie le Kinétographe pour faire les négatifs; c'est au moyen de roues à rochet qu'il obtient le mouvement intermittent du film.

1892. — DEMENY; Phonoscope à disques et à cylindres, portrait vivant.

1893. — MAREY; Chronophotographe non réversible toujours avec compresseur.
(*juin*)

1893. — DEMENY; Chronophotographe réversible avec came excentrique pour obtenir l'arrêt de la pellicule au moyen d'organes animés tous de mouvement de rotation.
(*octobre*)

1893. — FRIESE-GREEN; appareil reproduisant le système Varley breveté en 1890.
(*novembre*)

1894. — JENKINS; Phantoscope Camera.

1895. — LUMIÈRE; Cinématographe, entraînement de la pellicule par une griffe.

— GRAY; appareil à griffe et à miroir tournant.

— Brevets HOUGH; ACRES; BLAIR; CASLER; GREENE; FARNUM; JOLY; etc.

Les origines du Cinématographe

I

L'ANALYSE DU MOUVEMENT (1)

Ceux qui ont suivi pendant les trente années de cours et de leçons que j'ai faits sur la physiologie des mouvements et sur l'éducation physique s'étonneront peut-être de me voir abandonner aujourd'hui mon sujet de prédilection pour un autre, le *cinématographe,* qui semble n'avoir avec le précédent aucun lien, aucun côté commun.

---

(1) Conférence faite à la Ligue française de l'Enseignement, par M. G. Demeny, le 1ᵉʳ février 1909. (Extrait de *Nos Lectures*). Publiée par la Librairie Henry Paulin et Cⁱᵉ, 21, rue Hautefeuille, Paris.

Je dois d'abord m'expliquer sur ce point; il me sera d'ailleurs facile de montrer la corrélation existant entre les deux sujets, en apparence si disparates.

Le cinématographe a pour origine les appareils d'analyse dont nous nous servions, Marey et moi, à la Station physiologique pour étudier les mouvements de l'homme et des animaux, appareils que tout le monde connaît.

Il représente dans ma vie une phase pénible, une incursion malheureuse dans l'industrie et dans les affaires, deux terrains glissants, sur lesquels celui qui cultive la science ne devrait pas s'aventurer, en attendant le jour où la société donnera à l'inventeur une juste part de rémunération ou de loisir, équivalente aux services qu'elle reçoit de lui.

Qu'est-ce qu'une invention? C'est une idée réalisée. Pour être brevetable, la loi veut même que l'invention mène à un produit industriel nouveau.

L'idée première n'est pas une invention tant qu'elle demeure à l'état d'idée; elle doit entrer dans le domaine pratique, la disposition mécanique doit être nouvelle, précise, et assurer un fonctionnement certain et durable à ceux qui auront à s'en servir.

Dans le cas présent, y a-t-il un produit industriel brevetable?

L'illusion du mouvement, est-ce un produit industriel?

Non, certes, mais le moyen de le produire est un moyen précis, défini, qui constitue une véritable invention.

Nous allons voir comment l'invention du cinématographe prit corps, par quelles étapes elle dut passer pour devenir ce que vous voyez couramment aujourd'hui.

Le cinématographe est en réalité le résultat de perfectionnements successifs d'appareils existant depuis longtemps, et basés sur les illusions de l'œil. Il doit son intérêt et a conquis sa place définitive grâce au concours de la photographie, qui lui permet de substituer aux dessins grossiers et faux des vues réelles de la nature, aussi complexes que l'on désire; mais l'idée et le principe qui en sont la base n'ont pas varié, ils ne sont pas nouveaux, ils étaient connus de tout temps. Ce principe est la persistance des impressions lumineuses dans l'œil, quand la rétine a été touchée, même pendant un temps très court, par un rayon de lumière. Ce phénomène avait été observé cent ans avant Jésus-Christ : Lucrèce, Ptolémée, Alhazen, philosophe arabe, en font mention.

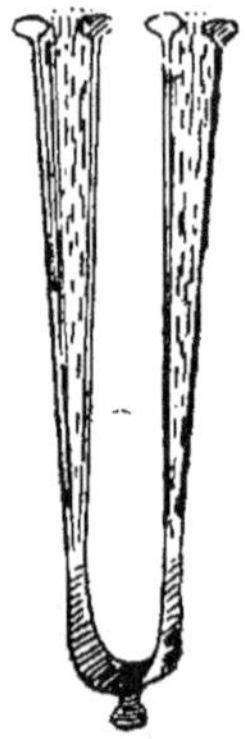

Prenez une paire de pincettes, et faites-la vibrer comme un diapason, vous verrez *nettement* et en *même temps* les positions extrêmes des deux branches séparées par une teinte uniforme. Chaque lame n'occupe pourtant pas à la fois toutes les positions qu'elle a prises et tous les espaces qu'elle a occupés.

Fig. 1.

Aspect d'une paire de pincettes vibrant comme un diapason.

L'impression ressemble assez aux images floues sans forme intelligible que laisse un objet en mouvement sur la plaque photographique, quand on ne se sert pas d'obturateur ou lorsqu'on emploie un obturateur trop lent. Qui de nous ne s'est amusé dans son enfance, et malgré la défense de nos parents, à tirer de l'âtre un tison incandescent et à lui imprimer un mouvement rapide pour dessiner dans l'air des lettres de l'alphabet en traits de feu?

L'effet est dû à la durée des impressions sur la rétine.

Sans cette durée, qui varie de 1 dixième à 1 vingt-quatrième de seconde, le point lumineux serait toujours pour l'œil un point mobile, mais il n'aurait pas l'apparence d'une ligne sinueuse ou d'un trait lumineux.

Le premier jouet construit sur cette observation fut une *toupie éblouissante* qui changeait d'aspect au moyen de disques à secteurs colorés et dont on parle déjà dans les expériences de l'abbé Nollet, en 1765.

Puis le docteur Paris imagina, en 1825, le thaumatrope (fig. 2), petit appareil que nous avons tous eu entre les mains. Il représente, dessiné sur

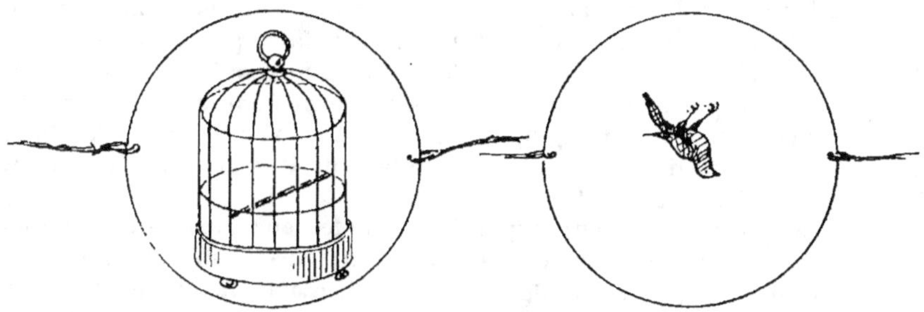

FIG. 2. — Thaumatrope du Dr Paris, jouet basé sur la durée des impressions rétiniennes.

un petit disque de carton, un oiseau d'un côté et une cage de l'autre dans laquelle se trouve un bâton perchoir.

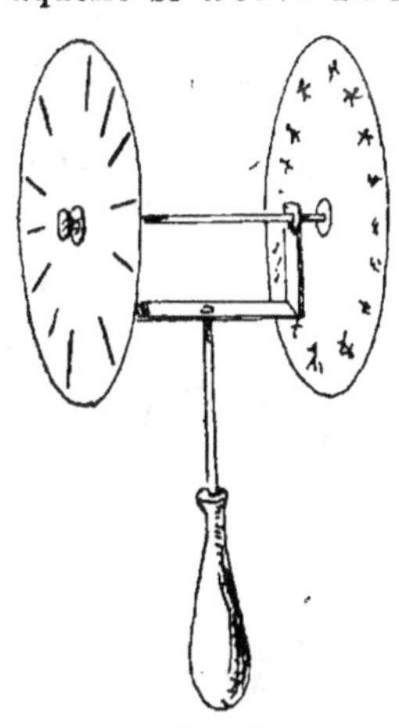

FIG. 3.
Phénakisticope de Plateau.

Deux fils sont attachés au carton et permettent de le mettre rapidement en mouvement par torsion et détorsion, au moyen d'une traction des deux mains. L'oiseau apparaît alors en cage sur son perchoir.

Il existe une foule de variantes de cet appareil, jusqu'au stéréo-thaumatrope.

Nous arrivons alors à l'année 1833. Plateau de Gand fait une suite d'études sur la durée des impressions visuelles et fait connaître son phénakisticope (fig. 3), où est représentée sur un disque une série de dessins indiquant les différentes phases d'un mouvement. On regarde ces dessins au travers des fentes d'un autre disque placé sur le même axe et on obtient l'illusion du mouvement par la fusion sur la rétine des différentes images représentées sur le disque.

C'est une véritable synthèse par l'œil des dessins qui représentent l'analyse du mouvement.

Son instrument, appelé *anorthoscope,* permettait même de projeter sur un écran les images assez grossières mais donnant une vague impression d'un mouvement. Ce jouet subit une foule de transformations, il put même être exécuté assez finement pour être introduit comme une vue ordinaire dans la lanterne magique devenue depuis notre lanterne à projection.

Le *phénakisticope* devint le *zootrope* cylindrique, le disque à images fut remplacé par une bande de figures coloriées et le jouet se répandit partout en charmant nos loisirs.

Raynaud obtint les mêmes effets en 1877 par le moyen de miroirs.

Son praxinoscope-jouet devint le praxinoscope-théâtre et enfin le théâtre optique que tous ont pu voir fonctionner à Paris au musée Grévin.

C'est d'ailleurs l'appareil qui se rapprochait peut-être le plus de la solution du cinématographe.

Mais tous ces jouets, si perfectionnés qu'ils fussent, avaient toujours deux grands défauts : ils donnaient fort mal la continuité du mouvement parce que, pour obtenir une sensation continue, il faut faire passer devant l'œil au moins 12 à 16 images par seconde; le mouvement représenté était forcément très court puisque les mêmes dessins revenaient constamment et, deuxième défaut tout à fait capital, ces figures étaient dessinées à la main, à la fantaisie de l'artiste; la synthèse résultant de leur superposition était d'une imperfection notoire et tout à fait inexacte.

La portée de ces instruments cependant si ingénieux s'arrêtait donc forcément là. L'habileté de l'artiste était pourtant remarquable. M. Raynaud avait réalisé des tours de force (fig. 5), il avait eu la patience de peindre des bandes de gélatine transparente de plusieurs centaines de mètres de longueur et représentant des scènes entières. Mais quel que soit son mérite, cet inventeur dut reconnaître combien ses analyses étaient fictives et qu'il ignorait complètement les mouvements qu'il voulait reproduire.

L'œil le moins exercé éprouvait une sensation de malaise devant ces mouvements faux et étranges, le scintillement produit par l'insuffisance des images venait compléter cette sensation en le fatiguant.

Il n'y avait pas à hésiter, il fallait appliquer à ces appareils et à la confection de ces bandes les procédés exacts et fidèles de la photographie.

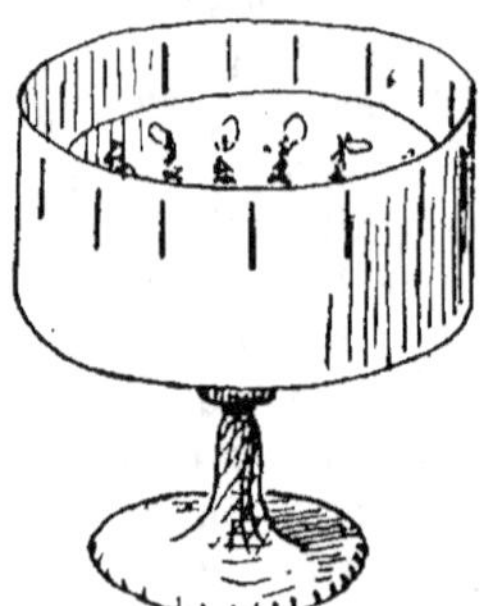
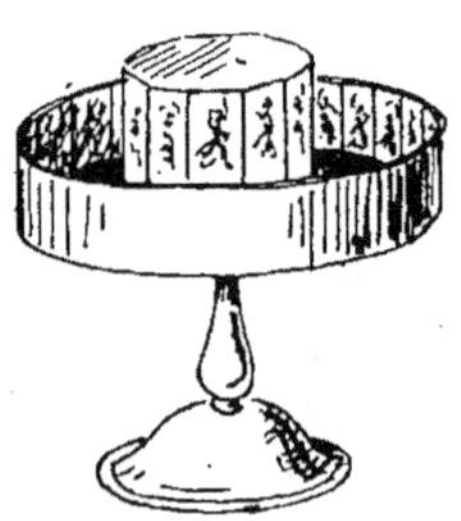

Fig. 4. — Zootrope cylindrique.
Fig. 5. — Praxinoscope à miroir, de Raynaud.

Cette idée était toute naturelle et elle vint à l'esprit des premiers inventeurs. Du Mont's en parle en 1861 et Ducos du Hauron, l'inventeur français de la photographie des couleurs, décrit en 1863 un appareil de synthèse qui n'a jamais été connu du public et que j'ignorais du reste absolument, l'inventeur original se contentant de prendre sur son propre fonds sans compiler les documents antérieurs. On trouvera plus loin la liste des antériorités que j'ai pu découvrir depuis 1860 jusqu'en 1895 où le cinématographe a fait son apparition à Paris.

L'application de la photographie aux zootropes était tout indiquée, mais elle ne se fit pourtant pas sans difficulté; elle passa par des étapes pénibles.

Il fallut d'abord réaliser l'analyse du mouvement avant d'en faire la synthèse.

L'industrie avec Van Monckoven fournissait déjà en 1880 des plaques photographiques assez sensibles pour être impressionnées dans un temps très court.

Aujourd'hui, tout le monde fait de la photographie, tout le monde fait même des instantanés, mais on oublie ou on ignore la suite des découvertes ayant permis d'obtenir ce résultat.

Avant l'apparition du gélatino-bromure, on avait encore le collodion; on préparait sa plaque soi-même et la sensibilité de celle-ci diminuait en séchant.

Pour le daguerréotype, il fallait des temps de pose allant jusqu'à plusieurs minutes; l'obturateur, c'était le bouchon de l'objectif. Les émulsions, de plus en plus sensibles, permirent de diminuer le temps de pose; opérer aujourd'hui au millième de seconde est chose courante. Les obturateurs durent se mettre en rapport avec cette sensibilité et l'on put songer à photographier les objets en mouvement.

En France, les premières applications de la photographie à l'étude des mouvements remontent à 1874. L'éminent astronome Jansen, ayant à étudier le passage de Vénus sur le disque du soleil, construisit un revolver photographique qui lui permit d'obtenir sur une même plaque une série d'images successives du phénomène à des intervalles de temps égaux.

Le mouvement était lent, la lumière solaire très intense, et on avait le temps de déplacer la plaque entre deux images consécutives; le mécanisme était donc facile à réaliser.

Jansen n'alla pas plus loin dans ses applications, mais il sentit que son procédé aurait de l'avenir et s'étendrait à l'analyse de tout mouvement jusqu'à celle du mouvement de l'homme et des animaux.

Muybridge, en Amérique, poursuivit ce problème, mais par des moyens différents. Pour obtenir une suite d'épreuves photographiques du mouvement d'un cheval au galop, il braquait sur lui une batterie de 24 appareils photographiques ayant chacun leur objectif, leur plaque sensible et leur obturateur. Le déclanchement de chaque appareil s'obtenait successivement par l'électricité, et c'est en passant dans la piste d'expérience devant les objectifs que le cheval rompait lui-même les fils aboutissant aux contacts électriques.

En 1880, Muybridge fit paraître ses curieuses épreuves; c'étaient plutôt des silhouettes que des images, elles étaient déjà instructives, mais encore peu précises, bien supérieures cependant aux dessins faits à la main par leur authenticité certaine. Mais les espaces de temps séparant la prise des images étaient loin d'être égaux et le point de vue changeait avec chaque image.

Marey s'occupa de la question et, reprenant le principe du revolver photographique de Jansen, il le modifia pour l'adapter à l'analyse des mouvements très rapides comme le vol des oiseaux. Il construisit le *fusil photographique* en 1882 et s'en servit comme d'un fusil de chasse pour viser l'oiseau à photographier en plein vol.

Le mécanisme de cet ingénieux instrument permettait de prendre 12 images sur une plaque tournante accomplissant son tour en une seconde. Nous nous rappelons avoir aidé le maître à confectionner, avec les images données par le fusil photographique, des disques zootropiques qui donnaient déjà la synthèse du coup d'aile et l'illusion parfaite du mouvement de l'oiseau. Ce fut certainement une des premières applications de la photographie à ces appareils.

Marey ne s'en tint pas là, il reproduisit plus tard, par le modelage, l'oiseau complet et établit ainsi des zootropes avec des figures entières à trois dimensions.

Cependant le fusil photographique ne suffisait pas à l'analyse du vol, il fallait beaucoup plus d'images, il en aurait fallu 50 à 60 à la seconde au moins; il se servit pour les obtenir d'un autre moyen, il laissa la plaque fixe et fit tourner au-devant d'elle, et très rapidement, un disque obturateur opaque percé d'une ou plusieurs fentes. Cela lui permit d'obtenir sur une même plaque un grand nombre d'épreuves de l'oiseau se déplaçant dans l'espace.

Mais ce procédé d'analyse ne dissociait pas assez les images; celles-ci se superposaient dès que la vitesse de l'objet n'était plus suffisante et l'on obtenait une figure confuse souvent indéchiffrable.

Il chercha donc à déplacer la plaque sensible entre deux images successives, comme il l'avait fait dans le fusil photographique, et il commença alors une série de tâtonnements dans lesquels nous avons eu notre part active et qui aboutit finalement à l'abandon.

La plaque de verre était toujours trop lourde pour être mise en mouvement puis arrêtée dans un temps si court.

La condition de netteté des images nécessitait que celles-ci s'imprimassent sur une plaque immobile même avec un temps de pose extrêmement court. Ce temps de pose était poussé quelquefois jusqu'à des petitesses invraisemblables, le vingt-millième de seconde par exemple, ce qui permettait de photographier l'aile d'une mouche ou d'un moustique au vol et d'obtenir une image bien nette de cette aile qui fait par seconde 870 vibrations doubles.

D'autres chercheurs travaillaient cette question: en France, Londe; en Allemagne, Anschutz, produisirent des séries photographiques infiniment supérieures à celles de Muybridge, bien qu'obtenues par les mêmes moyens.

Vint alors l'apparition de la pellicule ou ruban sensible remplaçant la plaque de verre; elle offrit de suite à Marey des avantages inappréciables par sa légèreté et sa sensibilité. On put alors construire des appareils où le ruban sensible se déplaçait facilement et rapidement entre deux obturations et s'arrêtait pendant l'éclairage, c'est-à-dire pendant le passage de la fente du disque.

On avait un grand avantage à opérer ainsi, on n'avait plus besoin de se placer au-devant du fond noir indispensable dans la chronophotographie sur plaque fixe et les images successives étaient imprimées sur des parties différentes de la pellicule, elles étaient bien dissociées et ne se recouvraient plus. On apercevait la solution prochaine de la question, c'est-à-dire de l'analyse de tous les mouvements par la photographie.

La pellicule était rare à cette époque, elle nous était fournie en petites longueurs par la maison Eastmann qui en chargeait ses kodaks et par Balagny, qui nous donnait des bandes de collodion émulsionnées au gélatino-bromure, mais ne dépassant pas 1 m. 50 de longueur. Le nombre d'images obtenues était ainsi fort limité et d'autant plus restreint qu'au début nous prenions des images de grande dimension atteignant 9 centimètres.

Cela suffisait pour l'usage que nous en voulions faire, notre prétention n'allait pas au delà de l'analyse scientifique d'un mouvement.

On connaît les résultats de ces travaux, leur application à l'éducation physique, à l'étude du vol, à l'analyse des allures du cheval et à tous les mouvements rapides où l'œil ne distingue plus rien.

Nous avions plaisir à montrer ces images aux artistes et à leur offrir des documents exacts tirés de la nature à la place d'interprétations où les conventions d'école dominaient l'observation précise. Mais nous allions trop vite en besogne, les images nouvelles étaient vraies, il n'en fallait pas douter, mais pour les faire accepter par l'œil qui jamais ne les avait perçues, il fallait contracter de nouvelles habitudes, passer par tous les degrés que nous avions franchis et se faire en un mot une éducation de la vue sur les documents nouveaux. Pour montrer à quelle difficulté nous nous attaquions, il suffit de citer une petite anecdote qui ne manque pas de sel.

Le grand peintre Meissonnier venait quelquefois à notre laboratoire, il s'intéressait aux allures du cheval qu'il cherchait à représenter le plus exactement possible. A l'aspect des premières analyses photographiques que nous lui présentions, il eut un cri d'étonnement et accusa notre appareil de *voir faux.* « Quand vous me donnerez un cheval galopant comme celui-ci, ajouta-t-il en nous faisant un croquis, je serai satisfait de votre invention, »

Nous ne faisions cependant aucune théorie, nous nous bornions à rassembler des documents, mais une fois obtenus, ceux-ci nous permettaient de préciser la manière dont les différents exercices sportifs étaient exécutés, comment les sujets d'élite accomplissaient leurs mouvements, de voir en un mot clairement en quoi consistait leur supériorité. Grâce à ces études, nous avons pu établir les manuels de gymnastique de l'Instruction publique et de la Guerre sur des données expérimentales. Cette manière de procéder semblait devoir être à l'abri de tout reproche, mais nous n'avions pas compté avec la routine, les préjugés et les habitudes enracinées.

Nous nous servions de modèles sortis pour la plupart de l'Ecole de Joinville-le-Pont : nous les passions au crible de nos méthodes analytiques, nous les faisions marcher, courir, sauter ou exécuter tous autres mouvements gymnastiques.

Les images photographiques une fois prises, il suffisait de jeter les yeux sur elles pour en déduire immédiatement et certainement leur façon de faire. Mais on leur enseignait d'une manière, et ils faisaient souvent d'une autre; la théorie ne concordait pas avec la pratique. Les sujets croyaient suivre leur théorie, mais étaient obligés, de par les lois naturelles, d'agir autrement. Ils ont ainsi renié des épreuves authentiques de leurs sauts, accusant plutôt nos procédés d'être inexacts que d'admettre que leur théorie pût être en défaut. Ils s'imaginaient agir comme on leur enseignait, mais en réalité, ils exécutaient autrement, d'une façon plus parfaite, celle que leur dictait la nature.

II

LA SYNTHÈSE DU MOUVEMENT

Arrivés à ce point de nos études, nous avions les moyens d'obtenir les images photographiques négatives et dissociées et de faire ainsi l'analyse d'un mouvement quelconque. Les appareils de Marey permettaient de prendre 10 à 12 images à la seconde, mais leur fonctionnement était encore imparfait; l'arrêt de la pellicule était brutal, une mâchoire de fer la serrait pendant son mouvement, souvent elle continuait son chemin malgré cette compression et les images correspondantes devenaient floues. La pellicule était courte, rare à trouver dans le commerce, d'une sensibilité très inégale, d'un maniement difficile; elle nous réservait des surprises : tantôt la gélatine se détachait de son support, tantôt des étincelles électriques en gerbes impressionnaient la couche sensible et apparaissaient au développement.

Toutes ces petites misères étaient compensées par l'attrait du but que nous poursuivions.

Ce but était fatal, nous ne pouvions nous contenter de l'analyse du mouvement sans en faire la synthèse et nous étions trop près de la solution pour l'abandonner.

L'occasion se présenta bientôt. J'avais essayé de photographier les expressions de la physionomie et les mouvements des lèvres d'une personne qui parle et, après bien des insuccès, j'y étais arrivé. La grande difficulté était l'éclairage de la figure toujours insuffisant à cause des tons jaunes ou rouges qu'elle présente. Il fallait concentrer sur elle les rayons du soleil reflétés par un miroir pour espérer obtenir quelque résultat. La position du modèle était un véritable martyre et nous ne pouvions lui demander de faire belle mine dans ces conditions; il ne donnait en effet que des grimaces.

Je réussis cependant à obtenir une assez bonne épreuve d'une figure parlante et prononçant la courte phrase : *Je vous aime.*

Il ne la disait certes pas avec la physionomie de circonstance, mais il la disait, et j'en obtins 18 images pendant la seconde qu'il mit à l'articuler.

Ce succès m'encouragea à essayer la synthèse du mouvement et je construisis immédiatement un zootrope tout à fait spécial.

Je tirai des diapositives des images du parleur et je les collai sur des fenêtres découpées avec beaucoup de précision à la couronne d'un disque de métal. J'obtins ainsi le premier disque zootropique d'une figure animée. Pour faire la synthèse de ces images, je plaçai concentriquement au disque porte-images un autre disque servant d'obturateur et animé d'une grande vitesse; il était lié au premier par un jeu d'engrenages, de telle sorte que s'il y avait 30 images, le disque obturateur faisait 30 tours

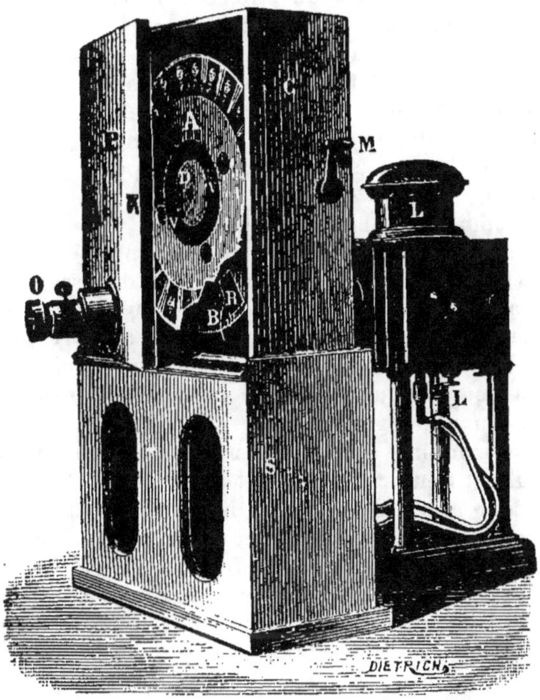

Fig. 6. — Le phonoscope Demeny pour reproduire les portraits vivants.
Brevet du 3 mars 1892.

pour un tour du disque à images. Il faisait son tour à chaque image qui se présentait successivement devant l'œil.

On tournait la manivelle et l'œil avait la sensation d'une figure unique animée. On la grossissait en la regardant à travers une lentille et l'illusion était complète, l'homme remuait les lèvres comme s'il vivait. J'avais réalisé la *photographie parlante*.

Je fis alors une expérience concluante : j'amenai devant l'appareil des élèves de l'Ecole des sourds-muets, habitués à la lecture sur les lèvres, et aussitôt qu'ils eurent regardé dans la lentille, ils se mirent à répéter, avec l'accent rauque caractéristique des *muets qui parlent*, la phrase balbutiée par la photographie.

J'avoue avoir eu un moment d'émotion devant ce résultat imprévu; plus de doute, la plaque de verre pouvait conserver des impressions de mouvement et les restituer en un tour de roue. J'eus en une seconde la vision de tout ce qu'on pourrait tirer de pareils moyens en les perfectionnant.

Mon maître Marey, à qui je montrais ces résultats, s'empressa d'en faire l'éloge et les présenta à l'Académie des Sciences dans une note, le 27 juillet 1891. Il n'était alors question que de l'éducation des sourds-muets et de leur apprendre à lire plus facilement sur les lèvres par ce moyen.

Cependant, la chose avait fait du bruit, et Marey lui-même écrivait dans son livre *Le Mouvement* : « Il est douteux qu'on puisse atteindre un plus haut degré de perfection dans la construction d'un appareil zootropique. »

FIG. 7 — Sourd-muet lisant sur les lèvres d'une photographie parlante, dans le phonoscope D e m e n y (*La Nature*, 1892.)

On devait pourtant aller beaucoup plus loin.

Cet appareil était en effet construit pour la projection et je pouvais agrandir les portraits animés à des dimensions dépassant la taille naturelle. Je lui donnai le nom de *Phonoscope*, néologisme qu'on me pardonnera en comprenant mon intention de rappeler sa parenté avec le phonographe : l'un faisait entendre la voix, l'autre la faisait *voir* sur les lèvres. J'ai eu même quelque temps un modèle cylindrique ressemblant fort au cylindre du phonographe.

J'exposai cette machine à la première Exposition internationale de photographie qui eut lieu au Champ-de-Mars en 1892 et je la faisais fonctionner chaque jour grâce à un dispositif électrique établi par Radiguet. Le succès fut complet. Un diplôme d'honneur me fut décerné. Tous les journaux en parlèrent, et cela fit le tour du monde. L'*Illustration* publiait en première page les figures du parleur disant : « Je vous aime » et les reporters partaient joyeusement en projets de toutes sortes sur ce thème alléchant.

FIG. 8. — Phonoscope Demeny, 1892, disposé pour la projection des portraits vivants et des photographies parlantes (*La Nature*).

« Je vous dis que c'est tout ce qu'il y a de plus étonnant, écrivait Maxime Vuillaume dans le *Radical* du 7 juin 1892. Bien sûr, on va en parler pas mal d'ici peu. Pour mon compte, j'éprouve la plus grande joie à saluer un des premiers la curieuse idée de M. Demeny. Un jour ou l'autre, l'industrie s'emparera de cette joyeuse invention, et, ce jour-là, la photographie actuelle sera dépassée de cent coudées. Le portrait animé est certainement la photographie de demain. Allez-y voir et vous verrez que j'ai raison de vous l'annoncer. »

Ces projets étaient dans l'air. J'avais été chargé de faire au Conservatoire des Arts et Métiers une conférence sur la photographie du mouvement, le 6 décembre 1891; j'en profitai pour prédire à la synthèse du mouvement un grand avenir et pour montrer que tous les appareils qui donnaient l'analyse d'un mouvement pouvaient aussi en faire la synthèse.

Dans une conférence au Photo-Club, les spectateurs accueillaient avec un véritable enthousiasme un essai de projection animée tout à fait rudimentaire, et dans un article de *La Nature* du 16 avril 1892, je montrai la portée de l'invention :

« Combien de gens seraient heureux s'ils pouvaient, un instant, revoir les traits d'une personne aimée disparue!

« L'avenir remplacera la photographie immobile, figée dans son cadre, par le portrait animé auquel on pourra, en un tour de roue, rendre la vie. On conservera l'expression de la physionomie comme on conserve la voix dans le phonographe. On pourra même joindre ce dernier au *phonoscope* pour compléter l'illusion; alors, la photographie aura raison de la critique qu'on peut lui faire d'être froide et de ne saisir qu'un instant précis de la vie. L'expression du visage est considérée par quelques-uns comme une chose insaisissable et inaccessible aux procédés exacts de l'analyse. On fera désormais plus que de l'analyser, *on la fera revivre.*

« Le seul moyen de donner à l'œil l'impression du mouvement est de faire passer devant lui une série d'images instantanées prises à des intervalles de temps assez rapprochés pour que la continuité soit obtenue. Il faut pour cela des dispositions spéciales qui rentrent toutes dans le principe du zootrope; mais, quel que soit l'appareil synthétique employé, les résultats seront toujours acceptés avec intérêt, tandis que peu de gens comprennent la série analytique des photographies d'un mouvement.

« Cette série répond pourtant à un besoin si naturel, que les dessinateurs y ont journellement recours pour donner à leurs illustrations une intensité d'expression particulière,

« Une histoire drôlatique se développant dans une succession de dessins se comprend sans aucune légende. C'est là une supériorité du document photozootropique.

« En résumé, pour donner au portrait photographié ce qui lui manque, c'est-à-dire la vie, il faut prendre une série d'épreuves instantanées et en faire ensuite la synthèse.

« Il faut naturellement s'entourer de précautions délicates; il faut de l'expérience, du talent même pour réussir. Mais la chose en vaut la peine, elle est possible, nous l'avons tentée; il ne reste plus beaucoup à faire pour qu'elle devienne pratique.

« Cette application va singulièrement agrandir le champ d'opération de l'amateur et même celui du photographe professionnel.

« Quel intérêt d'illuminer d'expressions vraies et variées ces portraits trop souvent momifiés et de laisser après nous des documents de notre existence que l'on pourra faire revivre, comme de véritables apparitions! »

Je m'amusai à présenter ces portraits vivants de plusieurs façons originales, et cela faisait le bonheur du peintre José Frappa, qui cherchait avec moi à en tirer parti.

Je formai, par exemple, avec les images successives d'une même personne, un groupe unique, assez étrange, car il représentait le même sujet faisant toutes sortes de mines variées à l'infini.

Ou bien je plaçai la personne à photographier sur un tabouret de piano, et pendant un tour de celui-ci, j'obtenai 50 épreuves différentes sous toutes incidences, de face, de profil, de dos et sous 50 points de vue divers. J'appelai ce dernier portrait le *portrait tournant*. Je composai avec ces épreuves un petit tableau où la même personne était assise autour d'une table ronde et répétée 50 fois, mais avec une expression différente. Il semblait qu'on assistait à une réunion de 50 convives, tous sosies, mais faisant des mines et des gestes différents.

Rien ne m'était plus facile que de représenter, sans discontinuité, *Jean qui pleure* et *Jean qui rit,* à ma volonté. C'était le côté comique de l'invention. Je ne manquais jamais d'étonner, en montrant à quelqu'un son portrait sous toutes faces; on se connaît généralement bien peu, et combien ont l'occasion de se voir par derrière ou de côté?

Ces expériences firent du bruit, les articles qui en parlaient furent traduits dans les principales langues et m'amenèrent une foule de visiteurs curieux et intéressés, mais aucun n'entrevoyait clairement la possibilité ou l'occasion d'une affaire.

J'eus cependant quelques demandes de barnums ou forains me proposant de me louer mon appareil cent francs par jour; ils se contentaient de cette vue animée, la seule existante de ce genre, et voulaient en faire une exposition publique.

Mais j'aimais la science par-dessus tout, j'avais des attaches sérieuses à l'enseignement supérieur et je partageai les préjugés scolastiques.

On admet en effet chez nous que le travail du savant ne doit rien rapporter à son auteur et on aurait honte de tirer parti d'une invention quand on appartient à l'enseignement. Les médecins font cependant exception à cette règle absurde qui a les plus déplorables conséquences pour notre pays. Les laboratoires croupissent dans l'indigence, des intelligences d'élite sont immobilisées et les inventions passent la frontière où elles trouvent meilleur accueil. Il serait plus naturel de les laisser prendre leur essor et de verser aux recherches les bénéfices de l'industrie.

J'étais préparateur au Collège de France, je gagnais 250 francs par mois sans espoir d'avenir, mais il m'était interdit de faire autre chose, et, d'ailleurs, l'aurais-je pu? La vie du laboratoire vous tient si bien à l'écart du monde qu'il devient même imprudent à un jeune savant qui ignore les ficelles du métier, de se mêler d'affaires industrielles et de se livrer aux mains des commerçants.

Mon exemple est typique à cet égard. Parmi les rares capitalistes venus à moi, un étranger, un grand industriel allemand, se rendit compte du parti à tirer de l'invention.

Le *phonoscope* était breveté le 3 mars 1892, mais il fallait songer à l'exploiter. Une société en participation fut fondée le 20 décembre 1892; elle portait le nom de *Société Générale du Phonoscope* et avait pour but l'exploitation industrielle et commerciale de l'appareil dit *phonoscope* destiné à reproduire l'illusion des mouvements de l'homme ou des objets animés, soit par vue directe, soit par *projections lumineuses*.

Elle se proposait aussi l'exploitation de toutes les applications et de tous les perfectionnements de ces appareils, entre autres : 1° les portraits animés; 2° *les projections mouvementées;* 3° l'application au phonographe; 4° l'application aux distributeurs automatiques; 5° les jouets scientifiques, et arrêtait un programme d'études et un règlement d'affaires dans lequel j'étais en tiers. Nous verrons plus loin comment ce programme fut réalisé par moi et comment cette société prit fin sans avoir abouti industriellement.

Je fondai, avec les fonds mis à ma disposition, un laboratoire Villa Chaptal, 17, à Levallois-Perret. Ce laboratoire, très bien installé, fut le premier de ce genre et servit de laboratoire d'études et de recherches.

On ne pouvait songer pratiquement à la fabrication des disques zootropiques par le premier procédé, trop coûteux et trop difficile, Je travaillai la question et je me mis à établir une collection de clichés négatifs en séparant les images sucessives des pellicules et en les reportant sur des grands disques de papier percés de 24 ou 30 fenêtres. Ce travail de repérage extrêmement délicat une fois terminé, j'imprimai par report sur des plaques de verre perforées à leur centre et émulsionnées au gélatino-chlorure d'argent et j'obtins des clichés positifs que je taillai à la tournette. Les disques positifs ainsi fabriqués avaient jusqu'à 50 centimètres de diamètre.

On juge de la difficulté de manier d'aussi grandes plaques et d'obtenir, sur leur circonférence, des épreuves bien développées avec une égale intensité. Mais ces difficultés furent vaincues et j'obtins de beaux résultats.

Le procédé restait toujours limité à la reproduction de mouvements de peu de durée, 2 à 3 secondes; il ne s'appliquait ainsi qu'aux mouvements susceptibles de se répéter constamment comme ceux de la marche, des allures du cheval, du saut, etc. De plus, la confection des disques-types était particulièrement pénible et demandait une patience vraiment chinoise.

Je construisis alors un appareil réversible qui prenait les images négatives en couronne sur un disque de 25 centimètres et permettait de reconstituer le mouvement en remplaçant le disque négatif par un disque à images positives obtenu par contact.

J'avais essayé de remplacer le verre fragile par de la pellicule épaisse pour constituer le support transparent des disques, j'avais joint la stéréoscopie à la zootropie et exécuté des jouets qui restèrent à l'état de curiosité de laboratoire parce qu'ils étaient trop délicats.

Mais les résultats obtenus par ces moyens n'étaient pas en rapport avec le mal que l'on se donnait pour les obtenir, et je sentais qu'il fallait me tourner du côté du ruban sans fin pelliculaire pour trouver la vraie solution de la question.

Je repris la chronophotographie sur pellicule et je songeai à rendre les appareils réversibles, mais je rencontrai là les plus grandes difficultés.

L'appareil que Marey avait imaginé donnait quelquefois de bonnes images, mais il était fort capricieux; on ne pouvait compter sur son fonctionnement. L'arrêt de la pellicule se produisait au foyer de l'objectif

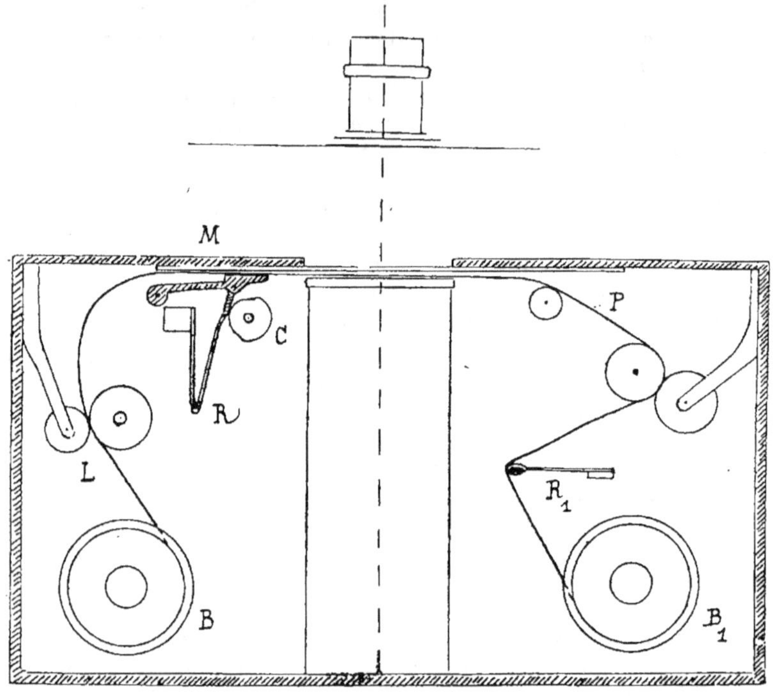

FIG. 9. — Chronophotographe de Marey, d'après son dernier brevet de juin 1893.

Le mécanisme d'arrêt de la pellicule consiste dans une mâchoire M, qui compresse la pellicule au moyen d'une came C. Pendant l'arrêt, la bobine B continuant d'enrouler la pellicule, un ressort R se laisse fléchir, pour que le débit de la pellicule arrêtée en M puisse avoir lieu.

pendant le passage de la fenêtre éclairante, mais cet arrêt était brutal et se faisait à des distances constamment variables; il n'y avait pas équidistance des images, de sorte qu'il était impossible de songer à faire repasser la même bande dans l'appareil et de la repérer assez exactement pour obtenir pendant la projection une image fixe.

Nous opérions à cette époque au moyen de pellicules de 6 et 9 centimètres de largeur, mais elles avaient peu de longueur; les images étaient grandes mais peu nombreuses, elles remplissaient bientôt les bouts de ruban que nous fournissait le commerce et les bobines sur lesquelles elles étaient enroulées étaient vite épuisées.

Il fallait d'abord trouver un mécanisme d'entraînement nouveau et plus parfait; c'était d'ailleurs le seul organe brevetable, car tout le reste: obturateur, éclairage, était tombé dans le domaine public par les publications antérieures et les notes à l'Académie des Sciences.

Je me rappellerai toujours la façon dont l'idée me vint d'un mécanisme fort simple et fort bon.

J'étais à table quand on m'apporta une carte de visite; je la tournai et retournai dans la main en pensant toujours à la solution de mon problème. Puis sans réfléchir, j'enroulai autour de cette carte un bout de fil qui était à ma portée et je m'écriai : « Ça y est, j'ai trouvé mon affaire! »

Fig. 10. — Appareil portatif chronophotographique Demeny avec entraînement de la pellicule par une came excentrique. Brevet du 10 octobre 1893.

En tournant la carte, le fil s'enroulait en effet d'une façon continue, mais son extrémité avançait par saccades avec des arrêts successifs.

C'était justement le mouvement que je voulais donner à ma pellicule.

Je construisis le lendemain des bobines ayant la forme de palettes, d'olives, et finalement de bobines rondes excentrées. J'attelai ces organes à un disque obturateur de façon à les rendre solidaires, la fenêtre éclairante passant au moment de l'arrêt de la pellicule.

J'obtins ainsi de très bonnes images, aussi grandes que je le désirais et avec un entraînement doux et progressif. Cela m'encouragea, mais ne me satisfit qu'à moitié parce que les longueurs de pellicule étaient encore réduites à ce que pouvait contenir la bobine; au fur et à mesure de son dévidement, le diamètre de celle-ci diminuait, ce qui faisait varier les distances des images suivant une loi régulière, il est vrai, mais fort compliquée et tout à fait incompatible avec la réversibilité de l'appareil.

J'indiquai immédiatement dans mon brevet du 10 octobre 1893 un perfectionnement important : c'était de mettre la pièce excentrique dans le circuit de la pellicule qui passait d'une bobine magasin, aussi grosse que je voulais, à une autre bobine réceptrice. Je n'avais plus, pour obtenir l'équidistance des images, qu'à faire débiter la pellicule par un laminoir ou par un rouleau denté imitant en cela la disposition déjà employée dans la télégraphie.

Cet appareil fonctionna très bien et me donna immédiatement des résultats définitifs. Je pus prendre ainsi, sur pellicule de 6 centimètres, les funérailles de Pasteur. Le mouvement saccadé du ruban sensible était obtenu par des organes ayant tous un mouvement continu de rotation. C'était une solution élégante et sûre, il n'y avait plus qu'à la lancer industriellement.

Marey lui-même, qui avait travaillé la question sans aboutir, termina son livre *Le Mouvement* par cette phrase : « Arrivé à ce point de nos recherches, nous avons appris que notre préparateur avait obtenu une solution immédiate du problème, *il nous a paru convenable de surseoir à de nouveaux essais.* »

Ainsi, la prise d'images sur une bande indéfinie avec arrêts successifs réguliers à chaque image était pratiquement possible, *la réversibilité ne faisait pas de doute et était tout indiquée. Le même appareil qui avait servi à faire le négatif devait donner la synthèse du mouvement si on remplaçait la bande sensible par une bande d'images positives obtenue par contact avec la première et si l'on projetait sur un écran cette succession d'images.*

J'apportai cette nouvelle invention à la *Société du Phonoscope*, mais mes collègues ne la comprirent point; du reste, je connaissais la valeur de mon apport et j'exigeai des conditions plus avantageuses. On résolut alors de se transformer en société d'exploitation et d'émettre des parts d'intérêt. Un registre d'actions fut imprimé et 300 parts attribuées aux apports; les 200 autres devaient être émises pour se procurer l'argent nécessaire à l'exploitation.

Averti de l'illégalité de cette manière de faire contraire aux lois françaises sur les sociétés, je sommai la *Société du Phonoscope* de se dissoudre et je fis saisir les actions portant ma signature avant leur émission. Mais j'étais toujours lié par mon premier engagement et obligé ainsi, si j'exploitais seul, de partager mes bénéfices avec les deux autres tiers. Je fis toutes les démarches nécessaires pour mettre fin à cette situation intolérable. J'avais dépensé 40.000 francs en recherches et installations. Je cherchai des concours financiers pour rentrer dans mes débours.

Je fis venir, dans mon laboratoire de Levallois, des capitalistes connus, je leur montrai des projections animées, des chevaux au galop, des lutteurs, des gymnastes, des portraits vivants. Ils considérèrent cette invention comme une récréation enfantine, ils ne virent point de parti à en tirer et n'avancèrent pas mille francs pour y donner suite.

M. G. Richard, alors directeur du Comptoir de Photographie, signa avec moi un contrat assez avantageux, mais il dut abandonner l'entreprise à cause d'un procès en cours que lui intentait son frère. Je demandai le concours de la maison Lumière qui m'offrit sa précieuse collaboration et une somme importante à la condition de me débarrasser de mes associés; mais j'étais lié par des traités qui ne purent être résiliés que le 6 juin 1895. En mars de cette même année, les frères Lumière montraient, sous le nom de cinématographe, à la Société de Physique, un appareil d'un mécanisme différent du mien et l'on sait avec quel succès! J'étais ainsi dépassé.

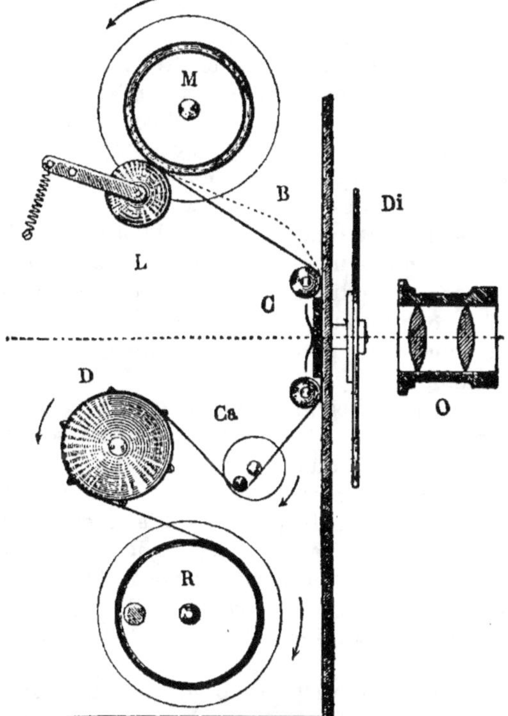

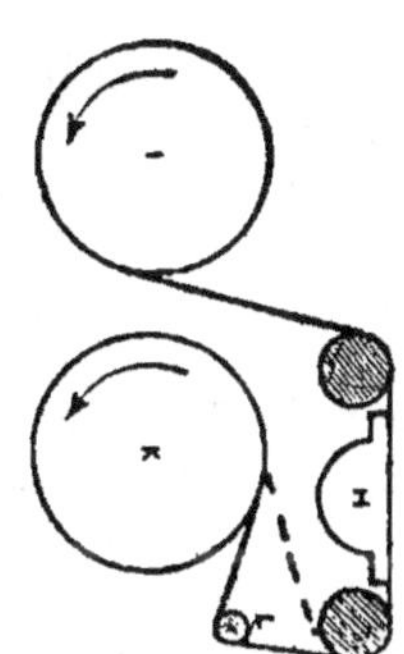

Fig. 11 bis. — Principe du mécanisme d'entraînement de la pellicule dans l'appareil Demeny. (Brevet octobre 1893.)

Fig. 11. — Appareil reversible du Cinématographe Demeny. Ca, came sur laquelle se réfléchit la pellicule et qui lui communique le mouvement intermittent d'arrêt et de déplacement au moyen d'un mouvement de rotation continu.

Mon affaire passa alors entre d'autres mains sans aboutir à l'exploitation. MM. de Bedts, Otto, Krauss, Martin, Prieur, Watillaux, Barbou, etc., l'eurent tour à tour sans oser l'entreprendre. Autant de projets de contrats, autant d'insuccès, autant de ruptures.

Finalement, M. Gaumont, à la fin de l'année 1895, la prit en main et la mena à bien, comme chacun sait, avec une intelligence toute particulière.

J'eus un moment des promesses de redevances de 5 0/0 sur la fabrication des vues et les exploitations cinématographiques; c'était trop beau. Mais les représentations théâtrales ne donnaient encore aucun résultat.

Mes tribulations ne finirent pas là; au début de l'exploitation, on me fit défense de vendre mon appareil. Un inventeur, qui avait pris le système de la came excentrique m'accusait, chose inouïe, de contrefaçon. J'étais donc contrefacteur; de qui? De moi-même, et pour cette raison, je devais constituer avoué, avocat, et me défendre comme la loi l'exige.

Ce procès ridicule avorta, mais il dura assez longtemps pour jeter le discrédit sur mes appareils qui étaient l'objet d'une saisie. L'inventeur me fit des excuses à la condition que je ne le poursuivrais pas reconventionnellement. Tout cela ne faisait pas rentrer l'argent dans la caisse.

Après six années d'exploitation où mes bénéfices consistaient en un droit de licence sur la vente seule des appareils, après être rentré dans mes débours, je cédai tous mes droits pour une somme minime à la Maison Gaumont et Cie, qui est devenue depuis une des plus importantes maisons du monde pour l'exploitation cinématographique.

M. Gaumont avait transformé le type et les dimensions de mon appareil, il avait commencé par construire des machines à bandes pelliculaires de 6 centimètres de large, croyant pouvoir ainsi obtenir plus de luminosité et espérant faire des agrandissements plus considérables, plus nets et plus clairs. Mais le prix de la pellicule était trop élevé pour se permettre de pareilles fantaisies, on perdait d'ailleurs en fixité ce que l'on gagnait en clarté. On revint donc au type courant de l'image actuelle de 25/35 millimètres (1) et l'on adopta un pas uniforme pour la dentelure des bandes. L'affaire a pris depuis un développement inouï, des millions sont aujourd'hui engagés; la prise des vues et la composition des scènes occupe tout un personnel aussi important qu'un personnel de théâtre.

Telle est, en deux mots, l'histoire du cinématographe, invention dérivant de la chronophotographie, et, comme la photographie, essentiellement française. A mon point de vue, les années employées dans sa réalisation n'ont été qu'une série de déboires et de pertes. J'avais obtenu des résultats trop importants pour ne pas susciter de jalousie, et la jalousie des puissants ressemble aux foudres de Jupiter. Je ne pus l'éviter et je fus terrassé.

A la suite de ces efforts, mon maître me pria de donner ma démission de chef de laboratoire de la Station physiologique, établissement que j'avais fondé avec lui et dans lequel j'avais travaillé sans relâche quatorze années.

Je refusai naturellement, mais pour l'obtenir, on me promit une situation équivalente qui ne me fut jamais donnée, de sorte que je fus remplacé sans autre forme de procès comme démissionnaire, n'ayant pourtant jamais donné ma démission. Ne rappelons pas ces tristes moments. Mais avais-je raison de dire que le cinématographe fut une phase pénible de

---

(1) L'auteur commet là une erreur, ce format est 18 × 24 millimètres.

ma vie? Je puis cependant me vanter d'avoir tenu un instant la fortune entre mes mains, Je n'ai pu la conserver et j'ai subi le sort généralement réservé aux inventeurs qui n'exploitent pas eux-mêmes leur invention. Je suis péniblement rentré dans mes débours, mais je n'ai pas gagné d'argent; j'ai perdu au contraire ma situation acquise au Collège de France avec mes droits à la retraite pour conserver la propriété d'une invention sans valeur pour moi.

Le cinématographe était une corde brisée, je l'abandonnai à d'autres plus heureux, mais j'avais heureusement d'autres cordes à mon arc, le cinématographe n'était qu'un moyen d'étude me rendant pour le moment le même service que le microscope pour l'anatomiste.

Tout convergeait pour moi vers la science de l'Education physique que j'avais inaugurée sous forme d'un enseignement nouveau en 1880.

Cette science progresse et se développe maintenant; j'y donne toute ma vie. Je me console de mes déboires en constatant que mes travaux n'ont pas été inutiles, qu'ils valaient la peine d'être développés puisqu'ils fructifient en d'autres mains. Mais il ressort de cette causerie un enseignement évident et déjà vieux comme le monde.

Si l'on veut être heureux et fortuné, il faut laisser inventer les autres et être assez malin pour profiter de leurs inventions. J'ai constaté une fois de plus à mes dépens que le travailleur n'a pas toujours le bénéfice de son travail : *Sic vos non vobis.*

Avis aux jeunes, c'est une leçon de prudence et de sagesse que je me permets de leur donner en passant (1).

Georges DEMENY.

Par le texte qui précède, nous voyons avec regret M. Demeny abandonner d'une façon active le cinématographe vers 1896, c'est-à-dire au moment où ce dernier va devenir surtout industriel et rémunérateur.

Pour compléter ces notes sur les origines du cinématographe, il nous reste à préciser quelques fais d'un intérêt historique et technique.

Depuis la publication de la première édition de ce livre, le ciné-

---

(1) Par le texte de cette, conférence et qui remonte au début de 1909 nos lecteurs pourront se rendre compte de l'état d'esprit de M. Demeny à ce moment-là. Depuis, M. Demeny est mort (vers 1914 ou 15, croyons-nous). Nous ferons remarquer que dans ce texte M. Demeny parle bien de la *reversibilité* de son appareil et de *projections;* nous avons souligné ces passages. En outre, il dit, page 34 de sa brochure : « J'imaginai un système d'entraînement de la pellicule élégant et très pratique, d'ailleurs tout à fait différent du mécanisme brutal de l'appareil Marey et je le fis breveter sous mon nom. J'en avais le droit absolu, l'invention étant faite dans une installation privée et avec l'argent d'une société. Elle fut le début du Cinématographe et le point de départ d'une exploitation industrielle très importante en France. »
Ah! Si M. Demeny la voyait aujourd'hui! En aucune manière nous ne voulons entrer dans les polémiques actuelles concernant les premiers inventeurs du cinéma, nous publions ici des textes et nous rappelons des faits aussi impartiallement que possible, à nos lecteurs de juger.

matographe a grandi d'une façon extraordinaire et ses manifestations, aujourd'hui, constituent un élément nouveau, dont l'influence est certaine sur l'évolution de la vie intellectuelle et morale de l'humanité.

Ses inventeurs, pourtant, n'étaient que de braves savants simples et pratiques recherchant surtout, par lui, la bonne et intéressante image animée scientifique; mais ils se doutaient fort peu de la responsabilité morale qu'ils assumaient en dotant le monde de cette machine à reproduire des manifestations extérieures qui traduisent si bien les sentiments les plus intimes de l'être organisé et pensant que nous sommes!

Au début, l'image animée plaisait par sa seule nouveauté, mais ceux qui jugèrent possible, de suite, de gagner beaucoup d'argent avec furent forcés de lui donner une nature plus compliquée, plus sensuelle, si l'on peut dire!

Pour attirer le plus grand nombre possible de spectateurs payants à ces nouvelles représentations, on dut flatter les goûts des masses populaires.

Ceux-ci, on le sait, sont fonction de l'éducation, du développement de l'intelligence, de l'atavisme résultant des états plus ou moins avancés des civilisations. De nos jours malheureusement et de ce fait, il faut flatter davantage les masses populaires dans leurs manières imparfaites de penser et c'est pour ces raisons probablement que l'on peut dire que le cinématographe ressemble tant à ce qu'Esope disait de la langue : La pire ou la meilleure des choses! Cela avec la circonstance aggravante que le cinématographe influence notre esprit par l'intermédiaire de nos yeux et que la mémoire des faits ainsi enregistrés est bien plus tenace et puissante que celle provenant de l'ouïe.

Au point de vue technique et historique nous compléterons par nos souvenirs personnels ce que M. Démeny nous a déjà laissé entrevoir sur les origines du cinématographe. Nous tâcherons de le faire d'une façon absolument désintéressée et impartiale quoique ayant connu personnellement à peu près tous les créateurs de cette industrie.

On peut faire remonter l'origine de l'image animée à celle de la lanterne dite magique (1630 environ). Comme le dit M. Demeny, ce sont les travaux et les idées de Plateau, physicien belge (1833) qui montrèrent pour la première fois la bonne direction à suivre pour arriver au but que nous étudions. Plateau indique une suite d'images défilant et pouvant se superposer pour nous grâce à la *persistance de la vision* dans notre œil.

A ce propos, M. Rosen ([1]) indique dans son traité de cinématographie et M. Baudry de Saunier, dans l'*Illustration*, au sujet d'un article sur le cinématographe en couleurs Gaumont, nous donnent les explications suivantes sur ce phénomène récemment étudié scientifiquement. D'après les recherches de M. Baudry de Saunier, le célèbre physiologiste des sensations, Helmotz soutenait en 1859 (d'ailleurs mis sur la piste par les travaux de l'Anglais Young, en 1820) que chacun des éléments de la rétine, cette surface qui forme le fond de l'œil, renferme trois sortes de filaments, lesquels vibrent chacun en harmonie avec des ondes seulement d'une longueur précise : les ondes d'une des trois couleurs fondamentales, et qu'ainsi se peignent au sein de notre imagination les merveilleux tableaux de la nature. En second lieu, détail beaucoup plus intéressant, puisque le cinématographe n'existerait pas sans lui, nous devons savoir que les millions de fibrilles nerveuses juxtaposées au fond de l'œil sont entièrement recouvertes d'une substance toute spéciale sensible à la lumière : *la pourpre rétinienne.* « Ici, dit le docteur Renault (2), les cellules sécrètent de la lutéine et des graisses alcuronoïdes qui régénèrent constamment la pourpre rétinienne ». Rouge dans l'obscurité, cette plaque sensible blanchit instantanément au contact des rayons lumineux qui pénètrent dans l'œil, se décompose, disparaît et est immédiatement remplacée par une nouvelle. Tout le phénomène se passe en un temps assez court, 1/10ᵉ de seconde environ; on le nomme « persistance rétinienne », on entend dire par là que l'impression reçue par la pourpre rétinienne ne disparaît pas instantanément, qu'elle met à s'effacer un temps fort appréciable. »

D'après M. Rosen l'explication de ce phénomène ne remonterait qu'à 1876 et serait due à Bill et Kuhn. M. Rosen parle *du* pourpre rétinien, précédemment nous avons lu *la* pourpre rétinienne; on le voit, les auteurs ne sont pas d'accord sur ce point.

Tout le monde sait que notre œil est un appareil photographique élastique de qualité plutôt médiocre, son objectif a des qualités bien spéciales, diaphragmé qu'il est, par l'iris et constitué par le cristallin; tous les deux à mouvements propres; au fond, est la

---

(1) ROSEN, *Le Cinématographe, son passé, son avenir, ses applications.* Société d'édition technique, 16, rue du Pont-Neuf, Paris.

(2) *Traité d'histologie,* cité par les Docteurs Murat dans leur ouvrage : « *Le corps humain* ».

plaque sensible formée par la rétine déjà citée, celle-ci avec ses myriades de terminaisons de filaments nerveux qui reçoivent et transmettent les images lumineuses, comme nous venons de le dire. Ils sont chargés par l'intermédiaire de filaments nerveux plus puissants de grouper leurs sensations particulières et d'envoyer un tout à notre esprit qui en reconnaîtra ainsi l'existence.

De ce fait, les images rapides que nous voyons se fondent les unes dans les autres; c'est ce qui assure la continuité de la vue animée pour le spectateur: celui-ci n'a plus alors la sensation que de voir une seule image fixe dans laquelle se meuvent tous les objets animés entretenus ainsi par l'image cinématographique. Après, ce serait Du Mont's qui continuerait à indiquer la bonne route. M. Rosen cite des passages de son brevet qui date du 2 mai 1861. « Du Mont's y dit qu'il emploie *des suites d'images décomposantes substituées les unes aux autres par divers moyens;* entre autres un tambour cylindrique ou prismatique qui peut tourner et sur lequel sont montées successivement les images. Il indique encore l'emploi d'un long châssis se *mouvant par intermittence* dans un plan, soit verticalement ou horizontalement; enfin les plaques pouvant être aussi rangées, les unes derrière les autres, dans des boîtes à rainures, puis tomber successivement dans une boîte semblable placée plus bas que la première. En même temps, devant ces surfaces sensibles, un *obturateur rotatif* ne laissera pénétrer le rayon lumineux, c'est-à-dire l'image fournie par l'objectif *unique,* que lorsque le plan de la couche sensible est perpendiculaire à l'axe de ce rayon. Le mouvement de cet obturateur commande aussi celui du changement des plaques.

Du coup, voilà toutes les idées justes du cinématographe dévoilées : Objectif unique, qui peut seul donner des substitutions d'images correctes. Obturateur intermittent qui arrête l'admission de la lumière pendant la substitution d'une surface sensible neuve à une déjà impressionnée. Admission de la lumière seulement au moment où la surface sensible est arrivée à sa bonne place. Du Mont's ne parle pas positivement de l'arrêt de cette surface pour chaque pose; pourtant il dit : se mouvant par *intermittence* lorsqu'il indique un long châssis, pour contenir ses plaques. On ne sait pas s'il a pu réaliser quelques parties de son invention. S'il y était parvenu, il lui aurait été certainement impossible de substituer 16 plaques les unes aux autres et de les impressionner utilement, en une seconde, surtout en 1861. L'inertie de la masse de ses plaques en mouvement et la sensibilité insuffisante du collodion s'y seraient opposées; mais après lui, et nous n'insisterons jamais trop sur ce point, il ne restait plus qu'à trouver le moyen de substitution rapide et précis des vues cinématographiques les unes aux autres et la matière sensible capable de s'impressionner suffisamment vite pour permettre l'obtention des seize images avec arrêt indispensable en une seconde, cela afin que la vue ne scintille pas et paraisse continue. Du Mont's ne parle pas de projections.

Ducos du Hauron, qui avait déjà découvert le seul moyen pratique de faire de la photographie en couleurs, indique, en 1864, un procédé autre pour faire du cinématographe. C'est celui qui emploie plusieurs batteries de petites chambres noires qui s'ouvrent et se ferment successivement et que reprendra après lui l'Américain Nuybridge. Mais où les idées de Ducos du Hauron deviennent plus intéressantes c'est lorsqu'il indique la constitution de la *bande souple* où il inscrira la suite de ces images positives. Celles qu'il réalise étant opaques et ses épreuves sur papier étant collées sur une bande également opaque. Pour voir ces vues animées Ducos du Hauron avait imaginé un système spécial qui ressemblait déjà à un débobineur cinématographique (1). L'inventeur ne fut pas satisfait de ces premiers résultats et il imagina un autre appareil qui lui permettait de *projeter* à la *lumière électrique* les vues ainsi obtenues (2).

En 1872, Edwards Nuybridge, de Philadelphie, quoique ne disposant encore que du collodion, par des moyens à peu près semblables, c'est-à-dire des batteries de chambres noires ouvertes et fermées successivement, obtint les premières suites d'images animées véritablement intéressantes. Il les *projetait* avec son *zoopriscope* qu'il avait inventé pour cela.

A ce propos, Eder dit, dans son traité qui a pour titre : *La Photographie instantanée* (1888). C'est au moyen de l'appareil perfectionné de Raynaud que Nuybridge *projetait* en 1882, à la société royale de Londres, ses séries si belles de vues en mouvement et dont on avait nié, sinon l'existence, du moins l'exactitude. Le prince de Galles assistait à l'une de ces séances et exprimait hautement son admiration pour les résultats obtenus et le spectacle qui en était

______

(1) Voir la description de ses brevets.

(2) Voir par M. Rosen la description de ces brevets également. M. Ducos du Hauron nous avait dit souvent personnellement qu'il avait réalisé ces expériences.

donné. Le patient photographe américain n'obtint pas moins de succès à Paris, où il renouvela ses intéressantes expériences, dans l'atelier du célèbre peintre Meissonnier et devant un public d'élite.

Nous avons vu que les premiers travaux de Nuybridge dataient de 1872 et nous remarquerons qu'il ne montre des images intéressantes qu'en 1882. Dans cet espace de temps, le capitaine Abnay (1879) avait indiqué déjà, d'une façon pratique, la préparation des plaques sèches au gélatino-bromure d'argent. La rapidité de ces plaques était l'élément qui manquait le plus à notre inventeur, elle lui suffit quoique modeste encore. Nuybridge se servait de batteries de chambres noires, ces batteries comportaient plus de trente appareils, paraît-il. De ce fait, les images obtenues devaient être très difficilement superposables; mais nous comprenons très bien qu'à cette époque les premières vues animées qui en résultaient furent capables d'émerveiller ceux qui purent les contempler; leur sincérité et leur exactitude montraient des choses insoupçonnées. M. Demeny nous a déjà signalé, dans sa conférence, les doutes de Meissonnier sur l'exactitude des attitudes et la forme des mouvements révélés pour la première fois par ces modes d'enregistrement.

M. Coissac, dans son journal le *Cinéopse*, numéro de juin 1921, signale les revendications anglaises ayant pour but de donner aux recherches de M. Friese-Greene et Evans la valeur de l'invention du cinématographe!?

En réalité, cet inventeur, très méritant certes, n'a été que le continuateur de Dumont et de Ducos de Hauron qui avaient émis, à eux deux, un ensemble de conceptions qui arrivaient aux mêmes résultats (1861-1864). Les connaissaient-ils?

A ce propos, M. Coissac cite le passage d'un article du journal *The Bioscope* où on lit :

« M. Friese-Greene fut sans aucun doute le *véritable inventeur de la cinématographie* —?— et c'est grâce à son génie inventif qu'il devint possible de prendre une série de photographies intermittentes, en succession rapide, sur une bande de film de celluloïd, avec une camera munie d'une seule lentille. Cette application de la photographie *avait déjà été signalée par beaucoup*, mais jamais avant lui personne n'avait pu la réaliser. William Friese-Greene l'accomplit après y avoir consacré bien des années de sa vie et dépensé deux fortunes. Ces expériences remonteraient à 1883-84; à cette époque, l'inventeur, aidé de M. Rudge, cherchait à obtenir des images animées au moyen de séries de photographies prises sur une plaque de verre circulaire; mais, dit-on, c'étaient toujours des désillusions et beaucoup d'argent perdu; après ils se servirent de bandes de papier, mais comme celui-ci n'était pas suffisamment transparent ils utilisèrent le celluloïd comme support de leurs surfaces sensibles. Ce fut en juin 1889 que Friese-Greene et l'ingénieur Mortimer prirent leur patente pour une camera qui fut certainement —?— la naissance de la cinématographie telle que nous la voyons aujourd'hui! »

En fait, personne ne put exploiter les résultats de ces laborieuses et certainement intéressantes recherches. M. Coissac dit qu'elles n'aboutirent, en réalité, qu'à la réalisation, en collaboration avec Evans, d'un appareil ayant une grande analogie avec celui de Nuybridge, dont nous parlions précédemment.

On pourra remarquer également que M. Demeny signale dans ses antériorités la suite de ces travaux qui ont, certes, une grande valeur scientifique et qui ont contribué comme beaucoup d'autres à nous procurer le cinématographe actuel.

On verra page 106 de ce livre que le même inventeur a présenté, depuis, un système de cinématographe en couleurs des plus intéressants mais aussi impraticable.

La grande invention du gélatino-bromure, par Poitevin, date de 1850; 1854 par Gaudin; 1871 par Maddox; 1873 par King, qui indique le lavage de l'émulsion d'après Eder. Ce dernier dit, dans son même traité, que Burgess introduisit dans le commerce, à Londres, les premières plaques sèches, préparées sur verre par ce procédé en juillet 1873. Kennett vendit en 1874, dans la même ville, les premièies *pellicules sèches au gélatino-bromure.*

En France, à l'Exposition de 1878, on ne connaissait pas encore de marchands de ces produits; il y avait peut-être quelques épreuves obtenues avec les nouvelles plaques, mais elles constituaient alors des raretés. Ce n'est qu'en 1879, à Paris, que l'on put trouver à acheter des plaques au gélatino-bromure sur verre et encore, combien inégales dans leurs résultats. Pour supprimer le verre, on avait déjà employé le papier ciré avec le collodion; mais ce produit était extrêmement lent. Les premières pellicules que l'on trouva dans le commerce avaient leur support constitué par une couche de celluloïd ou de collodion coulée à la surface d'une glace, puis détachée. La couche de gélatino-bromure était couchée sur ce support, comme si on l'étendait sur du verre. Mais ces premiers supports réagissaient chimiquement sur le gélatino-bromure, ils le voilaient ou détruisaient sa sensibilité; de plus, il était très difficile de faire adhérer les deux couches, l'une à l'autre. Il faut arriver à la plaque souple Balagny, préparée par MM. Lumière, pour trouver, en France, une pellicule viable et capable d'être employée par les appareils de M. Marey et de M. Demeny. M. Balagny faisait aussi préparer, à cette époque, un papier pelliculaire au gélatino-bromure très intéressant, mais trop délicat à employer, pour qu'il puisse se vendre beaucoup.

Ces deux produits ne se préparaient pas en bandes bien longues, deux ou trois mètres au plus; ils pouvaient servir à essayer des appareils, à réaliser des expériences de laboratoire et c'était tout ce dont pouvaient disposer MM. Marey et Demeny pour continuer et perfectionner leurs recherches, concernant leurs brevets particuliers de 1893.

Le Cinématographe en était là, en France, lorsque apparut, à Paris, le Kinétoscope d'Edison. Cet inventeur, ou plus probablement son bureau d'études, avait fait breveter cet appareil en 1891.

Le Kinétoscope d'Edison ce n'était pas du tout le Cinématographe comme aspect et représentation; mais, pour être réalisé, il contenait en lui tous les éléments principaux de cette invention, ceux-ci étaient connus pour la plupart du reste; mais, grâce aux longues pellicules, que l'on put se procurer d'abord en Amérique, cette machine fut exploitée de suite avec succès dans le monde entier.

Le Kinétoscope d'Edison, comme beaucoup de lecteurs peuvent encore s'en souvenir, avait la forme d'une sorte d'armoire. Dans une fente spéciale on introduisait une pièce de monnaie; cette action servait en plus à faire déclencher le mécanisme. Au travers d'un fort verre grossissant on voyait défiler directement et éclairée par transparence l'image animée. Chaque appareil ne contenait qu'une seule vue. Celle-ci, très nette et fine, était photographique. Les vues du Kinétoscope, pour durer animées pendant une minute environ, devaient avoir au moins 20 à 25 mètres de longueur et on ne constatait pas à leur surface beaucoup de soudures. L'industrie de la pellicule souple et couchée en longues bandes, en Amérique, avait donc été réalisée avant qu'on ne la connaisse en Europe. Nous avons cherché, mais en vain, le nom du préparateur de ces pellicules. Tout ce que nous savons c'est que, peu après, on pouvait s'en procurer de semblables en Angleterre; celles-ci servirent même à reproduire les vues originales d'Edison. Ces pellicules étaient-elles déjà préparées par la Maison Blaire, ou ces dernières vinrent-elles après?

Nous ne saurions le préciser. Peu de temps après, la Maison Lumière, en collaboration avec M. Planchon, prépara de la bonne pellicule; il en fut de même de la Compagnie Eastman, en Amérique; il se peut du reste que la pellicule employée par Edison fût de la pellicule Eastman ou provenant des précurseurs plus ou moins directs de cette grande marque.

Le Kinétoscope d'Edison n'était qu'un cinématographe rudimentaire qui ne projetait pas encore ses images.

Le bureau d'études de cet inventeur avait reconnu, comme Marey et Demeny, la nécessité de l'arrêt de la pellicule pour la prise nette de chaque vue négative; mais en France on voulait encore employer des formats d'images trop grands : 4×6 centimètres environ. On compliquait ainsi beaucoup le problème de la bonne substitution des images les unes aux autres. Entre chaque arrêt, il fallait transporter un plus grand poids de matière; lui faire parcourir une plus grande distance; de cè fait, on ne pouvait obtenir que bien plus difficilement un arrêt brusque et régulier, l'inertie des masses en mouvement s'y opposant.

En Amérique, au contraire, on s'attaqua de suite à des formats d'images plus petits. On donna donc à celle-ci la grandeur de 18×24 $^m\!/_m$, et à la largeur de la bande celle de 35 millimètres.

Edison, pour entraîner la pellicule dans ses appareils, se servait d'une perforation exécutée sur les bords de la pellicule et en dehors de la partie réservée à l'image proprement dite.

Le pas de cette perforation a été nommé le pas *Edison;* c'est celui qui est encore universellement employé, ou à peu près.

M. Demeny nous a dit que ce genre de perforation servait pour entraîner des bandes de papier dans certains appareils de télégraphie, mais son application au cinématographe, au début, doit revenir probablement à M. Demeny. (Voir sa conférence.) (1)

Dans le Kinétographe d'Edison, qui n'a jamais été mis dans le commerce, pour obtenir l'arrêt pendant la prise de la vue négative, on se servait de roues à rochet, qui engrenaient à l'aide de tambours dentés dans les perforations de la bande; cet appareil, du reste, fut tenu longtemps secret, il permettait de prendre au moins seize images à la seconde, car les vues présentées étaient peu scintillantes, les mouvements bien reproduits et leur allure était conservée à une vitesse presque égale à celle que possédait

____

(1) Edison, à un moment donné, l'a revendiqué juridiquement en Amérique.

le modèle au moment de l'enregistrement. Sur l'image, en bande négative, on tirait par *contact* une vue *positive* aussi longue que le négatif. L'émulsion négative n'avait pas besoin d'être extrêmement rapide pour du gélatino-bromure, puisque le temps utile d'exposition était et est normalement de 1/32° de seconde et que le rendement de l'obturateur cinématographique est aussi bon que celui de l'obturateur de plaque à rideau ordinaire. La vue positive du Kinétoscope était montrée de façon à défiler *sans arrêt* entre chaque image et à être prête à repartir après avoir passé entièrement, cela pour satisfaire tous les spectateurs qui devaient la regarder successivement.

Entre le spectateur et la bande positive éclairée par transparence était fixé un obturateur rotatif qui ne laissait voir l'image que lorsqu'elle était bien placée, par rapport à l'œil du spectateur. De ce fait, celui-ci voyait toujours une image nette et complète, tandis que le temps de défilage indispensable à la substitution d'une image à la suivante lui était caché.

Ces vues eurent un succès énorme, quoiqu'elles fussent très petites à regarder, malgré leur verre grossissant; mais leur finesse et leur sincérité étaient telles qu'on ne pouvait pas se lasser d'admirer cette illusion de la vie!

M. Rosen cite dans son livre MM. W. K. L. Dickson et Eugène Lauste comme assistants d'Edison dans cette invention. Ces messieurs auraient construit un matériel complet pour *la projection* des vues ainsi obtenues. Ils en auraient donné la première exhibition publique dans Broadway, à New-York, sous le nom d'Eidoloscope en 1894.

Pendant ce temps, Edison lançait en Europe son Vitascope qui n'était autre que le Kinétoscope.

Edison et son bureau d'études avaient certainement réalisé avec leurs roues à rochet un système d'entraînement à arrêt suffisant; mais en France il y avait déjà mieux.

Les moyens américains, dont nous venons de parler, devaient comporter bien des inconvénients redoutables, surtout pour l'usure de la bande et la bonne stabilité des images, lorsqu'on les regardait défiler. Ces moyens, barbares en somme, pouvaient suffire, surtout parce qu'ils étaient les premiers, que la bande négative n'avait à passer dans la machine à arrêts qu'une fois, que la vue positive n'y passait jamais et que cette dernière n'était pas projetée et amplifiée énormément.

Les recherches de Marey et de Demeny, en France, n'étaient donc pas superflues et, à notre avis, c'est le perfectionnement apporté au système d'entraînement à arrêts par M. Demeny qui a rendu d'abord industriel, pratique et régulier le rendement des images cinématographiques. C'est pour ces raisons que nous considérons cette invention comme décisive et capitale pour l'exploitation possible de cette industrie. Nous avons vu que la question de la *projection* était déjà résolue depuis vingt ans. Après on a perfectionné et on perfectionnera toujours le rendement de la meilleure image animée possible : ainsi, par exemple, MM. Lumière ont rendu l'image plus stable par leur système d'entraînement à griffes. L'emploi de la croix de Malte, qui n'a jamais été breveté utilement, sert à user moins les bandes positives qui passent très souvent dans les appareils de projection; on a industrialisé la perforation, le tirage, le développement des bandes cinématographiques, mais tout cela ce ne sont qu'améliorations, inventions de détails, certes, mais pas transformations complètes des moyens employés.

Avant de décrire à leur rang les procédés d'Edison et de ses collaborateurs, nous avions déjà indiqué les travaux de M. Marey (voir page 29); mais ceux-ci n'avaient que des buts scientifiques et du reste ils furent rapidement dépassés par les perfectionnements apportés par M. Demeny. Rétrospectivement, nous voyons cet inventeur prendre ses brevets de 1892-93, ceux-ci relatifs à ses appareils à disque (voir page 21).

M. Demeny, par son brevet du 10 octobre 1893, fit connaître, le premier en France, des moyens mécaniques qui permettaient de débiter de la pellicule, avec arrêts réguliers et des distances égales entre chaque vue prise arrêtée, cela en un temps de pose de 1/32e de seconde et à la vitesse de seize images enregistrées à la seconde. La reversibilité de l'appareil de Demeny était assurée et ne faisait pas question pour la projection des images positives. (Voir sa conférence.) Edison, ne l'oublions pas, n'arrêtait pas ses vues positives. Si ses collaborateurs, plus haut cités, l'ont fait, on l'ignorait en France. Nous avons vu que la perforation de la pellicule ne pouvait pas être revendiquée utilement; il en était de même du disque obturateur, solidaire de tout le reste du mécanisme. Les points principaux et nouveaux de l'invention de M. Demeny étaient la manière dont il approvisionnait son appareil de pellicules, *sa came* à surface lisse, destinée à tirer alternativement et à laisser arrêtée la pellicule pendant le temps de pose, puis la reprenant régulièrement, pour la faire avancer juste de la hauteur d'une image. On peut objecter à ce système qu'il n'était pas parfait au point de vue de la stabilité des images à la projection, mais il était déjà industriel et c'était le principal.

En 1893, nous allions souvent rendre visite à M. Demeny, à la villa Chaptal, 17, à Levallois-Perret. M. Demeny possédait là un laboratoire bien installé, quoique modeste. Dans ce laboratoire, on faisait aussi de la bonne musique, car M. Demeny était très artiste. Dans le monde scientifique et photographique on parlait alors beaucoup de la découverte de M. Demeny : aussi de nombreux visiteurs, industriels et financiers, se succèdent-ils à la villa Chaptal. Parmi eux, on remarquait beaucoup MM. Gaumont, son groupe financier, et MM. Lumière. On recherchait alors les moyens pratiques de lancer, en France, cette nouvelle et belle découverte. On voulait aussi en tirer le meilleur parti possible industriellement.

Après bien des entrevues ce fut M. Gaumont qui acquit le droit d'exploiter les brevets de M. Demeny. MM. Lumière père et ses fils préférèrent rechercher de leur côté un autre système d'entraînement. Le procédé à griffes, qui est propre à ces messieurs, a été réalisé vers le milieu de 1894. Les premiers essais de MM. Lumière furent faits sur des bandes de papier sensible et perforé en même temps que l'image était prise. La demande du brevet Lumière ayant trait à cette invention, si nos renseignements sont exacts, doit remonter à décembre 1894. Le brevet est du 13 février 1895. Mais les difficultés de mettre au point industriellement l'appareil, probablement, retardèrent jusqu'en mars 1895 la présentation des premières projections en vues animées Lumière à la Société de Physique de Paris. La première exhibition publique et payante à Paris de cette invention eut lieu dans les sous-sols du Grand-Café sur les Boulevards, cela remonte à décembre 1895. Dans tous ces travaux, MM. Lumière avaient eu comme aide et collaborateur modeste, mais très savant, M. Moisson. Le succès fut énorme. Comme la salle était très petite, le public ne redoutait pas de faire plus d'une heure de queue pour jouir, pendant vingt minutes, de ce spectacle si nouveau et si attrayant pour lui (1). Les vues qu'on lui montrait alors étaient aussi bonnes que celles que nous voyons actuellement, mais elles étaient très courtes, chaque sujet n'avait environ que 18 m. de long;

____

(1) Le jour de l'inauguration c'était M. Moisson qui tournait la manivelle et chargeait l'appareil, c'était votre serviteur qui réglait la lampe et réembobinait les bandes, M. C. Maurice tenait la caisse et recevait les invités avec M. Lumière père.

cela n'empêchait pas de trouver *l'arroseur arrosé* très amusant, *l'arrivée du train en gare* d'une vérité achevée et la dispute et les pleurs des deux bébés on ne peut plus naturelle. En 1895, M. Gaumont commençait également l'exploitation des brevets de M. Demeny et sa production industrielle devint de suite très remarquable. La Maison Lumière, au début, n'avait pas cru bon de mettre dans le commerce les appareils construits pour elle par M. Carpentier, elle préférait donner ces appareils à des exploitants privilégiés, choisis par elle; ce mode d'exploitation, imité de celui d'Edison, ne lui fut pas, pourtant, très favorable, au point de vue financier. Au contraire, M. Gaumont vendit de suite des appareils et des bandes toutes faites, que les exploitants n'avaient plus qu'à faire passer en projection. C'est du fait de ces deux conceptions que se multiplièrent, en Europe et dans le monde, les salles de projections où l'on allait voir le cinématographe seulement pour sa nouveauté. C'est à ces époques que remontent les recherches et les réalisations de MM. Parnalan, la Compagnie du Royal Biograph, Joly Carpentier, Gossard, etc. M. Parnalan se servait de chiens qui entraient et tiraient la bande par les perforations. M. Carpentier proposait deux appareils, jumelés; pendant que l'un était ouvert, l'autre était fermé, et faisait avancer la pellicule; l'idée paraissait très séduisante, mais malheureusement, les deux images, prises de deux points différents, ne coïncidaient pas et ne pouvaient pas être projetées justement superposées dans toutes leurs parties.

M. Gossart avait proposé un dispositif très intéressant et auquel on reviendra peut-être, c'était celui qui consistait à procurer un arrêt fictif, si l'on veut, à l'image; grâce à un système optique spécial, l'image se projetait au moment où l'objectif mobile se trouvait en bonne position pour cela. Le brevet de Gossard date du 5 mai 1894. MM. Chéry, Rousseau exploitèrent, à un moment donné, un procédé de ce genre; nous ignorons s'il s'agissait du même brevet. Joly ainsi qu'Edison proposait l'accouplement synchrone du cinématographe et du phonographe, nous verrons pourquoi cette idée, pourtant si attrayante, n'a pas encore pu obtenir de bonnes réalisations pratiques. C'est également tout au début du Cinématographe que nous voyons M. Charles Pathé s'en occuper. Il n'était qu'un industriel, avide de réaliser et d'exploiter des choses nouvelles; on sait avec quelle habileté il sut le faire. Nous signalerons aussi, à cette époque, deux esprits extraordinaires s'occupant du Cinématographe : Ducos du Hauron qui voit la possibilité de lui appliquer ses conceptions géniales de la trichromie et M. Planchat, inventeur malheureux, véritable type du précurseur, du voyant scientifique, réalisant, dans son cerveau et pratiquement la plupart des inventions qui perfectionneront ensuite l'art nouveau qui nous occupe; c'est lui qui exécute le premier la plupart des scènes à trucs qui seront si nouvelles et qui, au début, captiveront tout le public.

Fait très curieux, le Cinématographe ne fut pas très gêné par la concurrence étrangère à ses débuts. A Paris, on ne vit d'intéressant que les projections du Royal Biograph, et bien après, les Allemands introduisirent quelques appareils de projection à croix de Malte.

Pendant plusieurs années, la consommation universelle des bandes à images cinématographiques fut très française.

Du reste, l'exploitation du Cinématographe, comme spectacle animé, restait modeste relativement à ce qu'elle sera lorsqu'elle réalisera une nouvelle forme du théâtre. Une fois l'engouement de la nouveauté passé, du fait des représentations de la salle du Grand Café, il ne resta sur les boulevards, à Paris, que trois ou quatre petites exploitations, où leurs propriétaires faisaient de bonnes recettes, mais pas fortune rapidement. En province, les grandes villes seules pouvaient avoir une salle de cinéma, assurée de faire ses frais.

A ce moment-là encore les vues montrées étaient très courtes. Ce n'est que bien après, 1903-1904-1905 environ, que l'on modifia les appareils prises de vue et de projection pour leur permettre de faire défiler, d'un seul coup, 120 mètres de pellicule négative et jusqu'à 500 et 600 mètres de pellicule positive à la projection.

Pourtant, pour augmenter l'intérêt des représentations cinématographiques, on se servit bien vite des acteurs du théâtre, on composa avec eux des petites scènes de comédie ou de drame et l'on fut étonné de la fidélité avec laquelle le nouvel appareil les reproduisait; mais on était encore arrêté par la brièveté du temps d'enregistrement; il fallait régler le spectacle sur la longueur de la bande, on ne collait pas les sujets ensemble pour les rendre plus longs, on ne faisait pas de scènes avec des arrêts et on ne panoramiquait pas! Au début aussi, on se contentait souvent de la représentation de numéros de cirque, que l'on pouvait régler en temps, facilement.

Les frères Chremo, acrobates; Footit et Chocolat du Nouveau-Cirque, nous procurèrent bien des vues à succès, nous les exécutions alors pour la maison Lumière. C'est aussi cette marque qui fit tourner les premières vues truquées spéciales au Cinématographe; comme le siège de Pékin ou autres villes du Levant prises aux Buttes-Chaumont à Paris, en se servant de figurants recrutés dans la capitale et de canons en bois.

Ce sont MM. Zeca et Pathé qui, pourtant, lancèrent réellement le Cinématographe sur la route théâtrale où il devait rencontrer une de ses meilleures destinées.

M. Gaumont recherchait davantage les beaux spectacles de la Nature en mouvement et il savait en obtenir des vues très appréciées.

Il en fut ainsi, jusqu'au terrible accident du Bazar de la Charité, qui se produisit à Paris, le 4 mai 1897.

Pour manier le Cinématographe dans cette vente de charité, on avait pris comme opérateur n'importe qui. On se servit mal d'un chalumeau oxhyéthérique, cela, pendant qu'il était allumé ou trop chaud. On comprend de suite ce qui dut se produire. La salle où l'on projetait était en toile et en bois, comme le reste du Bazar de la Charité! En un instant, tout ne fut qu'un immense brasier et il n'y eut d'aussi grand que le nombre des malheureuses victimes!

Ce fut aussi un désastre pour le Cinématographe! Il était le coupable, celui d'où venait tout le mal; on ne se risquait plus à ses représentations qu'avec méfiance, et les règlements de police plus ou moins efficaces qu'on lui appliquait le rendaient suspect bien inutilement.

Cela dura jusqu'en 1900. A l'Exposition Universelle qui eut lieu à Paris, il n'y avait que quatre ou cinq exploitations bien petites et locales de cinématographie, à part la grande exhibition gratuite et officielle réalisée par MM. Lumière, dans la salle des fêtes, et dirigée par l'administration de l'Exposition.

Ces représentations cinématographiques méritent d'être rappelées ici, car elles constituent une réalisation qui depuis, probablement n'a jamais été reprise ou égalée. En effet, les vues projetées dans la salle des fêtes installée au milieu de l'immense galerie des machines, avaient 18 mètres de hauteur sur 24 mètres de largeur. Ces vues étaient projetées sur un écran en calicot mouillé. Comme la salle était ronde, il y avait une moitié des spectateurs qui voyait l'image directement et par réflexion et l'autre par transparence. Dans la journée, l'écran était plié dans de l'eau contenue dans un caniveau spécial. Cet énorme écran avait été équipé par M. Lachambre, le constructeur de ballons bien connu alors. L'appareil cinématographique employé était un appareil prise de vue Lumière ordinaire prévu pour faire dérouler 18 à 20 mètres de bande. L'objectif n'avait rien d'anormal, il était seulement du foyer nécessaire pour obtenir l'agrandissement souhaité.

La partie la plus intéressante de cet ensemble était avec l'écran si grand, l'éclairage ! Comme la vue à projeter était aussi du format normal 18×24 millimètres, pour éclairer une surface aussi vaste que celle de l'écran (432 mètres carrés) il fallait de la lumière et le trou par où elle pouvait passer n'était pas grand ; il devenait donc nécessaire qu'elle fût parfaitement dirigée, et par conséquent centrée.

Comme source lumineuse, on disposait d'un arc électrique de 150 ampères environ fixé dans un projecteur de marine à miroir parabolique. Ce miroir avait un mètre quarante de diamètre. La grosse difficulté était de conserver une telle lumière bien centrée, mais comme les vues étaient très courtes, on y parvenait. Entre le projecteur et l'appareil, il y avait une lentille rétrécissant le faisceau de lumière et une respectable cuve à eau ; on n'admettait la lumière qu'une fois la pellicule mise en marche et grâce à ces précautions jamais on n'eut à déplorer aucune trace de brûlure, mais il fallait être très attentif et prudent. Le succès fut tel que l'on dut faire étayer le plancher de la salle des fêtes pour supporter les foules et le public ne redoutait pas de faire plusieurs heures de queue pour assister gratuitement à ce spectacle qui le captivait déjà énormément.

Pour lancer le Cinématographe sur la voie brillante et prospère qui s'offrait à lui, il fallut intéresser les spectateurs par des images plus spéciales, plus amusantes et faire oublier qu'il était un moyen mécanique, par lequel on pouvait passer pour intéresser, captiver, instruire les éternels enfants que sont les humains.

Notre pays était tout désigné pour ce nouveau rôle : son esprit vif, gai, artistique en devait faire un faiseur d'histoires cinématographiques universellement apprécié et compris.

C'est à cette époque, 1900-1908, que nous voyons se créer en France la véritable industrie cinématographique. M. Gaumont poursuit avec constance son exploitation qui augmente et se perfectionne de jour en jour. Il avait établi, 1895-1896, rue des Alouettes, dans un petit pavillon bien modeste, la première usine cinématographique parisienne. Nous y sommes trois employés ; on y perfore les pellicules Eastman au pied, sur une table de machine à coudre ; après, on y installe un moteur à gaz de 2 à 3 chevaux et une petite batterie d'accumulateurs; on tire les positifs comme l'on peut, grâce au retrait de la pellicule négative et l'on développe dans un seau de toilette, mais les clients sont heureux et se font inscrire pour avoir au plus vite, l'instrument de la fortune!

MM. Lumière, pendant ce temps, perdent beaucoup de l'avance commerciale qu'ils auraient dû conserver; ils se confinent trop dans le domaine scientifique. Mais M. Ch. Pathé que nous avons déjà vu s'occuper de cette industrie en 1896, aidé de son fidèle Zeca, comprend de suite que la vue cinématographique qui jouera la comédie, qui réalisera le théâtre mécanique a un avenir rémunérateur assuré. Mais il n'a pas de quoi réaliser ses conceptions. C'est alors que sans connaissances techniques bien approfondies, il installe pour lui une petite usine et un modeste théâtre à Vincennes. Il se sert héroïquement des machines et des collaborateurs qu'il peut rencontrer et aptes à lui rendre des services. Ses premiers et meilleurs clients, comme ceux de M. Gaumont, sont les propriétaires des théâtres ambulants, des fêtes publiques. Ils sont faciles à satisfaire; ils ne réclament pas des sujets bien fins, ni artistiques; leurs clients sont des gens simples : pourvu qu'ils rient, qu'ils pleurent, pour bien s'amuser, comme ils disent! Si l'on remue en eux leurs sentiments naturels de bonté et de pitié et que la vertu soit à la fin récompensée, tout sera jugé bon et intéressant. C'est pour cela que le cinématographe, à ses débuts, ne sera pas méchant moralement.

M. Zéca sait produire pour le goût de ces clients-là; c'est pour cette raison que les demandes affluent à l'usine Pathé, à Vincennes, rue du Polygone. On doit en agrandir les bâtiments, faire construire toujours plus d'appareils. Grâce au travail acharné de M. Ch. Pathé et de ses collaborateurs, les nouvelles usines emploient rapidement plus de 2.000 personnes, dont un état-major de techniciens et d'ingénieurs. Ces établissements produisent jusqu'à 100.000 mètres de pellicule positive imprimée par jour et la réputation de la marque devient universelle.

Nous nous permettrons de nommer quelques collaborateurs dévoués, ayant contribué au développement de cette production si importante pour le développement de notre industrie nationale. Chez M. Pathé : M. Caussade, dont le bon sens pratique et technique était sûr. M. Zeca déjà cité, qui composait et mettait en scène lui-même les sujets qui se vendaient le mieux. M. Legrand, qui rapportait de partout des vues toujours intéressantes. M. Duval qui créait et perfectionnait les machines et les instruments propres à cette nouvelle fabrication. Chez M. Gaumont, la petite usine du début, faisait place rapidement à un immense théâtre vitré qui a 45 mètres de profondeur, 20 mètres de large et 34 mètres de haut; le tout, couvert par des dalles de verre, offre une surface de 2.800 mètres carrés, le petit moteur à gaz est remplacé par un groupe électrogène de 16.500 watts et le reste est à l'avenant. Au début, M. Gaumont faisait construire ses premiers appareils par M. Decaux, alors ingénieur de la maison Tavernier-Gravet. Comme opérateur et manipulateur de cette maison, le fidèle Gustave savait toujours se dévouer.

Ces MM. Lumière faisaient construire leur Cinématographe par le regretté M. Carpentier, qui devint par la suite membre de l'Académie des Sciences. C'est pour cela que cet instrument fut toujours une merveille de précision. Les pellicules et les vues Lumière étaient préparées et impressionnées dans les usines de Lyon.

Grâce à ces sources de production, toujours augmentées, la clientèle mondiale pouvait facilement s'approvisionner d'appareils de projection et de vues intéressantes, prêtes à servir à composer un programme très varié et, le plus souvent, très rémunérateur.

A cette époque, il fallait que l'exploitant achète les bandes qui devaient composer son programme; du reste, les appareils et les opérateurs débutants se chargeaient de les abîmer rapidement, elles périssaient brûlées ou arrachées plus ou moins par les perforations.

L'exploitant qui se déplaçait beaucoup, n'avait pas besoin de renouveler son programme aussi souvent que celui qui restait à poste fixe, car il s'adressait à un public plus facilement renouvelable, mais déjà, des exploitants, moins difficiles, rachetaient les bandes usagées et, grâce à de savantes coupures et des collages appropriés, ils les rendaient encore commerciales. Dans les pays très éloignés ou primitifs, ces bandes procuraient toujours des bénéfices.

Le public instruit, bourgeois, n'allait pas encore beaucoup au cinématographe; il l'avait vu comme nouveauté scientifique et cela lui suffisait. Les bons clients du cinématographe à ses débuts, c'étaient les bons clients des forains. Pour ce public spécial, il ne fallait pas être compliqué. On ne pensait pas du tout aux dépenses somptueuses de règle aujourd'hui pour établir un scénario. Un acteur à nom et à talent connus n'aurait jamais voulu s'abaisser à venir jouer devant une machine qu'il croyait incapable de rendre fidèlement ses effets ou ses expressions les plus variés.

Entre autres vues naïves du début, nous citerons un certain Mystère qui avait la prétention de vouloir représenter la *Passion!* Dans cette bande, il y avait des tableaux, des mises en scènes, des attitudes, des personnages sacrés d'un commun rare. Entre autres, l'étoile en carton qui devait conduire les mages se promenait au bout d'un fil de fer qui lui imprimait des mouvements de pendule on ne peut plus réjouissant! Et cependant, cette bande réalisait le plus gros tirage de toutes celles éditées à cette époque-là! Malgré ces bonnes dispositions, on commençait à trouver les productions du cinématographe par trop primitives; on compliqua donc, on rendit plus intéressantes les fameuses scènes à trucs qui plaisaient aussi beaucoup. Après, on s'adressa à des metteurs en scènes, à des faiseurs de scénarios plus savants, mieux en possession de leur métier, certains acteurs bien inconnus alors du vrai théâtre, très modestes dans leurs prétentions, mais plus intelligents que les autres, comprirent tout ce qu'ils pouvaient faire rendre à ce nouveau procédé théâtral, c'est ainsi que naquirent les premières vedettes du Cinéma. Une du début, tout à fait, fut Max Linder et, pourtant, il dut attendre longtemps pour se faire apprécier et payer à sa juste valeur. MM. E. Floury, ancien directeur du Théâtre du Châtelet; Capellani, Euzé, Feuillade, etc., etc., furent des metteurs en scène du début, qui firent tous leurs efforts pour élever le niveau artistique et intellectuel des productions théâtrales du Cinématographe. L'aversion des grandes vedettes du Théâtre pour cette machine diminuait en même temps qu'elle prouvait qu'elle pouvait être davantage artiste et interprète fidèle des expressions qu'on voulait bien lui confier; et puis le Cinématographe devenait riche; il pouvait payer royalement ceux qui lui apportaient des éléments assurés de succès et devant ces arguments trébuchants alors, les derniers scrupules tombèrent comme par enchantement!

D'aussi brillants résultats devaient susciter et créer de nombreuses concurrences; aussi, nous les voyons surgir un peu de tous les côtés et de tous les pays. Les Etats-Unis avec la Compagnie Edison et beaucoup d'autres commencent une production intensive de sujets spéciaux qui portent le cachet de leur origine et qui pourtant se vendent bien universellement, car, au fond, leurs conceptions théâtrales sont simples et classiques. C'est cette production et ce marché américain qui devinrent de suite les plus redoutables pour la production française; aussi, pour tâcher de lutter utilement contre eux, MM. Pathé et Gaumont vont créer en Amérique des usines qui pourront fournir sur place des éléments capables de résister à la production de ces pays. Pendant un certain temps, jusqu'en 1913, par exemple, ils y parviendront à peu près, mais pendant la guerre, la pauvre industrie française périclitera, tandis que celle d'Amérique prendra une extension que nous ne pourrons plus concurrencer utilement. D'Angleterre, il arrive sur le marché des vues comiques qui se vendent très bien universellement; du reste, l'industrie cinématographique de ce pays se développe très vite, car elle a un marché colonial considérable à alimenter. L'Italie qui, avant la guerre, possédait une main-d'œuvre très bon marché et des artistes de goût très sûr, était toute désignée pour devenir une bonne productrice de vues animées; elle y parvint, en effet, mais elle ne put jamais prendre une place prépondérante sur le marché mondial, faute de capitaux et de débouchés suffisants.

Au début, l'Allemagne ne fut pas une concurrente sérieuse pour la production des vues théâtrales animées; depuis, elle cherche à se rattraper. De suite après la guerre on vit apparaître sur le marché quelques-unes de ses productions, dignes fruits de sa culture maboule. *Le Docteur Galigari* qui est une histoire de fou, se passant chez les fous et racontée à un autre fou, en est un bel échantillon. L'Allemagne se sert aussi du cinéma pour inonder le monde d'une propagande antifrançaise des plus dangereuses parce qu'elle est animée. Comme si cela ne suffisait pas, on dit que ses financiers viennent d'acheter ou de se rendre maîtres des principales sociétés d'édition de films italiennes. Cette source d'art véritable servi par les capitaux allemands peut devenir redoutable sur le marché universel.

Les Scandinaves font aussi de la très intéressante vue animée.

En France, il se créa, au début du Cinéma, de nombreuses sociétés nouvelles, mais la production générale devint rapidement plus forte que la demande et il en résulta bien des déconvenues financières pour des gens peu expérimentés. La lutte fut âpre au possible, on s'enlevait les bons acteurs, les titres à effet, on faisait paraître avant lui un sujet que l'on savait traité par un concurrent, etc. Pendant ce temps les sociétés Gaumont, Ch. Pathé et toutes celles qui sont prudentes et actives profitent de leur avance industrielle et se maintiennent, mais, on brûle les étapes, on exploite tout ce qui est exploitable; on s'inquiète et l'on se demande déjà si l'on ne va pas trop vite tuer la poule aux œufs d'or?

Dès 1908 environ, on sentait qu'il fallait renoncer à la vente directe des vues cinématographiques, et entrer dans la voie de la location aux exploitants. Cette nécessité réduisit forcément beaucoup la production de la bande positive. Cela était d'autant plus inévitable que les appareils à croix de Malte s'étaient très perfectionnés pour la projection; les opérateurs étant plus adroits aussi, la pellicule pouvait passer impunément un plus grand nombre de fois en projection sans trop se détériorer. De ce fait, les maisons de ventes de pellicules cinématographiques positives à sujets théâtraux, devinrent des agences de location où les exploitants pouvaient venir s'approvisionner d'un spectacle complet et varié propre au goût de leurs clients et à la valeur du prix de leurs places.

Les grandes marques de cinématographe continuaient leur production d'œuvres nouvelles; forcément, les dernières éditées étaient les plus recherchées et considérées à juste titre comme susceptibles de produire les meilleures recettes; elles étaient louées plus cher, et seules pouvaient les obtenir et les rémunérer suffisamment, les exploitations de premier ordre. Une fois que ces vues étaient passées dans ces salles, leur valeur marchande et de nouveauté diminuant, elles pouvaient se louer meilleur marché et contenter d'autres exploitations plus modestes ou plus lointaines. Comme la durée de la location était généralement d'une semaine et que l'on pouvait espérer trois, quatre ou six locations, à valeurs décroissantes il est vrai, la solution du problème se réduisait donc à trouver l'amortissement des frais d'établissement du négatif, du tirage des positifs et le bénéfice, dans ces seules opérations. Déjà avant 1914, il était difficile d'arriver à cet heureux résultat en France, et si on ne produisait pas une bande qui plût suffisamment au public mondial.

C'est ce qui détourna les grandes usines de continuer leur production personnelle intensive de sujets forcément toujours plus beaux et plus coûteux, capables de lutter avantageusement contre la concurrence étrangère. On sait que l'expérience des uns n'a jamais profité aux autres; aussi, pour les remplacer apparurent les nouvelles sociétés dites d'art, qui s'essayèrent à cette production. Beaucoup produisirent des œuvres remarquables : auteurs, acteurs, metteurs en scène, rien n'était trop bien ni trop beau! C'est peut-être pour cela que peu réussirent financièrement.

Ces Sociétés vendaient leur production aux grandes marques. Celles-ci pouvaient les éditer et les louer facilement, grâce à tout leur matériel et à leurs services de location déjà existants.

Les jours de la grande production, en un minimum de temps, de beaucoup de mètres de pellicule positive n'étaient déjà plus; de ce fait, la somme des bénéfices réalisés par les grosses affaires diminuait forcément. Pour tâcher de retrouver ce gain, on dut se lancer dans l'exploitation directe du sujet produit ou acheté pour l'édition. C'est ce qui fit apparaître ces immenses salles de Cinéma si luxueuses que nous connaissons tous aujourd'hui.

Avant de quitter la période heureuse pour le Cinématographe français, nous citerons quelques chiffres d'après M. Rosen et autres documents retrouvés.

La Compagnie Générale de Phonographe, Cinématographe et appareils de précision Pathé, en 1910, porte son capital de 5 à 10 millions; elle arrive à réaliser un chiffre d'affaires de 40 millions. En France, il y a bien peu d'exploitations industrielles, métallurgiques ou charbonnières qui puissent parvenir à un tel résultat. En même temps, le chiffre des exportations s'est élevé à 30 millions pour cette Société. La Compagnie Gaumont, plus modeste, est montée au capital de 3 millions, mais elle procure des résultats financiers très intéressants également.

Il en est de même des Sociétés Omnia Pathé, Plaques et Papiers Lumière, Cinéma, Exploitation Eclipse, Eclair, Aubert, etc...

Pendant ce temps, le marché américain voyait continuellement augmenter ses demandes, et c'est pour cela qu'il commence à s'outiller pour s'approvisionner lui-même. Comme ses besoins seront énormes par rapport à ceux de l'Europe, il va devenir le plus puissant producteur de vues cinématographiques.

Par contraste avec ce plus gros consommateur, la France est probablement encore le plus petit client de ce nouveau genre de théâtre, cela proportionnellement à sa surface territoriale et au nombre de ses habitants. D'après la chronique cinématographique du journal *Le Journal*, il n'y a en France que 2.372 salles de cinéma en exploitation. Paris n'en aurait que 208 réparties dans tous les arrondissements de la capitale. Le 1er arrondissement n'a pas une seule salle de cinéma et les 18e et 20e en ont 21 chacun. En Allemagne, il y aurait 3.731 salles. En Angleterre, 4.000. Dans la Belgique, toute petite, 800. En Italie, 2.500. En Roumanie, 150. En Suisse, 160. Mais l'Amérique en aurait 17.780, aussi il ne faut plus s'étonner de ses besoins. On ne donne pas de chiffres pour les pays scandinaves, mais quoiqu'on y aime beaucoup le cinéma, on ne peut pas non plus y lutter contre l'Amérique.

Pour tâcher de réagir contre la concurrence étrangère, le groupe de défense des films français a fait parvenir aux parlementaires le texte de son manifeste; dans celui-ci on lit :

« Le cinématographe français succombe sous les coups répétés de l'invasion étrangère; des chiffres sont là qui le prouvent. Il est présenté chaque semaine à Paris, plus de 20.000 mètres de films nouveaux, soit environ un million de mètres par an. Sur ce million de mètres à peine 15 % (environ 150.000 mètres) sont français. Tout le reste, soit 850.000 mètres est composé de films étrangers, américains, scandinaves, italiens, allemands même. Il est projeté sur les écrans de ces pays 90 % de leur production nationale, ici malgré le magnifique effort des cinématographistes français, sur les 2.000 et quelques écrans de France, ne passent pour la plus grande partie que des films étrangers, exactement 87,50 %. Péril redoutable pour les jeunes générations sur lesquelles le Cinématographe est un puissant moyen d'action qui les imprégnera peu à peu de culture étrangère, au détriment de notre propre culture. Nous avons dit autre part la raison de cette effarante disproportion. »

Du fait de la clientèle mondiale à alimenter, la production cinématographique ne peut-être, aujourd'hui, que créée au goût universel. Il faut qu'elle satisfasse toutes les mentalités, les civilisations qu'elle veut exploiter. Parmi toutes les œuvres cinématographiques ainsi produites, il s'en trouvera forcément de plus belles, de plus justes et qui répondront mieux aux pensées idéales de l'humanité. Ce seront celles que l'on verra partout et qui feront gagner la forte somme à ceux qui auront su les concevoir, les réaliser et les exploiter. C'est pour ces raisons que la production de l'œuvre cinématographique devient plus difficile et plus hasardeuse dans des pays comme le nôtre, où on n'est pas toujours assuré de récupérer ses dépenses par la seule exploitation territoriale.

Le Cinématographe universel va devenir, espérons-le, la machine la plus puissante que l'homme ait créée pour l'aider à lutter contre la barbarie et l'ignorance, toujours prêtes à détruire ses efforts intelligents pour mieux se civiliser. Heureux ceux qui pourront en profiter financièrement parlant.

$$\text{CHAPITRE II}$$

Les Appareils Cinématographiques.
Leurs particularités. — Leurs fonctions.
Le Cadrage fixe des Images projetées. — Leurs formats

Nous avons vu comment le Cinématographe était devenu ce qu'il est. Nous allons examiner son fonctionnement, car si on conçoit bien les raisons pour lesquelles il a été ainsi établi, on pourra se faire une idée plus précise de ses nécessités.

Actuellement, le ruban qui sert à recevoir les images négatives et positives destinées à produire la projection animée est constitué par une pellicule souple, perforée sur ses bords, plus ou moins large, transparente, lisse, résistante et susceptible de bien défiler dans les appareils. Voyons comment ce défilage doit s'effectuer. Pratiquement, la pellicule est enroulée sur une bobine enfilée sur un axe fou. Pour que l'inertie de cette masse et le diamètre variable du rouleau de pellicule ne viennent pas influencer la quantité de pellicule amenée à l'appareil, on a imaginé de régulariser ce débit par un rouleau denté. Les dents de ce rouleau sont au même pas que la perforation de la bande qui entre dedans.

Si le rouleau denté est animé d'un mouvement constant et suffisant par rapport à la vitesse d'entraînement de la pellicule dans tout l'appareil, on assurera ainsi à l'ensemble un débit également constant et suffisant en pellicule.

L'appareil proprement dit, approvisionné par ce moyen, reçoit la pellicule par l'intermédiaire d'une sorte de boucle libre formée par celle-ci. Cette boucle peut avoir la longueur représentée par cinq ou six images ; elle est placée juste au-dessus de l'entrée d'un couloir à porte qui emprisonnera la pellicule entre ses parois en lui faisant supporter un léger freinage qui l'empêchera de glisser pendant les arrêts qu'elle va avoir à subir dans cette partie de l'appareil.

Au milieu de ce couloir, qui a la hauteur de huit à dix images généralement, se trouve la fenêtre au travers de laquelle l'image sera enregistrée ou projetée.

Comme nous l'avons vu, avant d'entrer dans le couloir, la pellicule est amenée par un mouvement régulier; mais, pendant qu'elle parcourt la boucle libre, ce déplacement va se transformer en mouvement d'avancement intermittent plus ou moins rapide.

La boucle que nous venons de signaler a pour but de conserver une certaine longueur de pellicule libre, afin que le changement de régime puisse se produire dans cet espace, sans que la pellicule soit malmenée et subisse des efforts de traction trop considérables. Cette boucle a encore comme fonction de rendre sensible, seulement à une faible partie et par conséquent à un petit poids de la pellicule, les phénomènes d'inertie provoqués par les arrêts et les reprises brusques du mouvement de la bande. La partie de la pellicule comprise entre la boucle supérieure, le couloir et une autre boucle identique formée au-dessous de celui-ci, doit subir ces arrêts pour que, pendant ce temps d'immobilité, une image soit prise ou projetée, puis la bande doit encore être entraînée d'une longueur égale à la hauteur d'une image pour que les mêmes opérations puissent s'accomplir à nouveau et ainsi de suite jusqu'à la fin de la bande. Lorsque nous aurons dit que seize arrêts et autant de remplacements de surfaces doivent être exécutés en une seconde, on comprendra le travail relativement formidable que doivent accomplir les appareils et les pellicules cinématographiques.Ce travail est rendu visible, du reste, par l'usure rapide des instruments aujourd'hui employés. On sait qu'en mécanique tout corps pesant mis en mouvement emmagasine de la force, proportionnellement à son poids et au carré de la vitesse qu'il possède. Cette force ne peut pas être anéantie instantanément par un arrêt brusque dès l'instant que la masse en mouvement acquiert tant soit peu de poids; ou à défaut de cette possibilité tout est brisé. Le Cinématographe n'est possible que parce que la masse de la pellicule animée d'un mouvement non continu est très petite et pèse peu, comme nous venons de le voir. C'est pour cela également qu'on ne peut pas faire de la bonne Cinématographie sur des bandes de verre et que les modes d'entraînement de la pellicule dans son mouvement non continu sont plus ou moins réguliers et résistent mieux dans leurs organes, selon qu'ils respectent plus ou moins bien ces mêmes lois mécaniques et dynamiques.

Une fois que la pellicule a reçu son mouvement non continu des systèmes d'entraînement divers que nous examinerons tout à l'heure, en bas du couloir elle reforme une boucle qui remplit la même fonction que celle que nous avons déjà signalée. Pendant ce passage, la pellicule a repris son mouvement continu et celui-ci est encore régularisé par un autre rouleau denté qui tourne toujours avec une vitesse proportionnellement égale à tous les autres organes de l'appareil.

De ce cylindre denté et entraîneur, la pellicule arrive enfin sur une bobine réceptrice à diamètre extérieur variable, suivant la plus ou moins grande quantité de bande enroulée dessus. Afin que cette bobine irrégulière ne produise pas de tractions nuisibles, elle est montée à frottement dur sur l'axe entraîneur qui la sollicite à enrouler la pellicule. Pour réaliser complètement les fonctions nécessaires à la cinématographie, il faut encore que la pellicule soit masquée à la fenêtre du couloir toutes les fois qu'elle est mise en mouvement pour effectuer le changement d'image, autrement les impressions négatives sur la pellicule sensible s'étaleraient sur toute sa surface sans former d'images précises. A la projection de la vue positive, on ne verrait qu'une traînée sur l'écran, au lieu d'une image bien repérée en position. Ce résultat est obtenu à l'aide d'un obturateur rotatif à secteurs, calculé de façon à ce que ceux-ci masquent la pellicule toutes les fois qu'elle est en mouvement et laissent passer l'image de l'objectif ou la lumière de projection seulement au moment où une surface d'image est arrêtée. Le mouvement rotatif de l'obturateur est, par le moyen d'un train d'engrenage spécial, solidaire de la vitesse générale de l'appareil; il reçoit cette vitesse d'une seule et même manivelle actionnée à la main ou par un moteur régulier quelconque. Les obturations rapides et fréquentes des images positives provoquent ce que l'on nomme le scintillement à la projection. Nous reviendrons plus loin sur cette question.

Mode d'entraînement de la pellicule par les appareils cinématographiques. — La difficulté la plus considérable à résoudre en cinématographie est de procurer à la pellicule le mouvement non continu qui lui est nécessaire à l'aide d'organes mécaniques pesants, qui, eux aussi, dans ce cas, vont être influencés par les phénomènes de l'inertie. Il est donc indiqué, pour arriver à une bonne solution ici, de mettre seulement en mouvement non continu, en plus de la pellicule, des masses métalliques de commande, aussi légères que possible. Il est même préférable d'employer à cet usage des mouvements mécaniques continus provoqués par des organes également animés de mouvements réguliers tout en assurant à la pellicule seule les arrêts qui lui sont nécessaires.

Tous les systèmes d'entraînement employés dérivent plus ou moins de ces deux conceptions.

La première de ces deux solutions a été la plus employée quoiqu'elle ne soit pas la plus parfaite; mais une de ses réalisations était dans le domaine public et possédait certains avantages commerciaux nécessaires aux appareils qui doivent projeter les images du cinématographe : nous voulons parler de la *croix de Malte*, dont le fonctionnement mécanique est connu pour l'intermittence du mouvement qu'il procure en partant d'autres organes qui le commandent et qui sont, eux, animés d'un mouvement continu.

En cinématographie, on monte solidairement avec la croix de Malte, un rouleau à dents qui entraîne la pellicule par sa perforation; on obtient ainsi les arrêts nécessaires; mais on remarquera qu'en plus de la masse de la pellicule, comprise entre les deux boucles, il faudra encore arrêter la croix de Malte elle-même et le cylindre denté qu'elle commande. Quoi que l'on fasse, l'inertie agira sur toutes ces pièces pesantes lancées à la vitesse que nous connaissons; les organes métalliques ainsi malmenés prendront du jeu forcément. De ce fait, les arrêts et les reprises de la pellicule ne se feront plus exactement aux mêmes endroits de leur course; l'image présentée à la fenêtre du couloir ne s'y arrêtera plus à la même place rigoureusement, et les images projetées manqueront de fixité sur l'écran.

Néanmoins, et comme nous le disions précédemment, la croix de Malte est très employée pour les appareils de projections car on l'a beaucoup perfectionnée dans ces derniers temps. On a recommandé ce système aux exploitants parce que le cylindre denté entraîne la pellicule par un grand nombre de dents de la perforation; il en résulte une usure moins grande des bandes positives. Mais une grande surveillance du mécanisme s'impose si l'on veut conserver une bonne fixité aux images projetées. Pendant ces dernières années, les Maisons Gaumont, Pathé, etc., etc., ont considérablement amélioré la construction de la croix de Malte.

Cette pièce principale a été exécutée en acier et rectifiée après trempe. Dans le modèle de M. Gaumont (fig. 12), les quatre fentes radiales *f* qui forment la croix servent successivement de coulisse à un doigt *d* fixé sur un plateau voisin, tournant d'un mouvement

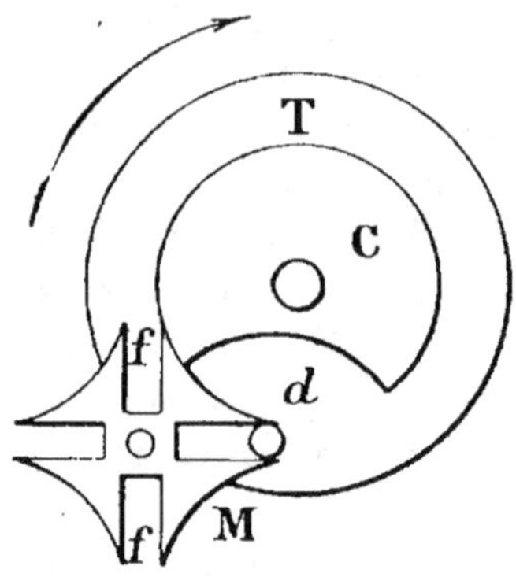

Fig. 12.

uniforme. A chaque tour de ce plateau le doigt pénètre dans une des fentes de la croix de Malte et entraîne celle-ci dans son mouvement de façon à lui faire exécuter un quart de tour; le doigt s'échappe alors de la fente pendant qu'une position du disque cylindrique C faisant corps avec le plateau T vient s'appliquer exactement contre la partie qui termine chaque branche de la croix et assure ainsi l'immobilité rigoureuse de cette pièce entre deux entraînements successifs.

Si l'on analyse le mouvement de la croix de Malte, on se rend compte que la vitesse de rotation croît progressivement à partir du moment où l'attaque commence pour atteindre un maximum et puis décroître ensuite. Ce dernier fait est également avantageux pour éviter l'usure de la bande puisque le cylindre denté entraîneur de la bande possède la même suite de mouvements progressifs.

Pour maintenir à ces fonctions toute leur rigueur, on a prévu un réglage utile dans le cas où un peu d'usure se produirait à la longue. L'arbre de la croix de Malte est pour cela monté sur un support susceptible d'un petit décalage dans le sens du déplacement des centres des deux mobiles T et M, rapprochement dont la mesure est déterminée par deux vis opposées l'une à l'autre et qui permettent de bloquer rigidement le support dans sa position convenable.

Pour éviter l'usure, la croix de Malte est maintenant en acier trempé, elle est enfermée avec son plateau d'entraînement dans un carter étanche qui permet à ces deux organes de plonger continuellement dans un bain d'huile.

M. Demeny nous a déjà parlé du système d'*entraînement à came* qui fut le but de son invention. Nous voyons là se réaliser pour la

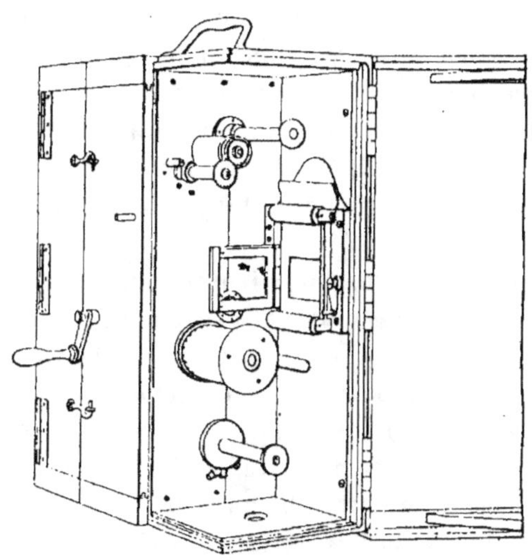

Fig. 13. — Modèle du premier appareil Demeny construit par M. Gaumont ;
à côté du cylindre denté on voit l'extrémité de la came.

première fois un des grands perfectionnements du cinématographe. En effet, par ce moyen, toutes les parties du mécanisme entraîneur ne sont plus animées que de mouvements continus; l'inertie n'intervient plus d'une façon nuisible, que sur la seule masse de la pellicule animée d'un mouvement coupé par des périodes rapides d'arrêts. Par le mode d'entraînement de M. Demeny (1), la pellicule est amenée à la came par un cylindre denté qui assure la régularité du débit (disposition signalée également par cet inventeur), la boucle est formée après, et la pellicule entre dans le couloir qui va faire frein. Au-dessous même de ce couloir la pellicule rencontre la came d'entraînement comme nous l'avons déjà vu sur la figure de la page 30. Cette came va tirer par périodes sur la pellicule en agissant sur toute la largeur de la bande; elle produira son action à l'avancement proportionnellement à son pas et à l'adhérence qu'elle pourra provoquer elle-même, sur la surface de

---

(1) Nous parlons du modèle commercial établi ensuite par M. Gaumont.

la pellicule tendue par un deuxième rouleau denté qui tire, lui, uniformément. Mais cette came n'a pas d'autre point d'appui précis; aussi, la pellicule éprouvera quelquefois une résistance variable à l'avancement sous l'effort de la came et suivant le freinage plus ou moins énergique que les parois du couloir exerceront sur elle.

De ces fonctions, si délicates à bien régler, il résultait dans certains cas une sorte de léger flottement de l'image par rapport à la position mathématique qu'elle doit conserver sur les bords de la fenêtre du couloir. Il est certain qu'à l'époque où avait été trouvée cette solution, elle était très remarquable et plus que suffisante. Dans la pratique elle a toujours donné des résultats très appréciés.

Ensuite vint le système d'entraînement à griffes employé par MM. Lumière. Comme dans le précédent, toutes les parties du mécanisme sont animées de mouvements continus, mais au lieu d'attaquer la pellicule par toute sa surface, le système Lumière la saisit par deux points fixes constitués par les bords de deux trous de perforation. Les trous de cette perforation sont placés à la distance exacte correspondant à la hauteur d'une image (1). Dans ces trous, les inventeurs font introduire l'extrémité de la tige de deux sortes de griffes qui vont chacune tirer verticalement sur un bord de la pellicule, cela pendant une course égale à la hauteur d'une image.

La bande arrivée à ce point va être abandonnée des griffes qui se retirent dans la paroi du couloir. Comme la pellicule est emprisonnée dans le couloir fermé de l'appareil de la même manière que dans les systèmes précédents, et grâce au même freinage, aussitôt qu'elle est abandonnée à elle-même elle s'arrête, si la pression du couloir est suffisante pour éviter les lancées; pratiquement, cette condition est très facile à réaliser, la pellicule peut donc conserver un point d'arrêt constant. Pendant l'immobilité de la bande ainsi obtenue, les griffes sont remontées, toujours rentrées, à la hauteur d'un trou de perforation précédent. Mais, à ce moment, elles sont portées de nouveau en avant, elles entrent dans la perforation et aussitôt elles sont animées encore du même mouvement précis de traction rectiligne correspondant à la hau-

---

(1) Ceci dit pour la perforation Lumière. Pour la perforation américaine les griffes n'agissent que sur une perforation sur 4.

teur d'une image et elles entraînent la bande. Cette traction cesse au moment où la pellicule est arrivée au bout de la course nécessaire; elle est immobilisée comme précédemment, les griffes se retirent, remontent, et ainsi de suite.

Le mécanisme qui produit ces mouvements, très compliqués en apparence, est très simple et très ingénieux, en réalité.

Le mouvement rectiligne des griffes est obtenu à l'aide d'un cadre métallique dans l'intérieur duquel tourne une camé triangulaire. La course rectiligne du cadre est fonction de sa forme et de celle de la came. Pour guider le mouvement du cadre, celui-ci possède deux tiges droites et plates extérieures sur lesquelles il coulisse. Sur le même axe que la came est placée une roue pleine portant sur son diamètre, et en épaisseur, une rampe hélicoïdale.

C'est cette dernière disposition qui procure aux griffes le mouvement d'avancement et de retrait qui les fait pénétrer et sortir de la perforation. Dans ce système, nous voyons qu'il a été employé des mouvements continus circulaires transformés en mouvements rectilignes; cela n'a pas d'inconvénient car en équilibrant les masses, et à l'aide de volants, on obtient une vitesse d'entraînement très suffisamment constante. La précision obtenue par cet ensemble lorsqu'il est bien réglé et neuf n'a jamais été dépassée; il peut procurer des images absolument fixes si toutes les autres conditions de la fabrication de la bande cinématographique sont bien remplies. Le système d'entraînement breveté par MM. Lumière est aujourd'hui tombé dans le domaine public, aussi est-il très employé. Il est largement exploité par les maisons importantes de cinématographie et les opérateurs sérieux le préfèrent à tous les autres pour les prises de vues.

Ce mécanisme, d'une grande précision mais déjà ancien, n'avait peut-être pas été prévu et construit pour satisfaire au travail énorme exigé aujourd'hui par les exploitations industrielles. Il en résultait par l'usure une perte de fixité dans les projections. C'est pour obvier à cet inconvénient que M. Carpentier, le constructeur si réputé de la maison Lumière, a construit des types de projecteurs renforcés. M. Continsouza, qui apprécie avec juste raison les qualités toutes spéciales de ce mode d'entraînement, a fait construire également des types de projecteurs renforcés sur ce modèle; ces instruments sont très demandés par les exploitants connaisseurs.

Dans le même ordre d'idées, M. Prévost a construit des instruments résistant bien à un travail considérable et conservant une précision parfaite (fig. 14). Dans ces nouveaux appareils, la came triangulaire est beaucoup plus puissante, sa surface d'entraînement a été considérablement augmentée. Le cadre métallique animé du mouvement rectiligne a été aussi tout à fait modifié, c'est sur l'axe de la grande came que sont placées deux autres petites cames en acier qui font avancer ou reculer les griffes d'entraînement. Cette disposition nouvelle supprime la rampe hélicoïdale et les parties du mécanisme montées en porte-à-faux.

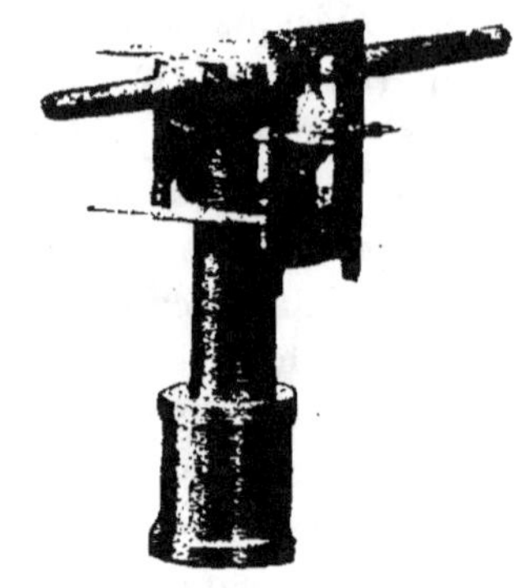

FIG. 14.

Comme toutes ces pièces sont en acier et rectifiées après la trempe, elles conservent leurs formes parfaites primitives et, de ce fait, l'entraînement est toujours précis.

On a proposé encore bien d'autres moyens pour entraîner l'image cinématographique; nous citerons parmi les plus connus ceux de M. Parnalan. Dans ce système et d'autres exploités en Angleterre, au lieu de griffes, on se sert de sortes de chiens à ressort qui attaquent la pellicule par la perforation pour la faire avancer et qui rentrent dans l'épaisseur des parois du couloir lorsqu'ils remontent. Le mouvement rectiligne est obtenu à l'aide d'une bielle. Dans un petit appareil, qui a nom mirographe, on a employé une sorte de colimaçon métallique qui tire alternativement sur une perforation ouverte sur le bord de la bande.

La Maison Debrie emploie un système d'entraînement à griffes qui assure également une parfaite stabilité à l'image.

Pour conserver à la pellicule un mouvement continu et produire un arrêt fictif de l'image, MM. Chéry et Rousseau ont proposé vers 1899 une sorte de roue composée de prismes en verre taillé. Au passage de la pellicule sur cette roue qui était animée d'un mouvement rotatif continu, les images étaient projetées, par ce système optique, arrêtées sur l'écran. Une conception du même ordre a été réalisée par l'emploi d'un miroir oscillant; on pouvait voir en Amérique, vers 1898, des petits cinématographes à images sans fin tirées sur papier. Actuellement on construit des cinématographes jouets à très bas prix, le format de l'image est toujours le même et, dans ce cas, c'est une croix de Malte tout ce qu'il y a de plus primitive qui assure un entraînement très suffisant. Le nombre des idées émises pour entraîner la pellicule cinématographique est énorme, nous n'entreprendrons pas de les examiner toutes; elles n'ont pas grand intérêt car leur emploi n'existe presque plus dans l'industrie.

Un des derniers perfectionnements des systèmes d'entraînement des appareils cinématographiques, destinés à la projection, est le *cadrage fixé des images*. C'est-à-dire la rectification de position de celles-ci par rapport à la situation de la fenêtre de projection. Ces images en effet sont arrêtées par le système entraîneur à un point de leur course, mais cet arrêt peut se produire à une place qui ne correspond pas à un cadrage exact de l'image dans la fenêtre de projection. Ce défaut peut provenir de ce que tous les faiseurs d'images et d'appareils n'arrêtent pas la pellicule à la même place. Les uns provoquent cet arrêt dans l'axe des trous des perforations, les autres entre deux perforations ou encore dans des positions intermédiaires, de mauvais collages peuvent aussi faire décadrer l'image. Pour la prise de la vue cela n'a pas grand inconvénient pour le tirage de l'image positive, on peut le rattraper; mais pour la projection les moyens que l'on employait avaient des défauts considérables; entre autres, celui de déplacer l'objectif et surtout la place de la fenêtre par où passe la lumière concentrée destinée à éclairer la projection. C'était après la rectification de tout le centrage de la lumière qui devenait bien plus compliquée et qui rendait l'éclairage de l'image projetée si souvent irrégulier. Pour parer à tous ces inconvénients on a adapté aux nouveaux appareils un système de cadrage qui laisse dans une position fixe la fenêtre par où passe la lumière bien centrée de la lampe à arc ou à incandescence, mais c'est l'image qui peut monter ou descendre dans ses positions arrêtées par rapport à la fenêtre afin de venir bien s'y cadrer.

M. Gaumont a proposé le dispositif breveté suivant pour arriver à ce résultat.

Dans le brevet primitif du 3 avril 1914 N° 476.089 on a décrit une invention qui permet d'obtenir le cadrage des projecteurs cinématographiques au moyen du déplacement du tambour denté qui entraîne le film sur l'axe du système entraîneur croix de Malte. La fig. 5 représente en coupe longitudinale, faite par la ligne A. B. de la fig. 1, une disposition dans laquelle le déplacement du tambour denté sur l'axe a lieu par suite du déplacement de tout le carter contenant la croix de Malte, le tambour de blocage, le volant de son axe. La fig. 2 est une coupe transversale faite suivant la ligne C. D. (fig. 15) qui montre la position relative de la croix de

Malte et du tambour de blocage dans le carter. La fig. 3 est une coupe faite suivant la ligne E. F. (fig. 15) représentant le tambour denté et une vis hélicoïdale pénétrant dans son intérieur. Il y a deux autres variantes de ces moyens indiquées dans le même brevet, nous y renvoyons le lecteur intéressé.

Sur la fig. 15 on a représenté sur l'axe 4 un arbre 1 entraînant une roue dentée 2 qui communique son mouvement à l'arbre 4 sur

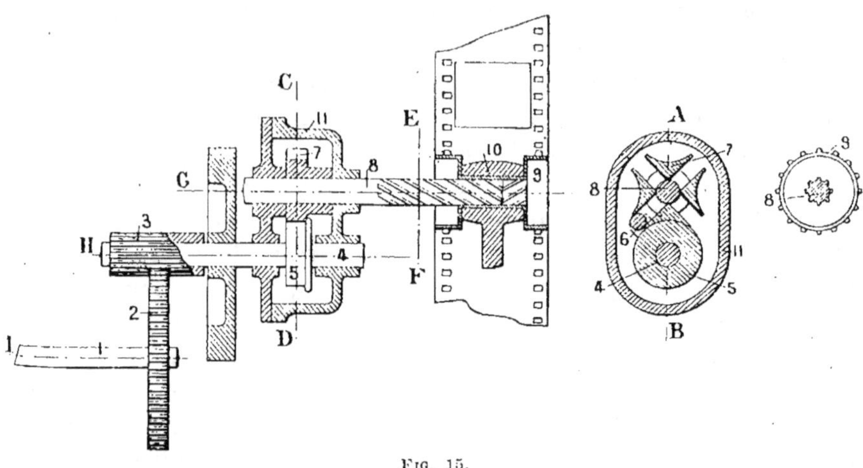

Fig. 15.

l'axe H, puis le moyeu du pignon denté 3. Sur l'axe 4 se trouvent calés le tambour de blocage 5, le volant, l'ergo 6 (fig. 2) et la croix de Malte 7 (fig. 2 et 3). La croix de Malte est solidaire d'un arbre 8 sur l'axe G dont l'extrémité pénètre dans le tambour denté 9 tournant dans le palier 10. L'intérieur du tambour denté est fileté de façon à constituer la partie femelle de la vis hélicoïdale de l'arbre 8 et l'ensemble du mouvement du tambour de blocage 5 et de la croix de Malte 7 est enfermé dans un carter 11. On se rendra facilement compte que par un déplacement à droite ou à gauche du carter 11 comportant l'ensemble du mécanisme, le pignon 3 qui a une longueur suffisante pour permettre le déplacement, glissera dans la denture de la roue 2 et que la vis à filets multiples hélicoïdaux 8, en pénétrant dans le tambour denté 9, déplacera angulairement celui-ci, par rapport à l'ensemble d'une quantité suffisante pour obtenir le décalage nécessaire, qui est en pratique, d'un peu plus de la largeur d'une image.

Les Etablissements Continsouza ont réalisé le même perfectionnement, grâce à un nouveau procédé qui est celui du cadrage par rotation du doigt autour de la croix; mais le fait de déplacer l'axe du doigt d'entraînement autour de la croix pour imprimer à celle-ci un mouvement de rotation entraîne un décalage du doigt par rapport à la période d'obturation, ce décalage des deux organes doit être corrigé et il ne l'a été jusqu'à présent qu'au prix de grosses complications mécaniques. Le dispositif employé ici offre ces avantages sans ces inconvénients. Tout ce système du cadrage se trouve enfermé dans une boîte qui constitue un ensemble partiel en liaison avec le mécanisme, par l'intermédiaire d'un pignon. L'opération du cadrage s'effectue en faisant tourner la boîte autour de son axe; celle-ci, entraînée par l'intermédiaire d'une double combinaison à rampes hélicoïdales. Tout ce mécanisme n'est aucunement intéressé à l'obturateur et ses dispositions ont permis cependant les justes décalages désirés sans nuire à la bonne obturation.

Pour réaliser des prises de vues très nombreuses en un temps très court, par exemple, 240 images successives arrêtées et changées en une seconde, on a aussi construit des systèmes d'entraînements spéciaux des plus précis. On sait que tout l'intérêt de ces prises de vues réside dans le fait que, lorsqu'elles sont projetées à l'allure normale de 16 images à la seconde, elles constituent des formes des mouvements décomposés on ne peut plus intéressants.

Nous reviendrons sur les appareils qui permettent ces résultats à la page 183.

Format des images cinématographiques. — Le format à donner à chaque image de la bande cinématographique a son importance. Cette grandeur peut en effet intervenir en ce qui concerne : 1° La stabilité de la projection; 2° L'établissement et l'efficacité des organes d'entraînement du mécanisme; 3° La quantité de lumière nécessaire aux projections; 4° La limite de grossissement des images projetées; 5° Le prix de revient de la bande constituant une vue complète.

1° Plus le format des images sera considérable, plus la course à donner à la bande sera grande; pour la déplacer de la hauteur d'une image, la masse ou poids de la bande augmentera; ces deux conditions feront qu'il sera plus difficile de bien arrêter exactement l'image, d'où perte de fixité;

2° Puisque plus une pellicule sera d'un grand format plus elle réagira par sa masse sur les organes entraîneurs du mécanisme, plus aussi ces organes acquerront de lancé par des courses ou des mouvements plus grands. Ils seront donc difficiles à bien équilibrer et à maintenir dans le bon effet de leur précision.

3° La seule ouverture par laquelle peut passer utilement la lumière pour éclairer la projection est constituée par la fenêtre du couloir devant laquelle l'image vient s'arrêter pour être projetée. Plus l'image possédera un grand format et plus la fenêtre sera grande. Par cette fenêtre plus ou moins vaste, il passera plus ou moins de rayons lumineux destinés à éclairer la projection. Une grande image pourra donc produire une projection plus grande avec la même quantité de lumière qu'une petite, tout en conservant une luminosité suffisante à la projection, surtout si la source lumineuse employé n'est pas très concentrable en un point d'émission très petit;

4° Des déductions précédentes on peut admettre qu'il sera plus facile d'obtenir une plus grande projection avec une image plus grande en surface. Le grossissement à obtenir à grandeur égale de projection sera également moindre, théoriquement; mais, avec une bonne source de lumière à point d'émission très petit (arc électrique), on sera très éloigné encore pratiquement de la limite de grossissement et d'éclairement que l'on peut obtenir couramment avec une image du format ordinaire (1).

5° Plus les images sont grandes, plus la surface de la bande augmente ainsi que sa longueur; il en est de même de son prix et cela, pour des avantages peu évidents.

Nous avons vu qu'Edison avait pris pour format de la pellicule de son Kinétoscope une bande qui avait 35 millimètres de largeur. Chaque image avait à peu près comme dimensions 20×25 millimètres. C'est ce format qui a prévalu et qui est encore presque partout employé. Dans bien des appareils modernes le format intérieur du cadre de la fenêtre de prise de vue est de $24,5 \times 18,2$ $^m\!/\!_m$ et le cadre de la fenêtre de l'appareil de projection varie de $23,8 \times 17,8$ à 22×17 $^m\!/\!_m$. Au début, M. Gaumont avait donné à l'appareil Demeny comme largeur de bande 60 millimètres; chaque image avait 45×35 $^m\!/\!_m$, mais ces bandes étaient d'un prix très

---

(1) Dans ce cas on peut projeter des images très floues et dont le grain du gélatino-bromure se voit beaucoup du fait d'un énorme grossissement, et l'œil est satisfait tout de même; ce n'est pas comme pour les agrandissements photographiques à images fixées sur le papier.

élevé et ne possédaient pas beaucoup d'avantages marqués sur les plus petites. Vers la même époque, la Société du Royal Biograph se servait aussi de grandes pellicules et de grandes images à peu près du même format; cette pratique n'eut pas de suites. Pour diminuer le prix de revient de la bande, on a cherché à diminuer le format de l'image et la largeur de la bande. Cette disposition a surtout été employée pour tenter d'établir des cinématographes pour amateurs. On avait réduit la largeur de la bande de moitié et chaque image avait une grandeur de 10×12 1/2 $^m/_m$.

Le cinématographe a avantage à rester dans le format qu'il possède généralement et cela d'autant plus que s'il reçoit un éclairage bien concentré et bien utilisé seulement sur sa surface d'image, il peut produire des projections aussi grandes que l'on peut le souhaiter pratiquement. (Voir page 46.)

Vue du grand écran du Cinématographe Lumière, installé par l'administration de l'Exposition Universelle de 1900 dans la Salle des Fêtes, située alors, au centre de la Galerie des Machines Cet écran avait 18 mètres de haut sur 18 mètres de large.

(Photographie communiquée par M. Moisson qui s'occupait de la direction technique de ce cinéma, assisté de M. Ventugol et de l'auteur de cet ouvrage).

CHAPITRE III

Constitution de la bande cinématographique.
La Pellicule. La Perforation.
Les Manipulations propres à la Cinématographie.

Nous allons examiner maintenant comment, à l'aide des appareils cinématographiques, on peut obtenir une suite d'images animées aussi parfaites et stables que possible. Nous avons vu qu'on se servait de rubans sensibles photographiques pour l'obtention des images successives. Ce ruban est composé par ce que l'on nomme de la pellicule ou, en anglais, du film.

Puisque le cinématographe va employer des moyens photographiques, il faudra pouvoir obtenir deux sortes d'images : une négative, qui servira de type, et une positive qui procurera par sa projection la synthèse des mouvements. Nous avons remarqué que la prise des vues se faisait image par image et à une vitesse d'environ 16 vues par seconde; nous connaissons également toutes les précautions qui ont été prises dans l'établissement des appareils, pour que ces substitutions d'images gardent une très grande précision. Mais, pour produire toute leur efficacité, les appareils doivent pouvoir agir sur des éléments également précis; ils les trouvent sur la pellicule, dans sa perforation. Ainsi apparaît l'importance de ce dispositif.

Il en sera ainsi pour l'impression de la bande positive au travers des images de la pellicule négative.

Pour révéler et fixer photographiquement des suites d'images aussi longues, il faudra encore disposer de moyens spéciaux qui ren-

dront ces opérations aussi faciles que le développement d'un simple
cliché sur verre ; autrement les vues seraient écorchées ou inégales

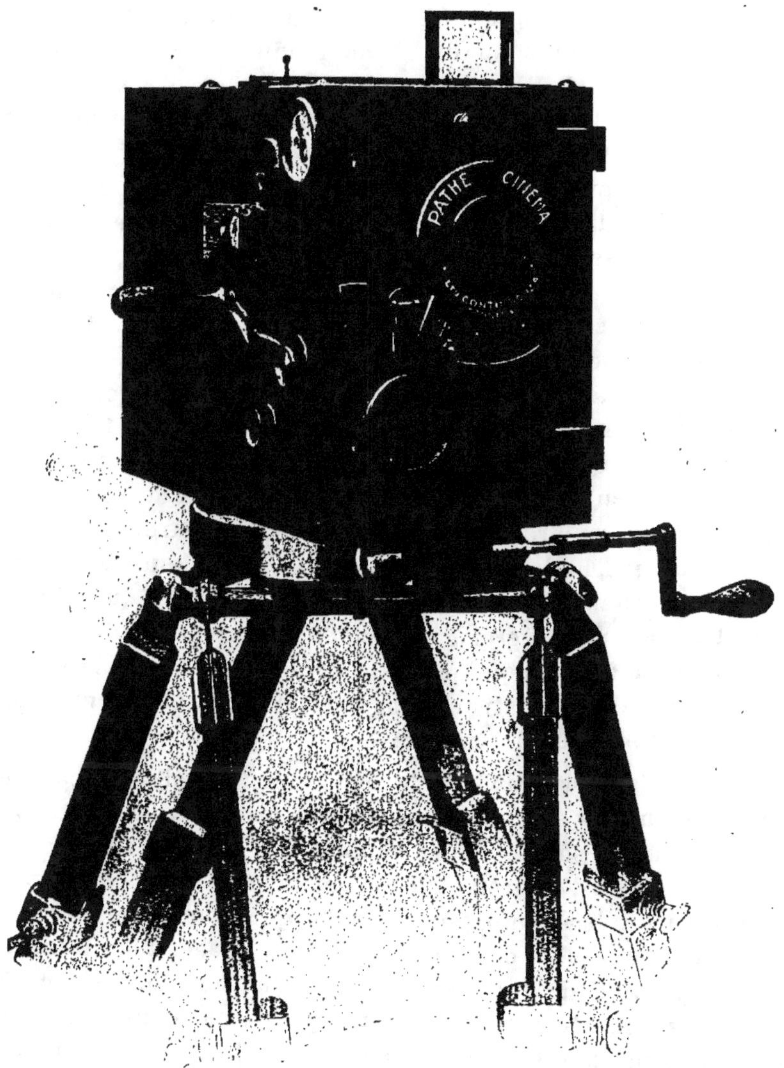

FIG. 16. — Un appareil de prise de vues cinématographiques moderne.

en valeur sur la longueur de la bande. Enfin, le séchage des pellicules peut compromettre la stabilité de l'image projetée. Nous n'insisterons jamais trop dans ce livre sur cette stabilité ; c'est elle, avant

tout, qui rend la vue cinématographique agréable à regarder et en assure le non scintillement.

La *pellicule cinématographique* a été une des matières les plus difficiles à se procurer au début de l'industrie chronophotographique en France. M. Demeny nous a dit combien il avait éprouvé de difficultés et de retards de ce fait. Edison, en Amérique, était mieux partagé. Les premières pellicules longues employées en Europe provenaient des usines Blair en Angleterre. Après, MM. Planchon et Lumière firent de la bonne pellicule, surtout négative, car cette dernière possédait leur émulsion si connue. Enfin, la Société Eastman établit un type de film qui est aujourd'hui le plus employé car ses principales qualités sont : la propreté, la constance de fabrication et de sensibilité.

La pellicule cinématographique, soit négative, soit positive, est généralement composée de deux parties très distinctes : 1° Le support, constitué par une sorte de celluloïd souple résistant, aussi transparent et peu coloré que possible. Cette partie de la bande a presque toujours environ 10 centièmes de millimètre d'épaisseur. Ce support est insoluble dans les bains photographiques, il absorbe sur certains échantillons par ses pores une petite quantité de liquide et il s'allonge légèrement lorsqu'il est recouvert d'émulsion au gélatino-bromure. Jusqu'à ce jour, on n'a pas trouvé beaucoup mieux et il faut en être satisfait, car l'acétate de cellulose n'est pas aussi intéressant qu'on le croyait;

2° Pendant la fabrication de la bande on fait adhérer par des moyens spéciaux les émulsions au gélatino-bromure, soit négatives ou positives, à une surface de ce support. La bande arrive alors à avoir une épaisseur d'environ 12 à 15 centièmes. On sait que l'émulsion négative est beaucoup plus sensible que l'émulsion positive, mais celle-ci donne plus de contrastes et des images plus transparentes. La gélatine des émulsions, parce qu'elle adhère bien au support presque inextensible, résiste aux opérations photographiques et ne se déforme pas trop lorsqu'elle se gonfle sous l'action des liquides dans lesquels elle est plongée. Mais la bande ainsi constituée s'allonge dans les bains et les eaux de lavage, puis, en séchant, elle ne reprend pas exactement sa longueur primitive (1). Nous ver-

---

(1) Parce qu'elle abandonne dans les bains une partie des solvants qui ont servi à la constituer.

rons comment il faut tenir compte de ces faits dans une bonne fabrication. Un des principaux reproches faits à la pellicule actuelle, c'est sa grande inflammabilité due aux matières nitrées qui entrent dans la composition de son support.

Cet inconvénient a été combattu d'une façon très efficace par les moyens modernes d'exploitation. On fait également de nombreux essais pour employer des supports ininflammables peu ou pas nitrés (1).

La *perforation* a été employée par Edison à l'entraînement des bandes de son Kinétoscope. Il a dû être le premier à s'en servir industriellement; en tout cas, il a su en conserver l'emploi exclusif en Amérique, car toutes les bandes importées d'Europe aux Etats-Unis devaient lui payer un droit pour pouvoir y être exploitées (1911). En France et en Europe, l'emploi de ce dispositif est libre. Nous avons déjà vu que la perforation servait de point d'attaque précis aux organes mécaniques d'entraînement des appareils cinématographiques. La longueur du pas de la perforation Edison, c'est-à-dire la distance qui sépare les axes de deux trous

Fig. 17. — Une perforeuse moderne.

est connue aujourd'hui sous le nom de pas américain. Il y a quatre trous par hauteur d'image, ces trous sont presque carrés, arrondis quelquefois aux angles, un peu plus larges que haut, et ont généralement comme dimensions $1,9 \times 2,9$ m/m. Ces trous sont produits par des poinçons et une matrice conduits par des machines extrêmement précises et délicates. Il faut que ces machines pro-

____

(1) En ce moment on parle beaucoup de l'incorporation de l'émulsion dans le support même. Avec tous les appareils modernes et leurs dispositions que nous étudierons, la pellicule en celluloïd ne peut plus prendre feu que très difficilement.

duisent des trous parfaitement bien placés par rapport au parallélisme des bords de la bande, autrement les images seraient instables latéralement par rapport aux bords de la fenêtre de projection; en outre, il faut que les perforations restent séparées

Fig. 18. — Un des premiers appareils de projections cinématographiques mais déjà à dévideur.

les unes des autres d'un espace toujours constant et cela sur les longueurs de toutes les bandes employées, autrement l'image négative ne viendrait pas se former sur la pellicule à des distances régulières, d'où perte de stabilité en hauteur. Si le même défaut vient s'ajouter sur la vue positive, on voit la fixité dont on peut disposer à la projection.

Il existe de nombreuses machines à perforer, mais les mieux étudiées et dans le commerce actuellement sont, à notre avis, celles construites par M. Debrie. Malheureusement, les machines à perforer ne constituent pas le seul élément qui doit procurer une perforation à pas mathématiquement exacte. Nous ne devons pas oublier que ces machines perforent une matière qui est encore sujette à des variations de longueur du fait de son passage dans les bains photographiques et les eaux de lavage.

Les opérateurs devront donc aider les machines, autrement une bonne stabilité de projection ne serait jamais réalisable.

Le pas de la perforation positive généralement adopté par tous les fabricants aujourd'hui est de 0,004,75, qui donne 200 trous sur 950 $^m/_m$ de pellicule. Malheureusement, tous les constructeurs ne sont pas d'accord sur ce pas qui est le mieux étudié, à notre avis.

Avec les appareils à croix de Malte, l'entraînement de la pellicule se fait par l'intermédiaire d'un cylindre denté sur lequel vient adhérer la pellicule par une grande surface. De ce fait, un nombre considérable de perforations se trouvent en prise sur les dents du cylindre et la bande fatigue moins. Dans l'entraînement à came et à tracteur lisse sur toute la surface de la pellicule, la perforation ne sert, dans ce système, qu'à régulariser le débit de la bande; la perforation ne travaille donc pas beaucoup. Pour les entraînements à griffes, qui sont pourtant les plus précis, les griffes n'attaquent la pellicule que par deux trous de perforation, un de chaque côté, pour faire avancer la bande de la hauteur d'une image. Lorsque la pellicule est perforée au pas américain à quatre trous par image, il n'y a qu'une perforation sur quatre qui sert. De ce fait, le trou employé subit un effort de traction plus considérable, la force de résistance de la pellicule est mise à l'épreuve sur une petite surface, et, de ce fait, cet élément est moins bien utilisé.

Pratiquement, ce défaut n'est pas suffisant pour faire rejeter ce système; il ménage peut-être moins la bande, mais celle-ci n'en résiste pas moins à son action longtemps. Pour mieux utiliser la perforation à quatre trous dans ces modes d'entraînement, on a employé huit griffes, quatre de chaque côté de la bande, mais il n'a pas été démontré que cette pratique possédait des avantages très marqués.

Lorsque MM. Lumière commencèrent l'exploitation du cinématographe, ils employaient une perforation spéciale qui ne possédait qu'un trou par image. Les trous étaient ronds et présentaient de ce fait une plus grande précision dans le point d'attaque par les griffes; l'effort de traction se répartissait mieux aussi dans la bande que lorsqu'on emploie des trous à bords plats. On a encore proposé des perforations centrales et à trous allongés. Pour les pellicules étroites on s'est servi de perforations ouvertes qui formaient sur les bords de la bande des sortes de dents.

La pratique a fait prévaloir l'emploi de la perforation américaine ou encore nommée universelle; elle n'est pas, peut-être, la plus indiquée théoriquement, mais dans l'industrie elle permet d'obtenir des résultats très précis lorsqu'on sait s'en servir.

LES MANIPULATIONS PROPRES A LA CINÉMATOGRAPHIE. — Pour être complet, il nous reste à indiquer la manière dont on va procéder au développement des bandes négatives et positives, comment l'impression des images positives va être faite au travers de la bande qui porte les images négatives, enfin les procédés par lesquels ces bandes sont séchées, montées et projetées pour produire des vues animées parfaites.

Une prise de vue qui a seulement duré deux minutes, par exemple, a déjà nécessité une longueur de pellicule impressionnée qui peut avoir 18 à 20 mètres; nous avons vu que la largeur de cette pellicule était environ de 35 $^m/_m$.

Un cliché d'un format aussi nouveau embarrassera même un photographe de métier si on le lui donne à développer.

Au début du cinématographe on se servait, pour cette opération, d'un vulgaire seau de toilette en porcelaine; on mettait dedans 10 à 12 litres de révélateur, puis un aide tenait devant le seau la bobine de pellicule à développer; comme axe à la bobine, on donnait généralement un crayon; l'opérateur, placé de l'autre côté, tirait sur le bout de la pellicule avec les mains; en même temps, il forçait la bande à entrer dans le liquide révélateur; elle s'y amassait en faisant de nombreuses évolutions sur elle-même. On arrivait de la sorte à développer 15 à 20 mètres de bande en une seule opération. Avec de la précaution, et en faisant passer toute la longueur de la pellicule entre ses mains, au-dessus du seau, l'opérateur adroit arrivait à très bien développer toute la bande sans fausses teintes ni écorchures, le lavage était fait dans un autre récipient ainsi que le fixage. Ces moyens n'étaient pas très pratiques et ils nécessitaient des opérateurs très soigneux pour réussir. C'est à la suite de ces premiers essais que l'on imagina d'enrouler la pellicule sur des supports métalliques, des tambours ou des châssis en bois. Comme toutes les industries, celle du cinématographe a tendance à devenir de plus en plus mécanique; de ce fait, elle réalise des économies et diminue sa main-d'œuvre, toujours plus difficile à trouver compétente. Ce sont ces nécessités qui font employer aujourd'hui les machines à tirer à réglages perfectionnés et automatiques et les machines à développer qui traitent, en même temps, des bandes de pellicule de 300 et 400 mètres de longueur. Par l'emploi de ces moyens, la pellicule devient beaucoup moins susceptible d'être écorchée, le développement se fait plus sûrement et se surveille mieux, la pellicule n'est plus touchée par des mains inexpérimentées, on ne la manipule que lorsqu'elle est sèche, c'est-à-dire beaucoup moins fragile. Une des appréhensions qui a le plus retardé l'introduction de ces moyens dans l'industrie cinématographique, c'est la croyance qu'avaient bien des photographes de métier, qu'il serait téméraire de faire passer la pellicule dans les bains de développement, de fixage, puis de la faire laver et sécher, montée sur le même support. Pratiquement, en prenant certaines précautions, il n'en est rien; au contraire, les résultats sont très bons et économiques.

Le tirage de la bande positive a été pratiqué, dès le début, comme on le fait encore aujourd'hui, c'est-à-dire par contact et en entraînant les deux bandes ensemble. Mais que de difficultés les premiers opérateurs n'éprouvaient-ils pas dans cette opération, du fait du retrait et des perforations inégales des deux pellicules! Les trous de perforation de l'une ne se rapportaient pas avec ceux de l'autre, les cylindres dentés d'entraînement laissaient échapper une pellicule, l'autre suivait; à la projection, les images se promenaient de tous les côtés sur l'écran et donnaient le mal de mer aux spectateurs. C'est à la suite de tous ces déboires que l'on comprit toute l'importance d'une perforation précise et d'un traitement très approprié des deux sortes de pellicules.

Les machines de tirage entraînent les pellicules et les font passer devant la fenêtre de leur couloir. Le mécanisme et les dispositions de ces machines sont en général semblables à celui des appareils servant à prendre les vues; il n'y a que des détails qui varient. Devant leur fenêtre on place une source lumineuse dont les rayons photogéniques sont admis sur la pellicule positive vierge au travers de la pellicule négative qui porte le cliché.

C'est la vitesse avec laquelle est entraîné l'appareil de tirage qui détermine le temps de pose, proportionnellement avec l'intensité de la lumière employée. Dans les tireuses modernes, la lumière varie automatiquement pour chaque valeur de cliché en opacité; il faut, bien entendu, régler d'avance ces changements. Dans beaucoup de ces tireuses, aujourd'hui, la source lumineuse ne varie pas de place, mais c'est son intensité lumineuse que l'on fait changer grâce à des résistances variables introduites dans le circuit par la machine elle-même et au bon moment, comme nous le verrons page 195.

Tous les photographes savent que les images positives se développent comme les clichés, mais puisque l'émulsion positive est moins sensible, on peut se servir d'une lumière plus intense pour éclairer le laboratoire où elle est manipulée.

La production de l'image positive est la raison d'être d'une usine cinématographique; elle en constitue la valeur marchande. C'est donc cette production qu'il faudra traiter industriellement si l'on veut qu'elle devienne rémunératrice.

Après que la bande positive a été tirée et développée, il faut encore qu'elle soit lavée et surtout séchée dans de bonnes conditions. Dans le séchage réside toujours une difficulté industrielle. S'il est très simple de sécher régulièrement un châssis qui contient 50 mètres de pellicule, il devient beaucoup plus difficile d'en sécher convenablement 200 ou 300 de la même contenance dans un temps et un espace très réduits, tout en conservant à ces milliers de mètres de pellicule une stabilité et un retrait constants. Pour la pellicule sortant des machines à développer, il en sera de même.

Au début du cinématographe, une vue qui avait 12 mètres de long paraissait très longue et suffisamment intéressante; le sujet représenté ne demandait pas grandes préparations; il reproduisait le plus souvent les mouvements ou les scènes les plus simples.

Aujourd'hui, les spectateurs exigent des bandes très longues, que le cinématographe joue la comédie, qu'il émeuve, qu'il fasse rire, qu'il annonce et explique par des titres lisibles ce qu'il va montrer, qu'il change de couleurs ou soit colorié, enfin par l'emploi de trucs savants il doit devenir une exhibition de vues presque surnaturelle. La constitution d'une bande de 600-800-1.000 mètres de longueur n'est donc plus extraordinaire. Pour composer une action intéressante et qui plaise, il fallut disposer d'ateliers spéciaux qui ont pris même le nom de théâtre ou studio. Dans ce milieu nouveau pour la photographie, on dut faire agir devant les appareils prise de vue animée les acteurs comme on le faisait sur un vrai théâtre, écrire des scénarios, régler des mises en scène, enfin, fondre et amalgamer toutes les ressources de l'ancien théâtre avec celles dont était susceptible ce nouveau genre de spectacle. De cette collaboration sont nées une conception nouvelle, des exhibitions théâtrales et des scènes truquées qui n'étaient pas réalisables avant l'emploi du cinématographe. Le plus grand nombre de ces effets nouveaux sont dus à des moyens simples où entrent pour une bonne part le raccordement des pellicules représentant des parties de scènes interrompues puis reprises dans un autre milieu ou d'une autre manière. Le montage de toutes les parties de bandes où sont enregistrées les scènes ou parties de scènes qui doivent constituer une vue animée complète devient un art, car celui qui l'exécute doit en même temps connaître les nécessités de l'ancien théâtre et les moyens mis à sa disposition par le cinématographe. Après quoi, l'édition à de nombreux exemplaires d'un même sujet sera plus simple, mais nécessitera encore bien des dispositions spéciales pour pouvoir être réalisée industriellement.

La vue animée ainsi composée est enfin livrée pour être montrée au public. Ces exhibitions se font maintenant dans des salles qui ont souvent l'aspect de véritables palaces. L'appareil qui sert à la projection possède un système entraîneur toujours semblable à ceux que nous connaissons déjà, mais très robuste. Les grandes bandes employées aujourd'hui doivent y défiler régulièrement malgré leur longueur et leur poids considérables. L'appareil entraîneur est aidé dans cette tâche par des systèmes débiteurs et réembobineurs spéciaux. Ces dispositifs, en outre, protègent la bande contre les risques d'inflammation. En effet, un facteur très puissant va intervenir et c'est à lui que la projection devra tout son éclat, mais aussi ses risques : nous voulons parler de la source lumineuse destinée à éclairer la nouvelle et combien perfectionnée lanterne magique. La lumière électrique se prête merveilleusement à cette réussite; le tout est de bien l'y adapter et de savoir la régler. Actuellement, cet éclairage se transforme d'une façon heureuse : on va employer de plus en plus les lampes à incandescence à grande puissance, car, à l'aide de réflecteurs et de condensateurs spéciaux on arrive à récupérer presque 30 0/0 de leur puissance lumineuse, tandis que l'arc ne procurait que 10 à 15 0/0 de lumière utilisée dans notre cas. Déjà pour les éclairages moyens l'incandescence donne des résultats très avantageux, les spécialistes nous font espérer qu'on pourra l'appliquer bientôt à l'éclairage des plus grands écrans employés dans l'industrie cinématographique.

Nous examinerons dans la deuxième partie de ce livre les moyens pratiques propres à obtenir une bonne vue animée par les procédés actuellement employés par la cinématographie.

CHAPITRE IV

Applications scientifiques, artistiques et particulières. Appareils spéciaux. Cinématographie en couleurs et coloriée. Pellicules ininflammables. Cinématographie sur papier par réflexion et par impression. Chronophonographie. L'avenir du cinématographe. Son évolution intellectuelle, sa puissance éducative et morale. De l'influence captivante de l'image cinématographique sur l'esprit humain. Son rôle moralisateur, éducateur et civilisateur.

A ses débuts, le cinématographe suscita un tel étonnement qu'on lui prédit de suite un avenir extraordinaire; on lui trouvait tous les jours de nouvelles applications, de nouvelles destinées, etc., etc.

Depuis ce temps déjà éloigné, le cinématographe a beaucoup évolué, il existe partout; mais qu'est-il devenu?

Les origines scientifiques de sa découverte le prédisposaient certainement à rester l'auxiliaire austère des savants. Mais là n'était pas sa véritable destinée. La constitution complexe de ses images, revenant forcément à un prix élevé, devait nuire à son développement dans le domaine relativement pauvre des sciences, de l'industrie et de l'instruction.

Comme auxiliaire des arts et des sciences le cinématographe a rendu de grands services, nous devons même dire ici que jamais artistes ou hommes de science sérieux ne se sont adressés inutilement aux grands producteurs français pour tâcher de réaliser une idée nouvelle ou faire exécuter un enregistrement intéressant grâce aux moyens puissants dont disposent ces industriels, ou aux facilités techniques que l'on trouve dans leurs laboratoires.

Le cinématographe en France remontait aux recherches entreprises par le professeur Marey et M. Demeny à la station physiologique du Parc des Princes à Paris. Dans cet établissement, les images chronophotographiques étaient destinées à enregistrer les phases des mouvements des êtres organisés. Ces documents servaient à en connaître tous les détails ainsi que la fonction des organes qui les produisaient.

De l'analyse des photographies obtenues on put découvrir des faits caractéristiques, établir des règles et créer presque une science nouvelle.

Ces travaux sont toujours poursuivis au même établissement par M. Bull, qui en est le directeur actuel.

Le portrait cinématographique est trop délaissé; pourtant il doit être intéressant, on peut même dire qu'il est le seul exact, la personnalité d'un individu n'étant complétée que par ses attitudes, les expressions de son regard et de ses gestes. Une image unique ne peut pas reproduire à elle seule toutes ces particularités, mais, d'autre part, en voulant obtenir par la cinématographie la reproduction de la manière d'être d'une personne, on se heurte le plus souvent à la difficulté de faire exprimer des attitudes naturelles au modèle pendant le temps que dure la prise de la vue. Cette difficulté est d'autant plus grande que la personne est moins habituée à agir en public ou impressionnée par l'action qu'elle veut exécuter. Ce sont ces difficultés qui ont arrêté bien des photographes de grand talent. Dans l'état actuel de nos idées, nous devons ajouter qu'il est généralement pénible de rendre par le cinématographe le mouvement et presque l'illusion de la vie à des images d'êtres disparus et aimés. Personnellement, nous avons été témoin plusieurs fois de ces apparitions et, règle générale, elles ont été toujours très pénibles pour ceux qui les sollicitaient.

Il est certain qu'il ne peut pas en être ainsi pour les artistes, les personnalités devenues célèbres et connues du grand public. Par la vue animée et aujourd'hui encore davantage par la chronophonographie, on pourra conserver les manières de dire, les intonations, les gestes qui constituent la vraie supériorité. Là encore, nous avons été forcés d'employer la restriction « pourra », car cette bibliothèque est toujours à créer.

Afin de permettre d'exécuter des prises de portraits animés à peu de frais, on a déjà construit des appareils cinématographiques à des prix modestes et ne déroulant que des bandes courtes, mais très suffisantes pourtant. Nous citerons parmi ces appareils ceux construits par MM. Gaumont, Huet, Sept, Bourdereau, etc.

L'appareil prise de vues de M. Gaumont (fig. 19), nommé le Bloc-Portrait, est un cinématographe réduit afin qu'il soit d'un prix abordable; le format des images qu'il donne est plus grand que celui du cinématographe ordinaire.

Fig. 19.

La longueur de pellicule utilisée est de 3 mètres, sur lesquels s'impressionnent environ 60 images pendant les 10 secondes que peut durer la prise de vue. Ainsi on obtiendra 5 douzaines de jolies photographies de poses différentes dont la réunion en *bloc-portrait* donnera l'impression de vie recherchée.

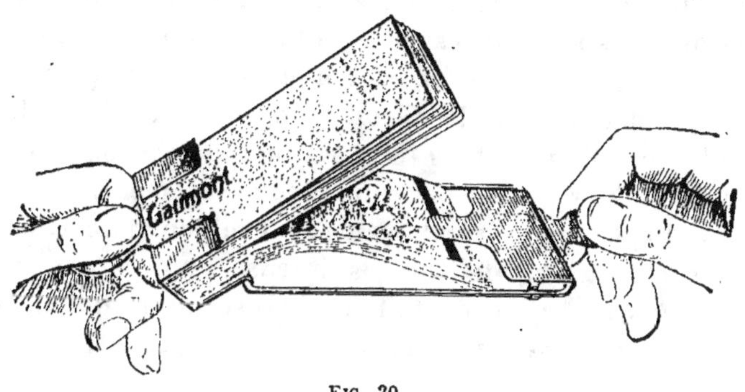

Fig. 20.

Le Bloc-Portrait se compose d'une série de lamelles de carton reliées sur lesquelles les épreuves sont tirées en se succédant les unes aux autres dans l'ordre de la prise du sujet.

Ce bloc-portrait est placé dans un feuilleton métallique (fig. 20) qui, par un simple mouvement de la main, permet le passage de chaque épreuve sous les yeux du spectateur avec un temps d'arrêt suffisant et nécessaire pour la voir nettement.

La cinématographie artistique et théâtrale. — Comme nous l'avons déjà dit, pour exister le cinématographe devait plaire. Pour y parvenir, il dut devenir artiste en même temps que machine à émouvoir, à faire rire et à faire penser!

De ces débuts modestes dans l'art d'amuser à faire jouer la véritable comédie au cinématographe, il n'y avait qu'un pas; il fut vite franchi. On chercha même de suite à en faire un nouvel auxiliaire de l'ancien théâtre. Il fut montré une première fois sur les planches, mais simplement pour la curiosité qu'il constituait alors. Cette exhibition eut lieu à Paris à la Scala ou à l'Eldorado avec un appareil Lumière probablement.

Un aussi parfait faiseur d'images animées devait tenter les techniciens du véritable théâtre. Celui du Châtelet, à Paris, si renommé alors pour ses féeries, ses mises en scène grandioses et ses trucs extraordinaires, était, en 1896, dirigé par MM. Floury. M. Edmond Floury, qui s'occupait plus spécialement de la partie technique de cette direction, s'adressa à M. Gaumont pour faire exécuter une scène qu'il avait composée et qui était destinée à être introduite dans une féerie en répétition à ce théâtre : La Biche au Bois (novembre 1896). Tout le long de cette féerie un de ses personnages est tourmenté par des démangeaisons dans le nez, elles lui ont été procurées par une mauvaise fée. A la fin et comme cela doit finir dans toute féerie qui se respecte, une bonne fée fait disparaître les mauvais esprits qui tourmentaient le nez malheureux. Pour arriver à cette fin, la bonne fée faisait placer l'acteur de profil et contre le fond du décor. Ce dernier représentait la salle basse et obscure d'un château. Sur le mur du fond on voyait le nez de l'acteur grossir, s'allonger et rougir démesurément, puis, au bout du nez, une explosion se produisait et au milieu d'un fracas épouvantable et de nuages de fumées intenses, une foule de lutins sortait du nez (fig. 21), exécutait une danse infernale en frappant sur le bout du nez avec des marteaux, des piques, etc., etc. Après

FIG. 21.

cette ronde, les esprits disparaissaient dans un autre nuage de fumée, le nez reprenait sa grandeur normale et le personnage de la féerie débarrassé de son ensorcellement remerciait la bonne fée.

Voici comment était machinée cette scène véritablement théâtrale et certainement la première réalisée par les moyens du cinématographe.

Deux sortes de projections étaient nécessaires : une produite par une lanterne ordinaire et destinée à projeter l'image du nez grossissant, l'a u t r e cinématographique pour projeter la scène où l'on voyait l'explosion du bout du nez, les fumées et les danses des esprits frappeurs. Comme nous l'avons dit, le décor du théâtre représentait une salle basse et sombre d'un château; le fond obscur et indécis était remplacé par un écran transparent de projection, mais cet écran n'était démasqué qu'après que l'obscurité complète avait été faite sur la scène et dans la salle. Par derrière et par transparence, on voyait apparaître le nez qui était dessiné sur un fond noir, il était produit par un verre de projection fixe machiné, c'est-à-dire qu'un écran mobile démasquait le nez graduellement afin de produire son allongement. Pour se procurer et enregistrer la scène des esprits dansants, M. Edmond Floury avait fait établir un théâtre cinématographique sur le toit du sien. Ce théâtre avait un plancher et des dessous. De ces dessous, les lutins représentés par des danseuses sortaient par une trappe et exécutaient ensuite divers mouvements et leur danse infernale sur le plancher. Ce théâtre en plein air, perché sur un toit, au centre de Paris, fut la grande joie des passants de la place du Châtelet car ils ne perdaient rien de ce spectacle nouveau. Les fumées étaient également envoyées par des machinistes placés contre la trappe et dans les dessous. Comme décor et comme fond on s'était servi d'une grande surface de velours noir. Ce double emploi du fond noir faisait que, sur le décor, on ne voyait pas où commençaient et où finissaient les projections, il n'y avait que les parties utiles des images qui étaient visibles et coloriées; on pouvait les croire produites dans l'espace et non sur un écran de projection à formes toujours déterminées et peu artistiques.

Avant de jouer la scène il fallait naturellement repérer les deux projections pour qu'elles puissent se raccorder entre elles. Ces apparitions eurent beaucoup de succès. M. E. Floury y avait apporté tout son savoir de compositeur et de directeur expérimenté, M. Gaumont toutes ses connaissances techniques et la perfection des appareils Demeny qu'il construisait déjà. L'obtention des vues, leur coloriage et leur projection, pour le compte de M. Gaumont, furent la part que nous pûmes apporter personnellement à cette tentative intéressante : elle prouva que le cinématographe était capable de faire du bon théâtre.

Depuis, nous ne savons pas que beaucoup d'autres tentatives importantes aient été réalisées dans cette voie; pourtant, l'art théâtral possède en elles un puissant auxiliaire si l'on sait bien l'employer. A l'Opéra, par exemple, que de belles et artistiques apparitions ne pourrait-on pas réaliser par ces moyens! La chevauchée de la Walkyrie a été réalisée ainsi, mais à Monte-Carlo, croyons-nous.

Après ces premières tentatives on vit apparaître de suite des quantités de scènes arrangées et composées qui ressemblaient plus ou moins à du vrai théâtre; le cinématographe les montrait seul, celles qui plaisaient le plus étaient généralement les plus simples, celles que l'on comprenait facilement : elles devaient en effet pouvoir intéresser tous les peuples de la terre. C'est à la réalisation de ces bandes que le cinématographe doit la plus grande part de ses succès financiers. En s'étendant sur le monde, ce nouveau mode d'enregistrement photographique put rapporter des vues de tous les pays. Que d'existences inconnues, de coutumes, de scènes intimes ne révéla-t-il pas! Par ces exhibitions, il sut plaire à un public déjà plus instruit. Après, le cinématographe voulut devenir artiste, il éleva le niveau de ses compositions. Les gens de lettres, les auteurs célèbres écrivent pour lui, maintenant, des scénarios. Nos plus grands acteurs et actrices ne dédaignent plus de venir jouer la comédie pour lui et devant lui, car ils savent qu'il les reproduira fidèlement. Du fait de ces collaborations, certaines de ses vues composées devinrent de véritables manifestations d'art. Par lui-même, le cinématographe comporte tous les éléments nécessaires à la composition d'œuvres personnelles qui relèvent de l'art du peintre, du compositeur scénique, du photographe expert et de l'esprit élevé, observateur et instruit capable de les coordonner. De cet ensemble de connaissances et de conceptions il peut naître des œuvres très belles. C'est du reste ce qui est arrivé et ce que prouve l'industrie cinématographique tous les jours.

La cinématographie militaire. — A été peu employée jusqu'à la grande guerre. Grâce à elle, il serait possible d'abord de réaliser des reconstitutions historiques suceptibles de stimuler la valeur guerrière des jeunes recrues. Les officiers chargés de conférences dans nos casernes ne me contrediront certainement pas. Il existe de nombreuses bandes aujourd'hui susceptibles de rendre ces services, mais les facilités données aux officiers pour les montrer dans les casernes sont encore fort restreintes. Les Maisons Pathé et Gaumont ont souvent, à notre connaissance, prêté gratuitement leur matériel et leurs opérateurs aux instructeurs militaires; mais on ne peut pas devenir indiscret en exigeant plus, et l'Etat, de son côté, pourrait faire quelques sacrifices pour encourager davantage ces exhibitions utiles.

Les services techniques militaires ont, depuis très longtemps, adopté la photographie pour enregistrer une foule de faits qu'il était nécessaire de connaître par le détail et de décomposer par périodes. Tout le monde se souvient des travaux si remarqués pour l'époque du regretté colonel Laussedat, sur les levées topographiques exécutées par la photographie; ces travaux aujourd'hui sont continués par le cinématographe et les aéroplanes. Le général Cébert enregistrait des suites de prises de vues décomposant, par vues successives, la trajectoire d'une torpille pendant son lancement. C'était déjà presque du cinématographe. Par des moyens du même genre on était arrivé à photographier un boulet de canon ou une balle de fusil au moment où ils sortent des canons qui servent à les lancer. Une des premières applications du cinématographe à l'art militaire, vers 1898, fut certainement tentée par le colonel Renard à Chalais-Meudon. Grâce à la complaisance des frères Lumière, qui avaient prêté les appareils nécessaires, le colonel Renard put exécuter des prises de vue en ballon captif et en ballon libre qui démontraient tout l'intérêt que l'on pouvait en tirer. L'Ecole de Cavalerie de Saumur fut bien des fois sollicitée de laisser cinématographier ses élèves pendant l'exécution de leurs exercices. Actuellement, il existe un grand nombre de bandes prises à cette Ecole et à celle qui y correspond en Italie. Il y en a de fort brillantes et de très artistiques, mais, techniquement parlant, peuvent-elles constituer un enseignement véritablement efficace? Voilà une question que nous voudrions toujours pouvoir résoudre par l'affirmative, et, pourtant, que de documents précieux à récolter pour l'éducation de nos cavaliers dans cette Ecole si savante, surtout avec le cinématographe à grande vitesse de prise de vues. Depuis déjà longtemps, nous avions eu l'idée d'appliquer le cinématographe à la reconstitution technique des grandes batailles historiques. On sait combien il est laborieux et difficile de suivre sur une carte tous les mouvements des corps d'armée et les phases d'une grande bataille en s'aidant même des documents les plus précis. A l'aide d'un terrain reconstitué artificiellement soit par une carte ou un relief du sol exécuté à l'échelle voulue, on possède la représentation des lieux où s'est passée l'action. Si on fait évoluer sur ce terrain des morceaux de carton ou des soldats de plomb représentant les différentes formations et les positions des corps combattants aux différentes heures de la bataille, il est possible de donner une vue d'ensemble de tous les mouvements de troupes exécutés par les adversaires à chaque moment de la bataille.

Comme, d'autre part, le cinématographe est capable d'enregistrer tous ces mouvement d'une façon continue et sans laisser voir les périodes où les mains des opérateurs modifient suivant les documents historiques et l'heure où les faits se sont passés, la position des combattants, on voit que l'on peut reconstituer, en un temps réglé d'avance et qui respecte une juste proportion avec celui de la réalité, tous les éléments stratégiques qui ont provoqué la victoire ou la perte de la bataille. Sans que nous le sachions en aucune façon, notre idée avait été réalisée par M. Gaumont, aidé en cette circonstance par le commandant Colin, qui s'est fait une spécialité et possède une rare compétence en tout ce qui concerne les batailles du Premier Empire. La bataille ainsi reproduite fut celle d'Austerlitz. Pour leur réalisation, les auteurs se sont servis d'une carte géographique et de morceaux de carton reproduisant la forme des corps d'armée. Sur un coin de l'image on avait placé un cadran de pendule. Pendant que l'action se déroulait, les aiguilles du cadran se déplaçaient proportionnellement au temps vrai où les mouvements enregistrés avaient été exécutés. On obtient ainsi un document aussi exact que possible et qui possède certainement pour l'instruction des techniciens une grande valeur.

Le moyen qui permet d'exécuter ces reconstitutions est le procédé dit « tour de manivelle »; nous indiquerons en quoi il consiste (page 310).

Nous avons déjà vu que le cinématographe avait été employé par les ballons militaires. En 1900, une société particulière, croyons-nous, avait fait construire par la Maison Gaumont un appareil

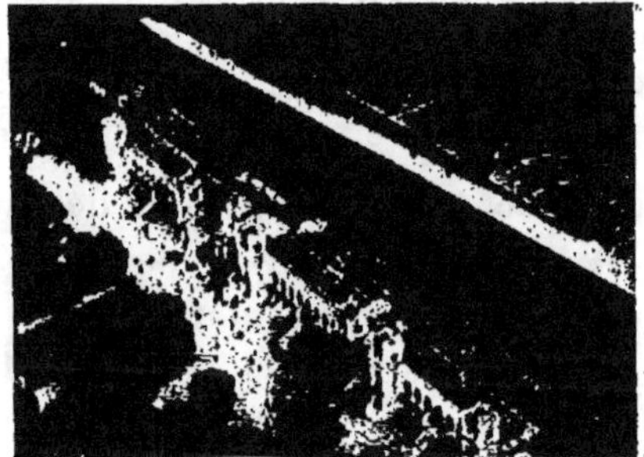

FIG. 22. — Vues prises, avec un cinématographe, en ballon dirigeable, par M. Gaumont fils.

cinématographique panoramique qui devait donner, suspendu à la nacelle d'un ballon libre, des images du tour de l'horizon. Ces expériences ne furent malheureusement pas continuées.

Actuellement, la photographie en ballon non monté a reçu de nombreux perfectionnements.

Dans cet ordre d'idées nous signalerons encore les travaux très complets du capitaine Saconney sur la levée des plans faite à l'aide de cerfs-volants montés ou non. Il est certain que dans ces circonstances le cinématographe pourra rendre des services.

Enfin, nous pensons que le cinématographe pourra être utilisé pendant les explorations des aéroplanes militaires, nous croyons même que ce sera le seul moyen à employer pour se procurer des documents exacts et contrôlables par l'explorateur, une fois les machines volantes et enregistrantes revenues à terre. La principale qualité militaire de l'aéroplane, à notre avis, c'est sa rapidité prodigieuse. Supposons un aéroplane en mission de reconnaissance sur le front d'une armée ennemie. Pour obtenir des résultats utiles il faudra que la reconnaissance soit exécutée le plus près possible du front de l'armée à reconnaître, et la manière la plus efficace d'éviter les coups de l'adversaire, pour l'aéroplane, ce sera de marcher à la plus vive allure possible. Aujourd'hui, des cartes précises existent pour presque toute l'Europe, mais l'observateur placé sur l'aéroplane aura surtout comme mission d'indiquer exactement sur ces cartes les emplacements occupés par les troupes qu'il cherche à découvrir. Dans ce cas deux sortes d'observations seront à exécuter : 1° Déterminer la position des corps d'armées des réserves, des camps et parcs d'artillerie et, si ces formations sont en marche, indiquer leur direction. Même à la vitesse de 150 ou 200 kilomètres à l'heure, qui sont déjà réalisables en aéroplane, ces observations sont facilement notables sur une bonne carte pour un observateur exercé et par un temps clair; elles ne peuvent et ne doivent avoir qu'une valeur documentaire du moment, les masses observées étant toujours susceptibles de changer de position; 2° Pendant le siège d'une place, l'attaque d'un camp retranché, d'une position défendue par des batteries et tranchées en terre, l'observateur peut avoir à déterminer sur les cartes existantes la position mathématique des pièces ou des ouvrages qu'il s'agit de détruire. L'énorme vitesse avec laquelle passe l'observateur devant les points à reconnaître, la grande instabilité dans l'espace de son point d'observation, lui rendront bien difficile, sinon impossible, la détermination exacte des points cherchés. A l'aide de la photographie et encore mieux de la cinématographie en aéroplane, nous pensons que cela lui sera possible, car, surtout avec le cinématographe, il peut balayer le terrain entier qu'il cherche à explorer et en même temps prendre par le même moyen des points de repère sur des objets dont la distance lui est connue ainsi que sur sa position propre. Avec ces éléments, il lui deviendrait certainement possible, non pas peut-être d'établir de toutes pièces un relevé topographique de la région visée, mais de déterminer exactement sur une carte déjà existante les points à viser utilement pour l'artillerie ainsi que les distances justes. Une fois revenu à terre, l'observateur pourra développer et projeter les bandes ainsi obtenues et cela aussi facilement qu'on le fait pour un cliché 9×12; seulement dans le nombre des images rapportées il sera beaucoup plus facile de trouver et d'utiliser les plus intéressantes.

Les lignes qui précèdent sont celles écrites par nous, dans la première édition de ce livre, nous avons tenu à les conserver pour montrer qu'en somme nous n'étions pas très éloigné, dès cette époque, de ce qu'il devait être malheureusement nécessaire de réaliser pendant la dernière grande guerre. Pour le relevé des points topographiques, il est certain que, à la grande rigueur, le cinématographe pouvait suffire; il était de toute évidence aussi que si on pouvait obtenir des images multiples comme les siennes, mais plus grandes, elles n'en deviendraient que plus lisibles. C'est ce qui a été réalisé pendant la guerre. Pour cela, on a construit des appareils que l'on peut nommer presque chronophotographiques, puisque, comme le cinématographe, ils prennent des suites ininterrompues de vues; mais ces dernières sont enregistrées à des espaces de temps variables à volonté, cela pour pouvoir se souder, se recouper et former un relevé de terrain ininterrompu pendant tout le temps qu'elles ont duré.

Les appareils les plus connus dans ce genre sont ceux de M. de Ram. Avec cet instrument, qui est du format 18×24 centimètres, c'est-à-dire énorme par rapport à celui du Cinématographe ordinaire (cent fois plus grand), toutes les opérations nécessaires à la prise de 50 vues successives sont exécutées automatiquement. Pour cela, son magasin contient 50 plaques sur verre. Au commandement, l'appareil seul escamote chaque plaque, arme son obturateur de plaque et se déclanche à volonté; ou bien l'escamotage, l'armement, le déclanchement se font à des espaces de temps calculés d'avance et variables au besoin. Il n'y a qu'à amener un index en face d'un chiffre qui indique le nombre de secondes que l'on désire voir s'écouler entre deux prises de vues. Le magasin tourne sur lui-même pour produire le changement de plaque et la force nécessaire pour opérer ce changement et armer l'obturateur est fournie par une hélice qui est mise en mouvement par la vitesse propre de l'avion.

Ces résultats sont très intéressants, surtout obtenus à bord d'un avion, où la place, le poids ne sont jamais en excès et où l'aviateur n'a toujours que deux mains; aussi, pour faire mieux, il fallait avoir recours à l'emploi de la pellicule. MM. Lenouvel et Duchatellier construisirent des appareils très intéressants également, dans lesquels grâce à des rouleaux, on pouvait emmagasiner de quoi impressionner 100 vues 18×24 c. sur un film ayant 28 mètres de long. Ces appareils prennent la pellicule par des griffes, un peu comme le Cinéma; mais ce sont ces griffes qui perforent elles-mêmes la bande pour la tirer et la faire avancer de toute la lon-

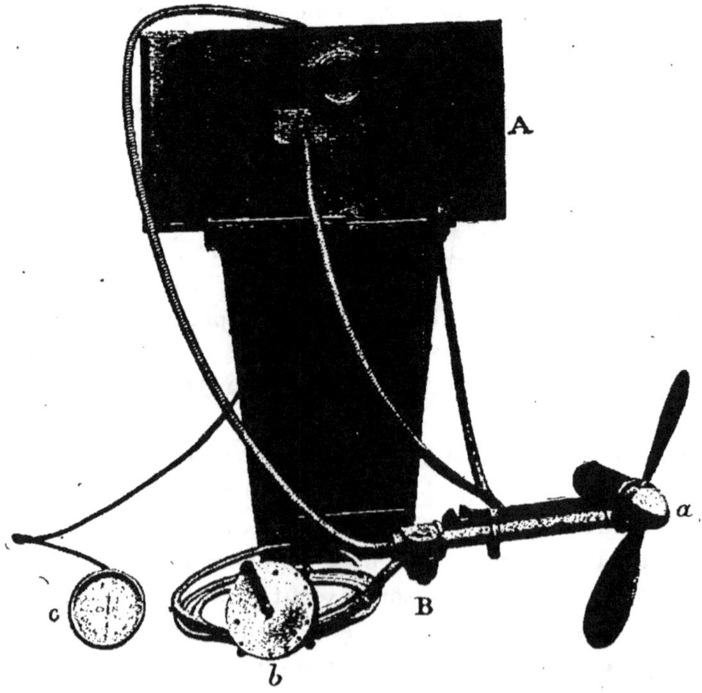

Fig. 23. — A, appareil contenant de quoi enregistrer 400 vues 18×24; a, hélice motrice pour effectuer automatiquement le changement de plaque; B, c, b, organes de réglage pour modifier l'écart de temps entre les prises de vues.

gueur d'une image; le même mouvement sert à armer l'obturateur,
qui se déclanche dans le sens contraire où la pellicule est entraînée; pendant le changement, la pellicule est libre; pendant le temps
de pose, elle est compressée par l'arrière pour lui donner une pla-
nimétrie suffisante et assurer une bonne mise au point. M. Marcel

Fig. 24. — Le village de Moussy (Aisne). Vue prise avec son nouvel appareil par M. M. Chrétien.

Chrétien vient de créer un nouvel appareil à pellicule complètement automatique (fig. 23) qui peut contenir de quoi enregistrer, sans
rechargement, 400 vues du format 18 × 24 c. Cet appareil est surtout
destiné aux relevés topographiques que ce praticien réalise couramment. Devant l'aviateur ou l'opérateur se trouvent des instruments de réglage qui permettent de prendre des suites de vues de
façon que ces dernières s'ajustent les unes aux autres, pour
ne plus former qu'une bande de relevé du sol continue, dont l'ensemble représentera une surface de terrain, dont on possédera
ainsi une image exacte et complète. Pour que ces vues successives
puissent se surcouper les unes les autres avec précision, il faut
qu'elles soient prises à des intervalles de temps qui seront fonction
de la vitesse de translation de l'avion, de son altitude pendant
l'opération et de la longueur de foyer de l'objectif employé. Ce sont

ces réglages que comporte l'appareil de M. Marcel Chrétien, et cela à tous les moments de l'opération. La surface du terrain ainsi relevée ne dépendra donc que de l'altitude de l'avion, de sa vitesse propre, de l'angle de l'objectif employé et enfin du nombre possible d'enregistrements d'images successives. Par beau temps, on voit la besogne formidable que peut exécuter un seul avion muni de ces moyens puissants.

Pour le relevé de plans exacts, pour l'établissement de cadastres nouveaux ou à refaire; il est intéressant de pouvoir employer utilement ces documents. Jusqu'à présent on n'y était pas parvenu d'une façon parfaite; pour cela, le point d'observation et de prise de vue constitué par l'avion progressant dans l'espace n'avait jamais été justement déterminé. Pour arriver à ce but, M. Marcel Chrétien a créé toute une nouvelle manière d'opérer qui est très intéressante. On relève d'abord un certain nombre de points trigonométriques qui doivent être situés à des distances qui varient suivant l'échelle du plan que l'on se propose de dresser. Par tâtonnement, on arrive à faire coïncider le point relevé sur le sol par le géomètre avec leur image projetée en même temps sur le même écran et provenant de la vue prise en avion, car les mêmes points peuvent rester visibles sur cette vue. Après que ces repérages ont été bien faits, on place le papier au gélatino-bromure, on expose, on développe, on fixe et l'on possède une vue de terrain à une échelle que l'on peut exactement déterminer. Grâce à la lanterne d'agrandissement, qui permet de présenter le cliché sous différents angles et à l'écran qui reçoit le papier et qui est aussi, lui, variable en position, on peut redresser l'image, si celle-ci a été prise en avion, sous un angle quelconque en dehors de la verticale. Sur ce redressement, on peut dessiner à l'encre de Chine tous les traits qui doivent servir à l'établissement du plan désiré et après faire disparaître toutes traces de la vue photographique qui aura servi à situer les points intermédiaires entre ceux déterminés à terre.

Nous venons d'esquisser le procédé de redressement par projection sur papier sensible. Cette importante question a été étudiée d'une façon complète par M. l'Ingénieur hydrographe en chef de la marine, M. H. Roussille.

Parallèlement à ces réalisations, par la méthode optique, on s'oriente également vers des réalisations mécaniques. M. Marcel Chrétien solutionne le problème mécaniquement par la détermination des paramètres ou données nécessaires au redressement de l'image en précisant la situation du cliché dans l'espace au moment du déclanchement de l'obturateur (altitude de l'avion, situation planimétrique du pied de la verticale abaissée de l'avion sur le sol, direction des horizontales du cliché, angle de plus grande pente du cliché).

D'après ces paramètres, on règle l'appareil qui doit servir à les utiliser. Un microscope est amené successivement devant chacun des points à redresser et automatiquement chacun de ces points se retrouve situé, après un redressement exact sur l'épure à l'échelle voulue, sans passer par l'image positive photographique agrandie. On évite ainsi les erreurs dues à la dilatation du papier sensible dans les différents bains et aux reports successifs du travail du dessinateur.

M. Marcel Chrétien construit aussi un appareil qui donne mécaniquement et en même temps le relevé altimétrique du sol. Cela lui est possible, grâce aux paramètres déjà établis comme nous venons de le voir et à la prise de vue d'un point du sol photographié de deux points d'observation différents, mais situés exactement dans l'espace par les moyens précédents.

On admet facilement que par intersection des deux rayons lumineux qui ont impressionné les plaques, relativement à un même point du sol, on détermine la situation exacte de ce dernier.

Pendant la guerre, on a pris des vues cinématographiques proprement dites au titre documentaire à bord des avions et des ballons dirigeables, mais ces vues étant très petites leur lisibilité était difficile, surtout lorsqu'elles étaient prises à de grandes altitudes; les trépidations des moteurs d'avions ou de dirigeables étaient des obstacles pour les obtenir nettes; elles ne sont exposées qu'au 1/32ᵉ de seconde, ce qui est relativement très lent. En 1910, M. Gaumont fils avait rapporté les premières bonnes vues cinématographiques faites en ballon dirigeable; cela à bord du *Zodiaque*, conduit par le comte de La Vaux (fig. 22).

Malgré la petitesse de l'image cinématographique il était intéressant de pouvoir fixer d'avion à avion ce qui se passait en l'air, comme par exemple les phases d'un combat aérien. Pour l'instruction des pilotes cela pouvait même devenir un facteur très puissant de contrôle et pour l'éducation du tireur ce moyen pouvait fournir des documents enregistrés du plus grand intérêt. Les Anglais, dans leur camp d'instruction, se servaient de ce moyen et ils avaient construit un appareil enregistreur spécial qui leur donnait de bons résultats. Il ressemblait à la mitrailleuse à tuer et était placé à côté d'elle. Cet appareil fut mis en service aussi, croyons-nous, dans les camps français, à Pau, notamment. Il avait pour nom celui de *Hythe Gun Camera*, qui correspond au nom du camp d'aviation où il était le plus employé à l'instruction des aviateurs anglais. Hythe est sitée près de Douvres.

En France, M. Béchero, ingénieur de la maison Spad, avait étudié aussi un appareil de ce genre. Il avait également la forme d'une mitrailleuse, il se plaçait parallèlement à la vraie mitrailleuse dans le logement destiné à ces machines sur l'avion. On sait que pour viser on pointait en dirigeant l'avion lui-même vers le but, l'aviateur n'ayant toujours que deux mains. En déclanchant la mitrailleuse à tuer, la mitrailleuse à photographier se mettait automatiquement en marche, grâce à un moteur spécial constitué par un fort caoutchouc tendu. La mitrailleuse photographique tirait bien moins vite que l'autre; on pouvait la régler pour prendre 2, 3, 6 vues à la seconde. Au début, ces appareils possédaient un obturateur d'objectif. M. M. Richard, alors directeur de la Société Spad, nous pria d'étudier un autre obturateur plus rapide car les images étaient souvent floues. Grâce à la collaboration de MM. Bossardet et Dizien, nous pûmes réaliser un obturateur de plaque à rendement maximum (98 %) et à répétition, genre Sigriste, et qui nous donna des parfaits résultats. Comme la course de cet obturateur était très petite, les images ayant 4×6, nous avions pu lui donner une vitesse linéaire très grande; à $1^{m/m}$ d'ouverture de fente il devait bien donner le 6 ou 8.000ᵉ de seconde, mais nous n'avions jamais besoin de ces grandes rapidités, le 1/1.000ᵉ suffisait presque toujours. Sur les appareils Spad il fallait tirer et photographier au travers de l'hélice. On sait que pour le tir à balle on a résolu ce problème, sans toucher à l'hélice en marche; pour la photographie on aurait pu le faire aussi simplement, cela en réglant la prise de vue de façon à ce qu'elle se produise pendant le temps que met l'hélice à faire une demi révolution. Pour cette raison, nous avions calculé le temps total que mettait à descendre la fente de l'obturateur pour impressionner toute la petite image, cela de façon que ce temps total soit inférieur à celui que dure la demi révolution de l'hélice; mais, pratiquement, nous avons pu constater qu'il n'était pas nécessaire de compliquer tant les choses; on avait bien quelquefois des images bizarres (fig. 25) provenant de ce passage visible sur la plaque, mais ces images parasites ne gâtaient pas absolument la vue principale et elle restait utilisable. Guillemer avait déjà obtenu des épreuves très intéressantes de ses combats avec cet appareil et c'est sa mort en partie qui est venue interrompre la suite de ces intéressantes expériences et prises de vues chez les Français.

FIG. 25. — Une hélice d'un moteur Rhône 80 HP, en marche régulière à 1.260 tours. Photographie prise en juin à 4 mètres avec un Sigriste en 1/5.000 de seconde, par M. Simonnot-Vitry, sur plaques Wellington, développement Pyro.

Le rôle principal que devait remplir le cinématographe pendant la guerre se trouva situé sur terre. Dès le commencement des hostilités, les maisons existantes d'édition française firent des propositions au Ministère de la Guerre pour pouvoir aller prendre des vues cinématographiques sur les lignes de combat ou de résistance; mais, rapidement, on vit que cette combinaison avait de graves inconvénients. Les services militaires n'étaient plus maîtres de leurs secrets et il y avait une question de responsabilité délicate encourue vis-à-vis des opérateurs payés, pour aller exécuter ces prises de vues dangereuses. C'est alors que fut décidée la constitution d'un personnel militaire chargé de ces soins. La direction de ce service fut confiée à M. Pierre Marcel, publiciste, qui, en cinématographie, s'est occupé surtout d'éditions et de publications, de sujets scientifiques ou destinés à l'instruction. C'est à son obligeance que nous devons les renseignements qui vont suivre.

Ce service fut installé rue de Valois; on le constitua d'abord à l'aide de 14 opérateurs pouvant aller exécuter correctement des prises de vue sur le front. Ces opérateurs étaient militaires, on les rechercha parmi les praticiens déjà connus dans le métier et qui étaient mobilisés; on en trouva quelques-uns; les meilleurs servirent d'instructeurs aux autres et on les répartit à raison de un par armée, c'est ce qui explique leur nombre. En plus, il fallut créer les services nécessaires pour les approvisionner; développer les bandes exposées par eux, tirer les images positives, les monter, les cataloguer, les conserver et les montrer aux services techniques et compétents de l'armée qui en faisaient la demande. Par ces moyens, les états-majors pouvaient se rendre compte des effets produits par les bombardements, juger de l'état des travaux en cours d'exécution, des difficultés que l'on éprouvait pour les exécuter, de l'allure et de l'attitude des troupes au moment de la prise de postes dangereux, des départs pour l'assaut, du retour d'une action heureuse ou malheureuse, etc., apprécier la manière dont résistait le matériel de grosse artillerie, en réagissant par son recul sur les emplacements où on l'établissait, en un mot enregistrer pour l'histoire tout ce qu'il y avait d'intéressant à conserver du spectacle de ces terribles événements.

En plus de cette partie officielle et secrète, si l'on peut dire, le Cinématographe militaire était chargé de communiquer toutes les semaines, aux exploitants, un film destiné à passer avec les actualités dans toutes les salles d'exploitation existantes en France et chez les alliés. Cette communication constituait une propagande de premier ordre pour entretenir le moral de l'arrière!

Pourvu qu'il tienne? disait alors Forain! On l'y aidait certainement ainsi. Naturellement, on choisissait les vues les plus captivantes; celles où l'on voyait de beaux poilus, pleins d'ardeur et de vaillance, défiler ou travailler magnifiquement; il était recommandé de ne laisser passer aucune bande où il se trouverait trop de cadavres et, la musique aidant, ces vues stimulaient le patriotisme, consolaient et rassuraient ceux qui les voyaient et qui pourtant, étaient si terriblement inquiets pour tous ceux des leurs qu'ils savaient exposés aux mêmes dangers.

Pendant la guerre, ces services ont fait enregistrer environ 225.000 mètres de pellicule négative. Tout ce que l'on avait pu trouver d'intéressant s'y trouve conservé. Ces vues et scènes sont emmagasinées rue de Valois où un service de location, d'édition, de vente de contre-types existe et est mis à la disposition du public. Un catalogue très bien fait, permet de retrouver de suite la vue désirée ou de choisir dans celles existantes, un sujet donné.

Aujourd'hui, tout ce que ce service a pu produire n'est plus secret et possède un intérêt rétrospectif et technique de premier ordre. Il est malheureux que ces vues rentrent aussi vite dans l'oubli et que les Français ne puissent pas les revoir plus souvent. Elles pourraient davantage les forcer à se souvenir de toute leur gloire et de toute leur bravoure. Cela vaudrait certainement mieux que de les laisser s'endormir dans des illusions pacifistes qui pourront encore les tromper amèrement un jour.

Enfin, le cinématographe avait un rôle puissant à remplir pendant ces temps si durs et si décourageants, c'était de distraire, de fortifier, de faire rire le pauvre poilu en proie aux terribles ravages moraux de son *cafard* légendaire en évolution ! A un moment même, cette vilaine bête cultivée et améliorée par la trahison devint si pernicieuse, si virulente, que les chefs militaires durent se préoccuper de la combattre efficacement.

Ce fut à cette occasion que le général Nivelle se souvint de toute l'influence morale et de la force de persuasion que possède l'image cinématographique sur l'esprit humain, et il résolut de suite de s'en servir comme arme intellectuelle pour remettre dans la bonne voie le moral abîmé de ses armées.

Pour cela, il fit venir M. Pierre Marcel et lui commanda de combattre le mieux possible le découragement de ses hommes et leur cafard par l'emploi intensif du Cinématographe.

Ce n'était pas une petite besogne, surtout pour établir ces représentations sur toutes les lignes arrières des opérations. Dans ces régions, il n'existait plus ni gaz ni électricité, tous les locaux existants encore étaient occupés par les troupes ou les services des armées.

On jugea qu'il était nécessaire de créer 400 postes de projection environ, pour donner à peu près satisfaction à tous les poilus du front.

On dut d'abord se procurer ou faire construire les 400 postes. Après quoi on n'avait personne pour les faire marcher. Il fallut chercher des soldats opérateurs. Pour former, éduquer ces soldats, on installa deux écoles à Paris. Aux Tuileries, dans l'orangerie, du côté du quai ; c'était l'école des opérateurs chargés des prises de vues sur le front. Ces hommes, de ce fait, furent très exposés et parmi eux il y eut de nombreux blessés et même des morts, c'est avec tristesse et admiiation que nous rappelons ici leur mémoire. Rue de la Convention, dans les bâtiments de l'Imprimerie Nationale, on instruisait surtout les projectionnistes. Dans ces écoles et services il y avait plus de 2.000 hommes employés.

Pour les projections, une fois les hommes suffisamment éduqués, on les envoyait avec leur matériel créer un centre de récréation destiné à distraire les hommes au repos sur les lignes de l'arrière. La plupart du temps, il n'y avait pas de local disponible pour installer ces salles de projection, on en construisait alors en bois, elles étaient les plus grandes possible. Les programmes variaient, le mieux que l'on pouvait; il fallait qu'ils amusent vraiment et surtout qu'ils changent les idées. On avait aussi créé au même moment un vrai théâtre et on demandait des artistes de bonne volonté pour aller distraire les poilus dans les mêmes salles. Mais, ô sainte administration, avec tous tes règlements extraordinaires sur les salles de spectacles et les cabines cinématographiques, si tu avais pu voir dans quelles conditions primitives il fallait opérer alors! Pour ces représentations on se servait, comme éclairage, de postes oxyacétyléniques que les hommes préposés à leur fonctionnement connaissaient à peine!

Mais le plus extraordinaire et le plus inattendu, nous disait, pour finir M. Pierre Marcel, c'est que jamais un accident ni une brûlure de pellicule ne se sont produits pendant tout le temps que durèrent ces représentations.

Les armées alliées et ennemies avaient toutes leurs services photographiques et oinématographiques. Naturellement, les Allemands étaient les mieux installés, mais les Anglais avaient étudié aussi des appareils très remarquables et très complets. Les Américains avaient apporté un matériel tout à fait nouveau et très pratique, entre autres, un appareil prise de vue intéressant qui est très petit et facile à transporter. Les services américains de prises de vues aux armées s'étaient installés dans les usines Pathé, à Vincennes, et de là, ils approvisionnaient tous leurs opérateurs du front.

Pour distraire leurs hommes à l'arrière des lignes de résistance et dans leurs camps immenses de préparations, les Américains avaient aussi monté nombre de salles de projections cinématographiques où les hommes, à certains jours et à certaines heures pouvaient venir gratuitement se distraire par la vue des images animées. Dans cette tâche, la direction militaire était puissamment aidée par l'administration de la Croix-Rouge américaine et ses semblables. A ses frais, cette association bienfaisante avait créé à

Paris tout un service qui n'était chargé que de procurer aux camps et aux hôpitaux, surtout américains, des postes de projections cinématographiques. Pour cela, ce bureau embauchait au besoin des civils français capables de remplir cet emploi, il les habillait à l'américaine pour les militariser et leur faciliter leurs transports. La Croix-Rouge louait ou achetait en France des appareils et de la bande cinématographique, on mettait à cette dernière des titres en anglais et de nombreuses femmes françaises étaient occupées à entretenir, classer et expédier ces vues sur les points où elles devaient être montrées. Il y avait un service d'échanges de vues entre tous les postes établis par cette société si riche et si bienfaisante (1).

Si la puissance de l'influence morale des spectacles cinématographiques avait encore eu besoin d'une consécration officielle et indiscutable, tous ces faits viendraient l'apporter ici. Dans ces circonstances, le cinématographe a fait beaucoup de bien aux humains dépaysés et éloignés de tous ceux qu'ils aimaient; il les aidait à prendre leur mal en patience et à penser à autre chose qu'à leurs épreuves momentanées : c'est un très beau rôle qu'il a rempli et dont les défenseurs des bonnes civilisations lui sauront toujours gré.

La cinématographie ultra-rapide. — Depuis l'époque où le cinématographe prenait jour à l'Institut Marey, on n'avait plus entendu beaucoup parler de cet établissement. M. Bull, son directeur actuel, a présenté un instrument intéressant qui permet d'enregistrer les mouvements extra-rapides, le vol des insectes, par exemple. Cet appareil a été décrit dans *La Nature* (avril 1910) et c'est à ce journal que nous empruntons les renseignements qui suivent :

« Pour arriver aux résultats cherchés et que l'image soit parfaitement nette, il fallait dans ce cas pouvoir réaliser le temps de pose de 1/400 millième de seconde. On admettra de suite qu'il n'y a que l'étincelle électrique qui puisse produire une puissance lumineuse suffisante pour impressionner utilement une surface sensible photographique en un temps aussi court. Pour réaliser cet appareil, M. Bull se sert d'une pellicule de 108 %m de longueur enroulée sur un tambour de carton d'un diamètre de 34,5 %m, ce qui permet

---

(1) C'est en ces circonstances que les Américains apportèrent en France les premières grosses lampes à incandescence destinées à remplacer les arcs électriques pour les projections.

l'enregistrement de 54 photographies de format du cinématographe ordinaire.

« La bande tourne entraînée par le tambour en carton et présente successivement les parties de sa surface au foyer d'un objectif photographique qui est monté à poste fixe devant.

« Sur l'axe du tambour se trouve un interrupteur rotatif qui peut produire jusqu'à 2.000 interruptions par seconde. Cet interrupteur coupe le circuit primaire d'une bobine d'introduction puissante et chaque fois qu'il y a interruption, une étincelle jaillit entre deux électrodes d'aluminium réunies aux bornes du circuit induit de la même bobine. Ces étincelles sont placées en arrière d'un concentrateur ayant pour objet de faire converger les rayons lumineux dans l'objectif de l'appareil. Cette partie optique est composée généralement de trois lentilles : une lentille collectrice placée tout auprès de l'étincelle et deux lentilles plan-convexes constituant un système analogue à celui des condensateurs de lanternes à projections. Tout ce système optique, ainsi que l'objectif photographique, est construit en quartz et achromatisé avec le spath d'Islande, cela afin d'éviter l'absorption par le verre des radiations ultra-violettes fort abondantes dans les étincelles électriques et qui sont très photogéniques.

« Avec des temps de pose aussi réduits, les images obtenues ne sont le plus souvent que des silhouettes; cette condition rend très difficile l'orientation exacte du sujet; pour remédier à cet inconvénient, l'appareil a été rendu stéréoscopique et possède deux bandes et deux objectifs; en arrière du concentrateur sont également placées deux sources de lumière. Pour mesurer les intervalles de temps séparant les images, l'inventeur utilise un diapason donnant 50 vibrations doubles par seconde, ces vibrations s'inscrivent sur la bande en même temps que la prise de vue est faite. Pour connaître les espaces parcourus par le sujet photographié, on a disposé dans le champ de l'objectif une règle de verre graduée; on obtient ainsi les distances par une lecture directe. Cet appareil permettrait, s'il était établi avec le déroulement de longues pellicules, de prendre 2.000 photographies par seconde. Mais si ces 2.000 vues étaient projetées ou regardées, possédant la même rapidité que celle qui a servi à les obtenir, elles ne deviendraient pas plus intéressantes ni plus lisibles que la réalité qui échappe par sa rapidité à notre investigation. Ces épreuves étant destinées à analyser tous les mouvements extra-rapides que nous ne pouvons pas fixer par d'autres moyens, il faut que la bande puisse défiler devant l'œil de l'examinateur avec une vitesse beaucoup plus faible que celle de la prise de vue. Pour arriver à ce résultat, M. Bull se sert d'un dispositif qui force la pellicule portant les images à suivre sur une certaine étendue un trajet en arc de cercle. Au centre de l'arc est disposé un petit miroir plan qui réfléchit l'image dans l'œil de l'observateur. Ce miroir est susceptible de décrire un certain arc de façon que, au fur et à mesure que la pellicule se déplace, l'image considérée paraisse toujours immobile pour l'œil de l'observateur. Quand l'image s'est déplacée d'une quantité égale à sa largeur, le miroir est brusquement ramené à sa position première, et l'œil perçoit alors l'image suivante.

Cette dernière disposition, ou à peu près, avait été employée en Amérique depuis longtemps, comme nous le verrons.

Depuis ces recherches à but absolument scientifique, le cinématographe a réalisé des appareils prises de vues portatifs et pratiques, qui font défiler normalement entre 150 et 200 ou 240 images à la seconde. Pour beaucoup de mouvements courants, cela est très suffisant et procure des analyses fort complètes, par exemple, pour le fonctionnement des machines agricoles ou autres, les résistances des parties principales des avions. La chirurgie, l'éducation physique, l'équitation, le dressage du cheval, l'étude des mouvements et des échappements en horlogerie. Courses, sauts danses, lancement du poids, du disque, etc.; en natation, l'étude du plongeon, l'étude de l'art du jongleur. En textiles, le lancement des navettes, le travail des métiers à tisser, etc., etc.

Les établissements Gaumont, Continsouza et M. Labrély, réalisés par M. Debrie, ont construit et mis en vente des appareils très bien étudiés et qui donnent ces résultats (nous les décrirons plus loin, page 183).

La cinématographie microscopique. — Cette merveille de la cinématographie a pu être réalisée grâce aux habiles recherches poursuivies depuis longtemps par le D* Comandon qui a trouvé de précieux auxiliaires dans MM. Pathé frères qui ont mis gracieusemnt à sa disposition le puissant outillage de leur Maison (Voir *La Nature*, n° 1902). Grâce à ces nouveaux procédés, on a pu obtenir de très beaux tableaux animés des infiniment petits, et cela pendant leur vie, et par conséquent en enregistrer tous les mouvements, les habitudes et les transformations. Dans la méthode microscopique habituelle, l'observateur doit à la fois examiner sa préparation, la maintenir constamment au point et en même temps dessiner et noter. La méthode cinématographique, en séparant nettement ces diverses opérations, facilite singulièrement l'observation et permet de découvrir des faits restés auparavant inaperçus. Pour l'enseignement, on conçoit tout le parti que l'on peut tirer de tels enregistrements. Pour réaliser ces prises de vues difficiles, il y avait surtout deux difficultés principales à vaincre : 1° éclairage de la préparation microscopique; 2° le non-échauffement de la même préparation par les rayons caloriques qui lui parvenaient en même temps que les rayons lumineux servant à l'éclairer. Au delà d'une certaine limite de temps, cette chaleur devenait suffisamment puissante pour tuer les êtres vivants contenus dans la préparation dont on voulait enregistrer toutes les parties et les modifications.

Le Dr Comandon, dans ce cas, se sert d'une lampe à arc électrique de 30 ampères pour éclairer la préparation. Cette lumière passe au travers d'une lentille diaphragmée qui la dirige sur le sujet ou sur un miroir qui la réfléchit perpendiculairement à l'axe de l'appareil suivant que l'on se sert de la méthode ordinaire ou de l'hypermicroscope. Par ce dernier moyen, les observations du microscope sont rendues beaucoup plus intéressantes, les microbes

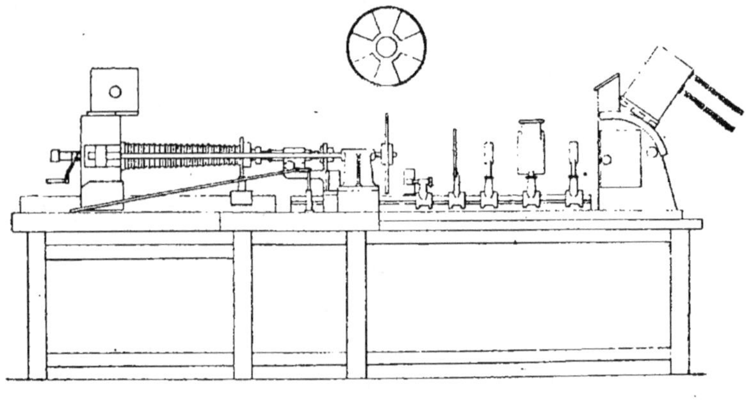

Fig. 26.

n'ont plus besoin d'être colorés pour être visibles, et, ainsi éclairés, ils émettent par réflexion des rayons lumineux très intenses qui permettent de les voir directement dans leurs formes et mouvements.

Le microscope est placé horizontalement ; comme le montre la figure 26, derrière lui se trouve un soufflet qui le relie à l'appareil cinématographique proprement dit. Un petit orifice, placé dans

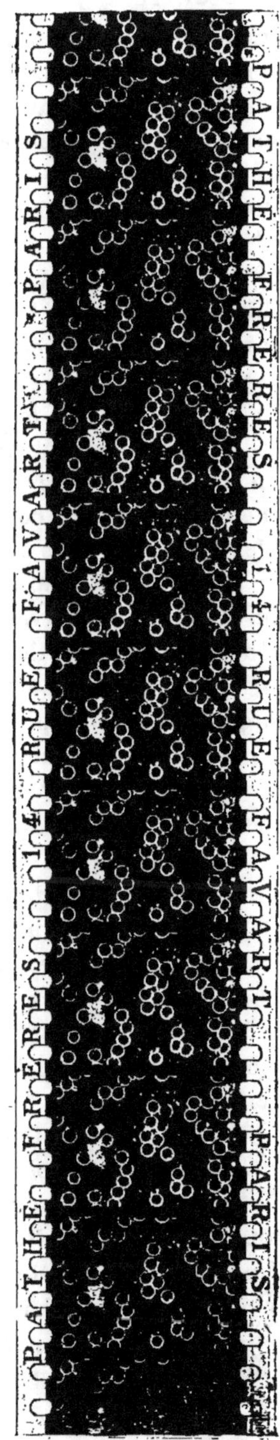

Fig. 27. — Spécimen d'image obtenu par M. Comandon, par le Cinématographe microscopique.

la paroi arrière du cinématographe, permet d'observer à la loupe l'image donnée par le microscope; on peut ainsi modifier la mise au point et maintenir la préparation dans le champ qui est photographié. Une transmission manœuvrée à la main par un long manche agit à distance sur la vis de réglage du microscope. Une autre transmission permet d'élever ou d'abaisser le porte-lame du microscope.

Pour combattre l'excessif échauffement de la préparation, le Dr Comandon a eu l'ingénieuse idée de placer entre le microscope et la lampe à arc un obturateur rotatif à peu près semblable à ceux des appareils cinématographiques. Cet obturateur est entraîné synchroniquement avec celui de l'appareil cinématographique. Par ce dispositif, la préparation microscopique n'est plus traversée par les rayons lumineux et caloriques qui servent à son éclairage que pendant le temps utile à la photographie de chaque image cinématographique. Dans ce cas, comme dans presque tous les autres, on sait que ce temps de pose est d'environ $1/32^e$ de seconde. Pendant que la pellicule change de place, la préparation est protégée par l'obturateur, et il a été trouvé que, pratiquement, ce dispositif était suffisamment efficace pour donner de bons résultats. Pour plus de sécurité on a encore intercalé entre la lampe électrique et le microscope une cuve à eau à circulation.

Grâce à ces nouvelles dispositions, on peut obtenir et rendre visible une image qui possède un grossissement linéaire de 10.000. Sous un même grossissement une puce apparaîtrait haute comme une maison de six étages. Par cette comparaison, on peut se rendre compte des puissants moyens d'investigation et d'enregistrement dont dispose aujourd'hui la science.

LA CINÉMATOGRAPHIE EN COULEURS ET COLORIÉE. — La photographie animée reproduite en noir ne donne pas l'illusion de la réalité, aussi a-t-on cherché par tous les moyens possibles à lui faire restituer les couleurs de la nature. Dans l'industrie, le plus généralement, on colorie chaque image à la main par des procédés simples que nous examinerons dans ce livre (page 384), mais forcément ce travail est imparfait, coûte beaucoup et les couleurs reproduites ne sont jamais exactes. Pour diminuer le prix de revient de ces colorations on a imaginé de les réaliser mécaniquement par le procédé dit « au patron ». Pour donner au cinématographe en couleurs toute la vérité photographique possible, bien des inventeurs ont cherché à lui appliquer les moyens employés par la photographie en couleurs. Ces procédés sont au nombre de deux, mais dérivent du même principe : la trichromie. L'un procède par juxtaposition, à l'aide de points colorés infiniment petits, placés les uns à côté des autres (plaques autochromes, etc.), l'autre emploie des superpositions de trois images transparentes, coloriées chacune d'une couleur différente et placées l'une sur l'autre.

Le premier de ces moyens n'est guère pratiqué en cinématographie.

Le deuxième procédé est le seul qui ait donné des résultats dans l'industrie. Pour le réaliser, il suffit de projeter l'une sur l'autre trois épreuves d'un même sujet, chacune d'elles ayant été obtenue au travers d'un filtre analyseur d'une couleur différente et étant ensuite teintée de la couleur correspondante au filtre qui a servi à l'obtenir. Pour la projection, ces couleurs sont obtenues par des écrans en verre coloré placés devant l'objectif.

Pour que ce procédé soit applicable au cimématographe, il fallait procurer à la pellicule une sensibilité suffisante pour qu'elle donne encore une image utilisable prise instantanément au travers d'un écran analyseur et de ce fait coloré et peu photogénique. Cette difficulté est aujourd'hui surmontée grâce aux émulsions au gélatinobromure très rapides; cependant, il fallait encore que l'émulsion soit rendue très panchromatique pour posséder une sensibilité juste et suffisante à toutes les couleurs. Ce résultat a été également obtenu, et la sensibilité est augmentée en même temps par les nouveaux panchromatisants du genre Pinachrome, etc.

Pour utiliser ces procédés, en cinématographie, beaucoup d'instruments ont été proposés, les uns comportant trois pellicules, d'autres deux seulement; ou bien la sélection se fait sur une même bande, mais trois images sont impressionnées successivement, l'une au travers d'un écran rouge, l'autre au travers d'un écran vert et enfin, la troisième au travers d'un écran bleu. Dans cette voie, nous signalerons ici l'appareil de M. William Friese Greene, qui a montré déjà à Londres, en 1898, des résultats curieux et que M. Mareschal a décrits dans *La Nature* en 1910. Le constructeur a apporté récemment des perfectionnements à son procédé qui, dans tous les cas, est intéressant.

Pour prendre les clichés ou plus exactement les bandes négatives, le nouvel appareil utilise des filtres constitués par du ruban de celluloïd extrêmement mince qui est en contact intime avec l'émulsion panchromatique que porte la bande sensible. Il évite ainsi tous les effets de réflexion ou de réfraction qui se produisent sur les filtres de verre. Le ruban est divisé en sections ayant chacune la longueur exacte d'une image et chaque section est colorée dans l'ordre : rouge, vert, bleu et ainsi de suite indéfiniment. On comprend que si ce ruban est perforé et passe derrière l'objectif en même temps que la bande sensible, on aura alternativement les images correspondant aux trois couleurs choisies par la trichromie.

Afin de limiter à son minimum la longueur du ruban filtre, l'inventeur le ferme sur lui-même de façon à obtenir un ruban sans fin qui suit intérieurement les parois de l'appareil guidé par des poulies.

Avec la bande négative ainsi obtenue on tire, par les procédés habituels, une bande positive. Si on place celle-ci dans la position exacte qu'occupait le négatif dans l'appareil, et si des filtres de couleurs complémentaires se présentent dans le même ordre, on aura chaque image positive colorée comme il le faut pour obtenir des teintes justes. En plaçant un foyer lumineux derrière cette bande positive, on pourra donc projeter sur un écran des images dont la couleur sera alternativement rouge, jaune et violette, et si elles se succèdent avec une rapidité suffisante pour mettre à profit la persistance des impressions sur la rétine, elles paraîtront superposées et l'œil verra la reproduction de toutes les couleurs du modèle. Pour que les images se superposent suffisamment, rapide-

ment, l'inventeur se sert de deux appareils jumeaux pour la prise
des vues et la projection, mais les deux appareils sont conduits par
la même manivelle et les deux objectifs sont inclinés de façon
à venir former leur image chacun au même endroit sur l'écran;
pendant qu'un objectif est ouvert l'autre est fermé, de cette façon
le scintillement est beaucoup diminué. Avant cet appareil muni
des trois écrans, il en existait un qui n'utilisait que deux couleurs;
les résultats étaient déjà remarquables, mais celui que nous venons
d'indiquer rapidement paraît pouvoir réaliser mieux et plus pratiquement la projection animée en couleurs par la trichromie (1).

Depuis cette remarquable tentative pour l'époque, la cinématographie en couleurs naturelles a fait de sensibles progrès, elle est
arrivée même à des résultats pratiques, sinon encore absolument
parfaits.

Avec les pellicules tramées ou pointillées, portant elles-mêmes
leur filtre coloré, il y a eu de nombreuses tentatives de réalisées,
toutes ont donné des résultats encourageants; nous croyons qu'un
jour, elles pourront donner des solutions pratiques. Ces sortes de
filtres laissent passer suffisamment de lumière pour que l'on puisse
faire de l'instantané avec. Celui du cinéma n'est pas bien terrible.
Les couleurs que peuvent donner ces réseaux, pour la projection,
sont très suffisantes, quelquefois même, trop vives. Pour la multiplication des épreuves on peut obtenir au négatif toutes les couleurs
complémentaires et redresser dans leurs valeurs naturelles ces couleurs au tirage des images positives, cela par contact, comme on
le fait pour la pellicule en noir.

Les grains ou les lignes de ces plaques ne sont pas un obstacle
insurmontable pour la projection. Une image finement grainée ou
tramée est encore agréable à regarder lorsqu'elle est très agrandie
par la projection cinématographique, car en plus de ces éléments
plus grossiers, elle conserve toujours sa finesse d'origine photographique.

Cette solution est tentante, parce qu'une telle pellicule peut passer
dans tous les appareils existants et pour être obtenue avec toutes ses
couleurs elle n'a pas besoin d'être plus longue que la pellicule en
noir.

Une des meilleures solutions du problème de l'application de la

____

(1) Ces appareils n'auraient pas pu projeter leurs images colorées, mélangées
suffisamment vite, ou sans franges inégalement colorées.

trichromie à la cinématographie a été présentée par M. Gaumont.

L'appareil réalisé montre de très belles images qui font l'admiration de tous ceux qui peuvent les voir. Pour tourner les difficultés attachées à cette réalisation, M. Gaumont a employé une seule pellicule, sur laquelle sont inscrites en même temps trois images plus

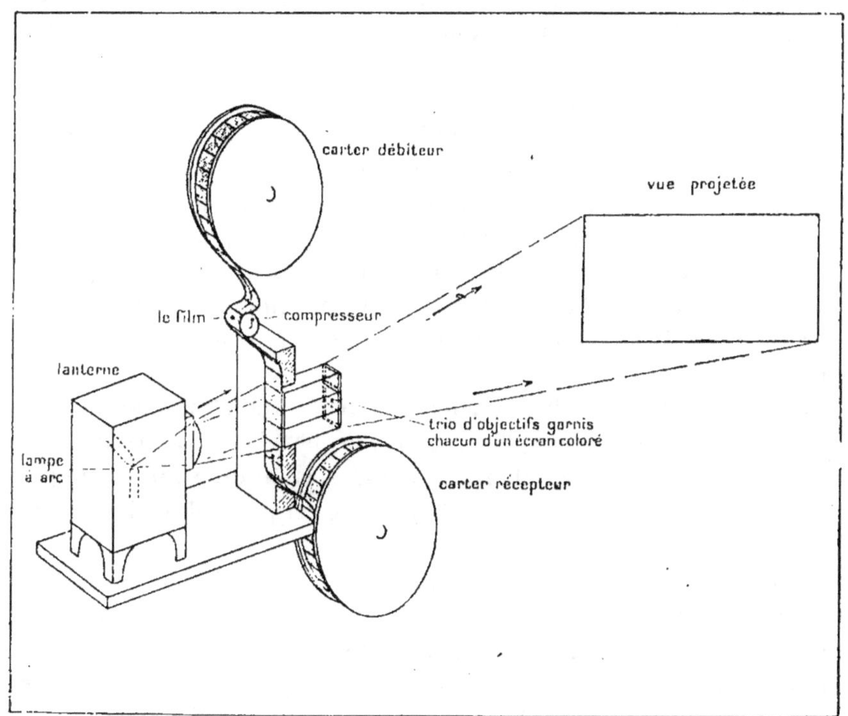

Fig. 28.

petites que celles du cinématographe ordinaire (fig. 28), ces trois images sont fournies par trois objectifs munis chacun d'un filtre coloré. Le format des trois images a été réduit dans ce cas, pour que l'appareil ait à déplacer une moins grande longueur de pellicule à chaque prise de vue et assurer ainsi la bonne stabilité des images. Au chapitre spécial de ce livre, page 395, nous décrirons complètement ce procédé.

Nous rappellerons également le procédé dit *Kinémacolor* qui a montré, à Paris, en juillet 1911, les premières images animées en couleurs naturelles.

MM. Marcel Chrétien et Dourlon viennent de réaliser un autre moyen de faire de la cinématographie en couleurs naturelles. Pour cela ces messieurs ont construit un appareil, qui n'emploie qu'un seul objectif mais trois pellicules négatives. Cette tentative fait le plus grand honneur à ses inventeurs et au ministère des inventions qui a bien voulu les encourager. Nous reviendrons également sur ces appareils à la page 406. (Voir encore le procédé Keller-Dorian, page 406.)

PELLICULES ININFLAMMABLES. — Nous avons vu que presque tous les supports employés aujourd'hui pour constituer la partie résistante et portante de la bande cinématographique étaient préparés à l'aide du celluloïd. Cette matière est très pratique à l'usage et résiste bien ; on sait qu'elle est composée de cellulose, c'est-à-dire du coton, généralement, traité par de l'acide nitrique et auquel on ajoute du camphre. Ce corps a malheureusement la propriété de s'enflammer très facilement, d'où le danger de son emploi en cinématographie.

Pour remédier à cet inconvénient et ne pas abandonner les supports transparents et souples réalisables par l'emploi de la cellulose nitrée ou pas, on a cherché d'autres combinaisons chimiques procurant des produits moins inflammables et présentant les mêmes avantages de solidité, ou à peu près.

Lorsqu'on cherche à ne pas employer l'acide nitrique ou à dénitrer la cellulose, les principaux inconvénients que l'on rencontre sont sa perméabilité à l'eau, l'élasticité et le peu de solidité des corps produits. Les supports ainsi préparés se déforment, s'allongent ou s'usent, s'évaporent plus vite que ceux en celluloïd.

Cependant, certains échantillons de bandes ininflammables ont déjà été mis dans le commerce ; quelques-unes sont en exploitation et paraissent donner des résultats encourageants. De nombreuses recherches sont entreprises par de puissantes sociétés pour les perfectionner.

Parmi les supports proposés et exploités, nous citerons celui du Dr Eichengrün qui, le 16 juin 1909, à Iéna, fit fonctionner un cinématographe en utilisant des pellicules en *Cellite* préparées par Ed. Liesgand, de Düsseldorf. Lorsque cette pellicule était arrêtée dans l'appareil de projection sous les rayons concentrés de l'arc électrique, un trou noir se formait et les bords en étaient calcinés, mais le feu ne se communiquait pas au reste de la bande. Le docteur Eichengrün emploie pour préparer ses nouvelles pellicules de l'acétyl-cellulose. D'après le livre de MM. Masselon, Roberts et Cillard (1), que nous citerons encore, les acétates de cellulose sont des éthers de cellulose les seuls intéressants pour la fabrication des pellicules cinématographiques. Dans leur fabrication, l'acide azotique est remplacé par le chlorure d'acétyle, l'anhydride acétique, l'acide acétique glacial, ou encore un mélange de chlorure de zinc et de chlorure d'acétyle (Brevet Cross et Bevan), suivant les formules et les auteurs. La Cellite du Dr Eichengrün est un acétate spécial hydrolisé qui a pour propriété de donner avec le camphre une matière plastique moins cassante que celle des autres produits du même genre. De plus, la Cellite est soluble dans le mélange d'alcool et d'éther acétique, le prix de ses dissolutions est donc moins élevé. La Société Kodak a produit de très beaux acétates de cellulose, elle a fait breveter tout récemment un procédé destiné à retarder l'évaporation du dissolvant pour conserver de la souplesse à la pellicule constituée avec ce produit. La Maison Bayer a également présenté au commerce une pellicule ininflammable à base d'acétate de cellulose. La Société Actien-Gesellschaft für Anilin-Fabrication de Berlin, s'est aussi occupée de mettre en vente une pellicule du même genre. En France, la Société Industrielle du Celluloïd de Paris vient de découvrir un procédé qui lui donne de très bons acétates. D'autre part, MM. Rivière et Clément ont obtenu des produits très intéressants (2). Un autre produit est encore susceptible de donner un bon support et à un prix très acceptable : c'est la Viscose. La Viscose, imaginée par Cross et Bevan, est préparée de la façon suivante : la cellulose (coton provenant de déchets de tissage) est trempée dans une solution de soude caustique à 15 0/0, on enlève l'excès de la solution et on expose la masse ainsi obtenue à l'action du sulfure de carbone; le corps obtenu est du xanthogénate de cellulose, il est très visqueux et soluble dans l'eau. Ce produit épuré est redissous et coulé en feuilles. La viscose ainsi préparée est coagulée par trempage dans une solution de chlorhydrate d'ammoniaque. Pour servir à faire des pellicules cinématographiques, la viscose avait un grave défaut : elle était perméable à l'eau, elle en absorbait et, de ce fait, se déformait. Un nouveau procédé d'imperméabilisation de ce corps sous

---

(1) A. P. Cillard, éditeur, 49, rue des Vinaigriers, Paris.

(2) On renouce de plus en plus à l'emploi de l'acétate de cellulose, les appareils modernes et leurs dispositions nouvelles assurent complètement la sécurité des exploitations.

forme de pellicules cinématographiques permet d'envisager d'ici peu la réalisation d'un support pour pellicules à bas prix, robuste, peu extensible et suffisamment ininflammable pour éviter pratiquement tous risques d'incendie. Depuis, la Société Pathé a entrepris la préparation des pellicules à support d'acétate de cellulose, mais, malgré toute notre bonne volonté, il nous a été impossible d'obtenir le moindre renseignement utile à ce sujet. Nous le regrettons pour nos lecteurs.

CINÉMATOGRAPHIE SUR PAPIER, PAR RÉFLEXION ET PAR IMPRESSION. — Le prix élevé actuel des pellicules cinématographiques a fait envisager la possibilité de se servir de papier pour les remplacer. Jusqu'à ce jour, cependant, ce support n'a pu être rendu suffisamment transparent pour permettre de projeter au travers de ses fibres les images qui sont déposées à sa surface. On a donc cherché à utiliser ces sortes de bandes en les regardant directement et sans agrandissement ou bien en projetant leurs images par réflexion. Le tirage des bandes cinématographiques sur papier ne présente aucune difficulté, il est même très beau. Les bandes de papier peuvent être perforées et, de ce fait, elles conservent une très bonne stabilité à l'image, pendant qu'on les fait défiler. Le format normal des images cinématographiques est certainement très petit pour être regardé agréablement et directement; cependant de nombreuses tentatives d'exploitation ont été réalisées dans ces conditions. Pour faire défiler ces vues successivement devant l'œil du spectateur, on a employé les perforations, mais voici un moyen simple, qui a donné toujours de bons résultats : les vues cinématographiques tirées sur papier au gélatino-bromure sont coupées et reliées à la suite comme les feuillets d'un livre. En ouvrant le livre et en laissant échapper successivement tous les feuillets par une sorte d'ongle artificiel, on a très bien l'illusion de la vision animée d'un même sujet, comme par le cinématographe. Par ces dispositions plus ou moins perfectionnées, on a construit de nombreux jouets à un prix très modeste et qui ont fait la joie de bien des grands et petits enfants. M. Gaumont a construit et une société a exploité un dispositif du même genre, le Mutoscope. Les vues y sont enfermées dans des appareils automatiques répandus aujourd'hui dans le monde entier. Grâce à une pièce de 10 centimes introduite dans une fente, et à l'aide d'une manivelle tournée par le spectateur, ces instruments font voir des vues animées grossies par une loupe. Ces vues sont relativement longues et tirées sur papier au gélatino-bromure.

Vers 1898, MM. Lumière mirent en vente, par l'intermédiaire de M. Gaumont, un appareil intéressant, le Kinora (fig. 29), introuvable aujourd'hui.

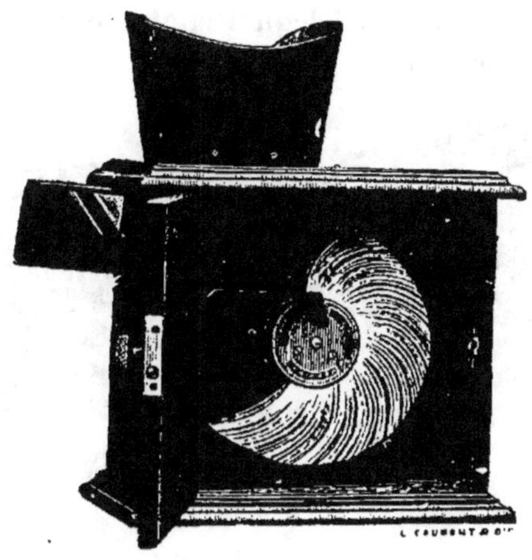

Fig. 29.

Cet instrument faisait défiler, toujours par le même procédé, ou à peu près, des vues sur papier. Les vues des appareils précédents étaient d'un format plus grand, tandis que ces dernières possédaient la même grandeur que les images cinématographiques ordinaires. Les vues séparées étaient montées sur un axe métallique et constituaient comme des rayons très nombreux d'une roue. Chaque image était imprimée au bout de chacun de ces rayons, ceux-ci étaient beaucoup plus longs que l'image elle-même; cette disposition favorisait le bon défilage des images. Le repérage de celles-ci était rigoureux et obtenu à l'aide d'une machine spéciale fort intéressante, due à MM. Lumière. Il résultait de ces dispositions, bien étudiées, des images très intéressantes et agréables à regarder. Mais le prix de chaque sujet, même sur papier, était encore relativement élevé. Si cet appareil n'a pas été mieux apprécié du public, c'est probablement à cette dernière raison qu'il faut l'attribuer.

La Société des Etablissements Gaumont avait établi un modèle perfectionné de cet appareil (fig. 30), en le rendant plus léger et d'un prix plus abordable. Ce nouveau modèle porte le nom de

Kinora à main. Il se compose d'un système oculaire entouré d'un abat-jour; celui-ci est mobile sur son support afin de permettre la mise au point; il est monté sur une poignée pour être tenu à la main. Sur le prolongement de l'axe optique de l'oculaire, mais de côté pour que l'image soit en face, on trouve une broche verticale servant de pivot à l'axe sur lequel sont montés les rayons formés par les feuillets qui portent l'image.

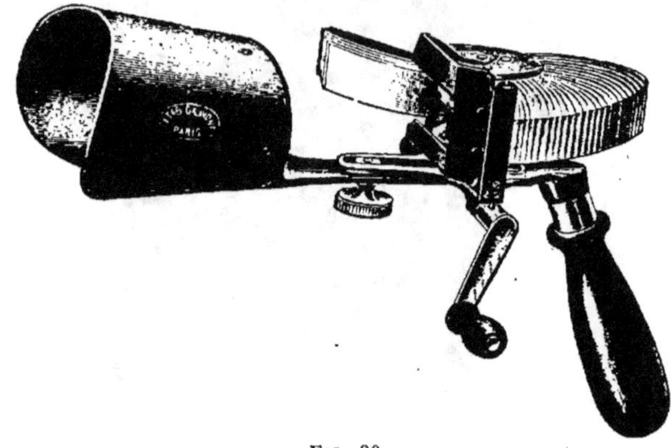

Fig. 30.

Une petite manivelle pouvant être mue par la main restée libre complète cet appareil et lui procure le mouvement. Lorsqu'on actionne cette manivelle, les épreuves se succèdent les unes aux autres dans l'ordre de la prise de vue, le doigt métallique accroche et retient chaque image pendant un temps suffisant pour que le phénomène de la persistance de la vision sur l'œil du spectateur puisse se produire. Chaque personne faisant défiler la vue peut régler la vitesse d'entraînement à sa fantaisie; de la sorte, on fait varier les effets de la vue.

Vers 1898, notre regretté ami, M. Hospitalier, nous avait montré un cinématographe sur papier fort simple qu'il avait rapporté d'Amérique.

Cet instrument était très réduit et coûtait un dollar, il employait une bande sans fin qui pouvait avoir environ 5 à 6 mètres de long. Pour loger une bande aussi longue dans la petite boîte qui constituait l'appareil, la bande de papier y faisait de nombreux détours, son mouvement était continu et les arrêts des images étaient obtenus par un miroir oscillant qui reflétait et suivait pendant un certain temps l'image regardée, puis, par un brusque mouvement de bascule, abandonnait cette image et allait reprendre l'image de la vue suivante. Le mécanisme de cet appareil, construit grâce à des fils de fer et de laiton tordus, était d'une extrême simplicité et indéréglable. Les images sur papier avaient un format plus grand que le cinématographe actuel, environ 60 millimètres en largeur. Nous avons vu dans ce livre que ce système d'arrêt des images — si l'on veut, fictif — a été repris ou à peu près pour d'autres appareils modernes.

Comme nous l'avons dit, les images sur papier ne sont pas projetables par transparence; on ne peut le faire que par réflexion, comme pour les corps opaques, et à l'aide du Mégascope. Si les épreuves que l'on désire projeter ainsi ont été tirées sur du papier ordinaire à fond blanc, même en les éclairant par une source lumineuse excessivement puissante, on ne pourra obtenir avec que de fort petites projections et encore celles-ci seront-elles très sombres et ternes, en tous cas tout à fait inutilisables, commercialement parlant.

Pour tourner cette difficulté, on a proposé depuis longtemps (des brevets ont été pris) de remplacer la surface du papier blanc ordinaire par du papier à surface métallique polie et brillante. C'est sur ce fond qu'est inscrite photographiquement ou imprimée par tous autres moyens l'image cinématographique. Le fond métallique poli, dans ce cas, sert à réfléchir sur l'écran la lumière envoyée sur la surface brillante et où se trouve l'image.

Les endroits où le fond métallique poli et brillant est resté découvert constituent sur la projection les blancs de l'image; les parties métalliques couvertes par les noirs plus ou moins transparents procurent les ombres et les parties sombres de la projection. Pour obtenir de bons résultats, il est préférable d'employer pour ces genres d'épreuves des émulsions positives au collodion-chlorure, les couches qu'elles donnent étant beaucoup plus transparentes que celles au gélatino-bromure. Si on imprime l'image, elle doit l'être avec des encres très transparentes également. Par ces moyens, la perte de lumière subie sur l'écran de projection, proportionnellement avec le procédé par transparence, n'est pas aussi considérable qu'on pourrait le croire; aussi ces recherches sont-elles toujours intéressantes. Une société s'était constituée, du reste, pour exploiter de curieux procédés dus à un jeune ingénieur, M. Ch. Dupuis. Cet inventeur a trouvé le moyen de préparer un nouveau papier argenté et poli fort intéressant. Grâce à ce papier et à un dispositif optique qui permet d'utiliser sous un bon angle tous les rayons lumineux dirigés par un condensateur sur la surface utile, nous avons pu voir des expériences et des projections très concluantes. Nous souhaitons que leur réalisation industrielle soit aussi brillante que le papier qu'elles emploient.

La Société Pathé Frères s'est occupée de questions semblables, et a pris de nombreux brevets à ce sujet. Pour ne pas abandonner les bénéfices de la transparence des supports ordinaires et pour appliquer sur ces supports des vues obtenues par des procédés d'impression, ladite Société a encore fait breveter en France, sous les numéros 403.133 et 409.919, un procédé fort remarquable, permettant d'obtenir des bandes cinématographiques aussi longues qu'on peut le désirer et dont l'image n'est plus constituée par des sels d'argent, modifiés par des procédés photographiques, mais bien par une encre d'imprimerie seulement; on voit de suite l'intérêt de cette pratique.

Lorsqu'on cherche à obtenir une image transparente par des procédés d'impression employant des encres grasses, sur une image aussi petite que celle du cinématographe il est presque impossible d'obtenir des valeurs régulières : il y a toujours dans les noirs une sorte de grain qui rend l'image projetée fort laide et inutilisable. Dans le procédé par réflexion que nous venons d'indiquer, cela n'a pas les mêmes inconvénients, mais lorsqu'on veut projeter les images par transparence, il faut absolument que les noirs et les demi-teintes possèdent un grain aussi fin et régulier que lorsqu'on les obtient par les réductions de sels d'argent.

Les brevets signalés ici comme visant à obtenir ce résultat dérivent des procédés photoglyptiques brevetés par Woodbury en 1866.

On sait que ce procédé consiste à obtenir un relief en gélatine au moyen de la gélatine bichromatée et insolée sous un négatif ordinaire. Ce relief très résistant et dont les creux correspondent proportionnellement aux noirs du négatif, permet par divers moyens d'obtenir des contre-types qui serviront aux tirages ultérieurs des épreuves. Le procédé le plus employé dans ce cas est le moulage d'une feuille de plomb à la presse hydraulique. Pour le tirage des épreuves, cette feuille est ensuite posée sur le marbre d'une presse verticale à plateau graissé. On jette à sa surface de l'encre gélatineuse colorée tiède, on pose immédiatement par-dessus la feuille de papier ou le support transparent qui deviendra cinématographiques et on abaisse le plateau de la presse. Celui-ci n'est

relevé que lorsque l'encre gélatineuse est complètement figée. On
obtient ainsi sur un support transparent, perméable à l'eau même et
bon marché, ou sur un support imperméable, des images aussi fines
de grain et aussi uniformes dans les teintes que des images photographiques ordinaires, et cela à un tel point, que, s'il n'est pas
prévenu, l'œil le plus exercé ne peut pas reconnaître l'origine de
la vue projetée.

Le brevet de Woodbury décrit un procédé permettant de rendre
continu et automatique ce mode d'impression à l'aide d'un moulage
des reliefs en gélatine reporté sur le pourtour d'un cylindre en
métal mou, le relief en gélatine s'imprimant en creux sur le
cylindre.

La Société Pathé Frères se sert de moulages en celluloïd obtenus
à la presse hydraulique sur des reliefs en gélatine. Ces reliefs en
gélatine sont obtenus sous des négatifs cinématographiques, mais
ceux-ci sont sectionnés à une longueur égale à celle du plateau de
la presse hydraulique. Comme ces images sont très étroites, on peut
en mettre plusieurs à côté les unes des autres pour occuper la largeur dudit plateau. La feuille de celluloïd, aussi grande que le permet la presse hydraulique, après avoir reçu ces empreintes en relief,
est ensuite coupée en autant de bandes que la largeur du plateau
en peut contenir. Chacun de ces morceaux est rajouté au suivant
dans l'ordre du négatif cinématographique afin de reconstituer une
bande complète; ces rajoutures sont faites par des procédés spéciaux qui font l'objet d'additions aux mêmes brevets. Pour repérer
la position exacte des images soudées ensemble et celle de la perforation, on a employé là un dispositif optique fort intéressant et
d'une grande précision. Une fois que la bande en relief a été reconstituée dans toute sa longueur par ces divers moyens, elle passe dans
la machine continue que représente la figure 31.

La bande à imprimer A est enroulée sur le support B, l'encre
gélatineuse est contenue dans un récipient C, maintenu à température constante; cet encrier est terminé à sa partie inférieure par
un contact D aboutissant au-dessous de la planche. En supposant
la roue R actionnée dans le sens de la flèche, elle entraîne à friction
la planche E et le support A. Sur la partie supérieure de la roue
se trouve un galet F supporté par un levier mobile autour d'un axe
horizontal et terminé par un contrepoids réglable; ce galet a pour
but d'assurer un contact intime contre la planche et de chasser
l'excès d'encre versée sur la planche par le conduit de l'encrier.

L'encre gélatineuse versée en mince filet réglable à la surface de la planche est entraînée automatiquement dans le déplacement de

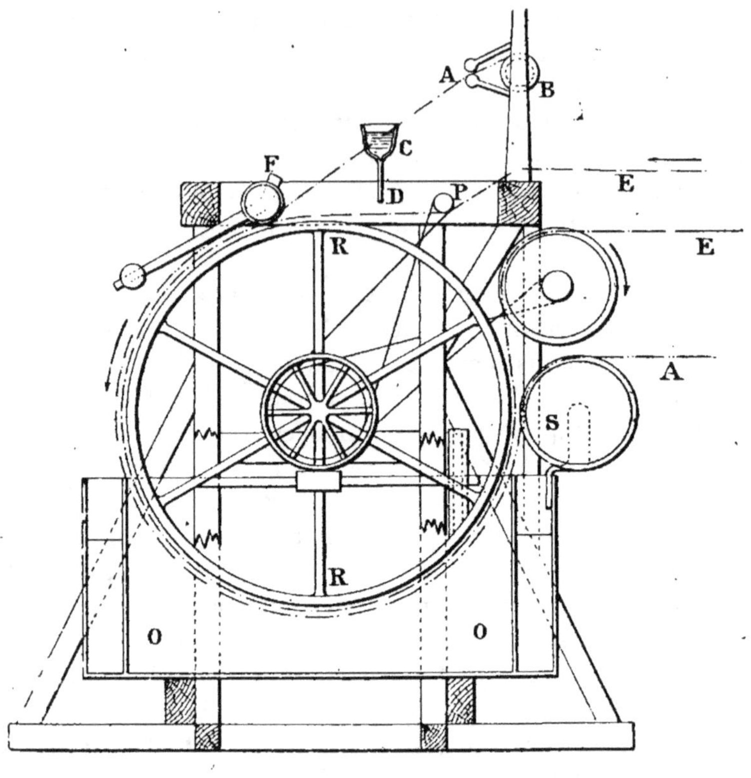

Fig. 31.

cette dernière; un peu avant d'arriver au galet presseur, la planche passe sous une petite raclette qui a pour mission d'étaler l'encre à la surface de la planche afin de remplir les creux; le rôle du galet presseur se trouve ainsi réduit à chasser l'excès d'encre. La planche et le support continuent leur course autour de la roue et arrivent dans la partie inférieure de celle-ci dans un bac O de refroidissement qui active la prise de l'encre gélatineuse. Au sortir du bac, en S, le support se détache le premier de la surface de la roue entraînant avec lui la totalité de l'encre moulée dans les creux de la planche. La bande ainsi imprimée passe ensuite dans un séchoir approprié d'où elle sortira pour s'enrouler sur elle-même en bobine. La planche se détache également de la roue après la bande imprimée pour se diriger dans un bac rempli d'eau chaude, où elle sera nettoyée et débarrassée des bavures de gélatine, puis elle retournera à la roue de la machine après un circuit plus ou moins long.

A son entrée dans la machine, la planche sera graissée par le rouleau P afin d'éviter toute adhérence ultérieure de l'encre gélatineuse.

Ce procédé fait le plus grand honneur à la Société Pathé Frères, car, au point de vue scientifique, il représente bien des difficultés sérieuses vaincues. Dans cette tâche, M. Charles Pathé, son directeur, a montré beaucoup d'opiniâtreté et de prévoyance; techniquement, un de ses ingénieurs, M. Dubois, l'a bien secondé pour mettre au point une conception aussi hardie. Il est incontestable que lorsqu'il s'agira d'éditer des vues à un nombre considérable d'exemplaires, ces moyens présenteront des avantages certains d'économie et de rapidité.

Pour l'obtention de quelques exemplaires seulement d'un même sujet, ces avantages resteront-ils aussi marqués par rapport aux anciens procédés se servant d'images en sels d'argent réduits? Nous ne le pensons pas. En récupérant l'argent, on peut en retrouver 80 à 90 % de ce qui était sur la pellicule avant que l'image soit terminée et fixée, les manipulations ne sont plus très différentes dans **les deux cas** et la Viscose ou autres produits du même genre nous promettent du support à bon marché pour l'avenir.

Néanmoins, nous le répétons, ces procédés sont fort intéressants, et, plus tard, il faudra certainement compter avec eux.

Appareils cinématographiques automatiques. — Nous avons vu que les premières vues animées avaient été présentées par Edison dans son Kinétoscope. Cet appareil montrait les images mouvantes au travers d'une sorte de loupe qui les grossissait légèrement. Tout le mécanisme était enfermé dans une armoire et pour mettre la machine en marche, on introduisait par une ouverture spéciale une pièce de monnaie.

La même idée a été reprise récemment, car elle correspond à une branche de l'exploitation cinématographique qui peut être toujours lucrative. En effet, le cinématographe plaît beaucoup, mais par ces temps de vie intensive on n'a pas toujours le temps d'assister à une séance complète de vues animées, tandis qu'en passant on peut toujours sacrifier quelques minutes pour ne voir au besoin qu'une vue animée bien présentée ou d'actualité.

Pour satisfaire à cette sorte d'exploitation, M. Coulon avait construit et fait exploiter un appareil du genre extérieur du Kinétoscope Edison, mais ce nouveau cinématographe automatique projette réellement l'image comme les appareils ordinaires, seulement l'image n'a guère que 24×30 centimètres, ce qui est, du reste, très suffisant puisqu'elle n'est vue qu'au travers d'un oculaire spécial et par un seul spectateur à la fois. Comme l'image est très lumineuse, elle est très agréable à regarder.

Le mécanisme de ces appareils est en somme simple : il consiste en une disposition qui fait dérouler la bande comme une bande sans fin; néanmoins, celle-ci peut avoir de 20 à 30 mètres de longueur. Un système débiteur ordinaire projette et fait défiler la bande, l'éclairage est produit par une lampe à incandescence. Tout le mécanisme est conduit par un moteur électrique suffisamment puissant; c'est la pièce de monnaie introduite dans le mécanisme qui le met en route, l'arrêt se produit lorsque toute la bande est revenue à son point de départ.

Dans ces appareils, l'emploi de la bande sans fin présente des inconvénients, du fait des cassures qui peuvent se produire, des inégalités de longueurs qui en résultent et par conséquent de la difficulté de toujours bien régler le point d'arrêt et de tension du système.

Pour parer à ces inconvénients, M. Coulon Fils a fait breveter un système débiteur de la bande qui permet de la faire remonter rapidement à son point de départ après sa projection; ce système est fort pratique et assurera certainement des exploitations faciles et rémunératrices.

On peut déjà prévoir l'application du phonographe à ces sortes d'appareils; d'ici peu, ils seront capables de montrer et de faire entendre la chanson à la mode, le discours officiel ou la scène de la comédie en vogue. Lorsqu'ils seront ainsi perfectionnés, ils prendront certainement place dans bien des salons, et c'est certainement sous cette forme que le cinématographe deviendra encore plus populaire. M. Frazier reprend actuellement la même idée.

La chronophonographie. — Lorsque pour la première fois l'on vit les images animées du cinématographe, la réflexion de tous fut qu'il ne leur manquait plus que la parole pour donner l'illusion complète de la vie. Au premier abord le problème était des plus simples, la machine parlante existait déjà, il n'y avait qu'à la coupler avec le cinématographe. Pratiquement la chose n'était pas si facile; la preuve, c'est qu'elle n'a été réalisée d'une façon tout à fait satisfaisante que depuis peu. On a depuis fort longtemps parlé et écrit sur cette question. Le phonographe étant américain, la chronophonographie, pour certains auteurs, ne pouvait être que d'origine américaine. Il y a pourtant bien longtemps qu'elle est à l'étude en France, et elle a déjà réalisé des applications fort acceptables.

Pour obtenir des résultats parfaits, les conditions nécessaires sont de trois sortes dans ce cas : 1° pouvoir régler d'une façon absolument synchrone les mouvements représentés par le cinématographe par rapport aux sons émis par le phonographe; 2° rendre différentiels ces mouvements synchrones, dans deux sens, cela afin que l'un des deux appareils puisse rattraper ou attendre l'autre si un décalage du synchronisme se produit en cours de route, du fait d'un accident survenant à la pellicule ou d'un glissement de l'aiguille du phonographe, etc. etc.! 3° pour que les expressions, les gestes, les regards, la respiration correspondent mathématiquement avec les sons émis au même moment, il fallait trouver le moyen d'enregistrer, en même temps que la parole, les gestes des personnes qui les exécutaient. Les premières recherches sérieuses faites sur ce sujet remontent à 1901 environ. La Maison Gaumont prenait déjà, à cette époque, un brevet pour la commande à distance d'un phonographe et d'un cinématographe. La Société Pathé Frères se préoccupait également de la question. Depuis, cette Société a exploité divers brevets, entre autres le système du colonel Couade. Au point de vue mécanique cet appareil constitue un véritable engrenage électrique des deux appareils à distance; on ne peut donc pas concevoir un organe conducteur plus précis et plus souple, car, au besoin, il permet très facilement les manœuvres de rattrapements si celles-ci sont nécessaires. M. Gaumont a réalisé plus tard de grands perfectionnements quant au mode d'enregistrement. Voici ce qu'en disait M. Mareschal, dans son journal *Photo-Gazette* (octobre 1910) :

« M. Gaumont a présenté au Congrès de photographie qui a eu lieu à l'Exposition Universelle de Bruxelles, les résultats obtenus dans ses ateliers. Il est arrivé à faire l'enregistrement de la parole à une assez grande distance pour que de véritables pièces puissent ainsi être enregistrées en une seule fois. Dans le principe, en effet, comme le phonographe exigeait qu'on parle très près de l'embouchure pour que l'enregistrement se fasse correctement, on aurait toujours eu, sur l'écran, les personnages dans une pose unique, pen-

chés sur l'appareil. On en était réduit à opérer en deux étapes :
1° l'acteur dictait son rôle dans le phonographe et il n'était pas
photographié; 2° on faisait parler le phonographe et l'acteur suivait
le discours en faisant les gestes pendant qu'on le cinématogra-
phiait.

« On comprend que, dans ces conditions, il n'y avait pas toujours
une concordance absolue. Aujourd'hui, grâce aux perfectionnements
qui permettent l'enregistrement de la parole à distance, on opère
d'un seul coup.

« Les acteurs n'ont plus à s'occuper du phonographe; ils jouent
leur rôle comme s'ils étaient devant le public et ne s'inquiètent pas
d'autre chose que de bien jouer. Les appareils font le reste et les
résultats sont très bons. L'invention est essentiellement française,
espérons qu'elle n'aura pas besoin de revenir d'Amérique pour se
développer ! »

L'ÉVOLUTION INTELLECTUELLE DU CINÉMATOGRAPHE

De l'influence captivante de l'image cinématographique sur l'esprit humain. — Son rôle récréatif et moralisateur.

La réalisation technique de l'image animée, telle que nous l'étudions dans ce livre, est une belle conquête scientifique; cependant
elle est peu de chose, comparativement à l'influence intellectuelle
et morale qu'elle a pu prendre sur les conceptions, les coutumes,
la vie de l'intelligence de tous les humains.

Notre pensée dans son ensemble, produits de l'imagination, souvenirs de la mémoire, critique de la conscience et jugements de la
raison, est la résultante de facteurs intellectuels et moraux que nous
portons en nous, à l'état latent pour ainsi dire, depuis les temps primitifs et qui se sont lentement modifiés, dégradés ou perfectionnés
au cours de passage à travers les siècles, parmi les races et les
civilisations d'où nous sommes issus et dont nous dépendons par
notre hérédité, notre atavisme.

En étudiant cet esprit moral, M. Paul Bourget cite quelque part
un passage du livre si intéressant de Léon Daudet, *L'Hérédo* où cet

auteur cherche à distinguer les deux principes, selon lui, de la personnalité humaine : Le *Moi* héréditaire et transmissible, le *Soi* création individuelle non congénitale et immortelle. Dans ce passage, M. Léon Daudet dit que nous portons en nous, par la multiple richesse de nos atavismes, tout un peuple d'êtres divers sans cesse en travail, et la faculté créatrice chez un Shakespeare, un Molière, un Balzac seraient simplement une libération de ces êtres par la vie imaginative! Mais l'auteur ne nous fait voir là que le beau côté de sa théorie! Pour ceux qui ont des ancêtres plus méchants, moins parfaits, moins illustres, quelle perplexité et quelle lutte en perspective pour échapper à ces fâcheuses empreintes? C'est ce que remarque vite, mais en nous rassurant, M. Léon Daudet dans des passages de son livre : *Le stupide dix-neuvième siècle*, publiés par la *Revue Universelle* : « Dans les deux volumes : *L'Hérédo, Le Monde des Images*, que j'ai consacrés au rôle de l'hérédité dans l'homme, l'esprit humain et l'imagination créatrice, j'ai négligé volontairement la courbe historique du problème que j'agitais et qui se présente tout autrement maintenant qu'à ses origines. L'hérédité m'apparaît aujourd'hui, après trente ans de réflexion, d'observations sur l'homme et de lectures, comme un attribut constant et permanent de la vie, comme la principale force qui meut les êtres animés et comme la génératrice de cette grande mémoire congénitale, dont la mémoire individuelle n'est qu'une subdivision. On pourrait dire sans trop d'hyperbole que l'hérédité c'est la mémoire. Elle est associée à la trame de l'être et souvent en lutte avec ce qui constitue sa personne et ce que j'ai appelé son *Soi*.

Or, pendant tout le dix-neuvième siècle, deux points (qui semblent aujourd'hui capitaux) ont été méconnus, ou passés sous silence dans l'étude de la transmission des caractères héréditaires; la partie non héritée de la personnalité qui fait que celle-ci diffère essentiellement de ses ascendants, le rôle de la reviviscence mentale héréditaire, dans la faculté appelée imagination et dans l'accord ou la lutte de celle-ci avec la raison. Ce sujet si grave et important se trouvait ainsi tronqué et diminué et l'hérédité en était presque réduite au point de vue extérieur en quelque sorte, botanique, zoologique ou pathologique. C'est ainsi que Darwin, Galton et leurs émules et successeurs n'ont fait, à mon avis, que l'effleurer. On voit les conséquences : l'éducation exige une rectification constante de principes héréditaires défectueux. La volonté peut modifier les phénomènes héréditaires, en agissant sur les images intérieures.

Enfin la liberté humaine est capable de surmonter, au prix d'un effort constant, ce qu'on a appelé la fatalité héréditaire, ce que j'appelle la mémoire héréditaire. Mais du même coup tombe le matérialisme commode, dont on s'est contenté pendant soixante-dix ans et davantage, que nous avons vu requérir l'Evolution, que nous verrons requérir les localisations cérébrales et qui marque l'apogée de l'abrutissement dans l'enseignement supérieur de nos facultés! »

Pour vivre heureusement, intellectuellement et matériellement sur la terre, pour profiter le mieux possible de tous les soi-disant avantages que peuvent lui offrir actuellement la fréquentation des sociétés dites civilisées dont il fait partie, le jeune humain doit donc être persuadé qu'il lui est indispensable dès l'âge de raison de lutter avec sa personnalité et sa mentalité primitives, essentiellement perfectibles heureusement, nous venons de le voir.

Pour modifier l'esprit humain, l'éduquer, le diriger vers le bien ou le mal, lui faire prendre une résolution, le forcer à agir, en dehors de lui-même, on n'a pas trouvé de meilleur moyen que de l'influencer par des paroles appropriées, des gestes persuasifs, des images impressionnantes.

Plus ces manifestations seront vives, exactes, faciles à comprendre, plus on arrivera vite au but cherché.

C'est dans ces intentions que les esprits expérimentés et supérieurs ont créé les divers procédés d'instruction, d'éducation; les livres, les images, prêchent partout et expliquent les principes, les exemples directeurs, bons ou mauvais. Lorsqu'on a pu montrer et multiplier à volonté l'image exacte de l'action en train de se réaliser, cela grâce au cinématographe, on a certainement obtenu actuellement un des moyens les plus puissants d'influencer l'esprit humain.

Comme nous le disions, lorsque cette image a été inventée, elle n'avait pas de caractère moral bien personnel. Ce n'est qu'après que toute sa puissance d'influence morale a été reconnue et exploitée.

Etant d'essence humaine, elle devait d'abord assurer, par elle-même, son existence propre, c'est-à-dire trouver le moyen de faire recette. Pour plaire, ses images durent donc devenir des expressions aussi fidèles que possible des idées et des pensées qui habitent agréablement les imaginations du plus grand nombre de ses spectateurs. Ces idées, ces pensées, tout le monde sait ce qu'elles sont, généralement pas très élevées, intellectuellement parlant, mais curieuses, du fait du manque d'instruction générale.

Ensuite, pour le bien de l'humanité, et plus encore pour son plaisir immédiat, le cinématographe a pu aborder son rôle magnifique d'éducateur et de propagateur du toujours plus beau et du meilleur.

Tous ceux qui pensent juste, qui ne sont pas pervers, déplorent la bassesse primitive qui a présidé à la confection des premières expressions intellectuelles, si l'on peut dire, des images cinématographiques. On leur a reproché aussi, quelquefois justement, leur immoralité! Pourquoi n'adresse-t-on pas le même grief au phonographe? Pourtant, celui-ci raconte des choses aussi mauvaises que celles que montre le cinématographe!

Oui, mais les paroles du phonographe s'envolent tandis que les images de l'acte lui-même, multipliées, enregistrées et animées par le cinématographe, s'inscrivent par la vue bien plus puissamment dans notre pensée et notre imagination est surexcitée davantage par cette représentation!

Tout le secret de la bonne puissance ou du danger moral provenant de l'exhibition de la vue cinématographique réside dans ces faits.

Les hommes qui inventent, qui vivent de l'édition, de la composition intellectuelle du spectacle cinématographique sont pour le plus grand nombre ce que l'on nomme de très braves gens et qui peinent honnêtement pour exécuter au mieux leur métier.

Bien peu ont le temps d'y être licencieux. Nous en connaissons qui défendent à leurs enfants d'aller voir les images de leur gagne-pain, lorsque celles-ci sont par trop dangereuses ou mauvaises.

Lorsqu'un brave moraliste comme M. Bérenger, allait rendre visite aux grands faiseurs d'images cinématographiques et qu'il leur reprochait leur immoralité, il les trouvait toujours convertis d'avance à ses saines remontrances!

Mais par les temps où nous avons vécus, les faiseurs de vues animées ne pouvaient plus être des saints! Il fallait d'abord qu'ils assurent des recettes qui garantissent l'existence de leurs exploitations. Ils avaient des engagements à tenir, à assurer la vie de leur personnel; soyez certains qu'ils ne firent pas le mal pour le plaisir de le propager; ils eurent conscience de leur responsabilité; mais que leur répondre, lorsque après beaucoup d'honnêteté et de droiture morale mises en images animées, le public leur laissait leur effort pour compte et courait vite à ce qui flattait mieux ses goûts naturels et ses passions!

Les compositeurs, les éditeurs de vues cinématographiques sont aujourd'hui des esprits sensés et instruits qui mesurent la valeur de l'instrument de gain, de propagande, d'amusement et de moralisation qu'ils ont à manier. Mais, d'autre part, sont-ils suffisamment perspicaces et désintéressés pour voir où est toujours le danger des spectacles qu'ils composent ou qu'ils éditent et leur véritable intérêt personnel à plus ou moins lointaine échéance?

Au point de vue psychologique, qui est le principal ici, nous citerons encore un extrait d'un article du D' Léon Daudet (1) parce qu'il nous paraît rempli de bon sens et de vues pratiques et saines dont tous les cinématographistes et leurs clients tireront bon parti certainement :

« D'où vient donc que les « Cinémiens » alimentent plus la rubrique des faits divers que les comédiens ordinaires et ont une tendance supérieure à transporter dans la vie courante les épisodes tournés sur l'écran?

C'est là un petit problème auquel je songe de temps en temps depuis l'aventure de Fatty et l'assassinat récent du directeur de je ne sais plus quelle firme à Los Angeles. Je suis arrivé à une solution qui n'a d'ailleurs rien de définitif, mais qui explique aussi ce mal bizarre — fréquent chez les jeunes habitués de l'écran — maintes fois signalé et que l'on pourrait appeler la *contagion cinématique*. Les moralistes et aussi les policiers — ces moralistes en action — se préoccupent des délits précoces commis par les enfants à l'imitation des films à la mode.

Selon moi, deux causes principales rendent le film — quel qu'il soit — plus contagieux que le spectacle du théâtre ordinaire. La première est que la reproduction des mouvements de la vie va frapper brutalement le cerveau du spectateur sans l'amortissement des paroles, la seconde est que, par sa nature même, le film supprime les obstacles normaux qui, dans la vie courante, séparent le désir de la réalisation. Ces deux causes agissant dans le même sens.

Quant au premier point, il est bien évident que les paroles, dans le courant de l'existence, sont des coussinets interposés entre les actions qui les préparent et les provoquent quelquefois, quelquefois aussi les retardent et les empêchent, qui de toutes les façons et dans toutes les circonstances, les expliquent et les amortissent. Dans le

---

(1) Les dangers du Cinéma, *L'Action Française*, du dimanche 18 février 1922.

cas le plus banal, et aussi le plus brutal, des gens qui ont commencé par s'injurier copieusement en viennent rarement aux coups.

Dans les histoires d'amour, qui souvent finissent mal, le dialogue sentimental ou lyrique joue un rôle très important et qui diminue d'autant les chances de tragédie finale. Au cinéma, nous n'avons affaire qu'à des muets qui deviennent immédiatement, faute de langue intercalaire ou de chant, et réduits à leur seule mimique, des réalisateurs et des forcenés. Le cinéma est ainsi le pays de la violence crue et de la soudaineté. Les passions y galopent et leur assouvissement aussi. C'est une ruée générale où personne n'a le temps ni le goût de la réflexion. et l'humanité y prend la figure d'une bousculade devant un guichet ou d'une fuite devant l'incendie!

Quant au second point, dans la vie normale, entre ce que nous convoitons et notre convoitise s'étagent une série de barrières qui jouent le rôle d'une police intérieure et viennent en aide à la conscience morale. Dans la vie cinématique, à cause du court espace de temps dont dispose la destinée filmée, ces barrières, ou n'existent plus, ou sont renversées comme dans les rêves, en un clin d'œil.

La méchanceté, la perversité, la fureur — même si elles doivent être châtiées plus tard — ne rencontrent d'abord aucun obstacle dans leur accomplissement ou leur assouvissement. C'est là l'état d'esprit, si l'on peut dire, des fauves qui n'ont que la peine de sauter immédiatement sur leur proie. Acteurs ou spectateurs de cinéma, les êtres impulsifs trouvent là une représentation de leur brièveté mentale et morale qui équivaut presque à un encouragement. Le mal difficile devient, au cinéma, un mal facile et simple. Le cinéma savonne ainsi chez les délinquants et les faibles la pente du délit et du crime.

Il y a là un point de vue qui doit préoccuper le législateur et le moraliste. »

On charge le cinématographe de bien d'autres méfaits au point de vue physiologique. On dit qu'il est très mauvais pour les yeux! Évidemment il n'est pas un remède pour la vue, mais il ne faut pas exagérer. Tous mes collègues et moi-même, tous ceux qui travaillent pour le cinéma depuis sa création, nous n'avons pas de plus mauvaises vues que beaucoup d'autres et pourtant nous avons dû en voir de toutes les couleurs, c'est le cas de le dire!

J'ai même connu des personnes très nerveuses et excitables qui supportaient une ou deux heures de cinéma sans se fâcher et sans se plaindre, pourvu que l'intérêt du sujet montré leur fasse suffisamment oublier qu'ils regardaient une image scintillante et trépidante comme le veut une réputation trop généralisée; je parle bien entendu d'un bon cinématographe bien conduit et moderne.

Après on nous parle de l'*ivresse* cinématographique. Evidemment elle existe, comme celle de l'alcool, de l'éther, de la cocaïne, du théâtre; mais les ivresses mystique, amoureuse, religieuse existent aussi. Si nous nous soumettons volontairement à une influence bonne ou mauvaise c'est pour en recevoir des forces d'impulsion, des vertiges d'imagination, de l'ivresse en un mot.

Si le cinématographe n'avait pas au plus haut point la puissance de nous influencer par ce que représentent ses images, il faudrait lui substituer un autre moyen! A nous humains, puisque c'est notre œuvre, de conduire continuellement cette force vers tout le bien qu'elle peut nous procurer! Mais en sommes-nous capables toujours?

Il en est pareillement pour la fatigue nerveuse qu'il provoque. Ses représentations sont souvent énervantes en effet, cela au point que le pouls et la respiration s'en ressentent; bien des indigestions, des insomnies, des cauchemars n'ont pas d'autre origine. C'est la meilleure preuve que le cinématographe agit puissamment par l'illusion de la réalité qu'il montre; mais d'autres spectacles, d'autres lectures, à des degrés moindres évidemment, ne provoquent-ils pas les mêmes effets, surtout chez les jeunes et neuves imaginations?

Par l'usage, à moins d'être extraordinairement sensitif, cela se calme rapidement, tout le monde le sait; mais pour ces raisons protégeons-en nos enfants le plus que nous pourrons.

Au point de vue hygiénique, la salle de cinématographe n'est ni meilleure ni pire que toutes les salles de réunions publiques ou de théâtre; chez elle il y a la circonstance aggravante de l'obscurité. Il est évident que cela peut faciliter bien des rapprochements et des contacts plus ou moins avouables entre voisins surexcités synchroniquement par les mêmes images en action. Les salles où sont réunis beaucoup de spectateurs sont toujours susceptibles de nous contaminer par l'atmosphère usée que l'on y respire, les courants d'air, etc.; nous le savons, mais nous nous y risquons tout de même, il en a toujours été ainsi! Vive le cinématographe en plein air; mais encore faut-il vivre sous un climat qui le permet. On ne fera jamais trop de sacrifices pour bien aérer les salles de spectacles cinématographiques, elles sont devenues une nécessité de la vie; aussi, dans l'intérêt même des exploitants, il leur faut devenir toujours plus confortables et hygiéniques, même pour notre mentalité, car cette mentalité civilisée ne chavirera pas une fois de plus dans la décadence et la barbarie; du moins, il faut le souhaiter de toute la force qui nous reste, à nous humains qui avons mis 19 siècles à *essayer* de nous civiliser!

Ce qui est une qualité principale du cinéma, c'est sa proximité, sa facilité d'accès, sa fréquence; il est vrai que cela peut en provoquer l'abus. Il est si bon d'aller chercher là, pour quelque menue monnaie, un moment d'oubli, de distraction, d'émotion; même, si l'on doit y pleurer, pas pour son compte et pour s'y amuser beaucoup!

Le Cinématographe rend des services énormes à tous les isolés, même aux neurasthéniques, il est le remède qui les soulage le plus efficacement. Par exemple, un voyageur de commerce nous disait combien sa santé et sa mentalité s'étaient améliorées depuis qu'éloigné de sa femme et de ses enfants, il n'était plus forcé de passer ses soirées dans les cafés de petites villes de province, seul avec ses idées inchangées et comme pour beaucoup d'autres, angoissantes et inquiétantes assez souvent.

En famille, pour jouir de ce plaisir, il faut faire des sacrifices sur son repos, sur les bons soins à donner au ménage, diminuer les attentions réservées aux chers enfants. Alors on emmène tout de même les tout petits; allez voir cela, cher lecteur, dans les grands cinémas des quartiers populaires de la capitale et vous en serez navré (1)!

Pour ne pas priver les mères de leur récréation favorite il faudrait que les directeurs de ces établissements, qui gagnent bien, créent à leur intention des fauteuils plus spacieux où la mère pourrait faire dormir confortablement sur ses genoux son enfant tout en regardant la comédie, ou bien, en guise de foyer, installer une crèche où une ouvreuse, transformée en nurse dévouée, soignerait les petits, pendant que les mamans seraient tout à leur bonheur cinématographique! A la condition de ne pas se tromper de numéro et de mettre sur la porte de ce vestiaire nouveau un écriteau où il serait écrit : Défense à la coqueluche ou à la fièvre scar-

---

(1) Nous connaissons des chiens à qui l'on paie des fauteuils de cinéma et qui regardent avec intérêt l'écran, surtout lorsque ils y reconnaissent un de leurs semblables.

latine d'entrer ici. Voilà des idées pratiques pour améliorer la race des petits Français dont nous avons tant besoin pour en faire des clients du cinéma futur !

Nous connaissons une dame très bien qui a trouvé une autre solution à ce problème : aux entr'actes elle va donner une goutte à téter à son cher petit, regarde si tout va bien à la maison et revient vite rechercher son surcroît de joie dans son milieu de prédilection. Le père, les grandes sœurs, les petits et grands frères sont tous là aussi. Mais croyez que ces spectateurs ne viennent pas à ce spectacle dans l'espoir d'y voir seulement la représentation du mal; leur espoir le plus intime, je le sais, est seulement d'y délecter quelque chose de nouveau, de beau, de sensationnel, d'idéal pour eux et qui les fera penser plus heureusement pendant toute la journée de dur labeur !

Ce bon public, le plus nombreux, ne l'oublions pas, saura même très honnêtement faire la part du feu; il n'est pas, comme il dit, de celui à qui on le fait à l'influence (et pourtant on l'impressionne comme l'on veut), mais plaignons tout de même les chers bébés qui seraient bien mieux au lit et à la maison avec leurs mères pour les soigner.

Cela s'est chanté en 1830 et est aujourd'hui bien démodé; aussi vous le verrez, messieurs les exploitants, il faut progresser, arriver à la nurse ou au fauteuil confortable pour mère de famille et le ministre de la repopulation vous décorera et vous donnera des billets de chemin de fer à prix réduits ! comme aux pères de familles nombreuses !

Le cinématographe n'a acquis une aussi mauvaise réputation au point de vue de sa moralité que du fait, qu'à un moment donné, 1910-1914 environ, il était entre des mains insuffisamment instruites et qui croyaient encore que plus il serait dépravé et plus il plairait, Sa production littéraire, si l'on peut dire, n'était pas alors du tout surveillée et dirigée sérieusement, il fallait produire beaucoup et n'importe quoi. Un peu plus tard, on sentit le besoin de réagir, car la masse de ses spectateurs n'est pas perverse, mais naïve, inexpérimentée, peu instruite et sentimentale surtout. Il faut la toucher par le cœur, l'esprit suit toujours après.

Pour lui attirer des spectateurs plus instruits, plus lettrés, mieux habitués à penser et de ce fait peut-être plus dissipés, il fallut trouver encore autre chose et moins naïf. Les sujets ne manquaient pas, on n'avait qu'à puiser dans notre théâtre et notre littérature, mais le cinéma d'alors ne savait pas bien choisir. Par la suite, il ne peut plus se permettre de se tromper, car la concurrence étrangère est là, prête à s'approprier les bonnes recettes qu'il réalisait si facilement tandis qu'il était encore maître du marché mondial.

Pour trouver à coup sûr des sujets à succès, le cinéma puise actuellement de plus en plus dans les littératures, les théâtres reconnus les meilleurs. Nos regrettés amis, MM. A. Mars, l'auteur des *Surprises du Divorce*, M. Sardou et bien d'autres auteurs connus nous ont dit maintes fois que toutes les situations, les scènes possibles de la comédie humaine avaient été représentées ou utilisées sur l'autre théâtre; l'auteur qui a le plus contribué techniquement par son intelligence et son talent à ce résultat, serait Labiche. Dans son théâtre on trouve tout ce que l'on veut et pouvant s'adapter à n'importe quel genre de théâtre, même cinématographique; mais ce que l'on continuera toujours à réaliser et à éditer ce sont des adaptations nouvelles et à la mode de ces scènes et de ces situations.

Le cinématographe évolue certainement vers le plus beau et le plus intelligent; avec un peu de crédit nous pourrions même dire le plus moral, le plus artistique et pratique.

Il est à remarquer que cette marche vers le mieux intellectuel de sa production scénique est parallèle à celle du roman-feuilleton, éditée par les grands journaux dits d'informations rapides et dévorée par les masses populaires. Ces feuilles ne pourraient plus éditer les pauvretés qu'elles étalaient dans ce genre il y a dix ans seulement.

En illustrant en actions reconstituées et de si belle manière ces romans, le cinématographe a trouvé momentanément sinon une mine, mais du moins un filon qui lui procure un débouché intéressant mais local surtout. L'industrie cinématographique, celle qui vit de la production de l'édition de la bande elle-même, doit savoir mieux que personne l'inconsistance de ce débouché et cela d'autant plus qu'aujourd'hui les exhibitions de ces sujets ne peuvent plus se faire que pendant la même soirée et en comparaison directe avec la production étrangère qui abonde. On a dit : les Italiens, les Américains, les Anglais ne feront jamais du cinématographe aussi beau et aussi intelligent que celui que l'on fait chez nous. Oui, cela est possible; mais pour cela, il faudrait que la concurrence étrangère ne rencontre jamais devant elle que ce que peut produire de plus beau techniquement et intellectuellement le cinématographe français. Est-ce cela que le spectateur français trouve régulièrement lorsqu'il veut s'intéresser à la mentalité cinématographique actuelle?

S'il voit là en même temps les œuvres produites par les étrangers, forcément il les compare. Les Américains font très bien, les autres peuples aussi; ils ont travaillé beaucoup et, comme chez nous, ils ont reconnu que le cinématographe avait tout intérêt à émouvoir et à captiver honnêtement ses spectateurs. Le niveau intellectuel s'est élevé dans tous les pays; le cinéma y a contribué certainement; aussi, travaillons toujours davantage si nous voulons que le cinématographe français soit, comme notre littérature et notre ancien théâtre, reconnu le plus puissant instrument de propagande utilisé pour amuser, instruire et moraliser l'humanité (1).

Le rôle éducateur et civilisateur du Cinématographe

Nous venons de voir pourquoi il était difficile au cinématographe d'être encore spirituellement et moralement d'un ordre plus élevé. En France il ne pourra pas devenir tout de suite meilleur éducateur. Dans bien des pays, au Japon, en Italie, en Angleterre, etc., il est déjà professeur et moralisateur officiel. D'après M. Coissac et le *Cinéops*, on l'emploie aux Etats-Unis dans 44.000 églises. Sur 38.000 établissements d'instruction, 6.761 seulement ne l'ont pas. Il y a dans ce pays 6.000 usines ou manufactures qui effectuent des projections animées à l'heure du lunch, pour l'éducation ou la moralisation de leur personnel. En France, d'après le journal le *Cinéops* et le même auteur, il n'aurait été doté que d'une subvention du gouvernement de 540.000 francs en 1921; mais, les temps sont durs et espérons mieux pour l'avenir!

Le cinématographe ne peut pas remplacer le livre, le maître, le cours expliqué au tableau, tout le monde le sait; mais il peut être le complément indispensable, aujourd'hui, de tous ces moyens d'éducation, il doit les compléter, aider à faire comprendre, lever le doute de l'explication orale, enfin imprimer mieux dans la mémoire de l'élève l'empreinte puissante qu'il provoque par la vision du fait en action. Pour les tout petits, les débutants dans la

____

(1) Voir page 270 les considérations sur le choix et la constitution des scénarios.

vie, il faut qu'il arrive facilement à les intéresser. Puisqu'il est capable de les amuser, le tout est de trouver pour ces images éducatives la juste dose de technicité à introduire pour que la vue, sans cesser jamais de plaire, enferme par surcroît un aliment utile, intellectuel, qui soit assimilé sans douleur et sans ennui.

Nous avons déjà regardé ce qu'était la mentalité humaine actuelle. Mais l'esprit de l'enfant naissant paraît exempt de toutes les tares et imperfections que nous signalions, cela du moins pendant les années de sa première enfance. C'est après que les défauts apparaissent. Qu'y a-t-il en effet de plus beau au monde, de plus idéal, de plus pur pour un père et une mère que la confiance absolue, l'amitié sans borne de leur enfant, tant qu'il n'a pas ce que l'on nomme, bien à tort, dans ce cas, l'âge de raison !

Mais que va durer cette période heureuse? Si nous ne craignions pas d'être par trop lyrique et plagiaire, nous dirions : l'espace de 4 ou 5 générations de roses! Après, ce petit être si beau va se laisser envahir, inconsciemment, par la paresse, l'envie, la jalousie et le reste! Les mauvais exemples, les propos inconsidérés vont lui fournir des conceptions nouvelles pour lui sur la possibilité de faire le mal; la voix de sa conscience lui dira déjà que ce n'est pas bien, mais si personne n'aide cette voix, sera-t-elle suffisamment forte toute seule pour lui faire exécuter ce qu'elle lui recommande et pas autre chose? Promettez quoi que ce soit à un enfant et ne le lui donnez pas au jour dit, il mettra aussitôt votre parole en doute et il se dira que lorsqu'il a promis d'être sage il n'a pas besoin de tenir sa promesse davantage, etc...

Que deviendra-t-il s'il vit dans un milieu fatigué par les exigences de la vie, aigri par ses difficultés, où il souffrira des emportements des caractères aux prises, entendra des expressions grossières? Si vous ajoutez à ces premières influences néfastes celles de son atavisme naissant propre, la vue des mauvais exemples des plus grands, vous aurez du mauvais côté à peu près les éléments principaux qui serviront à constituer la mentalité de l'enfant moderne.

Les morales qu'on lui apprendra à l'école, à l'église, seront-elles bien efficaces pour le remettre dans la bonne et saine voie? De lui-même consentira-t-il à écouter les bons conseils et à suivre les bons exemples que lui prodigueront ses parents et ses maîtres. Toutes ces heureuses influences peuvent aujourd'hui se faire aider puissamment par l'éducateur incomparable qu'est ou peut être le cinématographe! Mais encore faut-il le vouloir et préparer les jeunes imaginations à bien recevoir ce mode éducateur nouveau, sans cela elles seront incapables d'en profiter utilement et même de le comprendre.

Cette situation nous fait souvenir de celle d'une brave inspectrice de l'enseignement qui, pleine de bonté pour les petits élèves qui lui étaient confiés, voulut essayer d'ouvrir leurs jeunes imaginations aux conceptions du beau et de l'art en les emmenant un jeudi, et à ses frais, visiter le musée du Louvre! Là, sa déception fut énorme : malgré tous ses efforts elle ne put éveiller dans leur esprit aucune sensation de joie et de plaisir provenant de la vision de ces choses si belles pour un être averti et déjà éduqué.

Ces chers enfants ne comprenaient pas, faute de point de comparaison préalable, de préparation intellectuelle, de mémoire héréditaire suffisante. Ce qui les amusa le plus, ce fut les glissades sensationnelles qu'ils firent sur les parquets cirés et les réflexions plus ou moins saugrenues qu'ils se passaient de l'un à l'autre sur certaines nudités remarquées et dont ils ne comprenaient pas davantage l'intérêt exclusivement artistique.

L'esprit de l'enfant est très difficile à stabiliser pendant un certain temps sur un sujet éducateur ou sérieux. Il aime beaucoup son premier théâtre : Guignol, parce qu'il est aussi frondeur que lui, qu'il ne le moralise pas trop et qu'il rosse consciencieusement le commissaire! Cela a été de bien des générations et on ne refera pas d'un coup de baguette une autre mentalité à nos descendants!

Le voilà bien l'effet de l'hérédité! Tous les professeurs qui ont essayé de se servir dans leurs classes des projections cinématographiques éducatives vous diront qu'il est très difficile de tenir sages les jeunes élèves dans l'obscurité : l'occasion est trop belle pour y faire des farces, sans grands risques de se faire punir! Pour que l'enfant reste tranquille à cette classe il faut que le cinématographe et le maître soient bien intéressants. Pour que le cinématographe devienne un éducateur suivi et puissant on doit donc d'abord lui préparer le terrain. Le beau, le bien, le mal, sont des relativités dont on peut employer les effets de beaucoup de manières différentes. A nous, parents éducateurs, de choisir les meilleurs termes de comparaison, les plus beaux exemples, les plus saines lectures, les plus intéressants spectacles cinématographiques; pensons d'abord aux jeunes imaginations dont nous avons la garde et mettons-nous toujours à la portée de leur jugement naissant.

Lorsque le jeune enfant saura lire, le livre et les images l'intéresseront; mais le texte moralisateur ou éducateur sera jugé, par lui, bien fastidieux : il passera les pages et s'arrêtera à l'image suivante; d'où une compréhension relative et superficielle qui ne s'enregistrera pas bien profondément dans sa mémoire. Celle-ci, pour rester attentive, intéressée, a besoin d'actes, d'exemples, qui le frapperont plus énergiquement, car elle est dans sa fugue naissante, toujours distraite, et à la recherche de nouveautés sensationnelles qui la captiveront! Si vous emmenez l'enfant voir des acrobaties au cirque, le lendemain il cherchera, par ses petits moyens, à imiter les beaux tours de force qui l'ont tant émerveillé. S'il a joué au voleur, il n'y aura pas, pour lui, de situation plus enviable que celle dé chef de brigands! Si la nature de l'enfant est bonne, si on lui a montré toute la joie de faire le bien, la charité et son modeste petit devoir, il les refera toujours avec plaisir. Les cases de ces jeunes cerveaux, de ces mémoires naissantes, sont encore presque inoccupées, elles ne demandent qu'à être meublées par les choses les plus merveilleuses qui peuvent être conçues sur la terre; aussi choisissons les meilleures, celles qu'ils comprendront et apprécieront vite du fait de leur atavisme. Mais lorsque nous disons cases cérébrales il faut encore nous entendre techniquement. Feu le Dr Charcot nous dirait que nous avons raison, vu que dans sa fameuse théorie matérialiste des localisations, il affirmait que chaque sensation, direction, imprégnation reçues par le cerveau, surtout celles qui dirigent la parole, ont leur place respective et immuable désignée d'avance dans cet organe matériel. Depuis, on a pu enlever à des blessés ou à des malades des morceaux énormes de matière cérébrale sans pour cela qu'ils en deviennent inintelligents. Aujourd'hui, nous en sommes sur ce point, aux expériences du Dr Woronof, qui greffe de la glande thyroïde de singe sur celle atrophiée de l'idiot humain et qui le rend plus intelligent de ce fait. Tout évolue dans le savoir naissant des humains; et bien des vérités médicales ne durent *vraies* qu'une douzaine d'années. Heureusement, les impressions intellectuelles ont, dans la mémoire de nos enfants, des traces plus durables, si mystérieuse que soit encore la place qu'elles occupent dans les organismes enfantins.

Malgré notre bonne volonté, notre courage à satisfaire à notre devoir d'éducateur, il arrivera des jours de lassitude, d'énervement, où nous serons bien heureux de voir s'éloigner un peu de nous nos enfants trop remuants ou trop tapageurs! Ces jours-là, nous pourrons les envoyer où ils voudront, même au diable comme l'on dit, sans y réfléchir suffisamment! Comme tous leurs contemporains, ils ont, pour le moins, entendu parler de la puissance attractive du Cinéma! Sur leur prière, nous les y laisserons aller, sans nous demander, avant, ce que l'on va leur y montrer; ou bien, le soir, une fois la journée de travail terminée, le père et la mère honnêtes se diront que l'on peut bien aller se reposer et se changer les idées au Cinéma. Mais on y pense! De ne pas emmener les enfants cela leur ferait une grande peine et voilà toute la famille, confortablement et à bon marché, installée dans la salle de représentation la plus voisine. On entend de la bonne musique et l'on voit d'abord une histoire comique qui fait rire sainement tout le monde; on espère, après, quelque chose de mieux. Ce sera le grand sujet à réclame, un de ces drames modernes à effets, où le tragique s'accompagne de la représentation la plus photographique, c'est-à-dire la plus réelle possible de toutes les grandes dépravations de l'humanité actuelle. Cette bande finira peut-être très moralement; mais quel mal n'aura-t-elle pas fait en initiant tant de jeunes imaginations pures à des manières de faire le mal qu'elles né soupçonnaient même pas! Aussi la bonne mère, que nous avons vue entrer au cinéma si joyeuse, est devenue inquiète et, se penchant vers son mari, elle lui dit : « Oh! si j'avais su que l'on montrât cela, je n'aurais pas emmené les enfants. » Mais aussitôt le père répond : « Que veux-tu? un peu plus tôt, un peu plus tard, ils apprendront toutes ces choses : mieux vaut qu'ils les connaissent dès à présent : ils s'en préserveront mieux! » Oui, certes, si leur mentalité naturelle est suffisamment résistante et foncièrement honnête et bonne; mais s'il en est autrement?

Les parents laissent aller trop facilement les enfants au cinéma, qu'ils soient accompagnés ou seuls.

Tout le monde n'est pas encore convaincu de la justesse de cette remarque et les moralistes sont pris pour des fâcheux.

Il faut dire aussi que si l'on ne montrait aux enfants modernes le jeudi en matinée, par exemple, que l'histoire du Petit Poucet ou la Belle au Bois dormant, ces jeunes clients seraient moins friands de ce spectacle que de celui où ils *espèrent* s'initier aux dernières subtilités du voleur adroit ou aux combinaisons savantes de celui qui est chargé de l'arrêter; heureux encore serons-nous si la sensualité de ces petits êtres en formation n'est pas là par trop surexcitée ou éveillée.

C'est pour ces raisons que des représentations spéciales à l'usage des enfants ne sont pas plus nombreuses. Des tentatives ont été faites dans cette direction; jusqu'à présent, elles ont donné des résultats financiers insignifiants ou mauvais.

Pour combattre ces tendances périlleuses il faut que les bons parents, et ils le sont tous, *exigent* et *s'engagent à faire vivre* le bon, l'honnête, l'intelligent, l'instructif et l'amusant cinématographe à l'usage de leurs enfants.

Aujourd'hui, on a de moins en moins de temps à consacrer personnellement à l'éducation de ses enfants; mais pourtant on ne laissera pas ceux que l'on aime tant entre les mains d'une nourrice sale, d'une gouvernante dépravée, ou d'un maître ignorant. Quelle chance d'avoir, pour ces parents si occupés, un éducateur *mécanique* (si l'on peut dire) aussi fidèle et aussi puissant que le Cinématographe. Les Bouddhistes avaient inventé les moulins à prières. Oui, mais le Cinéma impressionne et éduque mieux! Pour instruire et moraliser, le Cinématographe n'a pas besoin de devenir pédant, ennuyeux, désagréable à regarder. Dans notre pays, il ne manque pas d'esprits cultivés, bien équilibrés, spirituels, amusants et aimables, capables de composer des spectacles cinématographique prenants et captivants, susceptibles d'embellir ces jeunes imaginations que nous voudrions voir plus instruites, bonnes et toujours plus belles.

Encore une fois, le Cinématographe ne demande pas mieux, mais encouragez-le par votre présence, aidez-le financièrement, lorsqu'il veut vous faire du bien, puisqu'il ne peut pas vivre tout seul et seulement de son plus pur amour pour vous.

Nous venons d'étudier le rôle éducateur et moralisateur du Cinématographe lorsqu'il est employé en représentation publique et que son programme est composé pour plaire au plus grand nombre possible de spectateurs payants. Il nous reste à l'examiner comme moyen d'éducation proprement dit et de civilisation.

Comme nous l'avons vu, il y est parvenu efficacement dans certains pays; mais là il a rencontré le nerf de la guerre, c'est-à-dire l'argent qui lui manque actuellement chez nous.

Pendant toute notre vie, nous sommes des élèves; les personnes simples vous diront que l'on n'en sait jamais trop. Pascal a écrit : « L'humanité doit être considérée comme un même homme qui subsiste toujours et qui apprend continuellement », et M. Paul Bourget ajoute : « Mais qu'est-ce qu'apprendre sinon d'abord se souvenir? » C'est pour cela qu'instinctivement nous aimons tant cet éducateur incomparable et que nous avons confiance en lui.

Nous avons vu quelles précautions il faut prendre pour l'adapter à l'éducation des tout petits. Pour se rendre intéressant aux âges plus avancés il peut déjà devenir plus précis et montrer des choses très techniques. A propos de réformes dans l'enseignement M. Gustave Le Bon cite, dans les *Annales,* un ouvrage du professeur Buyse sur l'enseignement aux Etats-Unis, et écrit à la suite d'une mission dont le gouvernement belge l'avait chargé : « On y voit que les méthodes adoptées diffèrent totalement des nôtres. La récitation des manuels est sévèrement proscrite. Les élèves ont fort peu de livres entre les mains. On les oblige à *regarder* les choses au lieu de se contenter de leçons sur les choses. » (Qui peut les leur montrer mieux que le Cinéma?)

« Qu'il soit scientifique ou littéraire, tout l'enseignement est purement expérimental. Même l'histoire qui semblerait échapper le plus à cette forme d'enseignement y est indirectement ramenée. Les récits des manuels sont remplacés par la vue et l'interprétation de documents variés : médailles, objets d'art, *photographies* de monuments, de bas-reliefs, etc. Ce n'est pas sans raison qu'un des plus éminents professeurs de notre université, M. Le Châtelier, membre de l'Académie des sciences, écrivait, en rendant compte du volume de M. Buyse, qu'un peuple, formé par de telles méthodes, finirait bientôt par constituer une humanité supérieure! »

Nous ajoutons : après ces révélations, pour bien des lecteurs, étonnons-nous que les Américains soient devenus aussi rapidement capables de nous concurrencer en s'assimilant notre art, nos manières de penser supérieures, en y joignant leur puissance de travail et leurs moyens financiers immenses!

En terminant, M. Gustave Le Bon, au sujet de nos méthodes surannées d'instruction, ajoute : « Actuellement, notre Université fabrique à coups de manuels d'innombrables diplômés, mais elle reste impuissante à former des élites. Celles que nous possédons en nombre fort restreint se sont formées toutes seules sous l'influence des nécessités de la vie. Elles contemplent avec mépris leur ridicule bagage classique et regrettent amèrement les années perdues! »

La voilà ouverte et magistralement indiquée la route à suivre par le Cinématographe éducateur. Quand la prendra-t-il efficacement, dans le pays que l'on dit être le plus intelligent du Monde?

L'intérêt de ce mode éducatif n'est donc plus à démontrer;

mais il reste beaucoup à faire pour l'appliquer. Le Musée Pédagogique cherche depuis longtemps à composer une collection importante de vues instructives appropriées au plus grand nombre de matières et de sciences enseignées; mais il se heurte aux insuffisances de crédit, au manque d'appareils de projections, dans les établissements où il pourrait confier ou louer ces sortes de bandes. Les maisons d'édition de vues cinématographiques possèdent toutes une collection plus ou moins importante de sujets dits instructifs; malheureusement, ils ont été recueillis le plus souvent au hasard des circonstances, sans esprit de suite. Une partie en sera traitée admirablement, mais le reste présentera des lacunes qui lui feront perdre presque tout son intérêt principal et véritablement éducateur.

Pour la chirurgie et la médecine, le Cinématographe a été employé souvent. Le Dr Doyen avait fait beaucoup parler de lui par ce moyen, en se faisant cinématographier pendant qu'il opérait; les élèves pouvaient ensuite au besoin *disséquer* image par image ces vues et y découvrir tout ce qui faisait la supériorité de leur maître. Le Dr Woronof a montré, ainsi, comment il réussissait la greffe des os; le Dr Hepp, bien d'autres opérations délicates. Et aujourd'hui, ces prises de vues spéciales sont de plus en plus nombreuses. En médecine, on a enregistré les mouvements plus ou moins réguliers que provoquent les maladies nerveuses, les claudications, les rictus de la face, etc., etc. Mais toutes ces vues n'ont pas été réunies par un institut; même, elles sont critiquées ou discutées par les diverses écoles. Ces vues sont très difficiles à trouver et à louer. Dans les ministères intéressés on les a remisées dans des endroits perdus.

Les grandes industries, la métallurgie, sont représentées par quelques bandes qui ont été prises surtout au point de vue pittoresque, mais qui, souvent, n'ont pas beaucoup de valeur technique. Nous connaissons une bande très artistique sur la fabrication du pain. De nombreux métiers primitifs ont été bien enregistrés, surtout dans les pays lointains; mais on voit trop peu la manière de travailler d'un ouvrier menuisier, d'un forgeron ou la manière de monter une pièce de précision sur une machine-outil.

Bien des producteurs de bandes ont été séduits par la reconstitution du sujet historique; mais, encore là, à quelle confusion ne venons-nous pas nous heurter! Souvent on commence par modifier ou arranger le sujet pour les besoins du scénario ou suivant les opinions personnelles du compositeur, à supposer qu'il en possède le véritable récit contemporain. On sait combien l'impartialité historique est difficile à observer, même pour l'historien le plus consciencïeux. Et si la fantaisie, le laisser-aller, l'imagination s'en mêlent, où en arrivera-t-on? Un exemple involontaire, entre mille, en montrera les conséquences. On a édité dernièrement un très beau film, *La Bouquetière des Innocents*, qui veut être une reconstitution historique d'une époque de l'histoire de France. On y rencontre un des rois les plus populaires de notre pays, Henri IV, et il faut reconnaître que la reconstitution cinématographique le montre très justement fixé par rapport à sa réalité historique. Certainement nous le voyons là d'une façon bien plus fidèle que dans tout ce qui avait été réalisé, lors des représentations de ce mélo, au théâtre de l'Ambigu et du Châtelet. Il en est de même pour toutes les scènes de l'action. De ce fait, nous souhaitons et prédisons à ce film un succès certain de curiosité et d'intérêt dans le monde entier. L'étranger est avide de ces images de notre passé car il espère toujours s'instruire en les regardant. Mais que va-t-il se passer dans l'imagination de ces spectateurs mondiaux, s'ils savent le fond de la vérité historique ou si, stimulés par ces belles images, ils la recherchent toute nue? D'abord, ils croiront que le maréchal d'Ancre, Concini, étranger peu sympathique, certainement était le complice de Ravaillac, ce qui n'a jamais été prouvé. Ils auront une juste idée du carrosse du bon roi qui fut un des premiers souverains à se servir de ce moyen de transport, mais ils auront une idée absolument fausse de la rue de la Ferronnerie, à Paris, où a eu lieu l'attentat. Dans notre cas cette vue très bien mise en scène, a été prise dans une petite ville du midi où l'architecture des maisons, les formes des toits, des voitures, etc., etc., sont tout à fait différentes de celles de la capitale. Dans ce film, Concini est tué sur un escalier du Louvre et cette scène constitue un des grands tableaux à effets du sujet. Malheureusement cet escalier ressemble étrangement à un autre escalier que nous connaissons bien et qui doit exister encore dans le château de Versailles, antérieur en construction, pensons-nous, à celui du Louvre mais qui fait si bien pour la mise en scène. Le plus fâcheux de l'affaire c'est que Concini n'aurait pas été du tout tué sur cet escalier ou un autre, mais bien sur un des ponts qu'il fallait franchir pour entrer au Louvre, ce palais étant entouré de fossés à cette époque-là. L'auteur nous montre bien des scènes de luttes à la porte du Louvre, prises authentiquement à la porte de ce monument; malheureusement, les fossés, les tourelles, les ponts n'y sont plus mais, horribles détails, dans le coin d'une vue, sur le pavé, on croit voir les rails du tramway!! Il en est de même pour une foule de vétilles que l'on pourrait encore signaler dans les vues prises au Musée de Cluny, trop connu de beaucoup de Parisiens. Mais ne décourageons personne, la critique est aisée et faire du cinéma à la fois *commercial* et artistique est encore très difficile chez nous, et les personnes du métier ne me contrediront pas.

Pour les besoins de l'intrigue amoureuse du film, on nous montre la fille de Concini sauvée par le jeune premier; pourtant, historiquement, cette demoiselle était morte quelques mois avant la disgrâce de madame sa maman! Encore cela n'est pas bien méchant, mais ce qui l'est davantage, c'est que dans les *Trois Mousquetaires*, on voit cette perfide femme décapitée, tandis que dans le film qui nous intéresse elle est brûlée vive en place de Grève, probablement, puisque l'on voit Notre-Dame dans le fond à ce moment-là.

Puisque les metteurs en scène et les faiseurs de scénarios pour cinéma se donnent, à juste titre, tant de mal pour réaliser ces vues qui coûtent des sommes folles, on admettra que sans dépenser beaucoup plus de talent et d'argent ils pourraient donner facilement à leurs conceptions une valeur historique et véridique bien plus grande en serrant la réalité de plus près. Leur art devient en même temps une science presque exacte et photographique, mais pour que cet art reste bien français, il faut encore qu'il soit allié à toute l'ampleur de leur goût personnel et devienne fonction de leur érudition et de leur talent particulier.

Le cinématographe historique servi par de tels animateurs prendra définitivement une valeur éducative incomparable et tous ceux qui s'en serviront ne pourront plus en avoir que du profit, de la satisfaction. (1)

Enfin les costumes et les décors suivent souvent de si loin l'époque qu'ils doivent représenter qu'ils n'ont plus rien d'intéressant. Certes, il existe des auteurs cinématographistes consciencieux; mais nous retombons toujours là dans le même manque de cohésion, d'ordre, de méthode dans ces efforts pour créer un tout qui ait une valeur indiscutée et réelle.

______

(1) Plusieurs de ces remarques historiques sont extraites de la critique Cinématographique de l'*Action Française.*

Comme moyen de propagande, pour mieux civiliser le monde, le Cinématographe est incomparable.

Pour tâcher de vivre plus heureusement, plus confortablement sur la terre, les hommes de tous les pays ont cherché à réunir leurs personnalités, leurs efforts, leurs connaissances particulières, leurs bonnes volontés; malheureusement, ils étaient forcés d'y joindre leurs défauts et leurs vices. Cet ensemble forme ce que l'on a nommé les sociétés, les nationalités, les civilisations! Suivant les parties de la terre, les climats, les races, les éléments moraux et matériels adoptés par ces groupements changent; chacun d'eux prétend posséder les meilleurs, le temps les fait évoluer, les améliore ou les corrompt.

Ceux qui, actuellement, émanent des races relativement neuves et restées vigoureuses physiquement bénéficient de l'expérience des plus vieilles en y ajoutant toute leur virilité, leur pureté primitive.

De ce fait, pour l'homme qui veut s'améliorer, il y a toujours à aller chercher et à étudier dans ces éléments divers. Qui peut l'y aider le mieux si ce n'est, partout maintenant, le Cinématographe, par les documents de premier ordre qu'il récolte si facilement aujourd'hui?

Les manifestations extérieures des civilisations anglo-saxonnes sont remplies de faits et de documents qu'il est précieux de connaître; nous ne devons pas avoir la prétention de n'avoir besoin de personne pour toujours mieux nous éduquer. Dans toute sa précision scientifique, et aussi dans toute sa perfidie, nous ne devons rien ignorer des calculs de la Culture allemande. Revoyons par le Cinéma et admirons sans cesse toutes les coutumes des civilisations latines et les merveilles de l'art italien, faisons-nous les contemplateurs et les élèves de ses Léonard de Vinci, de son Dante, de son Machiavel, etc. Que les civilisations orientales soient sans secret pour nous. Cela nous évitera beaucoup de désillusion; mais avec toute la force de notre génie créateur, la puissance de notre civilisation, la pensée de nos grands hommes, puisqu'on les dit les premières du monde, faisons tous nos efforts pour rester les meilleurs créateurs de l'image animée française, celle qui plaira et guidera le mieux l'humanité vers ce qui doit la rendre la plus parfaite et la meilleure.

DEUXIÈME PARTIE

CHAPITRE V

LA CINÉMATOGRAPHIE INDUSTRIELLE

Pour devenir industriel le Cinématographe doit présenter à ses spectateurs une image absolument fixe, continue et sans scintillement, faisant oublier tout à fait les moyens mécaniques et intermittents qui servent à la constituer; de plus cette image doit être intéressante.

Les exigences de la cinématographie moderne. — Aujourd'hui, l'industrie cinématographique est très difficile à pratiquer utilement; pour y réussir, il faut admettre d'abord trois de ses nécessités principales :

1° L'image animée doit être parfaite, photographiquement, absolument stable et présenter le minimum de scintillement à la projection. Le spectacle procuré par elle doit donner l'illusion d'une vue fixe continue où il n'y a en mouvement que les objets qui se meuvent en réalité, lors de la prise de vue;

2° L'image représentée par la vue doit être captivante et agréable à regarder;

3° Il y aura toujours obligation de livrer très rapidement de nombreux sujets nouveaux, intéressants, et cela à des prix normaux. Ces conditions bien remplies pourront encore assurer le résultat rémunérateur indispensable à une entreprise de ce genre.

Les éléments techniques qui vont contribuer à obtenir la bande parfaite sont nombreux. Voici les principaux :

Actuellement la pellicule est bonne, et sa constance photographique est telle qu'on peut lui appliquer des traitements mécaniques. Les instruments sont également très précis et bons.

Avant tout, l'image cinématographique doit être stable, cette qualité dépend de nombreux facteurs; ce sont :

1° La précision avec laquelle les deux pellicules sont coupées en largeur;

2° La position plus ou moins exacte des perforations par rapport au parallélisme des bords des deux pellicules.

Ces deux conditions peuvent provoquer des mouvements latéraux de l'image;

3° La stabilité absolue de l'appareil prise de vue au moment où le cliché est fait. Si l'appareil bouge, tous ses mouvements sont enregistrés et l'image remue dans tous les sens où ils se sont produits:

4° La régularité du pas ou de l'écartement des trous de perforation sur toutes les pellicules. Cette condition mal observée peut provoquer des déplacements verticaux;

5° Une juste proportion entre tous les éléments d'entraînement et une largeur et longueur constantes des couloirs et par conséquent un freinage régulier dans les appareils de perforation, de prise de vue, de tirage et de projection. Ces conditions doivent être parfaitement remplies, autrement on aurait des déplacements horizontaux et verticaux;

6° Une fabrication extrêmement surveillée, capable d'assurer aux bandes une constance de retrait se rapprochant autant que possible des limites admises par tous les appareils entraîneurs; sinon l'image remuera encore;

7° Enfin un montage très soigné de toutes les parties de bandes noires ou teintées, titres, annonces, etc., etc., servant à composer la vue complète. Ces différents montages ou rajoutures peuvent également provoquer l'instabilité des vues s'ils sont mal faits.

Par cette énumération succincte, nous espérons avoir bien montré d'où provient la stabilité.

Cette qualité n'est donc pas seulement le fait de tel ou tel mode d'entraînement, de telle ou telle manière d'opérer, mais bien la résultante d'une fabrication soignée et dirigée en toute connaissance de cause.

Actuellement, le scintillement des vues cinématographiques n'est plus gênant, il est bien diminué dans toutes les bonnes exploitations; nous examinerons au chapitre projections les éléments les plus efficaces employés pour le réduire au minimum.

Nous disions deuxièmement que la vue cinématographique devait être captivante.

Cela peut s'entendre de bien des façons! Parmi tous ceux qui sont intéressés par elle, quels sont les plus nombreux?

On peut répondre à cette question, commercialement parlant, en se demandant quels sont les genres de vues les plus demandées et les plus rares? Nous pensons encore que ce sont les vues comiques, et cela pourquoi? Simplement parce qu'il est beaucoup plus facile de faire pleurer que de faire rire.

Pour composer une bande qui fasse rire d'un bout à l'autre, il faut déployer beaucoup de talent et d'esprit, mais n'y arrivent pas tous ceux qui veulent.

Il y a évidemment bien des manières de faire rire; avant tout, il faut se mettre à la portée de toutes les intelligences. Mais avec quelle facilité on retombe là dans la banalité et même dans la grossièreté!

Une actualité ne peut pas attendre. Possède-t-on une bande à succès ou répondant au goût du jour, il faut pouvoir la mettre en vente d'un seul coup et disposer de suite de nombreux exemplaires, autrement l'engouement passe, un autre sujet plaît davantage, ou le concurrent peu scrupuleux copie la bande, la présente mieux et enlève les commandes.

Comme nous l'avons déjà dit, la production américaine et mondiale ont envahi le marché français, depuis que, pendant la guerre 1914-1918, notre pays y a perdu toute l'avance commerciale qu'il y possédait.

Le marché américain est suffisamment grand et puissant pour permettre aux Américains d'amortir leurs frais de premier établissement d'une bande et de trouver des bénéfices suffisants sur ce marché seulement. Lorsqu'ils exportent leur production en Europe, c'est du surplus à gagner et ils peuvent de ce fait concurrencer utilement toute la production très coûteuse de ce continent, et qui n'a plus, lui, que de trop faibles débouchés commerciaux.

Avant 1914, la production américaine, au point de vue artistique, était encore nettement inférieure à la nôtre. Aujourd'hui, elle l'égale souvent et quelquefois elle lui est supérieure.

On a beaucoup travaillé en Amérique, on a étudié notre

littérature, notre théâtre et ceux des autres nations civilisées; on y a, en ce moment, beaucoup d'argent à dépenser pour illustrer merveilleusement les sujets cinématographiques que l'on y édite. Ce sont des chercheurs consciencieux qui se livrent à ces réalisations; on fait aussi très bien la photographie dans ce pays. D'après les récits que nous en font les journaux corporatifs, Los Angeles, en Californie, est une cité importante où l'on crée énormément de vues cinématographiques dans des installations somptueuses, parce que cette ville est située sous un climat qui ressemble beaucoup à celui de notre Nice. On y dépense sans compter, on y donne rendez-vous à toutes les vedettes, à tous les meilleurs auteurs et compositeurs. De ce fait on y édite des œuvres remarquables qui souvent savent nous charmer ou que nous regardons toujours ou presque toujours avec intérêt parce que ce qu'on fait là n'est plus seulement de la bande policière, des poursuites de cow-boys et des sujets bébêtes et commerciaux où une morale plus qu'élastique idéalise le voleur ou le brigand repentis. Le cinématographe américain est encore dans sa période de prospérité ascendante, comme le cinématographe français a eu la sienne jusqu'en 1910-1912. Il pourra certainement la conserver pendant un certain temps, après quoi, comme les autres, il s'épuisera surtout intellectuellement, et cet épuisement intellectuel pourra aussi lui porter préjudice commercialement, du moins en ce qui sera de rémunérer suffisamment une industrie aussi grandiose que celle qu'il a réalisée et entretenue jusqu'à ce jour. Le cinématographe, c'est une nouvelle forme du théâtre; elle est aujourd'hui indestructible et durera très longtemps probablement. Il faut dire probablement, car elle peut toujours être remplacée par une autre forme de théâtre que nous ignorons encore. Mais où le cinématographe commercial exagère, à notre avis, c'est lorsque, avec une production intellectuelle simplement humaine, il demande qu'on lui apporte des chefs-d'œuvre de composition littéraire et d'art décoratif à jet continu pour faire constamment fortune en les exploitant. Tous ceux qui ont fait du théâtre avant lui n'ont pas écrit des chefs-d'œuvre tout le temps.

Depuis l'antiquité on les compte et ce sont eux qui constituent ce que l'on nomme le répertoire de nos théâtres les plus réputés. Ceux qui ont produit ces œuvres y ont-ils fait fortune?

Tout le monde sait que c'est plutôt le contraire. On nous répondra que le cinématographe peut vivre sans chefs-d'œuvre et se contenter d'éditer ce que l'on nomme du bon courant. Y a-t-il beaucoup de directeurs de théâtre qui, même avec la grande chance et le bon auteur à la mode, font vite fortune? A présent tous les pays feront du bon cinéma. Comme celui-ci a l'extraordinaire chance de ne parler aucune langue et de se faire comprendre par tous les peuples qui en parlent de différentes, parce que l'esprit humain, dans ce cas, se trouve ramené à une unité qui lui est propre : la faculté de mesurer, plus ou moins comme il faut, la valeur du bien et du mal, il nous montrera avec fruit et intérêt tout ce qu'il y aura de plus beau, de plus particulier en chaque civilisation. S'il sait rester raisonnable, tout en ne perdant pas de vue le côté commercial, avec ses inéluctables et quelquefois fâcheuses exigences, il servira à créer une mentalité universelle supérieure grâce à laquelle les hommes arriveront à mieux se connaître.

Par le cinématographe universel on découvrira peut-être enfin les plus belles conceptions, les plus belles tentatives de l'esprit humain pour embellir la pensée, la vie sociale et l'idéal sentimental. Tous les peuples échangeront ainsi leurs idées propres, les feront pénétrer plus profondément dans des masses qui, jusqu'à ce jour, n'avaient pas le temps de trouver facilement un maître éducateur aussi agréable et économique à commenter et à suivre. Le cinématographe force à penser toutes les imaginations restées primitives faute de culture suffisante. En se divisant, la production du cinématographe fera gagner moins d'argent dans chaque cas particulier, mais moralement et intellectuellement, son prestige sera grandement accru. De petit exploitant de la comédie humaine à ses débuts, il est devenu un des plus incontestés éducateurs des masses; puisse-t-il toujours travailler pour leur plus grand bonheur réalisable ici-bas!

CHAPITRE VI

Les pellicules. — Les supports. — Les émulsions négatives et positives.

Nous savons combien il était difficile de se procurer de la bonne pellicule au début du cinématographe. Plusieurs préparateurs se servaient alors de gélatine emprisonnée dans des couches de vernis comme support, d'autres employaient le collodion et déjà certains le celluloïd. Mais tous ces supports n'étaient pas créés ni étudiés pour recevoir à leur surface de l'émulsion photographique; on prenait ce que l'on trouvait. Chimiquement on sait combien l'émulsion, négative surtout, est délicate et facilement altérable par bien des corps étrangers se trouvant en contact avec elle; aussi il résultait de cet assemblage des pellicules qui s'altéraient très rapidement.

Depuis, cette question a été très travaillée et étudiée au point de vue chimique. On n'emploie plus guère comme support que le celluloïd et beaucoup moins les nouveaux substituts de ce corps, tels que la Viscose et les acétates de cellulose, ces deux derniers produits étant incombustibles.

Tous les nouveaux supports ont été préparés de façon à réagir chimiquement le moins possible sur les émulsions photographiques, aussi, pratiquement, ils en assurent bien la conservation. MM. Planchon, Lumière et Eastman se servent d'un collodion spécial. Les Sociétés Bayer, Actien-Gesellschaft für Anilin-Fabrikation de Berlin, Pathé Frères, étudient ou vendent des supports à base d'acétate de cellulose. (Voir Pellicules ininflammables.)

Actuellement, c'est encore le support en celluloïd qui est le plus employé, car il est très solide, résiste bien à l'usure, ne change pas trop de longueur dans les bains photographiques, et pendant son séjour dans les eaux de lavage, il y perd moins ses solvants.

Le lecteur que la fabrication du support en celluloïd intéresserait dans ses détails pourra se reporter utilement au livre très complet et que nous avons déjà cité de MM. Masselon, Roberts et Cillard sur la fabrication, les applications et les substituts du celluloïd (1).

Nous indiquerons seulement ici rapidement et d'après ce livre comment le celluloïd est préparé pour que l'on en obtienne le support qui nous intéresse.

Le celluloïd pur est un corps résultant du mélange fait dans certaines conditions de nitro-cellulose et de camphre, ce dernier paraissant jouer le rôle de solvant de la nitro-cellulose. L'invention du celluloïd est américaine, elle est due à deux imprimeurs, les frères Hytt, de Newark, Etat de New-Jersey. Cette découverte remonte à 1869.

Le premier corps à posséder pour préparer du celluloïd, c'est la nitro-cellulose. Elle est le résultat de l'action d'un mélange d'acide nitrique et sulfurique sur la cellulose. La cellulose employée le plus généralement dans cette fabrication est du papier mince en rouleau et constitué, autant que possible, par du coton pur. La présence de l'acide sulfurique pendant la nitration n'est nécessitée que pour l'absorption de l'eau qui se forme pendant cette opération. Une fois que la nitro-cellulose est formée par le passage de la cellulose dans le mélange acide, elle est lavée à l'eau très énergiquement, pour la débarrasser de toutes traces d'acide. Lorsque la nitro-cellulose a été bien lavée, il faut la blanchir. Elle doit pour cela: 1° passer à la pulpation de sa masse (cette opération se fait dans des machines nommées piles, semblables à celles que l'on emploie dans l'industrie du papier); 2° passer dans le bain chimique (permanganate acidifié généralement) de blanchiment; 3° enfin être lavée à nouveau puis séchée. Ce séchage peut être obtenu par trois moyens : 1° par compression et chauffage; 2° compression; 3° lavage à l'alcool. Pour subir l'opération du séchage, la nitro-cellulose est mise en galettes et comprimée à la presse hydraulique puis portée sous forme de galettes ou feuilles épaisses dans des séchoirs chauffés.

------

(1) Ad. Cillard, éditeur, 49, rue des Vinaigriers, Paris.

Pour transformer la nitro-cellulose en celluloïd, il faudra broyer les galettes ou feuilles qu'elle forme; pour cela on se sert de moulins spéciaux. Le produit résultant de ce broyage est mis dans des malaxeurs mécaniques. Dans ces machines, la nitro-cellulose se trouve en contact avec une solution d'alcool fortement camphrée. Ce mélange de nitro-cellulose, de camphre et d'alcool formera une pâte qui, laminée et pressée, donnera du celluloïd, et dans notre cas la matière première servant à constituer le support de la pellicule cinématographique. Le celluloïd peut être employé de deux façons à la fabrication qui nous intéresse : 1° par durcissement de solution de celluloïd ou de collodion; 2° tranchage de feuilles minces de celluloïd. Jusqu'à ce jour c'est la première manière qui a été la plus employée.

Le celluloïd doit être de qualité spéciale pour faire de la pellicule. On y remplace une partie du camphre par de l'huile de ricin pour le rendre plus souple et éviter les inconvénients du camphre. On emploie ordinairement pour cette fabrication de la nitro-cellulose formée de coton nitré à 11 à 12 % d'azote. Ce celluloïd ne doit pas être cassant, être absolument neutre et ne pas donner naissance à des vapeurs nitreuses qui voilent les émulsions.

On fait un collodion camphré en dissolvant la nitro-cellulose dans un liquide contenant de 12 à 25 % de camphre. Ce dissolvant est le plus souvent un mélange d'alcool et d'éther auquel on ajoute de l'acétate d'amyle et de l'alcool amylique. C'est un mélange de ce genre à 0,5 à 1 % d'alcool amylique qui est employé par la maison Kodak. La Société Lumière n'emploie pas l'alcool amylique. Ce dernier a surtout pour objet d'empêcher le dépoli. Le celluloïd se dissout relativement mieux que le collodion dans le mélange alcool-éther. Les collodions ainsi obtenus sont ordinairement à 15 ou 20 % de celluloïd (mélange camphré + nitro-cellulose). Ils ont une viscosité variable avec la teneur en celluloïd. Il est de toute importance que le celluloïd, dans ce cas, soit homogène, parfaitement clair et exempt de corps étrangers.

Le celluloïd, tel qu'il est obtenu par dissolution, présente des fibres non nitrées, des impuretés, des parties épaisses et des parties plus liquides. On le filtre afin de le diviser et de le rendre homogène. Cette filtration se fait sous pression dans un récipient à travers une série de toiles métalliques.

Pour constituer un support de pellicule avec ces solutions, il faudra les étendre et leur permettre de faire prise; on emploie pour cela deux procédés différents : le coulage sur table ou sur machine continue.

Le coulage sur table se fait en versant la solution de celluloïd sur une glace en verre poli entourée d'un rebord qui sert à retenir la solution. Cette glace est parfaitement propre et bien placée de niveau, sur une table. Plusieurs glaces peuvent être ainsi réunies sans que les espaces qui les séparent ne soient sensibles; on constitue ainsi des tables qui ont plus de 50 mètres de long. Une fois que la solution a fait prise et qu'elle est bien sèche, elle se détache facilement des tables et forme une pellicule très large dans laquelle on découpe en largeur autant de bandes de 35 millimètres que ses dimensions le permettent. Pour couler la solution de celluloïd à la surface des glaces on se sert d'une sorte de filière constituée par une ouverture très étroite, réglable et aussi longue que la largeur de la table. Cette filière est placée sous un réservoir qui contient le celluloïd en solution. Cet ensemble est porté par un chariot qui peut rouler sur des rails tout le long des glaces; une réglette mobile avec la filière limite et uniformise l'épaisseur de la couche. Une autre machine à peu près semblable étend l'émulsion photographique sur le support sec. Ce n'est que lorsque la pellicule est ainsi complétée qu'on la retire des glaces sur lesquelles les deux éléments ont été coulés (Procédé Planchon).

Le coulage par machine continue permet d'obtenir des pellicules aussi longues qu'on peut le souhaiter. Par ces machines, la solution de celluloïd est coulée d'une manière continue sur une bande sans fin animée d'un mouvement d'avancement très lent. Une autre disposition emploie un tambour de grand diamètre et tournant. La solution se durcit pendant la course qu'elle effectue sur ces supports. On active l'évaporation des solvants par une forte ventilation de la couche en formation. Lorsque le liquide a bien fait prise, la bande est séparée de son support sans fin. A ce moment elle a déjà suffisamment de résistance pour se tenir seule, elle termine son séchage dans les pièces chauffées. La toile sans fin ou le tambour à grand diamètre doivent posséder des surfaces parfaitement polies et propres, du nickel, par exemple; c'est de ces dispositions que proviennent le bon poli et la transparence complète du support.

Le support obtenu par ce dernier moyen est émulsionné ensuite par des machines également sans fin; nous les décrirons sommairement tout à l'heure.

Le support en celluloïd se laisse bien perforer et les trous de la perforation sont très nets et réguliers; il résiste convenablement aux efforts de traction des appareils, il ne se raye pas facilement. Dans les différents bains et lavages, le support en celluloïd émulsionné, comme les autres du reste, augmente de longueur, puis, en séchant, se rétrécit, mais ne revient pas à sa première grandeur. Comme ces retraits sont à peu près constants, on peut les prévoir et les adapter aux différents organes des appareils de production de la bande cinématographique. Aux chapitres perforations, manipulations et séchage, nous verrons comment on tient compte de ces retraits.

Les pellicules négatives et positives doivent avoir une épaisseur suffisante (12 à 15 dixièmes de $^m/_m$ émulsionnées); si elles étaient plus minces elles auraient tendance à s'enrouler sur elles-mêmes trop facilement et elles deviendraient peu maniables, en outre ces bandes manqueraient de résistance avec le celluloïd. La pellicule doit être coupée en largeur d'une façon parfaitement régulière; s'il en était autrement, on aurait des déplacements latéraux de l'image à la projection. Une bonne largeur de la pellicule est 34,3 ou 34,5 millimètres, les couloirs des appareils ayant généralement 35 millimètres de largeur.

Fabrication de la pellicule négative et positive. — Nous venons

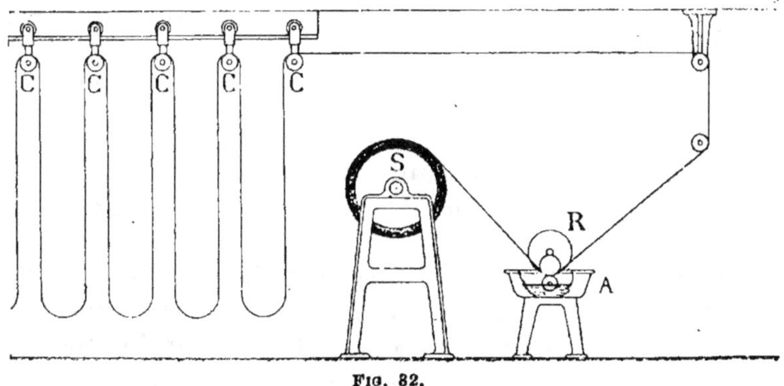

Fig. 82.

de voir comment on peut se procurer du bon support, il ne restera donc plus qu'à l'émulsionner; on peut procéder ici de deux manières : 1° Lorsque le support a été coulé à plat, comme nous l'avons indiqué, et qu'il est sec, on remplace sur le chariot la filière à étendre le celluloïd et son réservoir par un autre récipient, muni d'un système quelconque d'étendage régulier de l'émulsion. Ce sont ces dispositifs qui conduisent l'émulsion jusqu'au support et qui facilitent son étendage; 2° lorsque le support est employé en rouleau sans fin, c'est lui qui vient prendre l'émulsion en passant entre deux rouleaux dont le plus bas trempe dans un auget contenant l'émulsion chaude et liquide.

La figure 32 indique *théoriquement* comment se passe cette opération en A : On y voit l'auget contenant l'émulsion et maintenu à niveau constant. Le support S est entraîné d'une façon continue entre les deux rouleaux R, le support prend en passant une certaine quantité d'émulsion sur une de ses faces seulement (1), puis il continue sa course; il est préférable que celle-ci soit un peu inclinée pour donner le temps à la gélatine de faire prise, puis la pellicule constituée est entraînée par le système d'accrocheuse C semblable à ceux employés dans beaucoup d'industries.

C'est dans cette position que généralement sèche l'émulsion sur son support. Ce séchage doit être bien dirigé, la pièce où il s'effectue sera chauffée et ventilée convenablement, cela afin d'y établir un régime de séchage favorable aux émulsions employées. Il est inutile de dire que la poussière doit être bannie de ces séchoirs avec le plus grand soin.

Pour bien faire adhérer l'émulsion au support en celluloïd, il est nécessaire d'employer une couche intermédiaire, ou *substratum*; voici en quoi consiste cette couche et une formule pour la préparer :

I	Celluloïd en morceaux........	50 gr.
	Acétone.....................	1000 »
II	Alcool dénaturé à 95°.........	500 cc.
	Ether à 65°..................	500 »

Prendre 10 cc. de I et 50 à 100 cc. de II, suivant les celluloïds.

A titre d'exemple nous indiquons également deux formules générales : une pour émulsion négative et une pour émulsion positive; mais ces données n'ont rien de précis, elles peuvent varier à l'infini

---

(1) Dans la pratique, le support qui vient de recevoir sa couche d'émulsion (celle-ci étant maintenue à une température voisine de son point de figeage) passe sur un cylindre métallique refroidi antérieurement par de la glace ou tous autres moyens. Cette disposition facilite encore le figeage rapide de la couche d'émulsion sous le support et procure la régularité de fabrication.

dans tous leurs éléments; nous voulons simplement montrer ici les différences qui peuvent exister entre les deux soites d'émulsion.

Emulsion négative. — C'est la plus difficile à préparer irréprochablement, il faut qu'elle soit excessivement rapide aujourd'hui, pure et facilement développable. Aussi chaque usine qui sait préparer ce genie de pellicule gaide jalousement ses secrets de fabrication. Ceux-ci sont du reste d'autant plus faciles à conserver, qu'ils n'existent pas en réalité. Ce qui existe bien c'est la manière d'employer les formules connues dans un milieu de fabrication donné. Naturellement il faut respecter les dosages chimiques principaux et ne se servir que de produits absolument connus, suitout la gélatine et l'eau. Après ce n'est plus qu'une question de températures, de temps de mûrissage. Chacune de ces conditions est propre au milieu dans lequel on opère et c'est par leur étude que l'on arrive à savoir expérimentalement jusqu'où on peut pousser la sensibilité recherchée sans perdre la pureté. On veillera, de plus, à ne rien abîmer avec les lavages, les températures de figeage et les milieux où l'on sèche la pellicule pour la terminer.

Il n'est intéressant de préparer la pellicule négative que lorsqu'on est une grande usine cinématographique ou que l'on veut en faire le commerce, car on ne rattrapera pas facilement l'avance industrielle et technique que possèdent les maisons Eastman, Lumière et quelques autres qui font de la bonne pellicule négative et positive depuis de nombreuses années. (1)

Pour ce qui est de la pellicule positive la chose peut devenir très vite plus rémunératrice, car cette préparation ne présente aucune difficulté bien grande; du reste il y a déjà des usines cinématographiques qui font de meilleurs bénéfices en pratiquant cette industrie plutôt que celle de l'édition de vues animées.

Voici une formule qui peut donner de l'émulsion négative d'une rapidité semblable à celle des plaques du commerce.

Pour faire une émulsion d'essai, prendre un pot de grès de la contenance d'un litre à un litre et demi; ce vase sera à large ouverture et pourra se fermer heimétiquement. La fermeture du vase sera recouverte d'un chapeau quelconque afin d'empêcher la lumière de pénétrer dans l'intérieur du pot lorsqu'il est fermé. Cette dispo-

---

(1) Voir page 220 les remarques que nous avons ajoutées sur la constitution des nouvelles pellicules et émulsions cinématographiques.

sition permet de le transporter en pleine lumière avec de l'émulsion sensible dedans.

1° Dans ce pot on met : eau distillée, 100 gr.; gélatine de Winterthur spéciale à la photographie, 10 grammes; bromure de potassium, 34 grammes; 2° dans un ballon en verre on fait fondre 42 grammes de nitrate d'argent dans 250 à 300 centimètres cubes d'eau distillée. S'assurer que la solution est acide, sinon l'acidifier légèrement.

Dans un bain-marie, chauffé au gaz, ce qui est très pratique pour régler les températures, porter ces deux solutions à 40 ou 50 degrés centigrades, les remuer et s'assurer que toute la gélatine est bien fondue. Dans une chambre noire éclairée au rouge, le pot de grès est ouvert et l'on verse dans celui-ci le contenu du ballon.

La solution n° 2 doit être versée lentement et le mélange fortement remué. Par cette opération l'émulsion se produit mais n'est pas du tout rapide. On peut ajouter 3 à 5 centimètres cubes d'une solution à 10 % d'iodure de potassium, cela rend l'émulsion plus transparente dans les noirs, mais ce n'est pas indispensable. Le pot de grès est alors bien fermé et remis dans le bain-marie; celui-ci est porté à l'ébullition et l'émulsion est soumise à cette température pendant une demi-heure ou trois quarts d'heure, puis on laisse descendre la température du bain-marie à 40 degrés environ, on ouvre le pot au laboratoire rouge et on ajoute de l'ammoniaque. Pour ce produit les quantités sont très variables, car il faut éviter le voile, il augmente la rapidité de l'émulsion d'une façon très sensible et lui donne de l'intensité s'il est employé exactement. Dans cette expérience on pourra mettre, par exemple, 5 centimètres cubes d'ammoniaque (densité 22) sans redouter le voile. On pourra également ajouter à l'émulsion 3 à 5 centimètres cubes d'une solution à 10 % de carbonate d'ammoniaque; ce dernier produit agit comme l'ammoniaque mais donne des intensités moins fortes. (1)

Après avoir bien remué, on referme le pot et on met à nouveau celui-ci dans le bain-marie. La température de l'eau doit être maintenue entre 50 et 55 pendant 2 ou 3 heures et souvent plus. Dans cette position l'émulsion *mûrit*, c'est-à-dire augmente de rapidité. Cette opération est délicate à suivre. Enfin on ajoute 40 à 45 gram-

---

(1) Comme nous le disons page 223 on augmente aujourd'hui la sensibilité des émulsions en leur ajoutant, en très petites quantités, des matières colorantes qui les rendent en même temps plus ou moins panchromatiques.

mes de gélatine déjà bien gonflée dans l'eau distillée et on laisse encore l'émulsion à une température de 40° pendant une heure. L'émulsion une fois refroidie, au besoin dans une glacière, et ayant fait prise, est divisée au travers des mailles d'un filet fin et plongée dans de l'eau froide souvent renouvelée; elle abandonne ainsi les sels solubles qu'elle contenait en excès.

Pour étendre l'émulsion, celle-ci est chauffée à nouveau au bain-marie, à la température de 50 à 60 degrés, mais il ne faut pas laisser longtemps l'émulsion à cette température, car elle mûrit toujours. Quelquefois, on ajoute à ce moment un peu d'alcool (30 %), on évite ainsi les taches graisseuses et on facilite le couchage de l'émulsion.

Avant d'être employée, l'émulsion doit être soigneusement filtrée.

Emulsion positive. — Les caractéristiques de cette émulsion sont sa plus faible sensibilité obtenue par une maturation moins poussée, sa plus grande transparence provenant d'une moins grande concentration en bromure d'argent dans l'émulsion et de diverses autres considérations. On peut ajouter de l'iodure aux émulsions positives parce que ce produit donne de la transparence et combat les voiles. Une petite quantité d'ammoniaque peut y figurer parce qu'il donne de l'intensité, mais il y a avantage à employer des émulsions franchement acides et mûries à basses températures et lentement. Par ces moyens on obtient plus sûrement de belles transparences. Dans certaines émulsions positives on introduit des chlorures, mais il faut être très prudent dans ces additions, car on réalise alors de forts jolis tons et de belles transparences, mais ces qualités sont très difficiles à conserver égales en cours de fabrication.

Pour préparer une émulsion positive on pourra prendre par exemple : 1° dans le pot en grès : eau distillée, 300 centimètres cubes; gélatine Henricht, 60 grammes; bromure de potassium, 34 grammes; 2° dans un ballon on prendra : 3 à 400 centimètres cubes d'eau distillée et 42 grammes de nitrate d'argent, *fortement acidifié à l'acide nitrique;* les deux solutions seront portées à 50 degrés environ et mélangées comme précédemment; on ajoute au besoin de l'iodure, 5 à 6 centimètres cubes à 10 % et aussi de l'ammoniaque si on ne mûrit pas à haute température. Le temps de maturation et ses températures sont excessivement variables, 4 ou 6 heures à 30 ou 40 degrés par exemple. En étudiant bien la fonction de chaque produit et les effets des températures par des essais successifs, on arrivera à déterminer l'intensité, la transparence et la rapidité que doit avoir l'émulsion pour donner de beaux positifs. Du reste il existe aujourd'hui des traités spéciaux sur ces procédés, nous y renvoyons le lecteur, en le prévenant que malheureusement il ne trouvera pas beaucoup de documents sérieux en français sur ce sujet. Un des meilleurs est la traduction de l'exposé théorique et pratique du procédé au gélatino-bromure d'argent par le Dr J. Eder, traduit par Hector Colard et O. Campo, édité chez Gauthier-Villars, 1883, et épuisé.

En allemand, on pourra consulter le plus considérable ouvrage qui existe sur cette matière et qui est : *Die Photographie mit Bromsilber-Gelatine und Chlorsilber-Gelatine, von Hofrath Dr Joseph-Maria Eder. Halle a. S. Verlag von Wilhelm Knapp*, 1903. (1)

Enfin, il existe de nombreux brevets sur ces préparations; en y cherchant bien on y trouvera quantité d'idées intéressantes; nous signalons au lecteur quelques-uns des plus curieux :

N° 413.501, du 27 mai 1909, Compagnie Générale de Phonographes, Cinématographes et Appareils de précision. Film cinématographique dont le support n'est émulsionné que sur la partie utile. N° 413.222, du 2 mars 1910, Smith. Procédé pour la sensibilisation de matières colorantes utilisables en photographie. N° 413.500, du 2 mai 1909, Dantzer. Procédé de récupération de la matière du support des films cinématographiques par dissolution de la gélatine au moyen de préparations renfermant des ferments solubles. N° 413.971, du 7 juin 1909, Compagnie Générale de Phonographes, Cinématographes et Appareils de précision. Machine à émulsionner les bandes cinématographiques, comportant un cylindre imbibeur en argent plongeant dans une auge contenant l'émulsion et venant par le haut en contact avec la surface de la bande à émulsionner et se déroulant sur le galet émulsionneur. N° 414.050 du 10 juin 1909, Compagnie Générale de Phonographes, Cinématographes et Appareils de précision. Procédé de réutilisation des bandes-supports des films cinématographiques, consistant à en éliminer la gélatine existante, puis à les réémulsionner, etc., etc.

Dernièrement, à une représentation particulière du Gaumont-

Palace, nous avons eu la bonne fortune de rencontrer sur l'écran une bande cinématographique des plus curieuses pour nous; elle montrait, fidèlement reproduite, toute la fabrication de la pellicule Eastman dans ses usines à Rochester, U. S. A.

Ces vues, admirablement présentées, étaient certainement aussi intéressantes à regarder pour un spécialiste que tout ce qu'il aurait pu voir pendant une véritable visite de ces usines. La première impression ressentie par nous à cette occasion fut, une fois de plus, de constater la différence de conception technique qui existe entre nous et les Américains. Dans ces vues, nous voyons tout réduit au pratique, même au primitif, mais bien à ce qui est efficacement nécessaire pour réussir. Techniquement, nos ingénieurs sont peut-être bien plus savants que ceux de l'Amérique, leurs travaux le prouvent tous les jours, mais, commercialement et pratiquement, combien avons-nous encore à apprendre de nos voisins!

Sur ces vues, on commence par nous montrer le coton arrivant aux usines, la manière de le laver, de le nettoyer pour le présenter convenablement à l'opération de la nitration qui va le transformer en nitrocellulose (coton-poudre). Cette opération s'effectue dans des malaxeries qui ne présentent rien de bien particulier; il en existe chez nous de bien plus perfectionnées. Les dispositions nécessaires sont très bien prises dans ces usines pour protéger les ouvriers contre les émanations acides et nitreuses qui se dégagent dans les ateliers pendant ces opérations. L'élimination des acides, ainsi que le séchage de la nitrocellulose après le deuxième et important lavage, se font par la force centrifuge dans des essoreuses bien normales.

Ensuite, le corps sec obtenu est redissous dans de l'alcool et des solvants camphrés qui le transforment en celluloïd, mais à l'état de collodion épais ou à peu près, comme nous l'avons vu page 149. Pour obtenir ces solvants, le cinématographe nous montre encore les machines à produire l'alcool et les autres produits employés par la Société Eastman : les mélangeurs pour obtenir le collodion, les récupérateurs, etc., et cette partie d'usine est des plus intéressantes à voir pour les spécialistes, car on est émerveillé par sa simplicité. Enfin, on voit fonctionner les machines à produire le support en longues bandes continues. Ces machines ressemblent un peu à des étendeuses à faire le papier, mais bien moins longues; on voit le support faire prise, puis se dérouler en grandes nappes transparentes et déjà solides. Ces bandes peuvent avoir environ de 1 m. 50 à 2 m. de largeur. Après, nous les retrouverons réduites environ de moitié en largeur et passant dans les machines à émulsionner qui sont un peu du même ordre que celles dont nous avons déjà parlé. Nous oublions de dire qu'entre temps le cinématographe avait eu la coquetterie de nous montrer par transparence la production du bromure d'argent au sein d'une solution gélatineuse et, comme le veut la théorie, nous avons vu là ce bromure rester en suspension dans la solution, tandis que dans l'eau, il tomberait de suite au fond du vase. Après étendage de l'émulsion et séchage, il n'y a plus qu'à couper la large bande par rubans ayant 35 mm. de largeur, comme la bande cinématographique. La Société Kodak nous montre même une perforeuse en marche et celle-ci a de particulier qu'elle ne perfore pas trou par trou comme les machines françaises, mais au moins de 10 à 15 trous toutes les fois que la machine fait un tour complet. Cela encore est bien américain et expéditif, si c'est aussi précis.

Pour frapper les esprits, la Société Kodak termine cette présentation par une vue de la Terre ou plutôt de parties du globe terrestre en train de tourner. Au fur et à mesure que la terre évolue, une pellicule Eastman se déroule, empruntant pour se soutenir les sommets des montagnes, des monuments de tous les pays, des mâts des navires traversant les océans, etc.; la pellicule fait ainsi plusieurs fois le tour du monde et représente, dit-on, la longueur du film Eastman produit et vendu en un an par les usines de Rochester ! La publicité par le cinématographe n'est encore qu'à ses débuts, messieurs les industriels français. En voilà un très intéressant échantillon; tâchez de méditer sur lui et de faire encore mieux si vous le pouvez.

Conservation des pellicules. — Les pellicules employées en France proviennent actuellement de notre pays, de Belgique, d'Amérique et d'Angleterre. Pour être employées ici, certaines ont dû déjà effectuer un premier voyage souvent long. Les pellicules positives ou négatives sont livrées dans des boîtes en fer-blanc ou en carton qui peuvent contenir soit 120, 60 ou 50 mètres pour les pellicules négatives et 50 ou 60 mètres presque toujours pour les pellicules positives. La fente des boîtes est recouverte d'un ruban collant imperméable qui laisse passer difficilement l'air et l'humidité. La pellicule, à l'intérieur des boîtes, est encore enveloppée dans du papier métallique.

Sous nos climats et sous cet emballage, la pellicule se conserve

aujourd'hui très bien. Il est évident qu'il y a des émulsions négatives qui résistent mieux les unes que les autres, certaines seront
encore bonnes au bout d'une année, d'autres présenteront avant ce
temps des traces de réduction, mais il est rare que l'on conserve de
la pellicule négative aussi longtemps sans l'employer. La pellicule
positive, elle, résiste beaucoup mieux, sa conservation aujourd'hui
est parfaite. Il faut cependant toujours la tenir dans ses boîtes et à
l'abri de l'humidité.

La pellicule négative cinématographique tend toujours à se perfectionner, elle se conserve de mieux en mieux parce qu'elle est plus
étudiée au point de vue de son support et des produits chimiques
qui entrent dans sa composition. Ses émulsions sont aussi beaucoup plus résistantes aux voiles toujours possibles; leur rapidité
devient encore plus grande. La Société Eastman vend une nouvelle
émulsion qui aurait 700 H et D de sensibilité; c'est celle des plaques
les plus rapides connues. Cela va encore reculer les limites où
le cinématographe peut donner une bonne image avec un éclairage mauvais ou insuffisant du sujet en exécution.

La pellicule positive gagne aussi en régularité de sensibilité, cela
a une grande importance pour l'emploi industriel des machines
automatiques à tirer et à développer. (Voir page 343.)

Conservation de la pellicule négative en voyage. — Il est toujours délicat d'emporter de la pellicule négative sous des climats
chauds et humides, ou de la laisser longtemps à bord des navires
voyageant sur les océans. La pellicule que l'on emporte ainsi est
toute perforée. Après cette opération, elle doit être remise dans
son papier d'étain et enfermée dans sa boîte métallique. On devrait
faire ces opérations dans une pièce bien sèche et chauffée. Le
mieux est encore de souder la boîte métallique comme une boîte
de conserves et d'emporter ainsi la bande de 50 ou 120 mètres.
Dans cet emballage la pellicule se conservera bien, même à
de hautes températures, et l'humidité ne pourra pas l'atteindre.
Le danger commencera au moment où on ouvrira la boîte sous un
mauvais climat. Il faudra donc laisser la pellicule le moins possible à l'influence de la chaleur et de l'humidité, mais comme
la gélatine est absorbante, si après l'exposition on enferme à nouveau la pellicule dans une boîte étanche, on emprisonne avec elle
les éléments qui peuvent l'altérer. Il y a donc avantage à ne plus
laisser longtemps la pellicule dans cette situation. Si on le peut,

on fera bien de développer l'image négative aussitôt après son impression ou le plus tôt possible après.

Dans les pays froids, il faut avoir la précaution de n'ouvrir les boîtes de pellicule qu'à une température voisine de celle de l'extérieur, surtout si les pellicules ont été exposées à une très basse température. Si on ouvrait la boîte froide dans une pièce chaude, il se produirait de l'eau de condensation sur la pellicule et cela pourrait l'altérer par la suite.

CHAPITRE VII

Les instruments propres à la Cinématographie. — Perforeuses. — Appareils prise de vue. — Objectifs photographiques. — Appareils de tirage. — Métreuses. — Appareils entraîneurs pour la projection.

Dans ce chapitre nous examinerons les quelques instruments que l'on peut se procurer dans l'industrie et qui ont fait leurs preuves de bon fonctionnement. Nous n'entreprendrons pas l'énumération de tous les systèmes existants. Nous ne chercherons pas à réfuter les préjugés et les théories encore en présence dans le monde des inventeurs, des opérateurs et des industriels, notre livre n'y suffirait pas.

Pour faire de la pellicule à images stables, il ne suffit pas qu'un seul instrument servant à son obtention soit bon.

Nous avons déjà vu que ce résultat n'était la conséquence que d'un tout, bien compris et complet.

On n'a pu déterminer les éléments qui servent à produire une bonne image animée qu'après une longue pratique, chaque industriel, chaque constructeur, chaque opérateur a apporté sa part et a transformé la fabrication en la perfectionnant. A côté de ces bons efforts, la routine veillait, et bien des constructeurs du début n'ont pas voulu ou su modifier leurs modèles selon les exigences ou les perfectionnements modernes; il en résulte qu'aujourd'hui on se trouve très limité dans le choix des appareils à employer dans cette fabrication. Les appareils entraîneurs pour la projection sont plus nombreux, tous dérivent des deux types dont nous avons déjà parlé : l'entraînement Lumière à griffes et l'entraînement à croix de Malte.

Perforeuses. — Dans l'industrie, nous rencontrons peu de perforeuses. Les premières mises en vente furent construites, croyons-nous, par M. Lapipe, et cela tout à fait au début du cinématographe. Ces machines possédaient, comme celles employées aujourd'hui, des poinçons et une matrice, la pellicule était entraînée et le pas de la perforation réglé par un tambour denté. Vers la même époque, M. Gaumont faisait construire une machine à perforer par la Maison Haché : cette machine présentait déjà certains perfectionnements. La Maison Debrie a mis en vente depuis longtemps un modèle de perforeuses. Dans cette machine, l'entraînement de la pellicule et le réglage du pas se font à l'aide de griffes à course réglable. M. Prévost avait aussi mis dans le commerce une perforeuse très bien étudiée.

Perforeuse type Prévost. — Cet instrument est représenté par la figure 33; il se compose de deux éléments principaux : 1° le

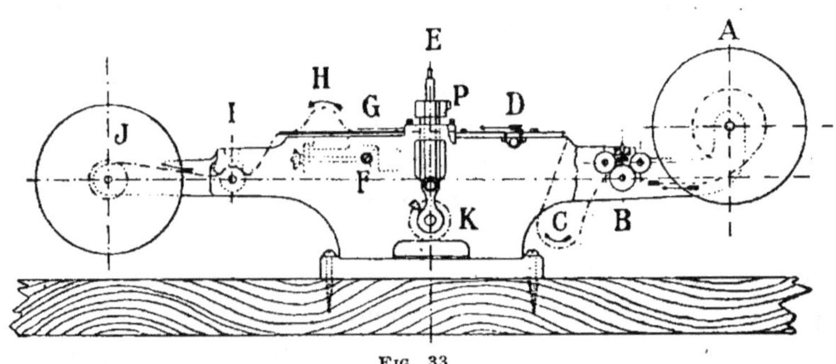

FIG. 33.

socle supportant les deux systèmes débiteur et embobineur de la pellicule à perforer; 2° le système perforateur proprement dit, et tous ses organes de réglage et d'entraînement.

Ces machines sont très simples, mais d'une extrême précision, tous leurs organes sont réglables, et si elles sont bien conduites elles assurent une régularité absolue à la perforation. La figure schématique 30 indique la marche de la pellicule dans ces perforeuses. La bande placée sur un support porte-rouleau A passe dans un guide pour être débitée par des rouleaux lisses à frictions réglées B, cela pour éviter que la boucle C formée par la pellicule augmente ou diminue pendant le débobinage de la bande.

La pellicule passe alors dans un couloir à bords articulés D, destiné à assurer un entraînement rectiligne; elle s'y trouve maintenue par un poids donnant une pression déterminée. Cette pression a pour but d'éviter les lancées de la pellicule, le couloir dirige exactement la bande qui va pénétrer dans l'ensemble formé par la matrice E, son chapeau et le système entraîneur F. Pour assurer une position équidistante des bords de la pellicule à la perforation, tout ce système peut se déplacer à droite et à gauche de l'axe de perforation de la machine.

La pellicule se présente sous les poinçons P et reçoit une première perforation, puis au tour suivant de la machine une autre perforation, et ainsi de suite. Ces premières perforations sont irrégulièrement équidistantes, car le mouvement d'avancement de la pellicule n'est encore réglé par rien. Avant de quitter les poinçons et la matrice, nous dirons que ceux-ci sont réglables par rapport à l'équerrage des bords de la pellicule. Au sortir du dessus de la matrice, la pellicule perforée rencontre immédiatement les crémaillères d'entraînement F, celles-ci sont constituées par des dents qui entrent dans les perforations. Ces dents sont actionnées par un mécanisme à course réglable, et qui leur procure un mouvement les faisant avancer rigoureusement de la distance qui doit exister entre deux trous de perforation. Après quoi, un autre dispositif leur permet de s'échapper du trou une fois qu'elles ont fait traction sur la pellicule pendant la course voulue. C'est cet ensemble et les freinages qui assurent la régularité au pas de la perforation. En sortant du couloir G, la pellicule forme une boucle H, destinée à annuler les efforts de traction sur la pellicule autres que ceux du système d'entraînement proche des poinçons et passe ensuite sur un tambour denté I pour venir s'enrouler toute perforée sur une bobine à friction J. Tout le mécanisme est commandé par la poulie K et dissimulé dans le bâti en fonte de la machine, le centre de gravité et les masses en mouvement sont placés très bas, ce qui donne une grande stabilité à l'appareil. La pellicule passe au-dessus des organes de la machine et, de ce fait, elle est bien à l'abri des projections d'huile. Un tube de grande section assure l'évacuation des débouchures des trous et des huiles de graissage.

Perforeuse type Debrie. — Cette machine ressemble beaucoup à la précédente extérieurement, mais dans ses détails elle est encore plus perfectionnée, elle a aussi le mérite d'être celle que l'on trouve le plus couramment dans le commerce, car elle a fait ses preuves depuis de longues années. La fig. 34 représente la perforeuse Debrie munie de tous ses organes de réglage; ses organes d'entraînement sont basés sur le même prncipe. Sur la face avant de cette machine sont placés quatre gros boutons dont trois avec cadrans gradués. Les deux boutons de gauche servent: l'un pour l'équerrage, l'autre pour le centrage de la perforation par rapport aux bords et à

Fig. 34. — Perforeuse Debrie

l'axe de la pellicule. Le bouton de droite sert à régler le pas de la perforation; celui-ci, dans cette machine, se règle en marche d'une manière absolue, en tournant le bouton dans le sens convenablement indiqué par le cadran. Le pas de la perforation est visible au moyen d'un index placé à la sortie de la pellicule. Cette machine, une fois réglée, ne peut plus varier seule. En-dessous du bouton de réglage du pas se trouve un petit volant destiné à l'embrayage de la machine, la commande étant donnée dans celle-ci par un embrayage à friction. Lorsque la matrice de ces machines ne coupait plus on était obligé de la réaffûter, ce qui coûtait beaucoup; maintenant on supprime l'affûtage de celle-ci, il suffit de la changer et comme elle ne coûte presque rien, cela est simple et pratique. Le dispositif d'entraînement fonctionne dans un bain d'huile, ce qui empêche tout grippage. Les axes de commande sont montés à billes avec cône spécial de réglage.

Les perforeuses demandent à être bien conduites pour rester dans un état de fonctionnement parfait, car si elles ne sont pas bien réglées elles procurent de la pellicule inutilisable, elles font un tour par trou perforé et ceux-ci sont très rapprochés. C'est pour ces raisons qu'actuellement on a tendance à étudier et à employer des perforeuses qui perforent quatre trous au lieu d'un par tour; mais cela est-il bien indispensable, vu les quantités de pellicules que l'on a à perforer aujourd'hui?

Ces machines ont à perforer la pellicule négative et la pellicule positive. La première de ces pellicules va être perforée vierge, elle passera aussi dans l'appareil prise de vue dans cet état, mais elle servira au tirage des images positives après avoir été développée, fixée, lavée et séchée. Nous savons que du fait de ces opérations elle va subir finalement un retrait variable qui pourra aller à 1/100° et plus, tandis que la pellicule positive va être perforée et impressionnée à la machine à tirer, avant d'avoir été mouillée et séchée, par conséquent non rétrécie dans les mêmes proportions. Cela fera que les deux pas de perforation présentent forcément des différences qui nuiront à la bonne place des images positives sur la pellicule, à leur stabilité sur l'écran et à l'entraînement régulier de la pellicule par les appareils de projection. C'est pour ces raisons et pour éviter ces inconvénients que l'on recommande d'employer deux pas de perforation différents. Malheureusement tous les producteurs ou éditeurs de vues positives ne sont pas d'accord sur la valeur à donner à ces différences; mais les mieux étudiées, pensons-nous, sont celles qui donnent, d'après M. Debrie, 4,77 comme valeur à la perforation de la pellicule négative vierge. Du fait de son développement, au moment où on la tire, elle pourra donc normalement être revenue au pas de 4,76. C'est ce même pas que l'on donnera à la perforation de la pellicule positive. Mais celle-ci va diminuer, du fait du développement de l'image après impression lumineuse, et arriver au pas de 4,75 qui est le pas dit universel ou du moins le plus employé sur les appareils de projection.

Pour la pellicule positive on peut faire tourner ces machines à perforer à 1.000 tours. A cette allure elles résistent bien et produisent un travail très précis. Elles procurent alors théoriquement 2.400 mètres pour dix heures de travail; mais pratiquement il faut toujours compter moins, du fait du temps de chargement, de graissage, de vérification, etc. Pour aller plus vite certains opérateurs perforent deux pellicules à la fois sur la même machine, mais cette pratique n'est pas très recommandable.

Pour la pellicule négative, il y a avantage à ralentir la vitesse jusqu'à 500 ou 600 tours, pour éviter la formation d'effluves électriques pendant le déroulement de la pellicule. Avec les nouvelles pellicules extra-sensibles il faut prendre beaucoup de précautions pour éviter les voiles à la lumière du laboratoire. Pour ces raisons, il est préférable de disposer d'une machine à perforer spéciale pour le négatif et d'un laboratoire ou d'un éclairage appropriés à ce genre de travail.

Pour entraîner une machine à perforer un moteur électrique est encore ce qu'il y a de préférable ; il faut compter 1/6e de cheval de force pour une machine.

La distance entre les centres des trous de la perforation mesurée suivant la largeur de la pellicule, varie suivant les différents appareils et fabriques. On adopte 2,8 ou 2,8 1/2 quelquefois ; c'est pour équilibrer ces différences que M. Debrie a adopté 2,8 1/4. Ces différences ont tendance à faire que les dents des appareils entraîneurs tirent trop d'un côté ou de l'autre sur les perforations et font éclater la pellicule sur les angles des trous de la perforation ; ces fissures pouvant se prolonger et provoquer des déchirements fort nuisibles pour la conservation de la vue ou du négatif.

Les appareils prise de vue

Le premier appareil prise de vue que l'on vit circuler dans le monde entier fut l'appareil Lumière. Cet instrument était fort réduit pour un cinématographe et facile à transporter ; il était construit par l'ingénieur Carpentier et fonctionnait très bien, son système d'entraînement était celui à griffes de ses inventeurs. Il pouvait faire défiler une pellicule d'une vingtaine de mètres au plus. La pellicule était enfermée dans une boîte débitrice qui se fixait sur l'appareil, elle était recueillie dans une boîte métallique spéciale qui formait réembobineuse à entraînement par friction. Au début du cinématographe un tel appareil pouvait suffire ; aujourd'hui il n'en est plus ainsi et M. Carpentier a dû créer un nouveau modèle permettant de faire défiler, comme les autres, au moins 120 mètres de pellicule sans arrêt. Ce nouvel instrument est fort bien construit et donne de très bons résultats, nous ne voyons pas pourquoi il n'est plus employé. C'est son poids excessif qui a dû lui nuire.

L'appareil Lumière fut réservé au début, par cette maison, pour la prise des vues destinées aux exploitations : il n'était donc pas encore en vente. Le premier appareil que l'on put se procurer dans le commerce fut, si nos souvenirs sont encore exacts, celui de M. Demeny, construit par M. Gaumont. Cet appareil servait alors à prendre les vues et également à projeter les images positives (la figure 13 en donne la représentation exacte). Ce modèle pour la prise des vues était chargé dans un manchon, car il ne comportait pas de boîte débitrice et réceptrice, le format de la pellicule était de 60 milllimètres de largeur et la longueur des bandes était forcément limitée.

Pour parer à tous ces inconvénients, M. Gaumont mit rapidement dans le commerce un autre appareil prise de vue du format ordinaire et au pas américain. Cet appareil pouvait faire défiler sans arrêt 120 mètres de pellicule, son système d'entraînement était encore la came Demeny, ce qui prouve qu'elle n'était pas si inférieure qu'on l'a dit aux autres modèles existants. Cet appareil possédait donc déjà des cylindres dentés régulateurs du débit de la pellicule sur toute sa longueur. Plus tard, la Société Pathé vendit le modèle qu'elle avait établi pour ses besoins personnels; ce fut le premier appareil véritablement industriel. Fig. 35.

La pellicule y était enfermée dans deux boîtes magasin, placée sur le haut de l'instrument; sur l'axe des bobines de 120 mètres se trouvait une poulie extérieure; une courroie s'adaptait sur l'une ou l'autre des deux poulies. Ce dispositif facilitait l'enroulement de la bande soit en avant ou en arrière. Tout le système d'entraînement était du type Lumière et à griffes; du reste, ce procédé breveté est depuis longtemps tombé dans le domaine public. La position réservée aux objectifs permettait de les changer facilement et rapidement. La mise au point et la manœuvre des diaphragmes pour les *fondus* était facilitée par des cadrans spéciaux, le poinçonnage de la pellicule était très bien assuré. Un compteur indiquait le métrage débité; un autre cadran indiquait le nombre des images exposées pour les *marches en arrière* ou les *fondus*, cela était déjà des avantages précieux.

Le *couloir extensible* breveté de cet appareil est limité par deux réglettes verticales en acier et mobiles qui empêchent dans une certaine limite les déplacements latéraux de l'image pendant qu'elle défile, cela malgré les légères différences qui peuvent exister dans les largeurs des pellicules employées. L'approvisionnement de l'appareil en pellicules est assuré par un cylindre denté unique

FIG. 35.

placé à la partie supérieure du couloir. Ce cylindre permet en outre une parfaite régularité dans le rembobinage; il agit de même lorsque l'appareil doit fonctionner à l'envers, la boîte débitrice devenant alors réceptrice. Il y eut ensuite sur le marché bien d'autres appareils prises de vues; les décrire tous deviendrait fastidieux, cela d'autant plus qu'ils n'avaient rien de bien remarquable généralement. Nous citerons cependant le système d'entraînement proposé par M. Proszynski qui permet de changer les vues du cinématographe en moins de 1/150ᵉ de seconde; ce serait, en somme, le précurseur des appareils extra-rapides que nous voyons aujourd'hui réalisés et qui permettent d'enregistrer plus de 200 images nettes à la seconde. Par ce système la bande est déplacée par intermittence au moyen de griffes qui décrivent une courbe spéciale dont une partie est sensiblement rectiligne et l'autre circulaire. Ces griffes sont fixées sur l'extrémité d'une bielle qui est commandée par la rotation d'une manivelle secondaire attachée à un bras oscillant, autour d'un point fixe. Les mouvements de ce mécanisme sont en réalité très compliqués, mais il est à remarquer qu'ils sont produits par des organes très simples toujours en prise, les uns avec les autres et animés de mouvements circulaires continus. M. Proszynski a construit sur le même principe un appareil portatif à main muni d'un moteur à air comprimé qui permet de faire défiler 150 mètres de bande (voir la *Nature*, 1909). En Angleterre, un système un peu du même genre est exploité par Prostwich. Manfry Cᵒ, mais nous ne connaissons pas son degré de stabilité.

Un autre appareil intéressant mis sur le marché a été celui de M. Prévost. Si cet appareil n'a pas été plus réduit, c'était pour lui conserver une longueur de couloir suffisante à assurer un guidage de haute précision à la pellicule pendant qu'elle défilait, comme on le voit sur notre fig. 36. Le débit de la pellicule, enfermée dans deux boîtes d'aluminium, est assuré par deux cylindres dentés montés sur le même axe et tournant dans le même sens sans pouvoir se décaler l'un par rapport à l'autre. En entrant, la pellicule passe d'un côté d'un cylindre et en revenant à la boîte réceptrice elle passe sur l'autre face du deuxième cylindre, ce qui assure la marche dans les deux sens, nécessaire. L'écrou au pas du congrès qui sert à fixer l'appareil sur son pied se trouve dans le même plan que l'axe optique de l'objectif; cela a un grand intérêt pour les vues panoramiques. Sur cet appareil on trouve aussi tous les compteurs désirables, métrage de la pellicule défilée en marche avant ou arrière, compteurs d'images, compteurs de tours de manivelles, échelle de mise au point pour objectifs différents, manœuvre des diaphragmes

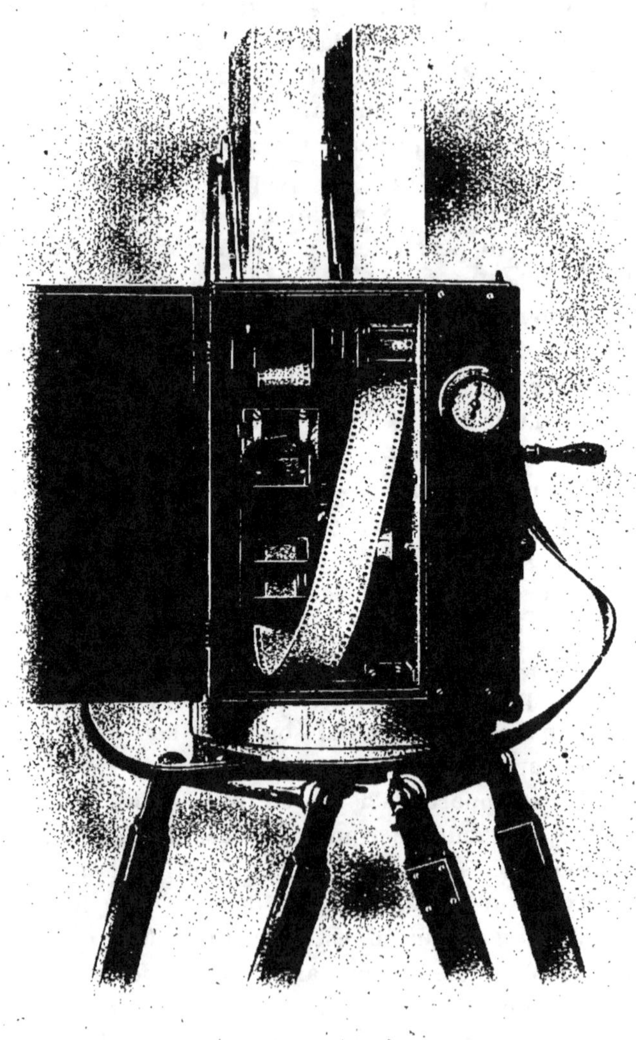

Fig. 86.

pour les fondus, logement des caches pour modifier le format des images. Sur l'axe de la manivelle on peut aussi monter un dimultiplicateur qui facilite la prise de vue au tour de manivelle. Le système d'entraînement de cet apppareil est aussi très remarquable et robuste, nous l'avons déjà décrit page 61. L'intérieur du couloir est entièrement métallique et formé par des glissières réglables et un cadre tout en acier qui ne rayent plus la pellicule et n'accumulent plus la poussière, comme dans les anciens appareils à couloirs garnis de velours. Une courroie fixée sur l'appareil même en facilite le transport tout chargé. Cette disposition est très pratique, car souvent l'opérateur a à courir après son sujet et l'instrument en ordre de marche, sans son pied, pèse 8 kilos et demi. Sur le côté on peut mettre un viseur; aujourd'hui ces instruments sont très bien au point et on peut s'y fier pour faire la mise en plaque du sujet.

Avant les appareils tout à fait modernes il existait encore bien d'autres modèles; plusieurs constructeurs ont présenté des instruments de format réduit destinés surtout aux amateurs. Parmi ceux-ci nous citerons le mirographe dont M. J. Richard avait beaucoup perfectionné tous les organes. Certains constructeurs allemands et les établissements Gaumont avaient également créés des modèles de ce genre très intéressants, mais aucun ne fut très employé, du fait surtout du peu d'empressement montré par les amateurs à pratiquer eux-mêmes la cinématographie. Aujourd'hui, sur le marché français, nous ne voyons plus guère que trois appareils prises de vues intéressants à décrire. Ce sont 1° *Le chrono à griffes de la maison Gaumont*, instrument très simple, mais extrêmement bien étudié; il a fait ses preuves et peut être employé en toute sécurité. Dans le dernier modèle, figure 37, l'entraînement du film est obtenu par deux griffes d'acier très robustes conduites par un mécanisme doux et qui assure une fixité absolue. L'approvisionnement de la pellicule est assuré par un cylindre unique denté que l'on voit au milieu de l'appareil. Il y a là aussi deux boîtes magasins qui peuvent contenir 120 mètres de pellicule. L'obturateur, renfermé dans un carter spécial est facilement accessible et l'ouverture en est réglable.

Les objectifs interchangeables sont fixés sur des montures à déplacement hélicoïdal ou à frottement dur; pour ne pas nuire à la mise au point des objectifs très ouverts on peut monter sur l'appareil tous les objectifs existants à longs ou à courts foyers. La monture d'objectif est également munie d'un dispositif *de décentrement vertical* et l'on sait l'importance de ce moyen pour bien mettre le sujet en plaque tout en lui conservant sa verticalité; deux cadrans indiquent respectivement le nombre d'images et le métrage de film impressionné. La manivelle est à poignée pliante, ce qui en réduit d'autant l'encombrement, elle est placée sur le côté droit de l'appareil, bien à la portée de la main. Une seconde manivelle per-

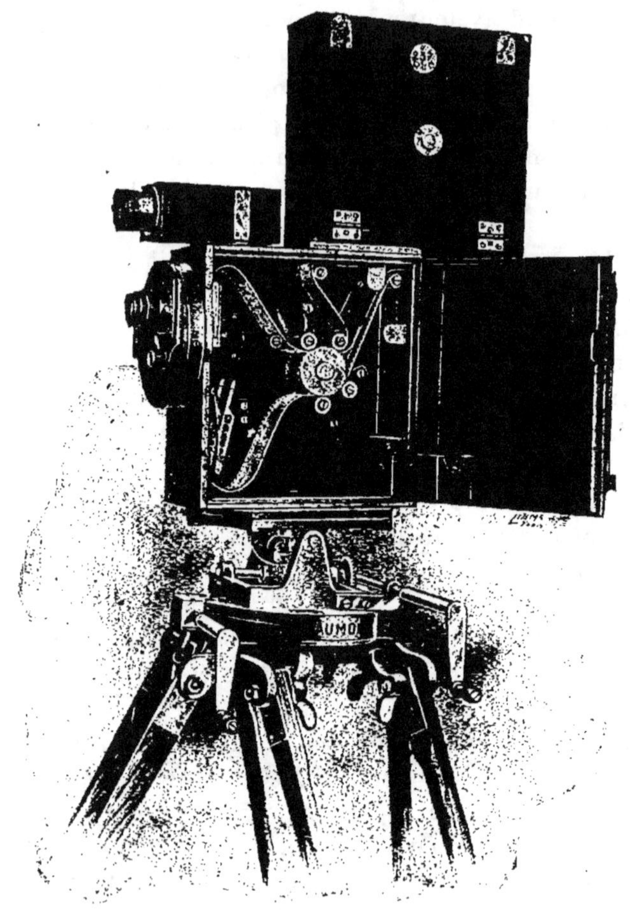

Fig. 37.

met de tourner image par image des sujets à mouvements lents ou truqués, comme nous le verrons.

2° Les Etablissements Continsouza qui sont aussi les constructeurs qui fournissent la Société Pathé, vont mettre en vente plusieurs appareils prises de vue très bien étudiés et qui possèdent les derniers perfectionnements connus. Nous devons les détails qui vont suivre à l'extrême amabilité du colonel Couade, directeur technique des établissements Continsouza, nous tenons à l'en remercier ici. Nous décrirons d'abord l'appareil destiné aux professionnels, il est très pratique et bien au goût du jour, de plus il n'est pas trop lourd. Cet appareil se présente sous la forme d'un parallélépipède rectangle. Le mécanisme est fixé à deux platines solidement entretoisées et fixées sur un socle en aluminium nerveux. Le tout est recouvert par une boîte en bois contreplaqué et gainé, possédant la résistance et l'élasticité nécessaires pour recevoir un choc sans que le mécanisme en souffre. L'avant de l'appareil est constitué par une des platines. Sur cette platine se trouve un dispositif déjà employé par les Américains et sur les microscopes, c'est-à-dire une tourelle sur laquelle on peut monter plusieurs objectifs dont l'un, celui dont il est besoin, vient se présenter devant la fenêtre de prises de vues. Sur la même platine on trouve aussi le support d'iris flou ou de cache-flous. C'est ce qu'on nommait dans le temps l'œil de chat. Ce dispositif permet de faire apparaître l'image en commençant par le centre, puis s'élargissant successivement jusqu'aux bords du cadre; la manière inverse produit les effets contraires. Cet usage nous vient d'Amérique, il est très à la mode aujourd'hui; peut-être n'en voudra-t-on plus demain! Il y a là aussi le compteur de mètres et la clef de commence une prise de vue et où elle finit; cela afin de pouvoir couper la bande au bon endroit et faciliter le développement des scènes différentes. La boîte en bois possède deux portes s'ouvrant à droite et à gauche pour permettre l'introduction des boîtes-magasins et le chargement de l'appareil. Du côté droit de la boîte se trouvent : le levier de vitesse des fondus; le voyant indicateur d'ouverture des obturateurs avec le bouton de réglage de l'ouverture des obturateurs; le levier de commande du compteur d'images; la manivelle de l'appareil; le compteur d'images; le bout d'arbre pour la prise, image par image. Du côté gauche de la boîte se trouve : le levier de mise en place du verre dépoli. Sur le dessus de la boîte se trouve : la glace de mise au point; le viseur clair avec les caches; le niveau d'eau; la glissière de loupe de mise au point; le bouton de commande du fondu; le levier d'ouverture des sorties du film. A l'arrière de la boîte se trouve l'œilleton du viseur.

Les établissements Continsouza vont probablement construire un appareil très intéressant qu'ils ont nommé le *Reporter*. Cet appareil

Fig. 37 bis. — Appareil prise de vues réduit, modèle Pathé, mais qui n'est pas celui décrit faute de la figure nécessaire.

est plus portatif et plus modeste que le précédent, il doit servir surtout, comme son nom l'indique, à enregistrer les vues simples de reportage et où il n'y a pas de combinaisons spéciales à exécuter pendant la prise de vue. Il comporte un mécanisme ordinaire pour prendre la vue et une seule boîte magasin. De cette boîte la pellicule part pour aller se faire débiter par le mécanisme prise de vue puis revient dans la même boîte qui ne contient en tout que 30 mètres de bande. Après il faut changer la boîte pour effectuer une autre prise de vue. L'appareil comporte une monture permettant de fixer rapidement des objectifs de différents foyers.

Cet appareil peut être disposé sur un pied et tourné à la main, mais pour le reportage, il reçoit à sa partie inférieure une boîte contenant un moteur électrique et son rhéostat. Il peut être alors manié comme un appareil photographique à la main, mais pour qu'il donne des résultats pratiques il ne faut pas changer brusquement de point de vue pendant la prise de l'image continue. L'énergie est fournie au moteur par une petite batterie d'accumulateurs portative légère et peu encombrante, permettant néanmoins d'impressionner un grand nombre de boîtes de 30 mètres de film sans recharger les accumulateurs.

La *Maison Debrie* construit toujours son appareil si réputé le *Parvo*, mais son modèle 1922 a encore été très perfectionné. On sait que cet appareil a été étudié d'une façon très minutieuse et précise, que c'est un des plus petits et des plus légers qui existent, tout en renfermant en lui les derniers perfectionnements indispensables. Son entraînement de pellicule est très régulier et assure une bonne stabilité à l'image; ses réglages de mise au point et de visée sont bien sérieusement vérifiés, on peut s'y fier en toute sécurité. Le dernier modèle de cet appareil (fig. 38) est entièrement métallique, même la boîte qui renferme le mécanisme; certains opérateurs aiment mieux cela; il nous semble qu'une boîte en bois plus élastique doit résister davantage à tous les chocs qu'un appareil a à supporter pendant toute son existence.

Ce nouveau modèle comme les anciens peut loger deux boîtes magasins pour 120 mètres de pellicule, de plus la mise au point est très bien assurée et conservée par un dispositif qui accroche automatiquement tout l'avant de l'appareil lors du chargement. Le changement des objectifs est aussi assuré en leur conservant un réglage en mise au point à toutes les distances. La mise au point se fait toujours sur la pellicule ou le verre dépoli si l'on veut, mais en plus on a mis un autre verre dépoli sur la plaque du cadre de la pellicule. Un compteur de tours nouveau avec arbre à cardan est aussi un perfectionnement. Un nouveau mode de *fondu automatique* se produit au moyen de l'obturateur et son déclanchement s'obtient par une simple pression de l'index sur un levier.

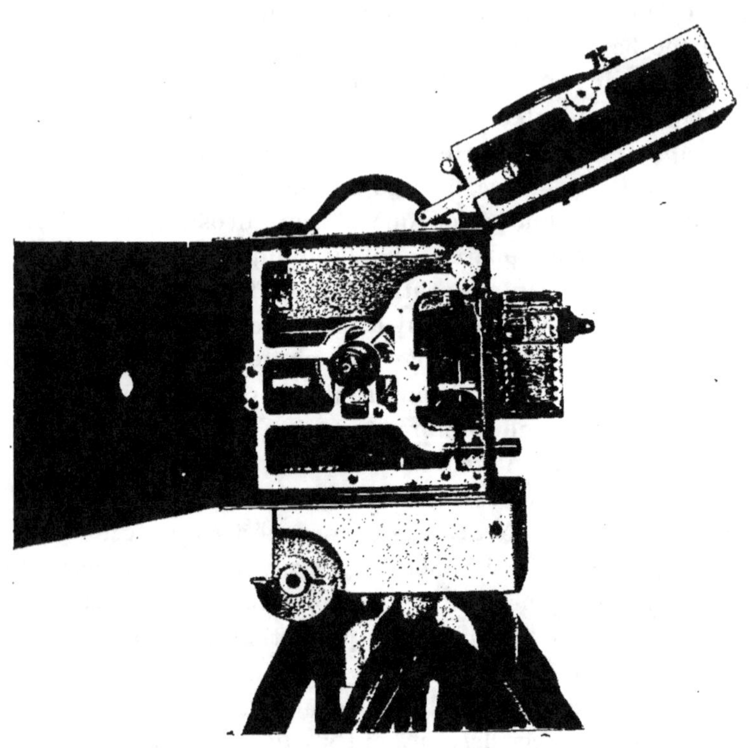

Fig. 38.

Appareil Debrie monté sur la nouvelle plate-forme mobile universelle.

Ce fondu est réalisé quel que soit l'angle d'ouverture de l'obturateur au début de l'opération. L'ouverture et la fermeture automatiques se font toujours en sept tours de manivelle avec arrêt automatique à la fin; un index placé extérieurement indique sur un cadran la marche du fondu; cet index, surmonté d'un bouton, permet de supprimer l'une quelconque des phases du fondu. Par exemple ouverture en grand sur une nouvelle scène, ouverture en fondu sur une nouvelle scène, sans avoir à remonter la pellicule pour la sur-exposition. L'arrêt automatique de la manivelle est obtenu pendant le fondu par un bloquage énergique qui prévient sûrement l'opérateur. En surveillant seulement le cadran spécial on est assuré de ne pas pouvoir se tromper. Comme tous les bons appareils, celui-ci peut recevoir des caches qui modifient le format de l'image enregistrée, ces caches peuvent donner des contours nets ou flous; pour cela, deux logements de ces caches sont prévus, l'un près et l'autre éloigné de la pellicule.

La Société l'Eclair a proposé dernièrement un appareil prise de vues très remarquable par son fini d'exécution; ses dimensions sont extrêmement réduites, comme le montre la figure 40. En plus de tous les perfectionnements modernes, cet appareil comporte à son avant une tourelle tournante qui peut supporter quatre objectifs de foyers différents, comme cela existe sur les appareils américains. On dit que cet appareil est actuellement d'un prix très élevé, mais vu sa perfection, nous souhaitons qu'on le trouve rapidement dans le commerce à des conditions qui n'empêchent pas les opérateurs sérieux de s'en servir.

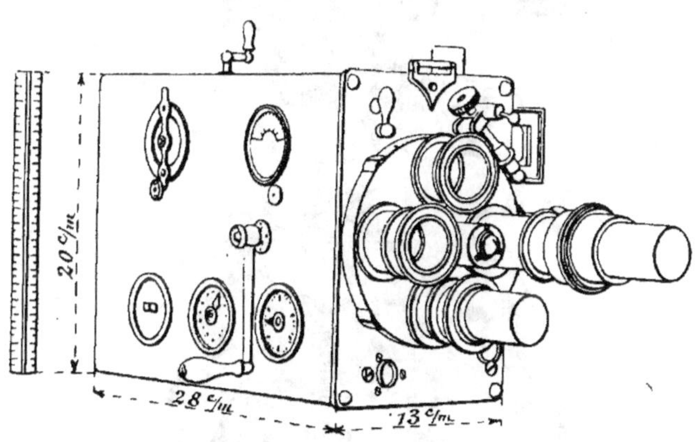

Fig. 40. — Appareil de M. Mery, vendu par la Société *L'Eclair*.

Monsieur Bourdereau vient de présenter le *Cinex* (fig. 41), que l'on pourrait prendre au premier abord pour un appareil prise de vues destiné aux amateurs ou un jouet; mais ce n'est pas cela du tout. Au contraire, le *Cinex* est un instrument léger, mais de haute précision, robuste et établi par un mécanicien de premier ordre. Cet appareil va mettre le cinématographe à la portée de tous les opérateurs et il contribuera à en généraliser l'emploi auprès de ceux qui en ont besoin. Tout le monde ne désire pas un appareil de

10.000 francs et plus pour commencer à faire du cinéma, surtout si l'on est assuré de réussir aussi bien à moins de frais et cela peut-être plus commodément. Le *Cinex*, évidemment, n'a pas la prétention de remplacer tout ce qui existe, mais il est établi assez sérieusement et solidement pour satisfaire tous les besoins du photo-

Fig. 41. — *Le Cinex* et sa plate-forme mobile. Appareil prise de vues léger et de précision, pouvant débiter 60 mètres de pellicule normale.

graphe professionnel, de l'amateur, du reporter, du metteur en scène, dans bien des cas. Il doit donner toute satisfaction et à bon compte aux exploitants, surtout provinciaux et étrangers, leur permettant d'enregistrer eux-mêmes tout ce qui se passe d'actuel et d'intéressant dans leur région et de le projeter de suite comme dernière actualité, cela en restant indépendants des grandes firmes qui les feraient forcément trop attendre.

Le *Cinex* n'est pas plus grand ni gros qu'une toute petite chambre détective 9×12 comme nous en connaissons tous; dans son sac, il n'est pas plus encombrant ni plus lourd; son pied, quoique très stable, est facilement transportable; sa plate-forme mobile est un petit chef-d'œuvre de mécanique, elle ne le cède en rien à celle des appareils professionnels les plus chers et les plus compliqués. Les dimensions du *Cinex* sont : 7 cm. × 13 × 15. Il possède un objectif ouvert à F. 3,5 de 50 mm. de foyer, toujours comme les meilleurs appareils professionnels. On peut changer d'objectif et de foyers et le mettre au point, si on le désire; mais les réglages sont parfaitement faits et l'on peut s'y fier. Le système d'entraînement de la pellicule à pas normal est à griffes seulement sur un seul côté, mais nous avons pu nous assurer que ce dispositif est aussi précis que celui à deux griffes, d'abord parce que dans le système à deux griffes il n'y en a souvent qu'une qui tire, puis dans le cas considéré, la pellicule va se caler sur le côté opposé du couloir et elle y prend une position stable qui assure parfaitement la bonne fixité de l'image enregistrée. L'obturateur du *Cinex* passe à 4 mm. de la pellicule, ce qui assure un très bon rendement pour l'enregistrement photogénique de la pellicule. Le *Cinex* peut prendre vue par vue les 52 épreuves que l'on enregistre sur un mètre de pellicule. Le *Cinex* a un compteur de métrage et d'images impressionnées avec remise à zéro. Ces deux dispositifs font que le *Cinex* peut faire de la prise de vue au tour de manivelle, des fondus et des marches avant et arrière comme ses confrères les plus compliqués. Comme tout appareil qui se respecte, il possède aussi un perforateur qui sert à indiquer le commencement et la fin de chaque vue enregistrée. Enfin, il se charge en plein jour avec des bobines de 20 mètres, mais on peut lui adapter des boîtes contenant 40 ou 60 mètres de pellicule. Pour toutes ces qualités, les prix du *Cinex* sont relativement très modérés, aussi nous pensons qu'il va servir à lancer la cinématographie sur une voie nouvelle qui ne pourra que lui être favorable, ainsi qu'à son constructeur déjà si réputé.

Le *Cinex* emploie de la pellicule à format et à perforation normales; ses boîtes magasins pour 40 et 60 mètres sont d'une forme nouvelle : la pellicule vierge sort par une fente, vient se faire impressionner dans l'appareil, puis par sa boucle et une autre fente retourne se réembobiner sur un autre axe qui se trouve dans la même boîte. Pour les amateurs, ce petit appareil est aussi disposé pour faire lui-même et en plus les projections. Dans ce cas, il comporte une autre porte de couloir interchangeable on ne peut plus facilement, et, à l'arrière et à la place des boîtes magasins négatives, un système composé de deux bobines métalliques dévideuse et réembobineuse sur lesquelles on peut monter 120 mètres de pellicule positive. L'éclairage de la projection est assuré par une petite lampe à incandescence généralement de douze volts. Pour éviter l'échauffement considérable de ces petites lampes lorsqu'elles portent elles-mêmes et à leur surface leurs réflecteurs, dans l'appareil même se trouve encore logé un réflecteur métallique et à surface parabolique qui permet d'éclairer facilement un écran de trois mètres sur deux. Par économie et pour les personnes qui n'ont pas de grands tirages à réaliser pour l'image négative, on peut obtenir par inversion une image unique positive. Dans ce cas, la méthode de retournement par le bain de permanganate acide et redéveloppement donne de bons résultats. (Voir page 496.)

Appareils prises de vues étrangers. D'une façon générale ces instruments n'offrent pas des perfectionnements extraordinaires sur tout ce qui se fait en France. Les Américains ont établi le type à tourelle qui est très réduit et léger, le dispositif qui sert à changer les objectifs ressemble à celui dit à revolver employé sur les microscopes de marque. En Angleterre il existe aussi de très bons appareils prise de vue, mais pour nous à des prix inabordables; néanmoins ils sont très connus et appréciés. Les Allemands voudraient bien inonder le monde d'appareils à bon marché et qui marchent bien; espérons que nos constructeurs ne se laisseront pas trop distancer, surtout comme prix, puisque la bonne qualité de leurs produits est indiscutable.

Appareils prises de vues pour amateurs et à formats réduits. Pour mieux mettre le cinématographe à la portée de tout le monde et de toutes les bourses, on a essayé d'en réduire le format et on a créé des appareils prises de vues à bon marché, mais cela n'a pas engagé davantage les amateurs à faire par eux-mêmes du cinéma. Un appareil très intéressant est le Sept qui peut faire défiler une bande de trois mètres de longueur et du format normal cinématographique, soit d'un seul coup, ou image par image; celles-ci agrandies sur papier fournissent des vues 13×18 et même 18×24 fort remarquables. Cet appareil (fig. 42) déroule automatiquement sa pellicule, ce qui permet de l'employer à la main. Il se charge

Fig. 42 bis.

en pleine lumière (fig. 42bis), et tout un matériel spécial facilite le développement de ses bandes. On peut aussi ne prendre qu'une image à la fois; pour l'amateur, c'est intéressant.

Fig. 42 ter.

LES APPAREILS PRISES DE VUES EXTRA-RAPIDES. — Une des dernières conquêtes pratiques du cinématographe a été la prise des vues extra-rapides destinées à mieux décomposer les mouvements enregistrés. C'était en somme le but initial du cinématographe, mais il n'était pas encore exploité industriellement. Grâce à des étincelles électriques on était arrivé à enregistrer, comme nous l'avons dit, plusieurs milliers d'images à la minute, mais c'étaient des expériences de laboratoire, tandis que maintenant on se sert d'appareils de prises de vues comportant un système qui permet de faire défiler pratiquement, avec arrêt, 200 ou 250 images à la seconde. Dans la plupart des cas cela est suffisant pour bien décomposer les mouvements montrés. Il y a fort longtemps que l'on avait pensé à employer des moyens de cet ordre, mais ils ne sont venus à la mode que depuis peu.

Le premier en date doit être celui breveté par G. Gaumont (1) en 1905 et qui comporte comme partie essentielle une bielle porte-griffes (fig. 42ᵗᵉʳ) animée d'un mouvement alternatif, puis un plateau

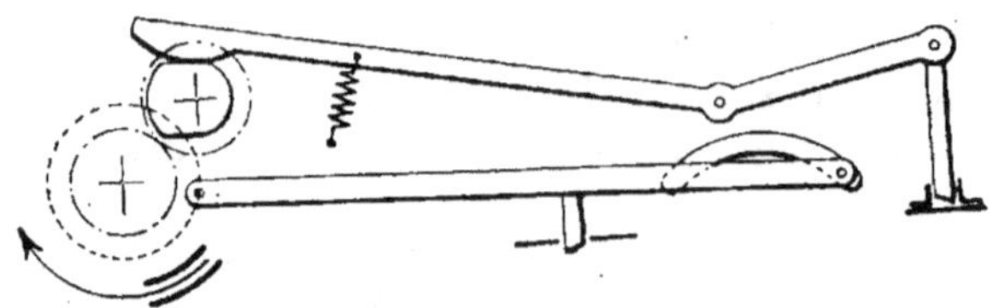

FIG. 42 *ter*.

manivelle agissant à l'une de ses extrémités. L'autre extrémité de la bielle est guidée dans une rainure de forme appropriée, de telle sorte que la griffe en descendant parcourt un chemin rectiligne pendant l'entraînement de la pellicule et remonte en décrivant une courbe de forme elliptique. Pendant la période d'arrêt de la pellicule la position exacte d'arrêt de celle-ci est obtenue par un *doigt auxiliaire* commandé par une came, doigt qui, à fond de course de la pellicule, s'engage dans une perforation puis oblige celle-ci à occuper une position rigoureusement déterminée.

Dans le même ordre d'idée les établissements Continsouza ont proposé une autre solution. Pour la réaliser ils ont pris de préfé-

____

(1) Celui de M. Proszyski, décrit page 170, est également du même ordre.

rence la croix de Malte qui a l'avantage d'intéresser plusieurs trous de la perforation à l'entraînement de la bande, donc de mieux reporter l'effort de traction et ensuite d'obtenir un rapport $\dfrac{\text{escamotage}}{\text{exposition}}$ voisin de $\dfrac{5}{1}$. Pour obtenir 120 images à la seconde on a modifié ici le plateau porte-doigts de la croix de Malte auquel on a mis trois doigts; cela fait qu'à la même vitesse d'entraînement.

Fig. 43.

on obtient trois passages d'image avec arrêt au lieu d'un, mais pour arriver à 120 images on a dû tout de même augmenter la **vitesse** d'entraînement du plateau. Pour diminuer la vitesse de l'obturateur on lui a mis deux ailes. On a adopté comme vitesse de la manivelle 60 tours à la minute au lieu de 120, cela dans le but de diminuer la puissance de l'effort à fournir, l'appareil demandant une dépense de force asez grande. Les différents régimes de vitesse des organes principaux sont : plateau d'entraînement, 2.400; tours obturateurs, 3,600; manivelle, 60; débiteur, 900.

M. Labrely a aussi inventé un système d'entraînement rapide qui est très remarquable et qui a été réalisé industriellement dans les ateliers de M. Debrie. L'appareil vendu par cette maison a l'aspect, en un peu plus grand, du Parvo; il est donc très transportable, il pèse seulement 10 kilos 250 et la boîte magasin 3 kilos, son pied très rigide 12 kilos 500. La fig. 43 le représente. Ce qui caractérise le plus cet appareil c'est son mode d'entraînement de la pellicule que représentent les figures 44 et 45. Le mouvement continu

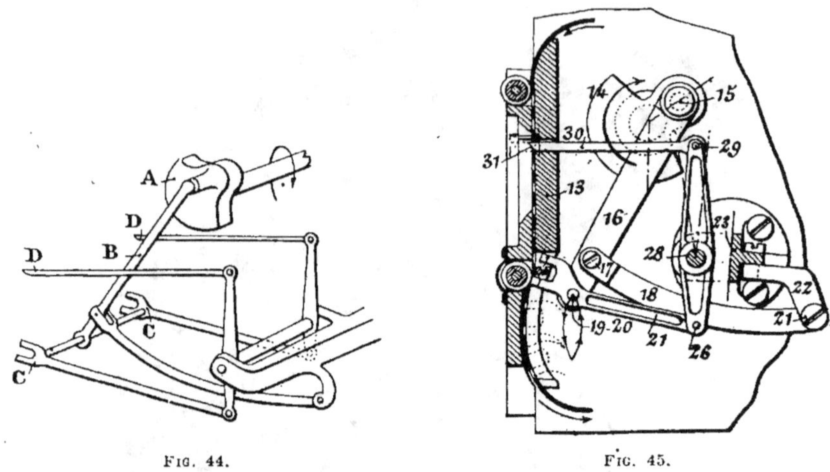

Fɪɢ. 44.Fɪɢ. 45.

part de l'axe A situé en haut de la figure, il actionne la manivelle B qui s'y trouve fixée, celle-ci et ses accessoires donnent le mouvement aux griffes C que l'on voit sur la partie gauche et qui ont là forme de petites fourchettes. Au-dessus de ces griffes qui entraînent et quittent la pellicule à la manière ordinaire on voit deux tiges D rondes qui peuvent entrer également dans une perforation supérieure de la bande. Ce sont ces tiges rondes qui assurent la stabilité et le bon arrêt de la pellicule pendant la prise de chaque vue. De cette façon, celle-ci est parfaitement nette et stable lorsqu'on la tire sur une tireuse ordinaire et qu'on la projette à la vitesse de 16 images par seconde. La fig. 45 représente ce mécanisme tel qu'il est construit dans l'appareil. Comme ce mode d'entraînement est très délicat, on l'a enfermé dans un carter inviolable pour l'opérateur; il n'y a que les griffes d'entraînement et les tiges de retenue qui dépassent dans le couloir; l'approvisionnement et le retour de la pellicule sont assurés par un seul tambour denté par lequel elle est entraînée et guidée dans les deux sens. Pour que le débit soit régulier à cette vitesse de 200 images à la seconde environ, on doit assurer le graissage parfait de tous les organes d'entraînement après chaque prise de vue, même très courte. Du reste celles-ci ne peuvent jamais être très longues; ainsi, par exemple, pour faire défiler à la vitesse de 16 images par seconde ce qui a été enregistré pendant 5 secondes à grande vitesse, il faudra environ une minute. Pour entraîner l'appareil, ce qui demande un effort plus puissant que pour les autres prises de vues, la manivelle est plus longue et les organes qu'elle commande démultipliés. Avec des moyens relativement aussi simples il est remarquable d'arriver à des résultats aussi puissants et qui dépassent tout ce qu'on avait déjà la coutume de trouver très beau en mécanique cinématographique. Le temps de pose de ces sortes de vues devient à peu près du 1/400 de seconde, ce qui est encore très modeste pour de la photographie instantanée moderne; on sait que celle-ci opère souvent avec du 1/1.000, 1/2.000 ou du 1/5.000 de seconde; aussi, on peut faire des prises de vues dites extra-rapides avec le cinématographe même par des lumières relativement faibles et on ne manque pas de pose (1).

Objectifs photographiques propres à la prise des vues cinématographiques. — Nous avons vu que le cinématographe était un appareil à fort bon rendement; de ce fait, pratiquement, il ne serait pas nécessaire de lui adapter des objectifs très ouverts, car l'on sait que ces instruments possèdent une profondeur de champ d'autant moindre que leur ouverture, et par conséquent leur rapidité, sont plus grandes. Nous remarquerons également que, l'image cinématographique étant très petite, les objectifs destinés à la produire ne peuvent avoir qu'un foyer très court. De ce fait, les difficultés inhérentes à l'emploi d'objectifs très ouverts et très rapides diminuent beaucoup; c'est pour cela probablement que ces derniers sont presque exclusivement employés, l'opérateur pouvant se trouver toujours dans la nécessité de se servir de grandes ouver-

---

(1) Avec l'appareil Labrely on arrive à prendre jusqu'à 240 à 250 images par seconde, ce qui correspond pour chaque image à un temps de pose de 1/450 à 1/500 de seconde. Comme nous venons de le dire ce temps de pose n'a rien d'extraordinaire par lui-même, mais il ne faut pas oublier ici qu'il est obtenu avec un *obturateur d'objectif* et non un obturateur de plaque. De ce fait, ce cinématographe devient l'appareil photographique qui possède l'obturateur marchant normalement le plus vite, car les autres obturateurs d'objectifs ne font que péniblement du 2 ou 300e de seconde, aussitôt qu'ils sont un peu grands. Pour éviter les déformations dues à l'obturateur de plaque cela peut avoir de l'importance.

lures parce qu'il opère dans des conditions défavorables d'éclairage.

On rencontre donc aujourd'hui, sur presque tous les appareils prise de vue, des objectifs genre anastigmatiques ouverts à $f : 4,5$ ou même $f : 3$. Il est évident que ces ouvertures ne sont employées qu'exceptionnellement, mais elles constituent, si l'on veut, une sécurité morale pour celui qui s'en sert. Généralement on n'opère qu'à des ouvertures variant entre $f : 6$ ou $f : 12$. Dans ces conditions, la profondeur de champ devient très bonne et la netteté est bien répartie sur tous les plans, de 2 mètres à l'infini environ.

Une autre considération intervient dans le choix des objectifs, c'est la longueur de leur foyer. Plus celui-ci est court et plus l'angle embrassé est grand, mais aussi plus la différence en perspective est accentuée entre les premiers plans et les derniers de l'image; les objets situés près de l'appareil sont énormes et ceux éloignés deviennent trop vite microscopiques. Lorsqu'on veut faire de l'art, il faut bien se persuader de cette considération; pourtant, dans le cas de manque de recul, on est encore très heureux de pouvoir se servir d'un objectif à court foyer. Un bon opérateur devra donc pouvoir disposer d'au moins trois objectifs à foyers différents capables de se monter sur le même appareil. Voici ceux qui sont le plus employés actuellement, avec leur longueur focale moyenne : 1° comme court foyer on peut prendre le Planar de Zeiss, $f : 3,8$, qui a dans les 30 à 35 millimètres de foyer; le Woigtlander, $f : 4,5$, a déjà 45 millimètres environ; 2° comme objectif à longueur de foyer normale, on se sert presque partout du Tessar de Zeiss Krauss, qui est ouvert à $f : 3,5$ et qui a généralement 50 à 55 $^m\!/_m$ de longueur focale. On peut aussi posséder un objectif de la même série qui a 75 millimètres de foyer et qui servira lorsqu'on ne pourra pas se rapprocher suffisamment des objets. Certains téléobjectifs peuvent être accouplés avec ces objectifs; dans quelques cas rares, ils permettent de prendre des scènes, auxquelles il faudrait renoncer sans eux.

Dans la photographie ordinaire, on a cherché par tous les moyens possibles à se servir d'objectifs très ouverts, $f : 1$ par exemple; cela est excessivement tentant, en effet, car, par ce moyen, on pourrait encore obtenir des images utilisables, au delà d'une limite où cela est impossible avec des objectifs plus lents. Mais aussitôt que la surface à couvrir devient grande et que l'on cherche à obtenir un peu de profondeur de champ, en photographie normale, on n'arrive qu'à des résultats peu encourageants. En cinématographie, il n'en est pas de même si l'on prend certaines précautions.

Nous avons pu obtenir des résultats intéressants avec un objectif ouvert à $f : 1,5$; cet objectif était de la forme Petzval et pouvait avoir 40 à 45 millimètres de foyer. Naturellement la mise au point était fort délicate, et il fallait veiller à ce qu'elle ne soit pas altérée par les trépidations de l'appareil en marche. En ne faisant pas la mise au point sur un plan trop rapproché, on obtenait encore des images très présentables, même fort artistiques pour les amateurs, et cela, par exemple, sous des dômes de verdure ou dans certains intérieurs bien éclairés. Si avec ces objectifs extra-rapides on emploie de la pellicule négative très sensible, on peut en obtenir certainement des résultats fort intéressants (1).

La Société *Optis* s'est fait une très bonne réputation pour ses objectifs cinématographiques.

Les appareils de tirage des images positives. — Le rôle de ces instruments est d'obtenir d'une bande négative l'impression régulière et continue d'images positives. En outre, ces appareils doivent assurer et conserver la position et la stabilité parfaites de l'image positive, afin que celle-ci se présente régulièrement devant la fenêtre de l'appareil de projection.

Au début, c'était au système Lumière que l'on avait demandé et reconnu le maximum de précision pour l'entraînement des deux pellicules. Il est admis également que c'est le procédé par impressions successives, gélatine contre gélatine, des deux pellicules, qui donne les meilleurs résultats.

Le premier appareil de tirage des images positives a été l'appareil prise de vue Lumière. Pour cela on remplaçait la boîte débitrice par une autre boîte à deux axes; sur l'un d'eux était montée la pellicule positive vierge et sur l'autre le négatif. Les deux pellicules étaient introduites ensemble dans le couloir, le négatif placé

---

(1) La mise au point de tous ces objectifs doit être faite avec beaucoup de soins. C'est d'elle que dépendra principalement la netteté de la projection.

Actuellement les constructeurs mettent bien au point les objectifs sur les appareils; on peut se fier à leur graduation. Néanmoins, il faut exiger d'eux, en plus, que cette graduation soit faite sur la distance hyperfocale et pas sur l'infini.

Les constructeurs d'objectifs donnent aussi un tableau des profondeurs de champs qu'il faudra bien connaître si l'on veut tirer le meilleur parti possible de l'objectif que l'on possède. Nous savons que la définition en finesse de ces objectifs est toujours très supérieure à la valeur et la grosseur du grain des émulsions au gélatino-bromure; dans la pratique il faudra savoir en tenir compte. On admet aujourd'hui que la valeur du grain de l'émulsion est de 1/50 de millimètre le plus généralement.

du côté de l'objectif. En dessous de l'appareil, une fente permettait aux deux pellicules de sortir, elles étaient recueillies dans une boîte ou un sac imperméable à la lumière. Une fois l'appareil refermé et amorcé de pellicule, l'objectif prise de vue était enlevé et, par l'ouverture laissée libre, on faisait agir sur les deux pellicules un faisceau lumineux suffisamment puissant et photogénique pour que la pellicule positive puisse être impressionnée convenablement au travers de l'image négative. On devait obtenir une bonne image en un temps relativement court (1/4 de seconde) ce qui correspondait à celui pendant lequel la pellicule sensible arrêtée et placée devant la fenêtre de l'appareil recevait l'action de la lumière au travers du négatif. Pratiquement ce temps est d'environ 1/4 de seconde, comme nous venons de le voir, mais il peut être modifié par la vitesse d'entraînement et l'ouverture de l'obturateur. La source de lumière peut également être plus ou moins forte et agir à une distance plus où moins grande. Nous verrons au chapitre du tirage des images positives comment on tient compte de toutes ces considérations dans la pratique. Plus tard, la Maison Lumière établit des types d'appareils de tirage destinés à ce seul usage; mais, en somme, ils variaient peu de l'appareil prise de vue. Une modification très pratique pourtant y avait été faite : elle consistait en un dispositif qui permettait de faire varier la position du cadre de la fenêtre par rapport à la distance des perforations employées pour la traction. Avec la perforation à quatre trous surtout, il était quelquefois difficile de faire coïncider les bords de l'image du négatif arrêté avec les bords de la fenêtre. Avec le nouveau dispositif, rien n'est plus facile; cette disposition a toujours été conservée du reste dans les appareils de tirage et de projection.

Plus tard, les Maisons Pathé et Gaumont avaient aussi proposé des modèles de tireuses à main du même genre qui pouvaient donner des résultats dans de petites exploitations. Pour pouvoir tirer beaucoup de mètres de pellicules positives très rapidement il fallut étudier et créer des modèles de tireuses plus puissants.

Nous avons vu que pour conserver sa bonne stabilité, l'image animée devait être entraînée par des organes maintenus aussi constants que possible dans leurs efforts. C'est pour chercher à réaliser cette unité que M. Prévost construisit une machine à tirer qui complétait la série de ses appareils destinés à la fabrication de l'image cinématographique. C'était à cette époque la meilleure tireuse connue que l'on pouvait se procurer dans le commerce.

La figure 46 représente le mécanisme de cette machine. En A, on voit l'organe d'entraînement qui commande tout le reste. Cette came triangulaire est située dans l'axe du couloir de l'appareil et est presque aussi large que lui; son action peut donc s'exercer normalement et ses grandes dimensions lui assurent une force de résistance très considérable et cela d'autant plus qu'elle est en acier et rectifiée après la trempe. Sur le même axe qu'elle, se trouvent deux autres petites cames qui, de chaque côté, commandent la sortie et la rentrée des griffes d'entraînement G. La grande came fait coulisser un cadre d'acier indéformable et bien équilibré dans l'axe du couloir de l'appareil; il n'y a donc pas de pièces montées en porte-à-faux. En B, on voit l'obturateur de l'appareil, généralement ouvert à moitié. En O se trouve l'axe d'entraînement de

Fig. 46.

tout l'appareil, D est la fenêtre ou cadre par où passe la lumière. E est un système de réglage qui facilite le cadrage du négatif dans la fenêtre. De l'autre côté de la platine, on voit, sur la même figure, la porte du couloir ouverte; en P se trouve la glace rouge presseur au travers de laquelle on peut voir défiler les pellicules. Au-dessous du cadre qui contient la glace rouge on voit les ressorts contregriffes R qui assurent, comme dans l'appareil prise de vue, le bon entraînement des deux pellicules.

Dans l'industrie, ces appareils sont enfermés dans une boîte en bois. Celle-ci peut être placée le long d'une cloison percée de trous correspondant à la fenêtre d'éclairement. De l'autre côté de la cloison se trouve la source lumineuse qui, à l'aide de glissières, peut être avancée ou reculée pour permettre de donner une impression juste à la pellicule positive. On construit également des instruments disposés comme le représente la figure 47.

Fig. 47.

Dans une boîte hermétique en A on place la pellicule positive sensible et non impressionnée. En B on voit le négatif retenu par

Fig. 48.

le frein O. Les deux pellicules passent de cette boîte par une fente dans l'appareil de tirage proprement dit qui est en dessous. Elles sont placées l'une contre l'autre dans le couloir et entraînées en même temps par leur perforation. En sortant de l'appareil de tirage, les pellicules tombent chacune dans une boîte spéciale. Une fois le tirage du négatif terminé il n'y a plus qu'à les réembobiner séparément. L'appareil est éclairé par une source lumineuse renfermée dans la lanterne, une manette fait avancer ou reculer cette source lumineuse et règle l'intensité de l'impression photographique. Fig. 48.

Fig. 49. — Tireuse modèle Gaumont. Le voltmètre et la résistance que l'on voit sur cette figure servent à faire varier les éclairages, soit à la main soit automatiquement.

Dans certaines installations, tous les appareils de tirage sont commandés par un seul moteur maintenu à une vitesse aussi constante que possible; d'autres industriels préfèrent actionner chaque appareil de tirage par un moteur qui lui est propre. La figure 50 montre les dispositions d'un appareil installé ainsi d'une façon indépendante et actionné par un moteur électrique de 1/6 de cheval, force nécessaire dans ce cas.

Jusqu'en 1912 environ on se contenta de ces machines de tirage, parce que la main-d'œuvre coûtait peu et qu'elles donnaient de bons résultats, conduites et surveillées par des personnes du métier. Pour activer le tirage on avait commencé à classer les négatifs en diverses valeurs par rapport à leur densité propre; on distinguait les clichés opaques, durs, ordinaires, transparents, faibles, etc., etc., et on les collait les uns au bout des autres pour former une longue bande, par exemple de 60 mètres ou à peu près, susceptible d'être tirée sans arrêt, sans changement de valeur de lumière et que l'on pouvait aussi développer sur un seul châssis. C'était un procédé de fabrication intéressant, lorsque l'on avait à produire rapidement un métrage considérable et que l'on avait en tirage beaucoup de négatifs parmi lesquels on trouvait toujours les clichés à classer de la sorte. Mais nous avons vu que les énormes tirages devenaient de moins en moins nombreux dans l'industrie cinématographique; on y a à tirer de plus en plus de la diversité, plutôt que de la quantité. C'est pour ces raisons que l'on fut appelé à modifier les machines de tirage pour leur faire fournir rapidement et sans main-d'œuvre coûteuse beaucoup de tirages de négatifs différents en valeur.

Pour arriver à ces résultats on a employé différents systèmes qui sont simples. Ils consistent d'abord à savoir évaluer justement : 1° la valeur en opacité du négatif; 2° la valeur de la lumière à obtenir pour qu'elle puisse, en un temps donné, traverser chaque cliché et impressionner justement la pellicule positive, afin que, par un développement régulier à la machine, elle fournisse une image positive irréprochable.

Avant de mettre en tirage un négatif, il faut dans ce cas l'étalonner par rapport à la lumière qui doit servir à le tirer et à la puissance du bain qui permettra de le révéler; c'est une opération des plus simples pour une personne du métier; il y a pour cela bien des moyens sûrs à employer pour tout photographe un peu instruit. (Voir à la page 351.)

Pour réaliser ces sortes de tirages on a construit divers modèles de machines à tirer automatiquement. Les unes se servent de tableaux où l'on peut, à l'aide de fiches enfoncées dans des feuilles de carton perforées et graduées, faire varier au moment voulu l'intensité de la lumière, proportionnellement à l'intensité d'opacité de chaque négatif constituant une bande de 3 ou 400 mètres que l'on tire ainsi en une seule fois.

Pour arriver plus pratiquement encore à des résultats du même ordre la Maison Debrie a construit une nouvelle tireuse dite *Matipo* qui possède un système de réglage automatique pour chaque négatif et qui donne des résultats très intéressants. Le principe de la tireuse reste toujours le même, à part de nombreux perfectionnements de détail. La bande en tirage peut avoir 400 mètres de long et être composée de tous les négatifs possibles, en valeurs et longeurs différentes. Entre chacun de ces négatifs, sur leurs bouts ou sur un petit morceau d'amorce, une machine spéciale pratique une encoche longue de quelques centimètres et profonde de la largeur des perforations. En défilant, la bande amène successivement ces encoches devant un contact électrique qui peut laisser passer le courant à ces moments-là.

Sur la face gauche de la machine on voit (fig. 50) une autre pellicule formant boucle. Sur cette pellicule, avant de mettre la bande en tirage, on a pratiqué avec une machine spéciale des perforations plus grosses que celles de la pellicule cinématographique et placées toutes à des endroits variables, par rapport à la largeur de la pellicule. Chacune de ces perforations correspond à la place de contacts électriques qui se trouvent sur la machine et qui servent à augmenter ou diminuer la puissance d'une résistance électrique introduite dans le circuit de la lampe à incandescence dont la lumière impressionne la pellicule. De ce fait, chaque perforation peut donc commander un éclairage différent. Chaque fois que l'encoche latérale de la pellicule annonce un changement de cliché, la perforation de la bande spéciale se trouve placée de façon à agir sur la lampe pour fournir l'éclairage désiré; cela

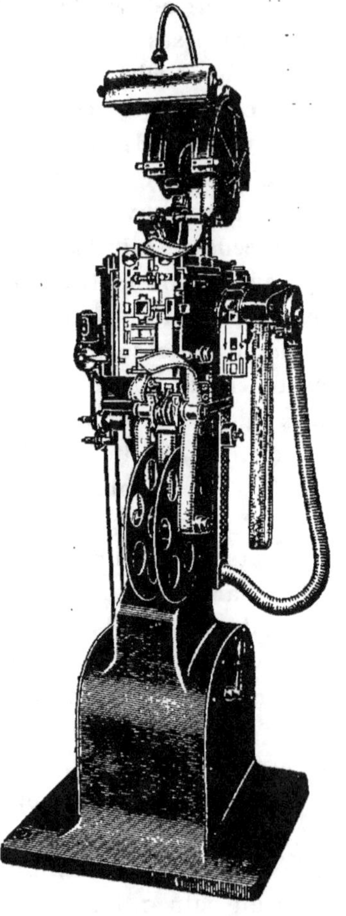

Fig. 50.

jusqu'à la fin du même cliché; pour ceux qui suivent il en sera de même. Il faut, bien entendu, que l'on ait déterminé d'avance la bonne intensité lumineuse à donner pour chaque négatif.

Cette machine peut utiliser le négatif par le commencement ou la fin, en conservant les avantages des changements automatiques d'intensité lumineuse. De ce fait, les réembobinages du négatif sont supprimés. Automatiquement, la tireuse peut s'arrêter à toutes les longueurs de pellicules employées; cela en évite les pertes. Le débrayage automatique aux fins de bande est assuré aussi. Cette machine régularise parfaitement le contact des deux pellicules et par conséquent la netteté de l'image. Par sa simplification de manipulation et sa vitesse elle procure un grand débit avec une main-d'œuvre modeste et économique (500 tours).

Pour les tirages à grande vitesse et à grand rendement, M. Lobel et d'autres constructeurs, ont fait établir des machines à tirer dites extra-rapides. Dans ces machines, il n'y a plus d'arrêt de la pellicule pour l'impression de chaque image; les deux pellicules passent l'une contre l'autre devant une fenêtre où l'impression lumineuse se fait; deux freins servent à compenser les différences de pas des deux films; la lumière peut aussi varier suivant les intensités diverses des négatifs en tirage. Ces machines impriment de 1.500 à 3.000 images par minute. Au reste, cette rapidité est rarement indispensable aujourd'hui et le tirage à arrêts, pensons-nous, demeure plus régulier et donnera toujours plus de stabilité à l'image projetée, avec un rendement de production aujourd'hui suffisamment économique : environ 6.000 mètres par jour.

Pour trouver la bonne intensité de lumière à employer avec ces machines, il n'est pas nécessaire d'établir des étalons de lumière ni des formules savantes de révélateurs constants, c'est la pratique de tous les jours comme pour la préparation des émulsions qui y arrive le mieux, mais à la condition de ne pas y introduire une trop forte dose d'empirisme en plus.

Machines à métrer la pellicule. — Une des machines les plus employées dans l'industrie qui nous occupe est celle qui permet de vérifier ou de connaître rapidement la longueur d'un rouleau de pellicule quelconque, cela afin de pouvoir distribuer rapidement la pellicule dans les ateliers, établir un prix de revient, connaître le métrage d'une bande toute terminée, vérifier le métrage d'une bande au retour d'une location, etc., etc. Il existe dans l'industrie un grand nombre de machines à métrer.

La figure 51 représente la métreuse de M. Prévost, une des plus pratiques. Comme on peut le remarquer, cet instrument est des plus simples : il consiste en un support B sur lequel on monte

Fig. 51.

à l'aide d'un axe la bobine de pellicule à mesurer; l'extrémité libre de celle-ci est introduite à friction seulement entre un tambour lisse C et deux rouleaux de friction. Cet ensemble commande un compteur D très spécial et très robuste qui indique sur son cadran, en mètres, la longueur de pellicule qui a passé entre les rouleaux et le tambour. La remise à zéro se fait instantanément à l'aide d'un simple bouton que l'on presse au doigt. De ce système, la pellicule est sollicitée à venir s'enrouler par la bobineuse à main A.

Dans le modèle que nous venons de décrire la précision du métrage est absolue même pour une bande de plus de 1.000 mètres et sa simplicité en assure toujours le bon fonctionnement.

Les appareils entraîneurs pour la projection

Ces instruments sont les plus nombreux, car chaque exploitant doit en posséder un. Au début du cinématographe, c'était, le plus souvent, le même appareil qui servait à prendre les vues et ensuite à les projeter, mais on reconnut de suite qu'il ne pouvait pas en être ainsi. Le premier appareil destiné à projeter seulement fut présenté par MM. Lumière et construit toujours par M. Carpentier.

Après l'appareil Lumière vinrent ceux de M. Gaumont. Ce constructeur se servit d'abord du système d'entraînement à came de M. Demeny. A partir de ce moment, nous pouvons constater chez les constructeurs le continuel souci d'éviter les frottements des parties utiles de la pellicule sur les parois des couloirs des appareils. Dans les instruments Gaumont, nous voyons également employé l'écran de sûreté automatique dont le fonctionnement est basé sur la force centrifuge; cet écran ne démasque la fenêtre que lorsque l'appareil a pris sa vitesse régulière, il retombe automatiquement en cas d'arrêt et protège la pellicule. Ces appareils peuvent être entraînés à la main ou par un moteur. Dans le cas où la pellicule casse pendant qu'elle défile, une partie de la bande peut rester engagée dans la fenêtre et l'appareil continue à tourner. De ce fait, l'écran de sûreté ne se baissera pas et la bande pourra encore prendre feu. Pour parer à ce deuxième cas de danger, en plus de l'écran de sûreté, ces appareils comportent des boîtes métalliques (fig. 52), qui enferment la pellicule avant et après son passage dans l'appareil entraîneur.

A la Préfecture de Police de Paris et dans un grand nombre de villes, on exige des exploitants ces dernières dispositions.

Dans les appareils Gaumont, le cadrage de l'image est aussi toujours très bien assuré par un dispositif spécial. (Voir page 64.)

Nous avons déjà remarqué dans la première partie de ce livre que pour les exploitations des projections cinématographiques on se servait généralement de l'entraînement par la croix de Malte parce que ce moyen fatiguait moins les bandes et présentait une somme de précision suffisante aujourd'hui pour justifier son emploi dans bien des cas. Nous avons vu également comment les Etablissements Gaumont et Pathé avaient perfectionné les organes d'entraînement de ce système. Nous ne reviendrons donc pas ici sur ce point spécial, nous décrirons simplement les types d'appareils les plus employés.

Après les premiers types d'appareils bien établis pour la projection et dont on se servit jusqu'en 1914 environ, les grands constructeurs restreignirent de plus en plus le nombre de leurs modèles. Presque tous en adoptèrent deux principaux.

1° Ceux destinés aux grandes exploitations et qui devaient devenir de plus en plus robustes pour résister suffisamment aux nécessités des représentations intensives actuelles; 2° les appareils plus modestes et à meilleur marché destinés aux petites exploitations ambulantes, à l'enseignement et même aux amateurs.

Dans cet ordre d'idées, M. Gaumont a établi son modèle Pax dont les qualités sont reconnues de tous. C'est une véritable machine-outil dont chaque organe comporte toutes les qualités requises : robustesse, fini et interchangeabilité des pièces (Fig. 52).

L'appareil dérouleur du *Chrono* constitue la pièce principale du poste. Le graissage est automatique et très bien assuré; les étouffoirs de sécurité sont constitués par des galets libres (5) ne comprimant jamais le film. Les compresseurs des cylindres dentés (16) sont à butées réglables, afin de guider le film sans pression. Les compresseurs du cylindre de croix de Malte (9) sont eux-mêmes constitués par des jeux de galets doubles, montés sur chariots articulés. La porte (6), de très grandes dimensions, guide le film sur un long parcours et assure ainsi une meilleure stabilité. Deux galets libres (1) garnis de rondelles de feutre légèrement huilés viennent en contact avec les rebords du film avant son entrée dans le couloir. Cette légère lubrification sans aucune action sur les images suffit cependant à empêcher l'adhérence de la gélatine sur les couloirs. Ces derniers sont d'ailleurs amovibles et peuvent être démontés ou remplacés instantanément tant du côté du bâti que sur la contre-porte, elle-même démontable (12). Celle-ci comporte deux cadres presseurs (2) dont l'indépendance assure une parfaite absorption de toute ondulation ou vibration du film. Un écran métallique (7) attenant à la contre-porte protège celle-ci des rayons caloriques émis par l'arc et permet un fonctionnement constant aux plus fortes intensités lumineuses. C'est pour la même raison que le volet automatique de sécurité (3) est constitué par deux feuilles métalliques séparées par un matelas d'air.

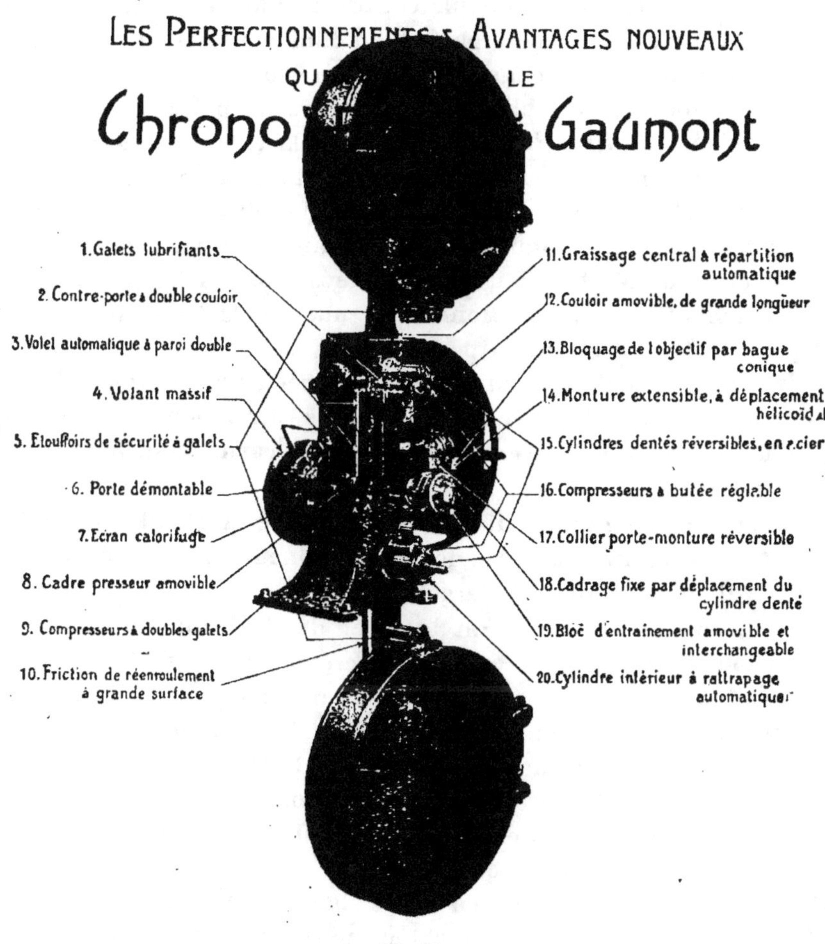

Fig. 52.

Les cylindres dentés supérieur et inférieur (15) en acier, sont établis de façon telle qu'il est possible, si les dents viennent à s'user sur une face, de les retourner bout pour bout sur leur axe afin de les utiliser comme neufs. De plus, le cylindre inférieur (20) comporte un cliquetage formant roue libre. Si un film ayant subi du retrait, ou dont les perforations sont défectueuses, vient à coincer et que la boucle inférieure se résorbe, cette boucle se reformera automatiquement, sans que le projectionniste soit tenu d'interrompre la projection.

L'axe réenrouleur est commandé par un arbre rigide (10) avec engrenage de bronze et un plateau de friction de grand diamètre assurant un entraînement parfait du film à toutes vitesses et sur bobines, pour toutes longueurs, jusqu'à 600 mètres.

La friction est réglable même en cours de marche.

Le cadrage est fixe, c'est-à-dire sans déplacement de l'axe optique. Ce cadrage s'opère au moyen d'une molette de grand diamètre bien en main (18) commandant un dispositif hélicoïdal qui provoque le déplacement du cylindre denté d'entraînement par rapport à l'axe de la croix de Malte. Ce dispositif breveté par la Société des Etablissements Gaumont fonctionne avec une régularité et une douceur absolues. (Voir description page 64.)

La croix de Malte et son plateau en acier extra-dur rectifié après trempe peuvent être considérés comme pratiquement inusables. Ces deux organes sont enfermés dans un carter étanche formant bain d'huile.

L'obturateur de grand diamètre assure une excellente occultation des rayons et un haut rendement lumineux. Il est réglable au moyen de deux plateaux à ergots et encoches, et peut être déplacé le long de son arbre suivant le foyer de l'objectif employé.

Le mouvement d'avancement par crémaillère des objectifs jugé trop faible pour la mise au point a été remplacé par un déplacement hélicoïdal (14) commandé par un levier bien en main.

Le *Poste Pax* est installé sur un pied (Fig. 53) en fonte très robuste et stable. Ce pied est surmonté d'un plateau qui supporte à la fois le chrono, la lanterne et le dispositif d'entraînement électrique du projecteur. Le plateau monté sur un robuste pivot est orientable verticalement par le jeu d'une tige munie d'écrous. Lorsqu'il est fait emploi de carters pour 400 mètres de film, le déplacement de l'appareil peut atteindre 14 degrés en plongeant et 9 degrés en montant. L'encombrement du poste a été réduit au minimum afin de ne gêner en rien l'opérateur.

La lanterne, de vastes dimensions, permet indistinctement l'emploi de la lampe à arc de 60 ou 100 ampères et ses doubles parois d'amiante et de tôle suppriment tout dégagement calorique. Une ventilation intérieure parfaite aboutit à un orifice situé à la partie supérieure du chapeau, qui peut être relié directement à l'air libre par une cheminée métallique du type commercial ordinaire. Ces

Fig. 53.

dispositifs garantissent l'opérateur contre un excès d'échauffement de la lanterne et surtout contre le dégagement de fumées âcres provenant de l'emploi des charbons minéralisés.

Le condensateur est logé dans une chambre isolée du corps de la lanterne et monté sur un chariot muni d'une poignée isolante. Il peut être extrait instantanément en vue du nettoyage ou du remplacement des lentilles. A côté du condensateur se place la cuve à eau, du modèle ordinaire ou à circulation. Un châssis métallique double faisant fonction d'écrou obturateur à main comporte une plaque opaque et un cône amovible qui s'écarte de l'axe optique lorsque l'écran est en position d'obturation.

La fenêtre du projecteur se trouve ainsi dégagée en vue de la mise en place du film.

Dans le même ordre d'idée les Etablissements Continsouza ont présenté un appareil très intéressant qu'ils ont nommé le *Mondial*. Pour les exploitations dites à projections permanentes, il faut de véritables machines à projections possédant des organes robustes parfaitement protégés et comportant des pièces rigoureusement interchangeables.

On espère que pour l'enseignement ces appareils serviront beaucoup, c'est pour cela qu'on les a dotés de perfectionnements nouveaux qui seront très appréciés. Les voici résumés aussi brièvement que possible. Appareil blindé. Cadrage fixe. Possibilité d'*arrêter le film* et de projeter une série d'images consécutives à la manière des dispositifs passant des clichés sur verre. Système de graissage automatique. Valeur de projection supérieure à celle des appareils anciens. Sécurité totale contre l'incendie.

Fig. 54.

Cet instrument est vendu sous deux formes différentes : 1° Sur un pied fonte (fig. 54) qui constitue un support rigide. Sur ce pied, à une certaine hauteur, se trouve une articulation qui permet d'incliner tout le poste de projection, soit en hauteur soit en profondeur. Après vient la partie proprement dite du cinématographe; celle-ci est blindée; derrière elle se place la lanterne et sa lampe; en haut et en bas, les deux carters de pellicules et l'appareil moteur. 2° Dans le type enseignement, le tout est supporté par un socle en fonte qui peut se placer sur une table, la lanterne qui contient la lampe à arc est remplacée par une lanterne disposée pour recevoir une lampe à incandescence munie de ses réflecteurs et condensateurs spéciaux.

Comme nous l'avons dit, le cadrage des images est fixe, nous avons examiné le procédé employé pour cela à la page 65. L'adoption d'un dispositif de cadrage fixe a permis d'établir un système d'obturateur parfait qui fait l'objet d'un brevet; ses principales qualités sont: sa rapidité d'obturation; sa position qui permet de l'assimiler à un obturateur de plaque, c'est-à-dire coupant les rayons où ils sont le plus fins; sa forme, grâce à laquelle on obtient une coupure du faisceau lumineux frappant la fenêtre, suivant une direction normale au petit axe de l'image; son rapport obturation-exposition qui supprime le scintillement si désagréable aux projecteurs. Cet obturateur tourne trois fois plus vite que ceux des anciens appareils.

Un dispositif du débrayage permet d'immobiliser par une simple manœuvre de levier les organes d'entraînement du film, l'obturateur continuant à tourner entraîné par le moteur ou la manivelle à main. L'obturateur joue en même temps le rôle de ventilateur et refroidit énergiquement le film pendant cette opération. L'éclairement de l'image projection fixe est de ce fait de même intensité que celle de la projection animée. On est parvenu avec ce dispositif à protéger le film contre toute détérioration causée par la chaleur émanant des sources lumineuses fournies par les lampes à incandescence les plus puissantes actuellement utilisées en projections cinématographiques et même par l'arc, jusqu'à une intensité de 50 ampères. Un dispositif spécial commandé par un levier permet de présenter devant la fenêtre une série d'images consécutives et de les faire défiler sur l'écran à une allure quelconque, leur durée d'exposition variant à la volonté de l'opérateur. Ces deux derniers perfectionnements sont particulièrement intéressants dans le cas de l'emploi de l'appareil pour l'enseignement.

La sécurité que procure cet appareil est absolue. La position de la porte fermant la partie blindée de l'appareil oblige en effet l'opérateur à fermer celle-ci après chargement. (Fig. 55). La ventilation de la pellicule pendant son défilage a aussi un avantage à ce point de vue. Aux intensités moyennes des lampes à incandescence et jusqu'à 50 ampères, en utilisant une lampe à arc, la question ne se pose même pas puisque le film peut rester immobile devant la fenêtre sans se détériorer. Pour les grandes intensités de 90 et même de 100 ampères le film ne s'enflamme pas, il se produit seulement une fusion partielle du celluloïd.

Ce résultat supprime l'emploi de la cuve à eau qui absorbe toujours un peu de lumière. Si la pellicule casse ou s'il se produit un accident quelconque, un dispositif d'arrêt automatique fonctionne de suite.

FIG. 55.

Des appareils aussi robustes et travaillant aussi constamment ont besoin d'être très régulièrement graissés. Dans le modèle qui nous occupe le bas de l'appareil fait office de réservoir d'huile, les pignons et roues dentées servant à l'entraînement des différents organes sont répartis de telle sorte qu'ils élèvent l'huile à la partie supérieure de l'appareil où un lécheur la recueille et la fait ruisseler le long de la paroi centrale du bâti sur tous les organes. Il n'y a donc aucun danger d'obstruction et de non-fonctionnement.

2° Les personnes qui veulent faire du cinématographe n'ont pas toujours les moyens ni le besoin d'employer des machines aussi puissantes que celles que nous venons de décrire. Il y a des exploitants qui débutent et ne font qu'une séance par jour, quelquefois seulement deux ou trois par semaine. On avait aussi pensé, en établissant ces modèles de poste de projection plus simples et moins

Fig. 56.

coûteux, à les faire servir à la projection des films pédagogiques. Cela viendra certainement un jour, on ne parle que de cela dans les journaux cinématographiques. Enfin, il y a les amateurs qui peuvent aussi avoir besoin d'un poste de projection pratique. C'est pour toutes ces personnes et ces nécessités que la Société Gaumont a proposé le poste dit *d'enseignement Gaumont* (fig. 56) qui permet de projeter tous les films du commerce à perforation latérale ordinaire, quelle que soit leur marque ou leur nationalité. Les bras de l'appareil sont établis pour porter des rouleaux de 400 mètres et le dispositif de réenroulement du film après projection est entièrement automatique.

Le chrono peut être entraîné soit à la main par une manivelle, soit au moyen d'un petit moteur électrique. La vitesse de ce moteur est réglable par un rhéostat spécial placé à portée de la main de l'opérateur. L'entraînement de la pellicule se fait par une croix de Malte très bien réglée qui assure une fixité industrielle parfaite.

Le dispositif d'éclairage est constitué par une lampe ampoule spéciale consommant 3,5 ampères sous 12 à 14 volts. Cette lampe est enfermée dans une lanterne et montée sur un support muni d'un miroir sphérique et d'un condensateur de foyer approprié qui captent les rayons émis par la lampe. La puissance lumineuse de la lampe est telle qu'elle permet le bon éclairage d'un écran ordinaire de 1 m. 40 à 2 mètres de côté. Pour les professionnels, on peut aussi étudier un éclairage plus puissant qui s'adapte sur le chrono. Pour employer avec économie la lampe à incandescence que nous venons d'indiquer, il y a avantage à se servir d'une résistance ou d'un transformateur destinés à modifier la tension du courant électrique du réseau qui est presque toujours à 110 ou 220 volts.

Avec ces lampes à incandescence, on peut très bien se servir du courant alternatif, ce qui est un gros avantage, impossible à réaliser avec les lampes à arc.

A l'appareil cinématographique peut être adjoint un dispositif pour projections de clichés fixes; on peut également y adapter un autre mode d'éclairage que la lumière électrique. On a même étudié pour lui un autre procédé pour produire l'électricité qui lui est nécessaire; par exemple, une petite dynamo tournée à bras. Par économie, ce poste peut être livré monté sur un trépied simple, mais dans ce cas, il faut qu'il soit tourné à la main; pour des installations plus importantes, il est livré sur une tablette sur laquelle on peut installer un moteur électrique pour faire défiler automatiquement la bande.

Si on se sert de la lampe à incandescence indiquée ci-dessus, le dispositif optique et la lampe sont combinés de telle façon qu'il est possible, sans aucun danger, de faire défiler le film très lentement (décomposition du mouvement) et même de l'immobiliser complètement en cours de projection. Cette latitude présente de grands avantages pour l'enseignement, comme nous l'avons dit.

Dans le même ordre d'idées, les établissements Continsouza présentent leur modèle pour l'enseignement (fig. 57). Comme on le voit, cet appareil est tout à fait du même ordre que le précédent, comme lui il est éclairé par une lampe à incandescence qui assure un bon éclairage sur un écran de 2 mètres de large environ; il permet

Fig. 57.

aussi l'arrêt sur une image du film et il est actionné par un moteur électrique à vitesse réglable.

Pour établir un type encore plus populaire, les établissements Continsouza viennent de mettre en vente un appareil de projection très intéressant et simple, il se nomme l'*Economic*. Son mécanisme est à croix de Malte montée sur tambours débiteurs à huit images et manivelle pouvant se fixer sur l'un ou l'autre tambour. — Cadrage mobile dans lequel la lanterne se déplace avec la fenêtre. Sur cet appareil, on ne peut plus simple, on peut monter trois éclairages différents, tous portant des lampes à incandescence plus ou moins puissantes, mais utilisant au mieux la lumière produite par elle. Dans le cas où on ne disposerait pas d'une distribution d'électricité pour alimenter ce poste, on a créé le modèle dit *Economic scolar* qui peut être alimenté par une dynamo ou magnéto à grand rendement. A ce propos, M. le colonel Couade nous faisait remarquer que la

Fig. 58. — Poste de projection Gaumont fournissant un excellent rendement dans les pays où il n'existe pas de secteurs électriques, l'appareil produit lui-même son courant et sans fatigue.

meilleure utilisation du travail humain est celle produite par le poids même de l'homme en mouvement, comme par exemple lorsqu'il monte un escalier ou que, par son poids, il fait tourner une roue, comme dans les travaux forcés anglais; puis, ce sont les bras attelés à de longues manivelles lentes, qui donnent un bon rendement; les pieds et les jambes actionnant les pédales d'une bicyclette seraient aussi intéressants comme dans le modèle présenté par M. Gaumont. (Fig. 58.) Pour ces raisons, la magnéto de l'appareil *Economic scolar* peut être actionnée à l'aide de deux manivelles entraînées par deux hommes ou un homme seulement suivant le degré d'éclairage que l'on souhaite réaliser. Cet appareil est monté sur un pied robuste qui sert de support à l'appareil et à la magnéto ainsi que de bâti au multiplicateur d'entraînement de la magnéto. Un mécanisme spécial limite automatiquement la vitesse de la magnéto.

Fig. 59.

Ce poste donne un écran brillamment éclairé de 1 m. 50 avec un homme et 2 mètres avec deux hommes tournant les manivelles.

En plus de ces postes de projection nouveaux, il existe toujours un très grand nombre d'autres modèles plus ou moins pratiques et sûrs. Parmi ceux-ci nous citerons le Chrono Gaumont T. M. type B, qui est toujours très intéressant pour les professionnels (fig. 59); les appareils Phebus de Marseille; le Solus des établissements Bancarel; les appareils de projection et de prise de vues des Etablissements E. Mollier et Cie, de Paris; le poste scolaire des établissements Aubert, Burgi, etc.

Pour assurer la continuité des projections, dans les sujets très longs, cela sans arrêt, on a construit des postes doubles.

Dans certains modèles, les deux machines à projeter sont sur plates-formes tournantes, dans d'autres elles sont situées l'une à côté de l'autre, et c'est la lanterne qui se déplace pour les éclairer successivement.

Fig. 60. — Poste double monté sur table *Rotéa*.

Aujourd'hui, une exploitation cinématographique un peu importante ne peut plus se contenter de posséder un poste simple de projection. Un scénario ordinaire comporte très souvent 800, 1.000, 2.000 mètres et plus de pellicule. Comme les parties de ces bandes sont montées sur des bobines de 400 mètres, adaptables aux appareils de projection, il est indispensable que la substitution de ces bobines se fasse instantanément et sans à-coups par trop visibles pour le spectateur. C'est ce que réalise bien la table *Rotéa,* construite et présentée par M. Frassier (fig. 60), et que toutes les grandes marques vendent plus ou moins sous leur nom :

cela prouve que la machine est établie sérieusement. Cette table porte sur son centre une plate-forme tournante montée sur billes et qui se bloque parfaitement bien, quoique tournant sous un effort insignifiant. Sur cette table on peut installer deux appareils de projection de n'importe quelles marques. Lorsqu'un de ces appareils a fini de projeter ses 400 mètres, on fait tourner à la main la plate-forme mobile et une fois que le deuxième appareil est venu prendre la place exacte du premier vide, le tout se bloque bien en direction pour que la deuxième projection vienne se faire à la place précise de la précédente. De ce fait la lumière est aussi bien centrée que sur le premier appareil et un dispositif électrique assure à ce moment-là le départ et l'entraînement automatique du déroulement de la pellicule. Ainsi la projection paraît continuer et le public ne peut pas se douter du changement qui vient d'avoir lieu. Après quoi, l'opérateur a tout le temps de recharger et de préparer l'appareil vide pour continuer la séance, jusqu'à l'entr'acte ou la fin du scénario.

LA CUVE A EAU ANARCTICA

Nous avons vu les nouveaux dispositifs adaptés aux appareils de projection pour pouvoir les arrêter au besoin et ne projeter qu'une seule image pendant un certain temps. On sait aussi avec quelle facilité les pellicules à support de celluloïd peuvent prendre feu pendant leur projection et les précautions que l'on a adoptées pour parer à ces inconvénients.

M. Frassier a proposé une autre solution à ce problème en recommandant l'emploi de sa cuve à eau perfectionnée, dite *Anarctica* (fig. 61). Cet instrument se compose d'un grand réservoir à eau

Fig. 61. — La cuve à eau Anarctica.

augmenté même de deux radiateurs ronds pour faciliter le refroidissement de cette eau. Mais dans les nouveaux modèles ces radiateurs ont été enlevés; il a été reconnu qu'ils n'étaient même pas nécessaires. Sur les deux faces latérales de cette cuve se trouvent les ouvertures par où passent les rayons lumineux fournis par la lanterne, ces trous sont fermés par les lentilles mêmes du condensateur, celles-ci étant calculées pour cet usage; entre elles, dans la masse d'eau contenue dans la cuve et qui s'oppose déjà par son inertie au passage des rayons caloriques émis par la lampe électrique, trempe une lame de verre dans la composition duquel entre beaucoup de sels de cuivre; on sait que ces sels ont la propriété d'absorber beaucoup de rayons infra-rouges, donc caloriques. Les résultats obtenus par ce système et contrôlés par les Arts et Métiers, sont qu'un film *inflammable* a pu être projeté, *immobilisé* pendant *vingt minutes* devant un arc prenant 75 ampères, sans subir aucune altération. Après cette expérience, les lentilles du condensateur et tout le reste des appareils de projection étaient absolument froids. Si avec ce dispositif, par exemple avec les nouvelles lampes à miroir qui chauffent beaucoup, on absorbe deux ou trois ampères de plus pour arriver au même éclairage, il nous semble que tous les exploitants ont avantage à payer de ce prix la *sécurité absolue* de leur exploitation.

Le Cinématographe à grande vitesse

Comme nous l'avons vu, ce genre de projection est passé dans le domaine de la réalisation industrielle, puisque la différence ne vient pas de l'appareil de projection à employer, mais seulement de l'appareil prise de vue spécial qu'il faut posséder. Ces sortes de vues passent donc dans tous les appareils de projection au pas normal, mais elles mettent beaucoup plus de temps à montrer les mêmes mouvements. C'est ce qui permet de les décomposer beaucoup mieux. (Voir la description de ces appareils spéciaux, page 183.)

APPAREILS DE PROJECTIONS ÉTRANGERS; POUR AMATEURS ET A FORMATS RÉDUITS

A part quelques appareils allemands et à bon marché, il existe peu d'appareils de projections étrangers sur le marché; rien, du reste, ne pourrait les faire préférer à tous ceux que l'on y rencontre, si ce n'est leurs prix plus bas.

Les postes de projection américains n'ont rien de bien remarquable; tout ce qu'ils ont de meilleur se trouve aussi sur ceux que l'on construit ici; il en est de même des postes anglais. En Italie, on a construit des postes bien étudiés et monumentaux; ils sont peu connus généralement.

Pour les amateurs, on a encore construit beaucoup de modèles d'appareils de projection de format normal ou de formats spéciaux et réduits.

Jusqu'à présent, ces appareils n'ont pas eu beaucoup de succès, surtout parce qu'il faut se donner la peine de les faire marcher dans l'obscurité et cela dérange et absorbe une trop grande partie du temps familial. On a construit des appareils à bon marché relativement et qui produisent en tournant leur électricité eux-mêmes; ils ont été jugés fatigants. Le format spécial de certains d'entre eux leur a porté aussi préjudice, parce qu'on ne pouvait pas passer toutes les bandes dedans. La société Pathé vient de mettre en vente un nouvel appareil de ce genre à format très réduit, le Pathé Baby (1).

Aura-t-il plus de succès que tous ceux qui l'ont précédé? Nous le souhaitons, pour le plus grand développement possible de notre industrie cinématographique.

---

(1) Cet appareil présente une particularité curieuse; pour projeter les titres il s'arrête et pendant ce temps il n'y a qu'une image de projetée, donc économie réalisée sur la longueur de la bande. Pendant l'arrêt la bande ne chauffe plus dangereusement. Cet arrêt est obtenu par une encoche sur la pellicule comme dans la tireuse Debrie. Un appareil prise de vue minuscule doit servir à alimenter cet appareil de vues prises par les amateurs et révélées par leurs propres moyens.

CHAPITRE VIII

Obtention de l'image négative
Les connaissances spéciales nécessaires à l'opérateur cinématographiste

En principe, on peut dire qu'il est plus facile d'obtenir photographiquement une image cinématographique qu'une vue fixe 9 × 12.

Nous supposons ici l'opérateur pourvu de connaissances photographiques suffisantes. Le cinématographe est, à notre avis, un appareil photographique à excellent rendement; voici pourquoi :

1° Son image est très petite. De ce fait, un objectif moderne à grande ouverture, f : 3,8 par exemple, peut donner des plans nets à 2 ou 3 mètres jusqu'à l'infini. Tout le monde sait que cela serait impossible même pour une image 9 × 12. Le souci de la mise au point n'existe donc presque plus, si ce n'est pour vérifier souvent le plan focal où il faut mettre au point l'objectif afin qu'il donne son maximum de finesse sur le plus grand nombre possible de plans. Les trépidations de l'appareil en marche peuvent déranger la mise au point, il faut donc la vérifier de temps en temps;

2° L'obturateur des appareils prise de vue fonctionne dans des conditions très favorables. Par rapport à la surface de l'image, la lumière est admise à pleine ouverture sur la couche sensible pendant un temps relativement considérable. L'obturateur passe très près de la pellicule, il agit donc presque comme un obturateur de plaques;

3° Les temps de pose sont toujours relativement considérables, ils ne dépassent pas le 1/32ᵉ de seconde pour chaque image.

Pratiquement, ce temps est pourtant suffisant, car l'image est toute petite et le déplacement angulaire des objets en mouvement ne peut pas être non plus très grand.

En cinématographie, il n'est pas absolument nécessaire que les images des objets en mouvement soient parfaitement nettes sur l'écran, s'ils sont animés d'un mouvement rapide. En pratique, il en est souvent ainsi, lorsqu'on prend des mouvements en travers et rapprochés.

Les vues séparées qui sont floues dans les parties enregistrant les mouvements donnent pourtant l'illusion d'une vue nette lorsqu'elles sont projetées à la vitesse normale et si ce défaut n'est pas très acentué, bien entendu.

La conclusion de ces premières rémarques est que l'opérateur pourra encore avoir avec le cinématographe des images complètes lorsqu'il lui serait difficile d'en obtenir avec un appareil ordinaire; il pourra donc oser plus lorsqu'il aura, par exemple, à faire une vue sous bois; tout à fait sombre, par un très mauvais jour ou même à l'intérieur de pièces bien éclairées.

Chargement de l'appareil prise de vue. — Le chargement de l'appareil prise de vue est une opération délicate avec n'importe quel système employé; le meilleur instrument peut bourrer, comme l'on dit en terme de métier, s'il est mal chargé. Aujourd'hui, à quelques variantes près, tous les appareils se chargent de la même manière; presque toutes les boîtes de pellicules peuvent contenir 120 mètres également. La pellicule négative est remise à l'opérateur sur cette longueur et perforée; souvent elle est toute montée sur le noyau en bois qui sert à la fixer sur l'axe de la boîte débitrice. Si l'opérateur a à effectuer lui-même cette opération à l'aide d'une bobineuse à main, il devra le faire avec beaucoup de précautions, car en bobinant et débobinant la pellicule, il peut, en allant trop vite, faire jaillir entre les spires de la pellicule des étincelles électriques suffisamment lumineuses pour que leur impression se développe en même temps que l'image imprimée pendant la pose sur la bande. Dans cette opération, il faudra vérifier aussi le sens d'enroulement de la bande, en tenant compte des exigences de l'appareil employé.

La bobine de pellicule devra être bien serrée sur elle-même, sans cela elle augmente de diamètre dans la boîte et, en se déroulant, elle fait frein sur les parois de celle-ci; dans ces conditions, le déroulement devient souvent impossible.

Dans le cas du chargement des appareils courants et que représente la figure 62, on fait sortir de la boîte débitrice 50 à 60 centimètres de bande qui seront voilés, puis on ajuste bien à la place

indiquée la boîte débitrice A (fig. 62); préalablement, on a introduit
le bout de la pellicule dans la fente qui le dirige sur le ou les
cylindres débiteurs B. Ces cylindres se trouvent en haut du couloir.
En tournant un peu la manivelle C, la perforation s'engrène dans
les dents du cylindre. Pour faciliter l'entrée de la pellicule sur le

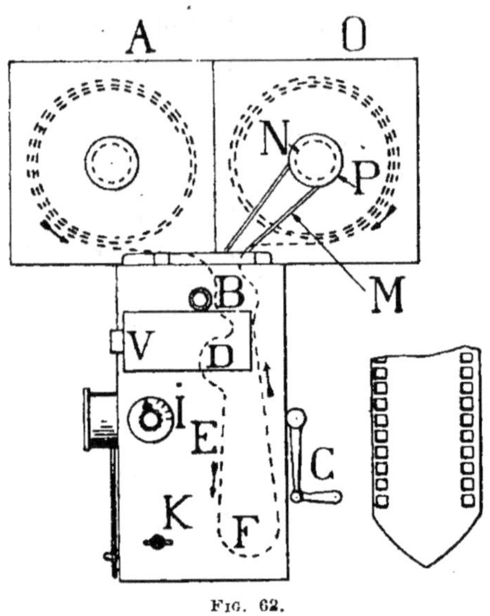

Fig. 62.

cylindre, il est bon de tailler le bout de la pellicule comme l'indique
la figure 62. On continue à faire tourner la manivelle jusqu'à ce
que le cylindre denté vienne exercer directement une traction sur
la pellicule de la boîte débitrice.

La partie de la pellicule alors exactement en dessous du cylindre
débiteur est enfoncée dans la cavité D réservée à la boucle qui doit
exister entre le cylindre débiteur et l'entrée de la pellicule dans le
couloir. Le couloir E étant ouvert, il faut que les griffes d'entraînement sortent de sa surface lisse; la pellicule, ayant bien formé sa
boucle au-dessus, est maintenue au fond de celui-ci par la main de
façon à ce que les griffes d'entraînement entrent dans deux perforations. Le couloir est alors refermé et, en agissant légèrement sur
la manivelle C, on s'assure que la pellicule est bien entraînée par
les griffes. Au-dessous du couloir on doit disposer encore de 50 centimètres environ de pellicule. Cette partie de bande est alors relevée
devant le couloir en formant une large boucle F, comme l'indique
la figure 62, puis son extrémité est introduite à nouveau entre les

petits cylindres lisses et le cylindre denté B ou bien sur l'autre cylindre si l'appareil en comporte un deuxième. En agissant sur la manivelle, la pellicule se trouve ainsi entraînée en sens inverse par rapport à son premier passage sur les cylindres dentés. Une fois que l'on a 20 à 30 centimètres de pellicule libre, on les fait passer par la fente de la boîte réceptrice O; celle-ci est fixée sur l'appareil et l'extrémité de la pellicule est amarrée sur le noyau en bois monté sur l'axe de la boîte réceptrice. Le mou de la pellicule est enroulé autour de la bobine et la boîte est refermée. Extérieurement, dans cet exemple, la boîte réceptrice O possède une poulie P montée sur l'axe de la bobine portant la pellicule. Autour de cette poulie on applique la courroie d'entraînement M sortant de l'appareil. La porte de l'appareil est fermée et l'on s'assure par un ou deux tours de manivelle que la pellicule se débite bien et qu'elle n'est pas coincée dans aucun des organes du cinématographe. Avec du soin et de la pratique on arrive à effectuer très rapidement ces opérations qui sont en réalité peu compliquées.

Pour les nouveaux modèles il faut se conformer aux indications spéciales données par le constructeur, mais le principe reste le même : ce que l'on a surtout cherché à éviter c'est la perte d'autant de pellicule voilée.

Stabilité de l'appareil, mise en plaque, mise au point. — La *stabilité absolue* est de rigueur pour tout appareil cinématographique pendant la prise de vue, c'est pour cela que l'on ne prendra jamais trop de précautions pour bien fixer l'appareil sur son pied. Ce dernier doit donc être tout ce qu'il y a de plus robuste et pas du tout flexible, quoique pouvant se monter encore relativement haut.

Les extrémités des branches du pied (voir fig. 64) devront être munies de solides pointes d'acier bien vives pour qu'elles s'accrochent fermement au sol et ne puissent pas glisser pendant que l'on prend la vue d'une façon fixe ou que l'on se sert de la plate-forme panoramique. Souvent le danger provient de la manœuvre de cette plate-forme, car l'opérateur a alors les deux mains prises et il agit en sens contraire sur le pied.

Les déplacements du pied se traduisent infailliblement par un saut de l'image au moment de sa projection.

Avant de fixer le pied d'une façon définitive, il faut mettre d'abord en plaque, ou ici plus exactement en cadre, le sujet que l'on veut photographier. L'appareil sera donc mis bien d'aplomb, au besoin on s'aidera d'un niveau d'eau. On déterminera également la hauteur à donner au pied (nous examinerons au Chapitre X ces considérations). Souvent il arrivera qu'on ne peut pas conserver la verticalité absolue de l'appareil, soit que l'on veuille mettre dans la vue le haut d'une statue, le toit d'une maison ou le mât d'un navire, etc. Dans ces conditions, on sera bien forcé de tricher; on peut le faire en n'exagérant pas, mais combien serait-il préférable de permettre aux objectifs cinématographiques de se décentrer en hauteur, on éviterait ainsi de nombreuses déformations. Personnellement nous avons pu faire réaliser ce dispositif encore inemployé en cinématographie et nous en avons obtenu les meilleurs résultats; nous le recommandons aux constructeurs. En attendant ce sera seulement en manœuvrant les branches du pied que l'on pourra mettre en plaque verticalement. On se sert également dans ce cas de plates-formes mobiles verticales (fig. 38); ces machines par leur fonction déforment également l'image; elles sont bonnes, à notre avis, pour suivre un mobile dans l'air, un cortège pris d'une fenêtre et exécuter certaines scènes à trucs, mais elles ne remplacent pas ici le décentrement de l'objectif.

Horizontalement, cette fonction est beaucoup plus efficace, la plateforme panoramique se prête admirablement bien à amener l'axe de l'objectif vers celui du sujet visé. La grosseur des objets sur l'image et le champ embrassé dépendront de la distance du sujet à laquelle on se placera (1). Si l'on dispose d'un recul infini et si l'on peut se rapprocher suffisamment, un seul objectif suffira, mais, dans la pratique, il en est rarement ainsi. Il faut donc disposer de deux ou trois objectifs de foyers différents; nous les décrivons au chapitre VII.

Pour voir l'image que va enregistrer le cinématographe, on peut placer un viseur (voir fig. 37) sur le côté de l'appareil; cette disposition est surtout bonne pour suivre le sujet lorsqu'on se sert des plates-formes panoramiques, mais, pour faire une mise en plaque rigoureuse, il est toujours préférable de regarder l'image sur la fenêtre du couloir même.

Dans les appareils modernes les viseurs sont très bien réglés pour donner des mises en plaques rigoureusement exactes à toutes les distances; il en est de même pour les mises au point indiquées pour chaque objectif monté sur l'appareil.

---

(1) Et de la longueur du foyer de l'objectif employé.

La mise au point doit être vérifiée souvent. Pour bien la faire, on appliquera de préférence sur la fenêtre du couloir une glace dépolie à grains fins et avec une bonne loupe l'opération sera très facile; du reste on n'a à vérifier le plus souvent que la mise au point sur l'infini (1), les objectifs étant vissés sur une monture spéciale graduée par le constructeur, pour les autres distances. Ce dispositif facilite beaucoup les opérations lorsqu'on est pressé; il suffit de s'entraîner à apprécier à l'œil, d'une façon suffisamment exacte, la distance à laquelle on opère. Une fois la mise au point sur la distance hyper-focale bien déterminée, il faut toujours s'assurer que l'objectif est bien fixé à ce point, autrement les trépidations pourraient à nouveau le dérégler.

Du temps de pose, son influence sur les qualités des images obtenues

Du temps de pose. — Avec un appareil cinématographique, il est difficile de faire varier ce temps; on ne peut pas, en effet, toucher à la vitesse d'entraînement; il ne reste donc à l'opérateur, dans ce cas, qu'à faire varier l'ouverture de l'obturateur et celle des diaphragmes de l'objectif. Nous dirons tout de suite qu'il n'est pas pratique de modifier l'ouverture de l'obturateur; celle des diaphragmes peut subir des variations avec moins d'inconvénients. Avec les objectifs employés aujourd'hui et ouverts à $f : 4$ ou même plus, on ne se sert presque jamais de cette grande ouverture, car, à l'allure normale d'entraînement de la bande à 120 tours de manivelle à la minute, on aurait presque toujours des excès de pose.

En prenant un diaphragme ouvert à $f: 6$ ou $f: 12$, par une bonne lumière, on pourra faire bien des scènes. Au bord de la mer, il sera possible de diminuer encore cette ouverture. Mais, dira-t-on, en fermant ainsi par trop le diaphragme, on n'aura plus d'images bien artistiques, on nuira à la perspective aérienne.

Théoriquement cela est vrai, mais sur l'image du cinématographe, si petite, ce défaut se révélera-t-il d'une façon bien appréciable? Pour notre part, nous en doutons; nous avons vu qu'il ne faut pas sans raison toucher à la vitesse d'entraînement de la pellicule.

Un cas spécial au cinématographe est le suivant : pendant la prise de la vue, il arrive fréquemment que la lumière change, du fait du

---

(1) Voir page 188 la mise au point sur la distance hyperfocale.

passage des nuages devant le soleil ou du mouvement de la plate-forme panoramique qui peut amener devant l'objectif des objets plus ou moins bien éclairés.

Lorsque ces différences se présentent, l'opérateur adroit peut y obvier dans une certaine mesure en faisant varier l'ouverture du diaphragme pendant la prise de la vue.

Souvent les opérateurs cinématographistes sont meilleurs reporters que bons photographes. Comme la photographie est bonne fille, surtout en cinématographie, elle fournit presque toujours des images suffisantes. Pourtant aujourd'hui il y a des opérateurs cinématographistes qui sont très bons photographes : probablement parce qu'ils ont travaillé pour cela; nous en avons en France, mais pas suffisamment. Maintenant, il faut que l'auteur, le metteur en scène et l'opérateur soient très bons photographes pour faire du cinématographe aussi beau que celui que l'on réalise partout. *Le temps de pose,* cette quantité juste qu'il faut donner à l'action de la lumière pour lui faire imprimer chaque image de la vue animée, est l'élément principal qui lui fournira ses valeurs artistiques conjointement avec sa composition scénique et son éclairage particulier. Pour ces raisons et comme pour la photographie ordinaire, l'appréciation exacte de ce temps est toujours chose délicate, pour peu qu'on veuille, dans chaque cas particulier, obtenir des valeurs favorables à l'harmonie générale de la vue. Celle-ci peut avoir en effet intérêt à devenir douce, détaillée dans ses clartés et ses ombres, elle peut aussi gagner à posséder des contrastes violents sans pour cela être vide dans ses obscurités et heurtée dans ses parties claires. Si l'on sait évaluer et placer à souhait ces valeurs sur l'image désirée, cela du fait d'un jugement rendu juste par le savoir préalable, on comprendra combien il sera plus facile de faire là toujours de la bonne et artistique photographie.

Comme on le sait, on peut faire varier les valeurs des harmonies relatives d'un cliché photographique moderne par deux moyens : le temps de pose et le développement. (1) Nous dirons de suite qu'il ne faut pas beaucoup compter pour cela sur le développement. Le révélateur dans notre cas doit rester aussi constant que possible dans son action, car on agit avec lui par des masses trop considérables de liquide pour pouvoir espérer les modifier efficacement pour chaque cliché apporté à la machine à développer.

Lorsqu'on fait poser une image cinématographique, on ne peut

____

(1) Voir le renvoi de la page 235.

pas le faire plus ou moins vite, nous savons pourquoi, mais on peut admettre pendant ce temps d'une durée constante plus ou moins de lumière sur la pellicule, en ouvrant plus ou moins le diaphragme. Nous pouvons opérer ainsi parce qu'on peut dire que, avec les objectifs modernes, la vue cinématographique, très petite, est aussi bonne, aussi bien dessinée, si vous voulez, à petit qu'à grand diaphragme. Mais ce qu'il faut savoir ici, c'est que les valeurs d'une image négative se modifient considérablement suivant la quantité de lumière que peut recevoir la pellicule sensible en plus ou en moins d'une quantité équivalente au bon temps de pose. L'action de la lumière sur la couche de gélatino-bromure pour lui faire produire des opacités est progressive, mais pas constamment.

Si la quantité de lumière admise est insuffisante (manque de pose) il n'y a rien à faire avec le développement; celui-ci ne pourra pas modifier du bromure d'argent pour produire l'image là où cette modification n'aura pas été suffisamment commencée, amorcée par l'action de la lumière. Que l'exposition ait été plus puissante, les valeurs de l'image vont devenir meilleures: il y aura plus d'harmonie entre les ombres et les lumières de la vue; ce sera le bon temps de pose; mais il pourra y avoir mieux, du fait d'une légère surexposition qui fera paraître beaucoup de détails dans les ombres et les lumières, en sorte que toutes ces valeurs relatives auront tendance à s'harmoniser plus artistiquement; ce sera le très beau cliché gras, complet et que l'on admirera. Enfin si on admet trop de lumière sur la pellicule pendant le temps de pose cinématographique invariable, les opacités ou les valeurs de l'image vont s'empâter, s'égaliser, se voiler comme l'on dit et ce sera très souvent la mauvaise épreuve, même inutilisable, car elle sera trop grise ou trop empâtée pour fournir un bon tirage; enfin, celle que le public appelé à la juger *emboîtera* et celle qui fera du tort à la marque qui l'aura laissée ainsi publier.

Ces résultats sont dus à un phénomène très connu des photographes de métier; on le nomme *la solarisation*. En résumé, l'opérateur cinématographiste devra savoir apporter à la machine à développer des clichés correctement exposés pour que, avec une formule de révélateur bien établie, il obtienne des images douces ou vigoureuses et aussi artistiques que possible (1).

---

(1) Il est particulièrement délicat d'évaluer avec précision le temps de pose lorsqu'on opère à la lumière électrique. Avec cet éclairage, on peut produire de

Depuis quelque temps, on a étudié scientifiquement la constitution et les raisons qui font la sensibilité du gélatino-bromure d'argent; on va arriver bientôt à connaître les véritables motifs du phénomène de la solarisation d'où dépendent les théories que l'on a établies jusqu'à ce jour, sur le temps de pose, le développement des images photographiques ainsi que sur leur relativité en valeurs réciproques. La plupart de ces travaux sont d'origine étrangère (anglais, américains, allemands, italiens); la France n'y est que très modestement, trop modestement représentée. Pour ces raisons, ces recherches sont encore presque inconnues des praticiens de notre pays. Une revue en a publié des traductions curieuses : *La Science Technique d'Industrie photographique* (1). Dans un livre aussi général que celui-ci, nous ne pouvons pas nous étendre beaucoup sur ce sujet, si intéressant, mais certainement le lecteur sera satisfait d'y rencontrer un résumé rapide les concernant et qui lui permettra de se faire une idée plus moderne sur ces questions.

La plupart de ces recherches et travaux ont aussi porté sur la formation et la constitution du grain sensible du bromure d'argent dans des solutions gélatineuses permettant de fournir les émulsions photographiques que nous employons. Précédemment, on admettait que la grosseur du grain était fonction de sa sensibilité. Aujourd'hui on démontre couramment le contraire; on sait faire des émulsions très rapides à grains plutôt fins. Précédemment on ne connaissait que deux moyens de faire mûrir les émulsions, c'est-à-dire de les rendre plus sensibles : 1° la chaleur; 2° le milieu alcalin (émulsions ammoniacales). Maintenant on admet que la sensibilité de l'émulsion est une composante des sensibilités acquises personnellement par les grains qui la composent et que cette sensibilité générale peut être augmentée d'une façon presque indéfinie, grâce à l'action sur ces grains de matières colorantes connues et employées en chimie moderne, avec celle qui s'occupe des colloïdes et dont on parle tant aujourd'hui. Pour nous, ces matières colorantes sont actuellement le pinachrome, le pinacianol, le pinaverdol, le pinafiavol et toutes celles du même ordre.

Toutes les pellicules et les plaques modernes sont préparées

---

merveilleux effets sur les sujets cinématographiés, mais il faut savoir harmoniser ces effets par une juste appréciation de la quantité de lumière admise pendant ce que nous nommons ici le temps de pose. Il n'y a que la pratique et le goût personnel qui peuvent guider utilement dans ce cas. (Voir page 324 les formules de développement.)

(1) P. Montel, éditeur, 35, rue Saint-Jacques, Paris.

maintenant par ces moyens, c'est pour cela que lorsqu'elles sont sensibilisées par des préparateurs savants et artistes comme ceux de la Société Eastman, par exemple, elles nous donnent de si beaux et intéressants résultats. Il serait possible de pousser leur rapidité encore bien plus loin qu'on ne l'ose aujourd'hui; de ce fait, on pourrait facilement exécuter du Cinéma à la lumière des bougies ou des lampes au pétrole, mais on voit la difficulté que l'on éprouverait à manipuler des pellicules aussi sensibles, surtout en les mettant entre les mains de tout le monde, comme c'est le cas dans notre industrie. Aussi, sagement, on procède par étapes, mais il est tout de même intéressant de savoir dans ce cas ce que l'avenir nous réserve raisonnablement. En étudiant le grain du bromure d'argent en formation dans nos émulsions, on lui a trouvé encore des particularités étranges, mais qu'il faut aujourd'hui connaître pour bien faire de la photographie; ainsi, dans une émulsion en préparation on influence sûrement la grosseur du grain sensible par la température à laquelle on va lui permettre de naître. Cette grosseur et sa sensibilité seront aussi influencées par la quantité plus ou moins grande de gélatine que contiendra la solution qui doit devenir l'émulsion. Au moment de la naissance du grain, si la solution est alcaline ou acide, on obtiendra des résultats tout à fait différents Tous les grains ainsi formés ne posséderont pas des formes et des grosseurs égales, leurs répartitions, leurs agglomérations seront différentes encore. Certains seront porteurs de sortes de *germes* qui leur procureront une grande sensibilité; ils deviendront pour ainsi dire des centres d'attraction pour d'autres grains plus ou moins sensibles; de ce fait, dans une émulsion, il pourra donc se trouver des grains extrêmement sensibles et d'autres manquant absolument de cette qualité. Ce serait en général à ces particularités que les émulsions doivent leur plus ou moins grande tolérance ou latitude à supporter bien ou mal les écarts de temps de pose, et la faculté de ne pas se voiler vite si appréciée par tous les opérateurs qui connaissent leur métier.

On sait que l'objectif amène sur la surface sensible toutes les couleurs du sujet cinématographié, mais ces parties colorées n'impressionnent pas les grains du gélatino-bromure également. Pour les anciennes émulsions, c'était le bleu ou le violet qui produisaient les densités, les opacités les plus puissantes; de là provenaient les clichés vides dans les verts et les rouges que l'on rencontrait si souvent. Si maintenant, grâce aux nouveaux moyens employés, les objets colorés ainsi nous donnent de plus parfaites impressions toujours en un même temps, on voit de suite toute l'harmonie dont va bénéficier la vue enregistrée. Si elle est également fixée dans une émulsion à grains fins, très sensible et peu épaisse comme couche, on comprend qu'elle ne puisse que difficilement s'empâter et devenir laide. Si enfin dans cette émulsion, il se trouve des grains de différentes valeurs sensitométriques qui lui procureront son élasticité générale, on arrivera à la vue intéressante qui donnera toute satisfaction à l'opérateur, et cela d'autant plus qu'il saura lui-même utiliser et apprécier tous ces éléments à leurs justes valeurs.

QUELQUES INDICATIONS GÉNÉRALES SUR LA SENSITOMÉTRIE MODERNE. — C'est cette sensitométrie qui cherche, pour nous, à mesurer, contrôler, diriger tous ces facteurs; son origine est anglaise; en grande partie elle part et dérive des travaux de MM. Hurter et Drieffield. (H. et D.) 1890-1903. Depuis on la perfectionne et on en discute toujours dans les milieux scientifiques internationaux. Nous extrayons ce résumé de notes déjà réduites par M. Brown, de Londres, et traduites par le journal *Science Technique et Industrie Photographique*, déjà nommé. Cette doctrine emploie un vocabulaire, des moyens et des procédés spéciaux, c'est pour cela qu'il faut les connaître aujourd'hui généralement. Si nous disons généralement, c'est que nous pensons que l'opérateur cinématographiste n'aura pas encore à suivre cette doctrine dans toutes ses subtilités, ce qui le conduirait à des considérations dont il ne saurait que faire probablement. En somme, la Méthode Hurter et Drieffield part des qualités et des valeurs que devrait posséder un cliché idéal, pour fournir l'image positive photographique, susceptible de mieux représenter toutes les valeurs vraies du modèle photographié; valeurs traduites par toutes les tonalités allant du noir au blanc, en attendant celles des vraies couleurs vers lesquelles nous nous dirigeons rapidement. On sait que pratiquement toutes ces valeurs vont prendre facilement des puissances qui s'écarteront plus ou moins de la perfection espérée. C'est ce que cherche à différencier la doctrine qui nous occupe. Ces valeurs, sur l'image négative, vont naître du fait de l'exposition à la lumière de sa surface sensible. On devra donc partir d'une source de lumière connue, *d'un étalon de lumière*, qui produira l'*éclairage* indispensable. Ici, on a proposé comme étalon, la *bougie mètre*. Elle est bien démodée aujourd'hui, cette pauvre bougie et que ferions-nous, de sa lumière jaune pour impressionner nos plaques modernes sensibles à tant de couleurs; mais, passons, nous nous laisserions entraîner trop loin. La méthode va nous dire ce qu'il faut entendre par les *transparences* et les *opacités* d'un négatif photographique.

Ces deux termes et leurs applications sont assez subtiles à bien différencier ici au premier abord, car, en somme, ils ne sont que deux modes d'appréciation d'une même propriété, d'un rapport entre les milieux plus ou moins opaques, absorbants et denses du cliché. On peut dire ou à peu près, que les transparences d'un cliché sont ses valeurs inférieures à une unité choisie, tandis que ses opacités seront ses valeurs supérieures à cette même unité. (1)

La densité d'un cliché, au contraire, représente une *valeur absolue* et non plus un rapport; une relation simple existe toujours entre la densité d'un cliché et son opacité. La densité d'un cliché, c'est le degré de noircissement, de non-transparence qu'il peut atteindre lorsqu'on le soumet aux influences du temps de pose, de la quantité et de la qualité de la lumière admise pendant ce temps; de l'effort du révélateur pour le faire noircir chimiquement, cela encore par rapport aux phénomènes de la solarisation et de la panchromatisation!

Après la méthode, Hurter et Drieffield cherchent à mesurer la valeur de ces facteurs et en même temps les rapports des puissances et des différences produites entre eux suivant les cas. De ce fait, la densité du cliché va être moins intéressante à suivre pour nous que les différences des opacités entre elles; en effet, la densité générale croîtra beaucoup plus régulièrement que ces différences, celles-ci étant influencées par des faits bien plus nombreux et agissant différemment. (2)

On admet que du fait du temps de pose et des puissances d'éclairage les densités d'une image passent par quatre états : 1° Des densités très faibles, mais croissantes lorsque l'éclairage est insuffisant et aussi faible; 2° une période où la différence entre les densités successives atteint un maximum et où elle reste égale en valeur pendant un temps plus ou moins long; 3° une zone où les différences entre les densités vont aller continuellement en diminuant et 4° enfin une période où ces différences pourront devenir nulles.

---

(1) Voir le renvoi de la page 235.
(2) Voir même renvoi.

Pour montrer les rapports qui peuvent exister entre ces valeurs et les raisons qui les font naître sur une plaque donnée, on a proposé de le montrer par une courbe à laquelle on a donné le nom *de courbe caractéristique d'une émulsion* et que peut représenter la fig. 63. Pour construire cette courbe il a fallu d'abord ramener les valeurs numériques des divers facteurs admis à des unités ou rapports comparables entre eux et que nous ne pouvons pas entreprendre d'étudier longuement; qu'il nous suffise de dire que l'on prend comme unité d'éclairage une quantité de lumière fournie par un étalon de lumière plus ou moins discutable et que, pour réaliser des graduations, généralement on double son action à chaque éclairage différent. Il n'est nécessaire que de rester dans les limites qui permettront

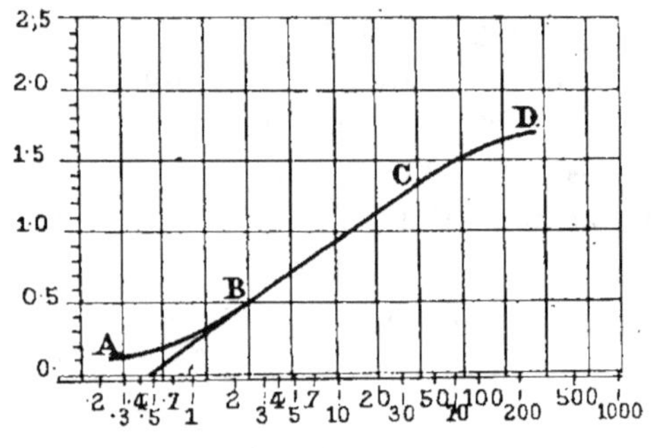

Fig. 63.

d'étudier les trois premiers états dont nous venons de parler; le quatrième étant inutilisable en photographie. C'est pour cela que dans la figure (63) la courbe montrée est divisée seulement en trois parties. De A à B où l'éclairage est insuffisant les différences entre les densités successives sont faibles, mais vont continuellement en croissant, et cette croissance est à peu près proportionnelle à celle de l'éclairage. De B à C, cette partie de la courbe est représentée par une ligne droite et l'accroissement des densités est aussi proportionnelle à celui des effets de l'éclairage. C'est pendant cette période que la plaque peut être utilisée le plus avantageusement parce que les différences entre ses *transparences et ses opacités* fourniront encore des bonnes images. Après, dans la partie C. D., toutes ces bonnes qualités ou différences vont disparaître presque tout à fait; excepté au début où elles seront meilleures.

La partie droite de la courbe B. C. représentera ce que l'on nomme la *latitude utilisable* de la plaque. Comme nous l'avons dit, cette latitude peut provenir des limites entre lesquelles les densités les transparences et les opacités du cliché sont utilisables en tenant compte en plus de ce que ces qualités ne proviennent pas exclusivement des qualités de la plaque, mais encore des intervalles ou différences qui peuvent exister entre les plus ou moins violentes luminosités du sujet. A ce propos, la méthode remarque que ces différences sont généralement beaucoup moins grandes qu'on ne se le figure; ainsi le ciel d'un paysage brillamment éclairé ne diffuse guère que trente fois plus de lumière qu'un objet très sombre au premier plan. Plus les contrastes d'une même image sont violents et moins on a de latitude pour apprécier le bon temps de pose.

Pour compléter la théorie, Hurter et Drieffield vont chercher à mesurer et à étudier les valeurs des contrastes des images négatives, ainsi que les valeurs que peut leur donner le développement. Cette quantité a été ainsi définie dans ce cas, par les auteurs. Le facteur de développement ou *gamma* est le rapport qui existe entre lui, la différence de deux densités choisies dans l'intervalle des poses correctes et la différence des puissances d'éclairages considérés. Une valeur de gamma inférieure à l'unité indique que le négatif est moins contrasté que ne l'était le sujet représenté, une valeur de gamma supérieure à l'unité indique le contraire. La valeur fournie au cliché par un développement poussé à l'infini, c'est-à-dire à son maximum de puissance sur une émulsion donnée, est nommé *le gamma* infini ($\gamma\,\omega$) de cette émulsion. *La durée du développement* influe sur la valeur des contrastes. Ceux-ci, au début de l'opération, quoique le bain soit, à ce moment, généralement plus énergique, ne croissent que très lentement; après ils progressent plus vite pour rester ensuite stationnaires, si la quantité de lumière reçue par la plaque est en état normal. On nomme *la constance de vitesse d'une émulsion* les facultés relatives qu'elle donne à une plaque pour subir ces différents états. *La loi du développement* est celle qui montre les rapports qui existent entre le gamma infini $\gamma\,\omega$; développement extrême; k le facteur de proportionnalité entre ces éléments et t, la durée de l'opération du développement. Il est inutile de dire que ces relations sont extrêmement compliquées à établir, aussi pour s'en servir on a proposé des tableaux où les quelques spécialistes que cela pourrait intéresser trouveront tout faits les résultats cherchés.

Le négatif n'étant qu'une étape, par laquelle doit passer l'image pour arriver à nous fournir sa représentation positive, celle-ci va être encore influencée; d'abord, du fait des contrastes propres au négatif, puis par la relativité qui pourra exister entre eux et l'interprétation que vont en donner les contrastes propres aux papiers ou pellicules positifs considérés. En effet, ceux-ci vont tous posséder des propriétés différentes et propres, pour fournir leurs meilleurs blancs possibles et leurs noirs les plus absolus suivant les valeurs des éclairages modifiés par les contrastes, les opacités et les transparences du négatif qui laissent venir à eux ces sources d'énergie.

Mais, jusqu'à présent, nous n'avons pas encore vu apparaître le but principal de la théorie, qui est de pouvoir mesurer comparativement les valeurs et les rapidités des différentes émulsions. Les considérations compliquées que nous venons d'examiner ont certainement entraîné les auteurs plus loin qu'ils ne voulaient aller. Très succinctement nous pourrons encore dire à ce sujet que c'est par la comparaison des courbes caractéristiques de deux émulsions que l'on pourra arriver à les différencier utilement. On peut comprendre que l'on a donné ici le nom d'*Inertie* à l'extrême limite de la partie droite de la courbe, celle qui montre le point où elle cesse de fournir les bonnes valeurs utilisables. Enfin *le voile* viendra encore modifier toutes ces valeurs. On admet aujourd'hui que certains grains d'émulsion peuvent noircir au développement, même sans avoir reçu l'action de la lumière; si on ajoute les voiles de manque de pose, de laboratoire, dus à la gélatine, etc., on voit où l'on va et comment se compliquent ces valeurs. Lorsque nous avons écrit nos idées personnelles et récolté un peu partout ce que l'on dit sur la sensitométrie, cela pour *Les Débuts d'un Amateur photographe* (1), nous ignorions encore la traduction qui nous occupe, aussi nous avions placé l'*Inertie* d'une émulsion au départ de son impression par la lumière plutôt que sur une partie de l'évolution produite par cette impression. Les auteurs de la traduction susdite, comme nous, regrettent que la méthode ne tienne pas compte de cette période de départ. On le voit, il y a encore beaucoup à faire et à simplifier pour rendre cette doctrine usuelle et pratique. Telle qu'elle est, elle nous apparaît un peu comme l'expression d'un grand mathématicien qui voudrait par exemple nous dire : Je viens de découvrir la manière de mesurer le gamma infini des contrastes, la puissance des coloris et des harmonies qui peuvent en résulter dans la composition des œuvres de Léonard de Vinci, Raphaël Rubens, même de l'impressionniste Picasso et, grâce à l'emploi de cette doctrine, tout le monde est capable d'en faire autant?

---

(1) *Les Débuts d'un Amateur Photographe*. Albin Michel, éditeur.

Comparativement à notre cas, au contraire, on peut dire, par exemple, que la musique est un art mécanique dans sa constitution matérielle et dont les éléments techniques, les vibrations, peuvent se mesurer, se classer, s'identifier, se contrarier, s'écrire avec des valeurs constantes, et qui restent à des puissances chiffrées comparables entre elles.

Mais nos valeurs personnelles d'interprétations de teintes inconstantes, fugitives, variables à l'infini, incohérentes, sublimes, comment voulez-vous les mesurer? Nos maîtres, les peintres, n'ont jamais pu y arriver. Tous nous aspirons à produire les plus belles images possibles par nos moyens propres. Cherchons seulement à en mesurer aussi l'ossature, les éléments matériels pratiques et moins les relativités des valeurs combinées entre elles, nous n'en sortirions pas. Composons notre palette avec ces puissances, apprenons à les différencier, à les unir au mieux, mais gardons notre indépendance d'artiste pour permettre de faire naître notre œuvre personnelle, fruit de notre savoir technique allié à notre conception de l'art dans tout son épanouissement.

Cela c'est de la photographie pure, et il faut s'en instruire si on ne le sait pas. Pour ceux de nos lecteurs qui pourraient s'y intéresser, nous nous permettons de leur recommander en plus l'étude de notre traité général sur la photographie : *Les Débuts d'un Amateur Photographe*, entièrement refait et considérablement augmenté et édité à la même librairie (Albin Michel, éditeur).

L'art et la manière de tourner la manivelle. — La manière de tourner la manivelle est bien un art, car c'est grâce à cette manœuvre que l'on reconstituera plus ou moins fidèlement les mouvements enregistrés.

Il faut donc apprendre à tourner très régulièrement la manivelle de l'appareil *chargé*. C'est un entraînement du poignet à obtenir et il est désirable que celui-ci soit bien rompu à cet exercice pour faire défiler une bande de 120 mètres régulièrement, depuis le commencement jusqu'à la fin, d'un seul coup et sans fatigue.

Il faut éviter absolument dans cette manœuvre que l'on sente les tours de manivelle; au début on a tendance à reposer la main lorsqu'elle est en bas, puis à repartir plus rapidement pour continuer le tour.

Si on ajoute à ce défaut celui de prendre un point d'appui trop fort sur l'appareil, à la projection on pourra très bien suivre tous ces mouvements défectueux, on verra l'image se balancer de haut en bas en suivant un mouvement rythmique conforme à celui qu'avait la manivelle mal entraînée. Il faut donc apprendre à tourner légèrement et régulièrement, ce n'est pas difficile, mais encore faut-il s'en donner la peine; on se facilitera beaucoup sa tâche en chargeant bien l'appareil et en embobinant très régulièrement la pellicule dans la boîte débitrice.

Un appareil parfaitement propre, bien réglé et légèrement graissé est également indiqué pour que le défilage soit régulier et facile.

Il nous reste à examiner les vitesses auxquelles il faut tourner. Normalement on doit enregistrer 16 images à la seconde. C'est également le nombre d'images que l'appareil de projection débitera pendant le même temps et, si tout est bien réglé, on obtiendra de ce fait une bonne reconstitution du mouvement et en même temps l'exactitude de la vitesse à laquelle il s'est produit. Ce nombre d'images est également suffisant pour que la vue positive ne scintille pas trop si elle est projetée avec un bon obturateur bien réglé.

Pour enregistrer 16 images à la seconde, il faut tourner la manivelle à la cadence de 120 tours à la minute; c'est donc cette vitesse qu'on doit entretenir régulièrement; en opérant ainsi on enregistre 8 images par tour de manivelle et 960 images à la minute.

Il est des cas où l'opérateur adroit peut tirer parti de changements de vitesse d'entraînement. Ainsi, par exemple, on cinématographie une scène où il y a des gens qui se battent ou qui se poursuivent. Il est évident que plus les acteurs auront l'air de se battre et de courir vite et plus la scène sera mouvementée.

Pour obtenir ce résultat l'opérateur n'aura qu'à ralentir l'allure d'entraînement. En agissant ainsi, il n'y aura plus que 3 ou 4 images pour enregistrer la même phase des mouvements tandis que, à l'allure normale, l'appareil aurait pu prendre dans le même temps 5 ou 6 images. Comme l'appareil de projection est considéré marchant au débit normal de 960 images à la minute il en résulte que les mouvements enregistrés avec une vitesse réduite seront considérablement augmentés de rapidité à la projection de l'image positive. Si, dans certains cas, cette manière de faire est avantageuse, dans la pratique on la rencontre par trop souvent dans des compositions où elle n'a que faire. Tout le monde a vu plus ou moins ces scènes qui *veulent* être dramatiques ou artistiques et où les acteurs se meuvent avec la rapidité et les gestes saccadés de véritables pantins. Ces mouvements désordonnés ne proviennent que de la façon trop lente dont a été *tournée* la scène lors de son enregistrement ou de la vitesse excessive où elle est projetée par un opérateur pressé de s'en aller.

Manœuvre des plates-formes mobiles. — Les plates-formes mobiles qui permettent de faire évoluer l'appareil cinématographique sur son pied, soit en l'inclinant sur la verticale ou en lui faisant faire le tour complet de l'horizon, sont les auxiliaires indispensables de ce genre de photographie.

Personnellement nous n'aimons pas beaucoup nous servir de la plate-forme verticale; d'abord elle déforme souvent l'image; elle n'est bonne que pour certaines scènes à trucs; elle a toujours l'inconvénient de surélever l'appareil au-dessus de la tête du pied et comme l'appareil a déjà bien du mal à être à peu près stable sur celle-ci, elle procure souvent des images qui remuent à la projection.

Comme le montre la figure 64, la plate-forme horizontale est commandée par une manivelle qui permet de la faire tourner régulièrement; cette manivelle est actionnée avec la main gauche, tandis que la main droite entraîne celle du cinématographe.

La manœuvre de ces deux manivelles constitue une des grosses difficultés qu'a à surmonter l'opérateur. En effet, il faut que la main droite tourne toujours régulièrement, tandis qu'en même temps la main gauche tourne à des allures différentes, ces allures étant commandées par le fait de suivre l'objet à photographier dans le viseur. Le mobile photographié peut s'arrêter, marcher plus ou moins vite, ou même retourner en arrière; dans ces cas il faut modifier les allures et même changer le sens de la rotation de la manivelle de la plate-forme, tandis que celle de l'appareil doit continuer à tourner régulièrement. Si on le peut, il est préférable de se faire aider dans ces opérations; il est toujours très délicat de les bien diriger en même temps, si habile soit-on. Pour certaines scènes à trucs, il est nécessaire d'entraîner la pellicule en arrière; pour d'autres, la pellicule doit marcher d'abord en avant puis en arrière. Pour ne pas avoir d'accidents dans ces opérations, il faut beaucoup de sûreté de main, c'est-à-dire ne pas hésiter pour entraîner franchement la pellicule. Enfin, on peut entraîner la pellicule avec le dispositif qui ne permet de ne faire qu'une image par tour de manivelle.

Il est inconcevable, à l'époque où nous écrivons ces lignes, que tous les appareils prises de vues ne soient pas entraînés mécaniquement ainsi que les mouvements de la plate-forme mobile qui supporte l'appareil. Nous savons que l'on y vient, mais trop timidement. Comme pour mitrailler, l'opérateur ne devrait avoir qu'à

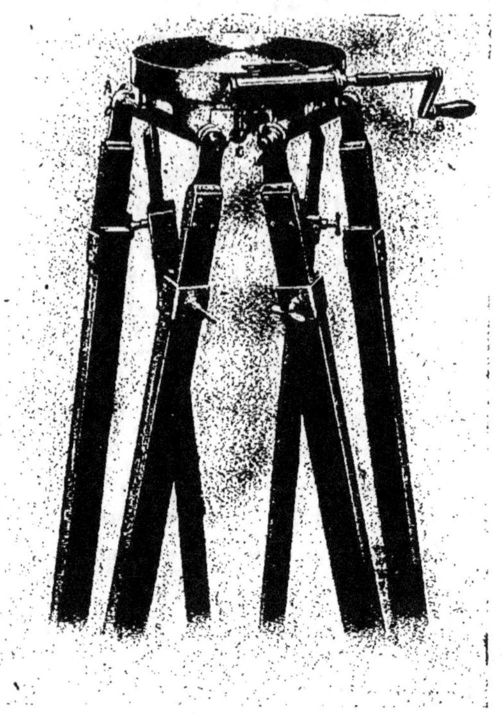

FIG. 64.

viser et à diriger sa prise de vue ainsi que le fait l'aviateur à bord de son avion, bien plus difficile à conduire. C'est une anomalie de la Cinématographie, comme le décentrement des objectifs pour mettre la vue correctement en plaque. Sur un appareil de 50 fr. on l'exige, mais sur un cinéma prise de vue de 5.000 fr. on ne veut pas encore l'admettre quoiqu'on en reconnaisse volontiers l'utilité (1).

____

(1) Comme nous le disons, déjà beaucoup d'opérateurs tournent leurs scènes au moteur, mais il ne s'ensuit pas encore pour cela que ces scènes soient tournées plus régulièrement. Les résistances variables de l'appareil ont une action

Recommandations à l'opérateur; nettoyage de l'appareil prise de vue; poinçonnage de la pellicule. — Nous ne saurions jamais trop recommander à l'opérateur cinématographiste d'apporter beaucoup de méthode, de sang-froid et de propreté dans l'exercice de ses opérations. Le matériel, dans ses plus petits détails, doit être constamment vérifié. Il faut s'assurer que l'entraînement de la pellicule se fait bien et que les griffes ne prennent pas de jeu, sans cela on verrait de suite l'image remuer à la projection. Le chargement de l'appareil doit se faire très rapidement, c'est une question d'entraînement. On doit toujours être prêt à opérer. Lorsqu'on prend une scène il ne faut pas se laisser impressionner par elle, la vitesse d'entraînement en serait modifiée involontairement. Lorsqu'on répète devant l'opérateur des scènes théâtrales, il doit considérer toujours celles-ci au point de vue photographique et au besoin indiquer les modifications que l'on peut y apporter : en ce qui concerne la composition du tableau, les metteurs en scène ne voient pas toujours ce qui peut être mieux, sur la pellicule, lors de la projection. (Voir page 271.)

La pellicule, quoique parfaitement propre, abandonne en défilant dans l'appareil prise de vue une quantité de petits déchets qui proviennent de son frottement sur les bords du couloir. Après chaque opération il faut donc avoir soin de nettoyer avec une brosse à poils rudes tout l'intérieur de l'appareil, sans cela les pellicules suivantes seraient rayées et les négatifs souvent rendus inutilisables.

Nous avons vu précédemment qu'une prise de vue ne comportait que rarement 120 mètres de longueur. Le plus souvent elle n'a que 10, 20 ou 30 mètres, puis l'on s'arrête pour préparer ou chercher une autre scène.

Pour développer ce morceau de pellicule et le retrouver une fois qu'il est terminé, on appuie sur le bouton K (fig. 62). Ce bouton commande un poinçon qui perfore la pellicule à l'endroit où elle est arrêtée; en la faisant avancer de un ou deux centimètres on peut effectuer un deuxième poinçonnage au-dessous du premier et ainsi de suite. Chaque fois que l'on s'arrêtera, on poinçonnera à nouveau et au déchargement, les coups de poinçon indiqueront

---

sur le moteur électrique neuf fois sur dix trop faible; c'est par des volants et des régulateurs mécaniques appropriés que l'on doit ici chercher la meilleure solution de ce problème.

sûrement là où il faut couper la pellicule pour en développer commodément les morceaux.

Pendant toutes ces opérations la pellicule négative sera encore bobinée et débobinée très lentement pour éviter les impressions électriques.

Sur la face arrière de l'appareil se trouvent encore un et quelquefois plusieurs cadrans; l'un peut indiquer le nombre de mètres de pellicule impressionnée, l'autre le nombre de tours de manivelle, etc. Ces derniers cadrans sont surtout employés pour les scènes à trucs, nous verrons dans quelles circonstances.

Renvoi des pages 221, 226, 318 et 323 concernant le développement des images négatives : Un des points de la doctrine de Hurter et Drieffield qui a été le plus discuté est le suivant : Si l'on donne à plusieurs plaques identiques la même série d'éclairages et que toutes autres conditions restant les mêmes, ces plaques soient développées pendant des durées différentes dans le même révélateur, on constatera que si, évidemment, les *densités* sont différentes sur chaque plaque, les rapports entre *densités* d'un même négatif se maintiennent constants quelle que soit la durée du développement.

Ce qui provoqua les discussions sur ce point, c'est que l'on confondait souvent les *densités* et les *opacités;* le rapport des *opacités* mesure le degré des contrastes de l'image et ce rapport se modifie constamment au cours du développement, mais Hurter et Driffield avaient oublié de dire : le rapport des *densités* est régi par les éclairages *et ne peut être modifié par le développement ou le correctif nécessaire,* « du moins de façon définie ou au gré de l'opérateur en vue de corriger les erreurs de rendu dues à une pose incorrecte ». Il ne faut donc pas exagérer la valeur personnelle des révélateurs qui ne peuvent nous aider utilement que dans les limites pratiques connues aujourd'hui par tous les photographes de métier.

Les traducteurs ajoutent : la loi d'invariabilité du rapport des *densités* doit se comprendre comme suit : quelles que soient les valeurs individuelles des *densités* créées dans une émulsion photographique, d'abord à l'état latent puis sous forme visible après que le développement est commencé, leurs *valeurs relatives* restent les mêmes pendant toute la durée normale du développement : chaque densité s'accroît pendant que le développement progresse, mais leurs rapports ne sont pas modifiés. L'action du révélateur est impuissante après coup pour cela, et c'est le temps de pose seulement qui peut faire varier ces rapports utilement.

Les *opacités* sont régies par d'autres règles que nous avons aussi laissé entrevoir.

CHAPITRE IX

Le théâtre cinématographique, sa construction, ses nécessités. — La machinerie, les décors, les accessoires, les costumes. — L'éclairage artificiel. — L'emploi et les dispositions propres aux studios noirs.

L'atelier où est cinématographié un certain nombre de vues animées a pris, dans l'industrie, le nom de théâtre ou plus récemment de studio.

En réalité, ces locaux vitrés ou non ne ressemblent que vaguement aux scènes de l'ancien théâtre. Il ne faut pas même qu'elles y ressemblent du tout.

Il y a quinze ans et plus tous les théâtres cinématographiques n'étaient prévus que pour laisser utiliser à leur intérieur la lumière naturelle. Mais sous nos climats, celle-ci n'est pas souvent ni longtemps constante dans ses effets photogéniques; tandis que le cinématographe est constitué par de la photographie continue et qui doit rester égale en valeur, pendant toute la durée que met à être enregistré un scénario complet.

Pour obtenir cette continuité et cette régularité d'une façon commerciale, c'est-à-dire au moment où on a réuni tous les éléments qui servent à constituer les scènes de la vue, décoration, acteurs principaux, figuration, accessoires, etc., il devenait indispensable de n'être jamais arrêté par les irrégularités de valeurs de lumière destinée à impressionner la pellicule négative cinématographique. Aujourd'hui, au prix où tout est, on ne peut plus attendre que le beau temps revienne et que la lumière veuille bien rester constante seulement pendant quelques minutes. Si pendant ce temps, le concurrent mieux outillé peut produire quelque chose d'équivalent ou même de meilleur, c'est la ruine à brève échéance pour toute exploitation rétrograde. Pour arriver à la régularité et à la constance de production, en Amérique d'abord, on a remplacé la lumière naturelle par la lumière électrique; en France, on a suivi, et aujourd'hui son emploi est courant; on exagère même l'importance que l'on peut lui attribuer.

EMPLOI DE LA LUMIÈRE NATURELLE

Pour satisfaire aux exigences photographiques employées en cinématographie, les ateliers doivent permettre d'introduire à leur intérieur une grande quantité de lumière par des surfaces vitrées considérables, mais, comme chez le photographe ordinaire, ces ouvertures seront garnies de rideaux opaques qui, au besoin, pourront les obturer tout à fait. C'est par le jeu de ces rideaux que l'opérateur adroit peut régler et calculer l'éclairage le plus artistique à donner au sujet cinématographié. De ces nécessités proviennent les premières difficultés à vaincre, si l'atelier est trop vaste.

Afin de pouvoir faire évoluer un grand nombre d'acteurs, pour composer et régler plusieurs scènes en même temps, on a souvent exagéré les dimensions de ces théâtres, d'où la difficulté de bien répartir la lumière, à distance, sur le ou les modèles.

Les premiers théâtres étaient vitrés sur leurs quatre faces verticales et sur toute l'étendue du toit. Actuellement on préconise de ne vitrer qu'un côté du toit et une des quatre parois verticales.

A notre avis, ces dispositions ne sont pas très avantageuses; en cinématographie, on a toujours besoin de beaucoup de lumière; cependant, pour bien éclairer une scène à l'aide de la manœuvre des rideaux, il y aurait avantage à pouvoir le faire de tous les côtés de l'atelier; de ce fait, il serait également possible d'y travailler à n'importe quelle heure du jour et par toutes les lumières.

Il peut y avoir un intérêt économique à diminuer la surface des parties vitrées, mais, en agissant ainsi, on ne facilitera pas la tâche des opérateurs artistes. Un des grands désagréments de ees ateliers, c'est l'excessive température qui y règne, aussitôt que le soleil donne dessus; il est toujours très difficile de bien ventiler ces cages de verre. Un théâtre cinématographique serait déjà très grand s'il avait 15 mètres de long sur 10 à 12 mètres de large. En hauteur, au faîtage, il n'y a pas nécessité de disposer de plus de 8 à 10 mètres.

Puisque le cinématographe doit produire les illusions et les effets de la scène théâtrale, examinons rapidement ce qu'était matériellement l'ancien théâtre, après nous comprendrons mieux

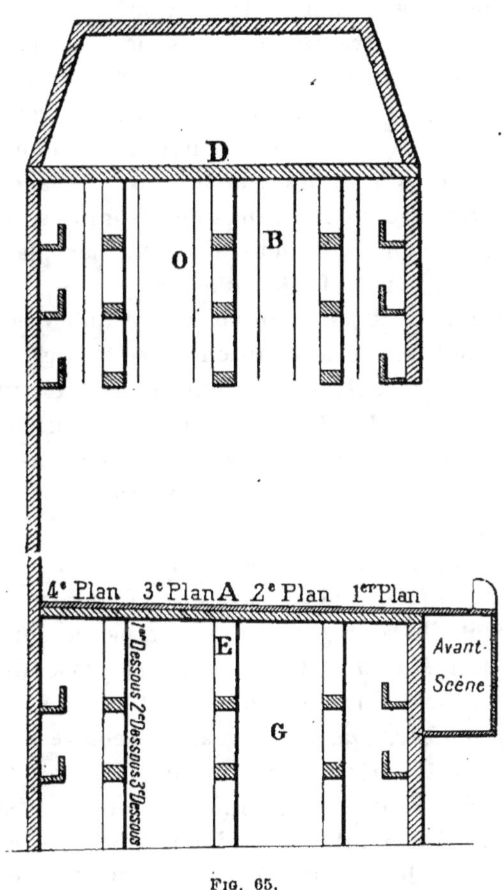

Fig. 65.

les nécessités auxquelles il aura à satisfaire pour imiter et même perfectionner les effets obtenus par son devancier.

L'ancien théâtre est caractérisé matériellement par trois éléments principaux qui constituent la scène (fig. 65) : en A se voit le plateau ou plancher; les dessus B et les dessous C. Sur une scène où on exécute des trucs, de la grande mise en scène, des changements de décors à vue, les dessus et les dessous sont indispensables. Le *plancher* de la scène est divisé dans sa longueur par parties égales que l'on nomme plans; il peut y en avoir un nombre plus ou moins grand, cela dépend de la profondeur de la scène. Chacun de ces plans est divisé en plusieurs parties : la plus large (1 m. 40 généralement) se nomme rue; elle est réservée à l'emplacement des trappes en dessous du plancher; ces rues occupent toute la largeur de la scène; puis viennent les trappillons, beaucoup moins larges (40 à 50 centimètres); c'est par ces parties du plancher, qui peuvent s'ouvrir, que montent les fermes ou parties de décors rendues rigides par une armature en bois; par plan, il peut y avoir deux rangs de trappillons. Enfin on trouve les *costières*, au nombre de deux ou trois par plan. Ces costières constituent des sortes de fentes n'ayant pas plus de 4 à 5 centimètres de largeur, c'est par leur ouverture qu'entrent et coulissent les mâts qui vont servir à maintenir droites les parties obliques des décors. Ces mâts entrent par leur extrémité inférieure métallique dans une sorte de chariot mobile, glissant dans le premier dessous. Pendant les ballets surtout, les costières sont formées par des tringles en bois garnies d'une ferrure afin de les empêcher de passer dans les dessous.

Les châssis formant les parties obliques des décors sont appliqués le long des mâts, mais, pour que ces décors ne puissent pas tomber en avant, ils sont pourvus à leur partie supérieure d'un *fil* ou cordage, nommé *guinde*. Ce cordage est passé autour du mât et attaché sur celui-ci à hauteur d'homme; le châssis ainsi *guindé* ne peut plus tomber. Dans les grands théâtres, certains de ces châssis ont 12 à 16 mètres de hauteur.

Le plancher du théâtre est incliné, il se trouve plus bas du côté de la rampe et plus haut au fond de la scène. Généralement on emploie une pente de 4 centimètres par mètre et cette disposition est suffisante pour mieux présenter les masses de figuration et les effets décoratifs. Nous verrons qu'en cinématographie, il faut bien se garder d'employer de semblables moyens en ce qui concerne le plancher de l'atelier prise de vue.

Les *dessus* B servent à équiper les parties de décoration telles que rideaux fermes, bandes d'air O qui, dans les changements à vue surtout, doivent être enlevées d'un seul coup et disparaître dans le cintre, pour laisser voir à leur place le décor suivant tout préparé ou amené en même temps par des manœuvres inverses. Les décors ainsi équipés dans les dessus sont suspendus au gril D par des *fils* ou commandes. Pour activer et faciliter la montée et la descente rapides de ces parties de décorations, elles sont toutes équilibrées sur leurs cordages et dans leur suspension par des contrepoids; ces derniers sont constitués par des pins en fonte enfilés sur des tiges de fer spéciales. Ces contrepoids montent et descendent dans des *cheminées* ménagées pour cet usage et placées contre les murs latéraux de la scène.

Au-dessous du gril les dessus sont généralement desservis par trois balcons latéraux correspondant aux premier, deuxième et troisième dessus. Dans les dessus on équipe aussi tous les systèmes de suspension qui permettent d'enlever avec des fils d'acier invisibles (cordes à piano) tous les sujets qui ont besoin de quitter le sol, soit danseuses représentant des anges, des papillons, des libellules, etc., etc.

Ordinairement, pour obtenir ces effets, on se sert de *cassettes* (Voir page 303) placées horizontalement et suspendues au-dessous du gril; par ce dispositif on se procure ce que l'on nomme au théâtre le vol oblique; nous verrons plus loin comment on peut l'équiper pour servir en cinématographie.

Les *dessous* sont généralement divisés dans le sens de la profondeur en trois étages, constituant, en haut, le premier dessous, puis ensuite les deuxième et troisième dessous. En partant de la rampe jusqu'au fond de la scène les dessous sont divisés en autant de plans que la scène en comporte. Chacun de ces plans correspond aux rues, aux trappillons et aux costières que nous avons déjà examinés sur le plancher.

Nous avons vu que toutes les parties du plancher étaient mobiles; elles peuvent coulisser dans des feuillures spéciales, ou bien s'ouvrir à charnières comme certains trappillons. Dans le premier dessous, sous les costières, on rencontre des rails sur lesquels glissent les chariots qui servent à recevoir la base des mâts, dont nous avons parlé.

Sous les trapillons sont les charpentes qui soutiennent le plancher et contre lesquelles montent les fermes.

L'espace compris sous les rues peut s'ouvrir de toute la largeur de la scène et en profondeur jusqu'au troisième dessous. Toute la surface du plancher ainsi découverte est absolument libre de tra-

Fig. 66.

verses et de toutes pièces de bois, jusqu'au fond du troisième dessous.

Supposons verticalement une rue ainsi complètement ouverte (fig. 66) et sur le fond du troisième dessous plaçons une plate-forme A dont les deux petits côtés viendront s'appuyer sur les charpentes B et B' supportant les dessous de la scène. Les points de contact contre ces charpentes seront constitués par des galets qui faciliteront l'ascension du système. Si nous attelons à la plate-forme une combinaison de câbles commandés par les deux treuils C et C', nous pourrons faire monter la plate-forme au niveau du plancher du théâtre et faire apparaître dessus tout ce que nous voudrons. Pour les apothéoses, ce mécanisme est très employé.

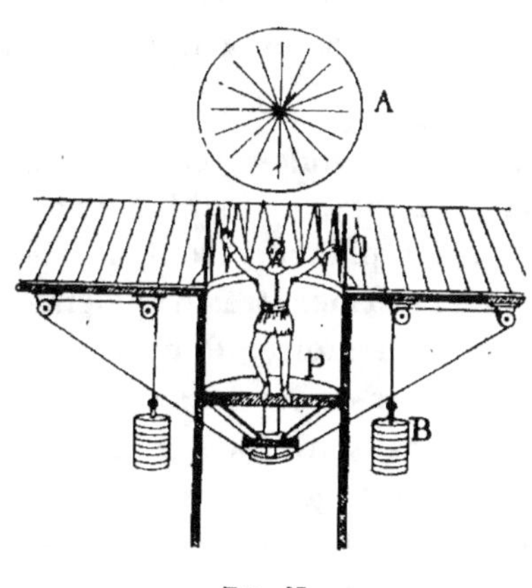

FIG. 67.

Dans les dessous sont équipées également les trappes. Tout le monde sait qu'elles servent à faire apparaître ou disparaître un ou plusieurs acteurs. Il y a trois sortes de trappes :

1° Celles dites à tampon, qui s'ouvrent le plus souvent en rond sur le plancher de la scène et qui font apparaître ou disparaître un acteur graduellement, celui-ci ayant l'air de sortir du sol ou paraissant s'y enfoncer plus ou moins lentement.

Le mécanisme de ces trappes est tout à fait du même genre que celui indiqué par la figure 65, il n'y a que la grandeur de la plate-forme, l'ouverture du plancher et l'équipage des fils et des contrepoids qui changent ;

2° Les trappes dites à étoile (fig. 67) ne sont déjà plus praticables qu'aux gymnastes car leur emploi demande de l'adresse. Le nom d'étoile vient de la forme de leur ouverture qui ressemble vaguement à une étoile (fig. 67 A). Chaque secteur de l'ouverture est vissé au plancher de la scène par sa base, à l'aide d'une charnière en cuir ; ce secteur peut se relever s'il est sollicité par en dessous de prendre cette position O (fig. 67) ; aussitôt que cet effort cesse il reprend sa position horizontale. Pour que tous les secteurs restent bien fermés, ils sont pris par leur pointe sous une tige de fer munie à une de ses extrémités d'un chapeau de même métal ; la tige peut être verrouillée sous le plancher.

Sous l'ouverture ronde de la trappe on équipe une plate-forme P (fig. 67). Celle-ci est sollicitée à monter très rapidement contre le plancher de la scène par des contrepoids (fig. 67 B).

Le fonctionnement de ce système est le suivant : l'acteur acrobate se place sur le plancher mobile, l'ouverture en étoile qui se trouve au-dessus de sa tête a été dégagée de sa tige centrale et les machinistes lâchent les contrepoids.

L'acteur est alors violemment projeté au-dessus du plancher au travers des secteurs de la trappe qui se sont ouverts sous son effort. L'adresse de la personne ainsi projetée consiste à ne pas retomber sur la trappe même, car elle pourrait en être blessée, la trappe céderait sous son poids. L'effet produit par ce moyen est considérable ;

3° Le dernier système de trappes, dites *anglaises,* est constitué par deux planches disposées horizontalement sur le plancher ou verticalement sur la surface d'un décor. Ces planches sont montées à charnières et peuvent s'ouvrir et se refermer très rapidement comme les portes à deux battants d'une armoire. Pour que ces portes manœuvrent très vite, elles sont munies de ressorts puissants, placés contre leurs charnières. Lorsqu'elles sont bien employées, c'est-à-dire très rapidement, elles produisent généralement beaucoup d'effet. Un acteur poursuivi, par exemple, est acculé contre une muraille, il va être pris infailliblement, mais la muraille cède sous son effort et il disparaît dedans. Ces trappes, disposées sur le plancher horizontalement, permettent également de faire disparaître instantanément un acteur qui se précipite sur leur surface.

Le personnage est reçu un mètre plus bas sur un matelas pendant que les deux planches se referment : il n'y a plus trace d'ouverture sur le plancher.

Ce sont encore de petites trappes qui servent à faire changer de costumes les acteurs. Ceux-ci sont habillés de deux costumes, l'un mis sur l'autre : celui de dessous est ordinaire, celui de dessus n'a pas de boutons, il ne tient dans ses parties que par des fils en boyaux passés dans des œillets.

Grâce à la coupe spéciale de ces costumes, lorsqu'on tire les fils en boyaux, les pièces du costume deviennent absolument libres et tombent, pour peu qu'elles en soient sollicitées par une traction venue du bas; le costume dont l'acteur est revêtu en dessous apparaît alors. Pour opérer le changement de costume en scène, l'acteur vient se placer devant une de ces petites trappes; par cette ouverture, un aide saisit les fils de boyaux qui vont jusqu'aux pieds de l'acteur, il tire d'abord les fils puis, vigoureusement, le costume, et d'un seul coup l'acteur est débarrassé de son premier vêtement qui a disparu en même temps par la petite trappe. Par ces ouvertures on fait encore apparaître de la fumée et les flammes de l'enfer, grâce à la légendaire pipe à lycopode!

Il se présente des cas où l'apparition d'un sujet doit se faire sur le décor même, sur un pilier de cathédrale, dans l'intérieur d'une cheminée, etc., etc. Voici comment on procède généralement : la partie du décor où doit avoir lieu l'apparition n'est pas peinte sur une toile ordinaire, mais bien sur une toile métallique et par conséquent transparente. Derrière cette toile s'en trouvent deux ou trois autres peintes qui ne sont pas métalliques, mais dont l'opacité est de plus en plus forte. Le personnage ou le tableau à faire apparaître est placé derrière ce dispositif et, grâce à un jeu de lumière bien dirigé et aux toiles non métalliques qui sont relevées progressivement, le spectateur voit d'abord s'estomper le sujet, puis celui-ci devient plus net, plus lumineux, jusqu'au moment où on le fait disparaître par des manœuvres inverses.

Pour produire les mêmes effets scéniques par le cinématographe, on emploie des moyens tout à fait différents, beaucoup plus simples et qui réalisent même des scènes et des illusions qu'il serait impossible de montrer sur un théâtre ordinaire.

Nous allons examiner maintenant en quoi diffèrent ces moyens et quelles seront les dispositions indispensables à établir dans un atelier-théâtre de cinématographie.

Pour les dessus de la scène d'abord, il est extrêmement rare d'avoir à enlever un décor ou un fond de décor, d'où la suppression radicale du gril et de tout l'équipage de cette partie de l'ancien théâtre. Ce qu'il faut ici, c'est surtout de la lumière; les toiles tendues, les galeries latérales, etc., etc., ne sont là, que pour nous la masquer, nous encombrer et ne nous rendre que de maigres services. Les décors pour scènes cinématographiques sont neuf fois sur dix très petits, relativement; nous verrons pourquoi, tout à l'heure. Au-dessus d'eux on ne doit disposer, au plus, que d'une fois leur hauteur. Au-dessus du plancher de la scène il y aura donc tout avantage à installer seulement un bon vitrage très transparent (1); sur les fermes métalliques qui le supportent, on attachera quelques poulies qui, à l'aide de fils passés dedans, serviront à suspendre les toiles de fond de certains décors. Ce qui sera indispensable dans ces dessus, c'est d'y disposer deux galeries

FIG. 68.

métalliques garnies de garde-corps. La première sera fixe et placée au fond de la scène et au-dessus de la hauteur normale des décors. Un machiniste placé sur cette galerie pourra, par exemple, faire manœuvrer à l'aide de cannes à pêche et de fils invisibles bien des objets qui paraîtront ainsi se mouvoir dans l'espace.

La deuxième galerie, ou plate-forme, moins longue, sera mobile. Pour cela, elle sera suspendue à des tiges en fer qui, au-dessus, auront leur autre extrémité fixée sur une sorte de chariot monté sur des rails fixés le plus près possible du faîtage (fig. 68). A l'aide

____

(1) Verre cathédrale.

d'un treuil fixe et de fils spéciaux, cette plate-forme pourra passer sur tout le dessus du plancher de la scène, depuis le premier plan jusqu'au dernier. Du haut de cette plate-forme mobile, et grâce à un support spécial, il devra être possible de cinématographier verticalement tout ce qui se passera sur le plancher de la scène. Nous verrons pour les scènes truquées tout le parti que l'on peut tirer de cette disposition. (Page 307.)

Fig. 69. — Une prise de vue au théâtre cinématographique.

Sur les poulies et les fermes du faîtage on équipera tous les systèmes spéciaux de suspensions qui permettront d'enlever les acteurs à l'aide de fils d'acier invisibles (voir scènes à trucs). Les idées les plus étranges ayant souvent besoin d'être réalisées en cinématographie, il sera toujours temps d'installer dans les dessus de l'atelier des moyens de fortune propres à leur exécution; voilà donc en quoi peuvent consister, simplement, les dessus du nouveau théâtre.

Le plateau de la scène n'a pas besoin de comporter des mâts ni des costières; nous le répétons, les décors sont très petits et, pour les faire tenir debout, il n'y a qu'à placer derrière, un bon morceau de bois incliné et retenu sur le plancher par une forte pointe. En cinématographie, le changement à vue par le décor n'existe pas, il est réalisé par un simple arrêt de l'appareil et un coup de ciseau bien placé sur la bande négative. On n'exécute à l'aide des décors que les transformations de tableau, par exemple l'apparition d'un groupe de nymphes dans une apothéose, etc. Deux précautions seront bonnes encore à prendre sur la scène : 1° il faudra que les décors soient solidement plantés sur le plancher et bien recommander aux acteurs de jouer dedans sans les faire remuer, sans quoi on aurait des tremblements de terre à la projection. Il est également indispensable de planter le décor de façon à ce qu'il soit bien éclairé à l'heure où on doit opérer. Si ce décor ne comporte pas l'usage des dessous de la scène, cela est très facile, on peut l'orienter comme l'on veut; 2° le plancher de la scène n'aura pas de pente et sa construction sera suffisamment solide pour qu'il ne remue pas sous les évolutions des acteurs; il faut s'assurer que le cinématographe est placé sur une partie du plancher bien fixe, sans cela les vibrations ainsi produites seraient visibles à la projection.

Les dessous de la scène cinématographique ne sont pas indispensables, beaucoup d'ateliers n'en ont pas et pourtant on y fait de bonnes bandes. Les trappes ordinaires sont remplacées ici de la façon la plus simple : pour disparaître ou apparaître, l'acteur fait le geste de s'envoler au ciel ou de s'enfoncer dans la terre et c'est dans ce mouvement que l'opérateur adroit choisit sur la bande l'image qui doit être coupée pour provoquer l'apparition ou la disparition. Si on a des trappes à sa disposition, évidemment on peut en tirer de bons effets, surtout des trappes à étoile qui projettent réellement l'acteur en l'air. Les dessous serviront aussi à faire apparaître des meubles truqués, des groupes de personnages, etc., etc. (1).

Certains ateliers possèdent sous leur plancher une piscine; celle-ci, dissimulée par des décorations, permet de réaliser certaines

____

(1) La construction des machines théâtrales a fait de grands progrès depuis ces dernières années; le fer y remplace de plus en plus le bois. Les presses hydrauliques sous formes de véritables ascenseurs, y ont remplacé les antiques trappes. Le lecteur que cette machinerie nouvelle pourrait intéresser trouvera certainement de précieux renseignements auprès de MM. Wessbécher, à Paris, car ceux-ci se sont fait une spécialité de ces machines nouvelles.

scènes aquatiques qu'il serait difficile d'exécuter en plein air (1).

Les changements de costumes, les apparitions de flammes, de fumées, se réalisent sans l'aide des dessous. Il en est de même des apparitions de personnages au milieu du décor et parmi des acteurs déjà en scène.

On peut même faire changer tout un décor et le remplacer par un autre en employant des moyens purement photographiques; l'ancienne machination théâtrale n'a donc plus grand'chose à faire ici et on a tout intérêt à la réduire au strict nécessaire (voir chapitres X et XI).

Les DÉCORS cinématographiques sont seulement peints à la colle et d'une seule teinte; celle-ci est généralement gris bleuté, le cinématographe ne reproduisant pas encore industriellement les couleurs.

Par ces décors, il est très difficile, dans la pratique, d'imiter la nature, surtout pour les paysages. Les décors sont recommandables pour les intérieurs d'appartements et de maisons simples, la représentation de mines, de souterrains, etc., etc., enfin tous les endroits que l'on ne rencontre pas bien éclairés. Le défaut, presque général, de tous les décorateurs qui peignent pour le cinématographe, c'est d'exagérer les contrastes des ombres, de leurs moulures et de tout ce à quoi ils veulent donner l'impression du relief. Pour un théâtre ordinaire et sur un décor en couleurs, ces contrastes servent à l'effet, mais en photographie on fait neuf fois sur dix des clichés trop durs; si on photographie encore un modèle dur l'image devient très vilaine et la bande aussi. Par la peinture à la colle monochrome, il est pourtant possible d'imiter presque exactement la nature en reproduisant par la photographie un décor bien étudié pour donner des valeurs justes, mais il faut avoir à faire à de véritables artistes pour y parvenir.

Le cinématographe moderne cherche à réaliser des décorations toujours plus belles et donnant davantage l'illusion de la réalité; aussi, le décor plat ancien perd de plus en plus de son importance propre, il ne sert plus, pour ainsi dire, que de support à des quantités d'objets réels, qui viennent par leur relief, leurs formes, leurs couleurs propres rehausser l'ensemble du milieu où la scène se joue. Pour que l'illusion soit plus complète encore on réalise réellement les épaisseurs des murs, les moulures

____

(1) Depuis il a été reconnu que ces piscines ne servent presque jamais.

des portes, des fenêtres, les encadrements des tentures et des pla-
fonds; ce que l'on nomme en architecture la pâtisserie, etc.
Comme nous l'avons déjà dit, on donne de plus en plus d'importance aux acteurs qui jouent les scènes cinématographiques, en
les photographiant de très près; par ce moyen, leurs expressions
ou jeux de physionomie sont bien plus puissamment détaillées
par la photographie. Dans ces conditions, il reste de moins en

FIG. 70. — Décoration à relief naturel exécutée, pour le Scénario de la *Dame de Monsoreau*,
réalisé par M. Vandal et Ch. Dulac (Aubert, éditeur). Décoration de M. Delathe.

moins de place sur la scène cinématographique pour montrer le
décor dans son ensemble et c'est pour cela que l'on a eu l'ingénieuse idée de composer de très grands décors relativement, représentant les parties les plus artistiques des grands appartements ou
galeries modernes; puis, dans ce grand décor, on dispose et on
utilise une suite de coins, de parties qui, à eux seuls, constituent
un petit décor accessoire, tel que l'endroit où madame travaille,
monsieur écrit, celui où est installé la table de jeux, le piano, etc.
Sur ces parties on peut jouer plusieurs scènes qui ne seront
jamais situées sur le même coin du décor et après on pourra

encore exécuter un ou plusieurs ensembles sur le décor général qui produiront des effets nouveaux, et qui fixeront mieux le spectateur sur la valeur du lieu représenté. Pour meubler ces sortes d'intérieurs, il faut évidemment beaucoup de goût et de bibelots de toute sorte : tentures, colonnes, tableaux, statues, bronzes, meubles de style, etc.; mais on trouve à louer facilement tous ces objets et on arrive ainsi à faire varier à l'infini la composition de ces milieux décoratifs qui plaisent au public parce qu'on les réalise continuellement au goût du jour et dans tous les styles possibles et imaginables. (1)

Les décors du cinématographe sont relativement petits.

Les décors où il doit y avoir une foule qui évolue, par exemple des danseurs dans un salon somptueux, peuvent être plus grands, mais autant que possible il faut éviter de jouer des scènes qui demandent beaucoup d'expression dans ces grands espaces, l'intérêt de la bande y perdrait, à moins de ramener les acteurs au premier plan et de sacrifier le décor pour jouer ces scènes.

Pour montrer des palais immenses, les décors peuvent avoir une grande profondeur, mais alors, il faut les photographier de très loin pour éviter de disproportionner leurs plans différents, il faut aussi se servir, dans ce cas, d'objectifs à long foyer (fig. 71).

Pour composer et mettre en place la maquette de ces grands décors, on doit tenir compte de l'angle embrassé par l'objectif, qui servira à la photographie; sans quoi, on aurait, ce que l'on nomme des *découvertes*.

En Amérique, on réalise actuellement des merveilles de décoration pour le cinématographe et qui laissent bien loin derrière elles tout ce qui avait été exécuté en France au moment où le cinématographe y était le plus prospère. L'Amérique étant un pays neuf il lui manquait des monuments anciens et des styles que l'on peut rencontrer en Europe; les Américains ne se sont pas laissés embarrasser pour si peu et ils ont reconstruit de suite et de toutes pièces ce qui leur faisait défaut. Jusqu'à présent, ici on leur reconnaissait peu de goût pour les beaux-arts et l'on mettait facilement en doute leur faculté d'appréciation pour les choses belles et de style. Ce qu'ils nous montrent aujourd'hui en cinématographie est absolument fait pour détruire cette légende, et on aurait très mauvaise grâce à ne pas le reconnaître franchement ici.

––––––––––––

(1) La tradition veut aussi que dans ces ensembles il se trouve un escalier et s'il n'y était pas les metteurs en scène seraient dépaysés.

Pour arriver à ces buts, les Américains ont su employer industriellement les études artistiques de leurs peintres, de leurs architectes, de leurs lettrés, toutes professions ici bien délaissées et même méprisées souvent par les cinématographistes industriels. Ces spécialistes déjà éduqués ont pu, grâce à l'argent américain, exécuter des décorations on ne peut plus fidèles et artistiques. Nous avons vu des intérieurs de palais maures reconstitués avec un goût, un grandiose que la réalité vraie n'avait peut-être jamais égalée, sinon dans les contes des mille et une nuits, et cela, sans que la blague ou le goût français puissent y trouver à redire. Les Américains n'hésitent pas à construire les extérieurs aussi bien que les intérieurs, suivant leurs conceptions, mais plutôt à l'aide de décors peints et sans reliefs réels; ils reconstituent le monument lui-même avec ses dimensions propres, ses épaisseurs, ses sculptures, ses reliefs, et ils le patinent justement pour avoir de bonnes valeurs en photographie noire. Nous avons vu une mosquée ainsi reconstituée qui était une merveille pour nous, peintres parisiens. Sous le porche, sur les marches, à l'intérieur de cette mosquée les acteurs et les metteurs en scènes avaient su composer des scènes on ne peut mieux éclairées; il y avait là une recherche d'art et de haute composition scéniques du plus heureux effet et dont nous ferons bien de nous inspirer plutôt que de les critiquer. Du reste, ces remarques se généralisent en France, et plusieurs journaux en parlent. Nous citerons à l'appui de ceci le résumé d'un article paru dans *Comœdia,* et dû à M. Bachman, le peintre américain bien connu à Paris et dont le Luxembourg possède plusieurs toiles. Cet artiste raconte sa visite chez Douglas Fairbanks, et décrit ce qu'il a vu dans son studio : « Nous vîmes de loin, en plein air, un château féodal imposant par sa structure de colosse massif et semblant écraser les infimes bungalows des alentours; je restais médusé. Ce château, reconstitué avec ses cours et ses dépendances, ses tours hautes de plusieurs centaines de pieds avec des murs certainement aussi épais que ceux de ses frères français. Seulement il était tout neuf; mais il paraît qu'ainsi l'exigeait le scénario du film pour lequel il était construit. Ce château n'était pas encore achevé et quelques centaines d'ouvriers travaillaient à bâtir son aile gauche. Nous nous y rendîmes. A part les fondations du manoir qui étaient en pierres de taille les murs étaient construits de la façon suivante : sous un hangar immense, une cinquantaine de plâtriers faisaient couler du plâtre liquide mélangé de fibres et de copeaux dans des moules de caoutchouc durci (procédé employé en France depuis longtemps). Le plâtre, une fois solidifié, sortait de ces moules sous forme de panneaux qui étaient semblables à de grands morceaux de muraille. Une fois ces panneaux assemblés sur une forte charpente puis repeints en grisaille, quelques herbes folles et un peu de mousse collées aux fissures, achevaient de lui donner un aspect d'un réalisme parfait. Il est impossible de juger sur l'écran si on a devant soi du vrai ou du faux.

La Wardrob (salle pour les costumes et accessoires) est encore une chose merveilleuse. Nous vîmes là des milliers de costumes qui ont été spécialement confectionnés pour la réalisation de The Spirit of Chevalery. Plusieurs centaines de cottes de mailles avec les hommes, les armes, les lances, les sabres, etc. Par curiosité, je regardais de près plusieurs de ces costumes. Je crois que l'on n'en a jamais vu de pareils, même à l'Opéra. Ils ont été dessinés par des experts et des techniciens et confectionnés avec un souci scrupuleux des moindres détails. La lisse où se dérouleront les tournois a été construite d'après le modèle exact des images du temps.

Après toutes ces découvertes, la série de mes étonnements n'était cependant pas encore finie. Nous arrivâmes en effet dans un étrange chantier dans lequel des ouvriers fabriquaient des arbres.

En effet, la Californie ne regorge pas de chênes centenaires, et comme la présence de ces grands arbres est nécessaire dans le prochain film de Douglas Fairbanks, il n'a rien imaginé de mieux que d'en faire construire une forêt! (A nous, Jules Verne!) Il a fait venir de grandes photographies de chênes, des modèles de leurs feuilles, et pendant que des ouvriers sont occupés à monter sur des tiges de fil de fer des feuilles découpées automatiquement dans des sortes d'étoffes vertes, d'autres ouvriers fixent ces feuilles aux branches et aux branchettes qui, à leur tour, sont montées sur le tronc de l'arbre. Ce tronc est lui-même constitué par un squelette de bois recouvert de plâtre puis peint. Un tel décor pour le château seulement ne coûte pas moins de deux cent cinquante mille dollars, et la réalisation de tout le film dépassera certainement tout ce que l'on pourra essayer de calculer et, comme le tout sera très artistique et très bien joué, le succès est assuré. » (1)

------

(1) Depuis nous avons pu voir à Paris la bande pour laquelle avaient été créées ces merveilles, Robin des Bois! Les chevaliers gardaient bien, tout de même, un peu leur tournure et leurs gestes américains. Le château et les arbres étaient bien aussi légèrement carton pâte, mais à part cela le film était très

Pour d'autres sujets, les Américains n'hésitent pas à construire des rues de villages, les intérieurs des maisons, leurs jardins, leurs dépendances, servent à situer les scènes dans le milieu qui leur est propice.

Dans cet ordre d'idées, nous avons vu des ruines copiées sur celles de l'Egypte ancienne qui étaient des merveilles d'exactitude et d'art. Au milieu de ces ruines on voyait évoluer plus de vingt lions en liberté; à certains moments, ces animaux se battaient avec les acteurs ou les dompteurs costumés comme les vrais acteurs, l'illusion était complète, et l'effet très saisissant. Pour corser ces scènes extraordinaires qui se passent dans ce décor magnifique, le tout finissait par un tremblement de terre réglé d'une façon parfaite. On voyait d'abord le jour s'assombrir, de gros nuages passer au milieu des colonnades, puis successivement, on apercevait des édifices entiers s'écroulant, cela, au milieu de coups de foudre imités d'une façon merveilleuse, et pourtant on sait si là, on pouvait retomber facilement dans le tonnerre en zinc de la Belle Hélène! La forme scientifique de l'étincelle électrique visible était scrupuleusement reproduite et elle se montrait bien au milieu d'une fulguration lumineuse entourée de fumée, juste suffisante pour produire· un effet des plus naturels et des plus saisissants.

Nous pourrions multiplier à l'infini ces exemples, mais la place nous manque; ils montreront déjà à quelle forte partie le cinématographe français a affaire, pour maintenir sa supériorité.

Ces manières de construire des décorations, dites réelles, ne sont pas nouvelles. C'est en somme ce dont on se servait pour édifier les palais éphémères de nos expositions; la construction en carton-pâte comme l'on disait ici.

Il y a plus de quinze ans que M. de Froberville, peintre-décorateur, érudit et artiste de grand talent, avait créé en France des décors de ce genre. Naturellement ils revenaient à des prix plus élevés que les autres et le cinéma français n'en voulait pas à ces moments-là. Mais lorsqu'ils nous reviennent d'Amérique et que la mode en a consacré l'usage, il faut que nous y revenions aussi. Sans parti pris, nous croyons que les peintres-décorateurs français, laissés à leurs inspirations, ceux surtout qui ont travaillé pour notre Opéra depuis deux siècles, n'ont jamais été égalés en art, en savoir et en talent. C'est pour cela que leurs élèves ou

---

bien et d'une somptuosité qui nous est interdite, du moins actuellement. Au début, et à Paris, il a assuré de très bonnes recettes et c'est le principal.

leurs admirateurs actuels sont capables de produire de la plus belle décoration que partout ailleurs, à la condition qu'on leur fournisse pour cela, les éléments matériels et financiers indispensables (fig. 71).

Les *accessoires* dans les décors du cinématographe sont très recommandés; n'oublions pas, en effet, que c'est de la photographie que nous faisons et l'on sait que ce procédé reproduit au mieux les moindres détails. Lorsqu'on se lancera dans les reconstitutions

Fig. 71. — Décor à relief naturel exécuté pour un scenario édité par la Société Gaumont.

historiques, il faudra respecter les styles et les époques, sinon on serait vite ridiculisé.

Bien des théâtres cinématographiques possèdent un magasin où s'entasse rapidement une foule d'objets des plus extraordinaires; il ne faudra pas oublier d'y admettre au moins deux ou trois mannequins grandeur naturelle et bien souples; ces acteurs modestes auront de grands rôles à remplir et passeront certainement de bien mauvais quarts d'heure, mais combien seront-ils faciles à diriger pour leur directeur!

Un petit arsenal est indispensable : 5 ou 6 fusils de chasse ou Gras réformés, autant de revolvers, de sabres et d'épées, quelques lances et casques, des cartouches à blanc et de la poudre noire, à moins qu'on ne voie comme en Amérique, beaucoup plus grand.

Les *costumes*, pour le cinématographe, doivent être choisis avec beaucoup de soin, en ce qui concerne leurs couleurs. La pellicule actuelle est orthochromatique, mais elle ne l'est pas suffisamment pour faire d'un costume rouge éclatant et lumineux une reproduction photographique claire; le costume de cette couleur sera toujours foncé sur l'écran de projection, les jaunes clairs et les verts seront aussi mal reproduits, tandis que des robes de couleur bleue, très bleue ou violette foncée, seront blanches à la projection. Pour harmoniser la composition des tableaux il faudra donc choisir des couleurs neutres, indécises, et qui donneront des valeurs reconnues bonnes. Pour ces raisons, les costumes provenant ou servant aux théâtres ordinaires doivent être sélectionnés. Les maillots roses, qui font si bon effet aux feux de la rampe, donneront des jambes obscures à la projection cinématographique; il en est de même des perruques blond ardent, ou rouges. Le fard des acteurs doit être spécial aussi, c'est par la pratique que l'on pourra en déterminer les justes valeurs. (Voir page 281.)

L'atelier de cinématographie devra comporter plusieurs loges destinées à l'habillement des acteurs et des actrices, ainsi que toutes les dépendances nécessaires. Les Anglais y installent tout le confort moderne avec salles de bain.

Dans certains ateliers on prohibe les costumes, les chemises, les jupons et tous les objets blancs, sous le prétexte qu'ils viennent trop durs en photographie et qu'ils produisent des effets déplorables au milieu des tableaux.

Tous les photographes de métier admettront de suite que le seul coupable en cette circonstance, c'est le bain révélateur trop concentré en hydroquinone, métol et bromure. Il est évident que si on donne à développer des négatifs à des employés inexpérimentés, il vaut mieux prendre cette précaution, mais tout opérateur sérieux peut obtenir de bonnes et justes reproductions des objets blancs s'il sait son métier.

Eclairage à la lumière artificielle
des théâtres cinématographiques.
Les modernes Studios.

Nous avons déjà indiqué les raisons qui avaient fait adopter de plus en plus ces éclairages supplémentaires et spéciaux. Ils ont bien des avantages; ils ne sont pas sans inconvénients; nous allons les étudier.

En France, il existait beaucoup de théâtres de prises de vues éclairés et disposés pour utiliser la lumière naturelle. On avait donné à ces théâtres des dimensions relativement grandes, pour pouvoir y tourner plusieurs scènes à la fois sur des décors différents.

On conçoit facilement que de tels halls vitrés soient très difficiles à éclairer avec de la lumière artificielle.

C'est pour cette raison que l'on cherche seulement à régulariser leur production en y aidant la lumière naturelle par la lumière artificielle.

Aujourd'hui, ce sont les Studios noirs qui ont toutes les préférences des cinématographistes; on a même exagéré leur emploi; la transparence de l'atmosphère ne se met pas en bouteille; si l'on est artiste, on comprendra cela du premier coup, si on ne l'est pas, ce n'est pas la peine d'insister.

Nous sommes effrayés par le nombre d'ampères que l'on affirme être nécessaires pour obtenir des résultats heureux dans ces ateliers!

Pour fixer de suite les possibilités, nous dirons que, personnellement, nous avons pu cinématographier à la vitesse normale, un personnage en mi-corps, en l'éclairant seulement avec deux arcs électriques débitant chacun 10 à 15 ampères; ce personnage était entouré de réflecteurs constitués par des rideaux en calicot blancs et les lampes brûlaient à nu avec des charbons ordinaires. Pour éclairer un décor normal de la cinématographie, il faudra évidemment beaucoup plus de lumière, dans ce cas, 6, 10, 30 lampes du même ampérage deviendront indispensables, mais cela à la condition de bien utiliser leur rendement lumineux et photogénique.

Actuellement, nous devons éliminer les lampes dites à incandescence à filaments métalliques plus ou moins survoltés. La lumière produite par ces lampes nous paraît très brillante à l'œil, parce qu'elle est jaune, mais elle impressionne bien moins utilement les pellicules cinématographiques que les lampes à arc ou à vapeur de mercure, dont la lumière renferme plus de rayons bleus et violets (1). On pourrait aussi, dans ce cas, employer les tubes à gaz raréfiés ou à incandescences spéciales, il y a de ces tubes contenant certains gaz qui fournissent des lumières très bleues, mais en France, nous ne connaissons pas encore d'emplois pratiques de ces procédés; du reste, ces tubes sont encore très fragiles, comme ceux à vapeur de mercure, c'est pour cela que l'on y renonce souvent quoique, artistiquement, ils puissent rendre des services que l'on appréciera plus tard.

On a recommandé et employé beaucoup en Amérique les tubes dits à vapeur de mercure. On sait la désagréable lumière produite par ces engins... (2).

Ces tubes ne sont pas économiques, du fait de leur consommation de courant; à la vue, ils paraissent donner beaucoup de lumière, mais il a été reconnu que pour faire de la photographie avec, il fallait dépenser autant d'ampères qu'avec les lampes à arc, si l'on voulait arriver à obtenir les mêmes rendements photogéniques. Chacun de ces tubes absorbe 6 ampères, si on s'en sert sur un courant de 110 volts.

Actuellement, il ne reste donc à utiliser pratiquement que les lampes à arc. On sait que ces lampes ne sont pas économiques au point de vue de leur consommation de courant, c'est ce qui fait disparaître de plus en plus leur emploi dans les éclairages industriels et municipaux; pour les théâtres cinématographiques on les conserve du fait de leur qualité de lumière et de leur régularité.

Une lampe à arc, quel que soit son système de réglage, c'est-à-dire le mécanisme qui sert à maintenir un écartement normal entre les deux charbons d'où jaillit l'arc électrique, peut donner de la lumière de bien des couleurs différentes.

A propos de ces régulateurs, nous dirons encore qu'il faut toujours préférer les systèmes dits différentiels à ceux dits en série.

Pour éclairer un studio cinématographique, on ne doit avoir

---

(1) Depuis peu et grâce à l'emploi des émulsions panchromatisées on parle de pouvoir employer la lumière jaune des lampes à incandescence bien poussées.

(2) On prépare des écrans spéciaux qui modifient ces éclairages blafards dont tout le monde connaît la couleur, mais cela est-il très avantageux au point de vue actinique?

recours qu'au courant continu, si on se trouve sur un secteur qui ne le distribue pas ainsi, ou si on ne le produit pas soi-même, il faut le transformer absolument; on ne pourrait pas obtenir de vraie régularité sans cela.

Faut-il employer des grosses lampes à fort débit? Nous sommes d'avis qu'il vaudrait mieux employer beaucoup de petites lampes d'un débit de 8, 10, 15 ampères, mais cela n'est pas aussi économique que quelques grosses lampes de 25, 30, 50, 80 ampères. C'est pour cette raison que presque partout en France, les studios possèdent des lampes de 30, 50, 80 ampères, cela au détriment des yeux et des peaux des acteurs qui jouent la comédie devant ces soleils artificiels.

Pour ce qui est de la couleur et des qualités panchromatiques de la lumière que peuvent fournir les lampes à arc, les Allemands avaient monté, avant la guerre, une réclame formidable, pour dire qu'il n'y avait que leurs lampes qui pouvaient à cet égard fournir de la bonne lumière photogénique. Leurs combinaisons, pourtant, étaient bien faciles à analyser et ne s'y laissait prendre que qui voulait. En gens pratiques, ils avaient combiné des lampes à arc très simples possédant un réglage régulier et suffisant qui coûtait bien moins cher que le réglage de luxe et de haute précision que l'on trouve dans les lampes construites en France. Ces lampes à réflecteur blanc, par économie, étaient montées en tension deux à deux sur un même support roulant, de manière à faciliter leur déplacement; sur le pied de ce support étaient installées les résistances qui permettaient de faire varier le débit de ces lampes entre 30 et 50 ampères environ pour chaque foyer. Comme charbon, les Allemands avaient de suite proposé ceux dont le centre ou la mèche, comme l'on dit en terme de métier, était composé avec des oxydes, des poudres métalliques destinés à produire, pendant leur combustion, le plus de rayons photogéniques possible, c'est-à-dire ici, bleus ou violets.

Aujourd'hui, après expériences nombreuses et comparatives, on commence seulement à admettre qu'en France, sans réclame, on fait d'aussi bonnes lampes à arc, mais plus coûteuses, tandis que les charbons français sont mieux étudiés et donnent des résultats supérieurs à ceux des Allemands et cela à des prix plus bas.

Les lampes à arc de moyenne intensité que nous venons d'examiner, ou leurs semblables, servent généralement à former ce que l'on nomme dans les studios la lumière ambiante, celle qui éclaire uniformément la scène à faire; après, on admet qu'il faut encore placer sur les personnages qui jouent, sur les objets principaux de la mise en scène, *des effets* de lumière qui les feront mieux valoir ou leur donneront un aspect qui s'harmonisera mieux avec leur caractère. On doit donc disposer de sources lumineuses plus puissantes encore et surtout plus concentrables afin que l'on puisse mieux diriger et réunir leur lumière sur le même sujet.

Pour arriver à ce résultat on a eu recours aux projecteurs qui sont le plus souvent employés dans la marine pour l'éclairage à distance des navires ou des passes (1). On sait en quoi consistent ces appareils. Ce sont des parties de cylindre métalliques qui peuvent avoir environ 40, 60, 80 centimètres de diamètre et autant en profondeur. Au fond de ces boîtes se trouve un miroir à face concave. Devant ce miroir et à bonne distance, on place un arc électrique qui se manœuvre le plus souvent à la main. Ces arcs débitent généralement 80, 100 ou 150 ampères; ils sont réglables, par rapport à la position qu'ils occupent devant le miroir concave qu'ils éclairent directement, plus ils sont près de ce miroir, plus les rayons réfléchis divergent, c'est-à dire s'étalent sur une grande surface. Au contraire, ils se concentrent sur un espace plus petit si l'on éloigne l'arc suffisamment et on produit alors ce que l'on nomme des rayons à peu près parallèles; plus les rayons sont étalés, moins ils sont puissants en photographie.

Nous verrons par la suite comment sont employés ces projections. Les lampes destinées à produire l'ambiance lumineuse du tableau sont généralement montées sur des chariots roulants munis de galets caoutchoutés pour faciliter leurs déplacements, elles sont accrochées les unes à côté des autres par 3, 4 ou 6 sur la même rangée; il peut y avoir deux ou trois rangées de ces lampes sur le même chariot, comme le montre la figure 72. Pour la lumière qui doit venir d'en haut, on se sert de plafonniers qui contiennent deux ou trois lampes à arc chacun; dans ce cas, les tubes à mercure seraient intéressants pour fournir de la lumière diffuse, mais nous avons vu que leur fragilité les avait fait abandonner souvent.

Dans les plafonniers que l'on voit aussi dans la figure 72, les lampes à arc sont enfermées dans une boîte métallique qui fait

---

(1) La maison Sautter Harlé a établi des types de projecteurs à miroirs et des supports pour cet usage; ils sont très bien étudiés scientifiquement et pratiquement, ce sont des instruments de haute précision et qui procurent d'excellents rendements.

réflecteur et abat-jour; il y a bien d'autres modèles de ces plafonniers.

Au point de vue installation électrique, il y a des remarques
intéressantes à faire concernant un studio cinématographique.

On admet, aujourd'hui, qu'il faut pouvoir y disposer au moins
de 600 à 1.000 ampères et il en existe qui sont plus puissants
encore, surtout si l'on veut y tourner plusieurs scènes en même
temps.. Le débit en courant d'un tel établissement est des plus
variables; en effet, on ne produit l'éclairage complet d'une scène qu'au
moment de la tourner, on la prépare, on la fait répéter avec un
éclairage réduit. Le plus souvent à Paris, on dispose pour alimenter
les studios de courant alternatif à haute tension (voir page 445); il
faut transformer celui-ci comme nous l'avons déjà dit pour alimenter les lampes à arc et puis parce que le courant alternatif
produit un éclairage intermittent à périodes obscures et plus lumineuses successivement, peu indiqué dans ce cas. Pour transformer
le courant alternatif à haute tension en courant continu, on peut
se servir de groupes convertisseurs rotatifs ordinaires, mais il est
préférable que les génératrices soient compound pour équilibrer
plus facilement et plus rapidement les différences de consommation de courant qu'aura à fournir continuellement le groupe con-
vertisseur.

Par économie, dans le studio, on peut se servir de deux sortes
de courant continu que l'on distribue à l'aide de deux canalisations
jumelles : une à 220 volts pour alimenter les lampes à arc
ordinaires montées en tension, et une à 110 volts pour fournir directement le courant aux gros et puissants projecteurs.

Tout autour du studio, on installe des prises de courant spéciales
à rupture brusque pour éviter les arcs de ruptures; on doit aussi
bien garantir les plombs fusillés de ces prises de courant .

Pour conduire le courant de ces prises aux appareils qui supportent les lampes à arc, on se sert de conducteurs doubles, de la
section voulue pour qu'ils ne chauffent pas; on les enferme en plus
de leur isolement dans des gaines de cuir solide; grâce à cette précaution, ces fils peuvent traîner sur le parquet du théâtre; on peut
même marcher dessus sans risquer, pendant longtemps, les courts-
circuits et les ruptures prématurées.

Pour certains jeux de scène ou des effets spéciaux, on a encore
recours à des petites lampes à arc à main que l'on peut dissimuler
facilement sous un abat-jour, au fond d'une cheminée, etc., ou que

Fig. 72. — Un atelier ou théâtre cinématographique disposé pour employer la lumière naturelle aidée par la lumière électrique (Cliché Gaumont).

l'on place près d'un acteur pour l'éclairer et le suivre dans ses jeux de scènes.

Manière d'éclairer les scènes cinématographiques à la lumière artificielle. — Maintenant que nous connaissons le matériel indispensable à l'éclairage de ces scènes, nous allons examiner la meilleure manière de s'en servir.

On peut considérer cet emploi relativement à deux cas principaux :

1° L'éclairage complémentaire par la lumière artificielle d'un atelier de prises de vues cinématographiques déjà éclairé, lui-même, par la lumière du jour;

2° L'éclairage et la pratique du *Studio noir* où la lumière artificielle de source électrique, jusqu'à ce jour, doit remplacer complètement la lumière naturelle.

L'atelier ou théâtre cinématographique, du moins en France, à Paris et dans sa banlieue, est généralement construit très vaste. Pour cette raison, les parois qui limitent ses dimensions sont relativement très éloignées des sujets; de plus, elles ne sont pas réfléchissantes puisqu'elles doivent, par leur transparence, laisser passer la lumière naturelle. Pour bien utiliser de la lumière artificielle, produite à grands frais, ce sont deux conditions mauvaises.

La figure 72 que nous devons à l'amabilité de M. Gaumont, montre les dispositions généralement adoptées dans ses ateliers.

La lumière artificielle produite par des lampes à arc électriques même très puissantes et nombreuses comme nous le voyons sur cette figure, ne traverse pas l'espace sans y perdre une notable partie de son énergie photographique. La terrible loi du carré de la distance intervient là d'une façon bien fâcheuse!

C'est pour ces raisons qu'il faut pour éclairer, même un petit décor, beaucoup de lumière artificielle, afin de produire un effet sensible et capable d'améliorer celui de la lumière naturelle.

Sur la figure 72, nous voyons 18 à 20 lampes à arc de 80 ampères en fonction, plus les deux plafonniers qui peuvent en comporter 4 chacun; au-dessus du décor, nous remarquerons aussi, de chaque côté, les deux projecteurs dont on peut faire converger les rayons plus ou moins sur une partie de la scène en exécution. Enfin, sur le théâtre, il peut aussi y avoir un ou deux gros projecteurs ou des lampes portatives, pour éclairer au mieux les acteurs pendant leur jeu. Ce sont les metteurs en scènes et les opérateurs qui décident et qui jugent du meilleur emploi à faire de la lumière dont ils disposent, du fait du fonctionnement de ces formidables engins.

Si nous disons formidables, c'est que, dans ce cas, on est forcé d'utiliser fort mal beaucoup de lumière produite, faute de pouvoir disposer de surfaces réfléchissantes la récupérant mieux.

L'ÉCLAIRAGE DU STUDIO NOIR va être, à notre avis, beaucoup plus intéressant à étudier et les résultats qu'il devra fournir pourront être très artistiques et complets.

Dans ces conditions, le tout n'est pas tant d'avoir à sa disposition des milliers d'ampères, mais seulement de savoir les utiliser comme il faut. Prenons une lampe à arc quelconque et mettons-la allumée sans réflecteurs, au milieu d'une grande pièce comme un ancien atelier de cinéma. La quantité et la qualité de la lumière qu'elle va émettre vont se propager tout autour de son point d'émission. Que pourrons-nous en récolter utilement pour faire de bonnes images cinématographiques? Ce qui en sera réfléchi par les surfaces de notre modèle et celles des parois limitant le local dans lequel nous opérons, cela proportionnellement à la qualité de ces surfaces réfléchissantes et à la distance à laquelle elles sont placées du point lumineux et de l'appareil enregistreur. Certainement, dans ce cas, nous verrons que la lumière émise est insuffisante pour nous fournir sur la pellicule développée une image utilisable. Il faudra donc trouver mieux. Ce mieux, nous le chercherons par l'emploi de foyers lumineux plus puissants et plus nombreux ainsi que par la meilleure disposition à donner aux surfaces réfléchissantes de la lumière, celles-ci bien disposées et plus rapprochées du modèle.

Nous savons que la lumière artificielle, dans ce cas, est toujours moins pénétrante que la masse de la lumière naturelle. De ce fait, elle perd beaucoup plus rapidement en chemin ses qualités photographiques, c'est-à-dire propres à impressionner utilement la pellicule cinématographique.

Par *tâtonnements successifs*, nous trouverons très vite la quantité de *lumière et de réflexions* qui nous seront nécessaires pour obtenir une bonne image photographique. Après nous devrons apprendre à répartir justement cette lumière sur l'ensemble de notre tableau. Pour les raisons précédentes, on ne dirige pas bien à grande distance une source de lumière artificielle destinée à faire de la bonne photographie; en route cette lumière s'étale, se diffuse, se perd et n'est plus suffisamment puissante en arrivant à la place où on espère d'elle le plus bel effet.

Mais ce n'est pas tout. Il faut encore *apprendre à voir et à mesurer* les valeurs que peut fournir un éclairage artistique sur une vue cinématographique. C'est une chose à étudier comme lorsqu'on apprend à *regarder* quand on commence à dessiner ou à peindre, et c'est tout un savoir que sont fiers de posséder les vrais artistes. Pour bien éclairer une scène de cinématographe à la lumière artificielle, on doit y procéder comme les peintres ou les dessinateurs le font pour créer les valeurs relatives qui harmonisent généralement leur tableau ou leur composition. Il ne faut pas partir d'un plein éclairage réparti sur toute la surface du sujet ou comme le ferait un chanteur inexpérimenté, du maximum de puissance de sa voix. Après, comment pourrait-on placer des valeurs heureusement graduées sur ces maximums de puissance d'éclairage ou de sonorités?

Il y a là tout un art des relativités dont il faut absolument se rendre maître. Ce n'est pas difficile si l'on sent justement ce que l'on peut y faire. Avec la lumière artificielle au cinéma, on doit poser à coup sûr sur ses sujets l'éclairage désiré, mais à la condition que ce sujet soit bien préparé pour recevoir avec intérêt cet éclairage complémentaire. Techniquement, ce n'est qu'une question d'échafaudages et de trucages pour bien placer les lampes et les écrans réflecteurs aux bons endroits et savoir régler leurs distances d'action et la valeur de leur puissance.

Puissance photogénique de la lumière, distance à laquelle elle travaille. Qualité, distance des surfaces réfléchissantes des écrans qui renvoient de la lumière sur la vue. Volume, grandeur, distance des surfaces utiles réfléchissantes de la scène inscrite dans le champ de l'appareil prise de vue, ouverture relative de l'objectif, degré de sensibilité et de panchromatisme de la pellicule négative, qualité du cliché recherché; à contrastes ou enveloppé en valeurs relatives? développement approprié? Voilà les principales données de ce problème, au premier abord bien compliqué.

Depuis que l'on exécute les prises de vues dans les studios noirs, on abuse ou on use souvent à contresens des éclairages en clair-obscur dits à la Rembrandt. Cela s'appelle dans le métier faire de la *vue artistique!* Mais tous ceux qui se livrent à ces exercices savent-ils toujours comment peut naître une vue de cette nature? Sous ce prétexte, on nous a montré des tableaux qui ne sont en réalité que des ombres chinoises et où il n'y a que du noir et du blanc absolu. Dans les parties sombres de l'image il est impossible de distinguer les formes et à côté les parties éclairées sont si dures et si blanches que l'œil ne peut plus y distinguer aucun modelé.

Ce n'est pas cela du tout que l'on voit sur les tableaux ou les reproductions honnêtes des œuvres du maître que l'on cherche à imiter. Ceux qui souhaitent tant y parvenir, l'ont-ils suffisamment regardé, savent-ils comment il faut s'y prendre pour y arriver avec les moyens dont ils disposent?... Il y en a, certes, qui l'ont déjà prouvé et qui y réussissent bien, mais ils sont en nombre insuffisant.

Ce que nous avons vu de plus beau, actuellement, dans ce genre, c'est une bande éditée en Suède et qui a pour titre : *L'épreuve du feu.* L'auteur, s'il y en a un, le metteur en scène et l'opérateur qui ont composé, réglé, exécuté et éclairé cette œuvre, sont de fameux artistes, savants, érudits, bons observateurs, hommes de goût et photographes de savoir profond! Nous voulons ignorer leur nom pour bien prouver notre impartialité à leur égard et excuser peut-être notre emballement dû à l'impression de joie que nous avons ressentie en voyant enfin sur l'écran une véritable œuvre d'art réalisée par des moyens, photocinématographiques. Ces auteurs ont montré dans ce scénario bien choisi des compositions scéniques, des groupements, des compositions décoratives, des effets d'éclairages qui sont de tous points comparables à ceux créés par les maîtres consacrés que nous sommes habitués à étudier et admirer dans les musées et les manuels d'art les mieux composés.

Dans cette œuvre d'aspect nouveau, on voit, de plus, s'animer, se transformer, respirer ces beaux ensembles; ils donnent ainsi l'illusion de la vie, mais de la vie se passant dans un milieu idéalisé et composé par les artistes et les savants les plus fins, les plus délicats et en même temps les plus puissants. Pourquoi nos musées ne commenceraient-ils pas à réunir ces œuvres supérieures nouvelles comme ils l'ont fait pour la sculpture, la peinture et la gravure. Le cinématographe d'art va devenir, si on l'y aide, la synthèse de toutes ces spécialités et, sans rien exagérer, il nous semble qu'il vient de le prouver déjà un peu.

En attendant, il est à souhaiter que de pareilles œuvres car on en fera partout et de toujours meilleures, ne disparaissent pas au milieu de l'amas de sujets moins heureux qui viennent s'engouffrer dans l'anonymat de l'exploitation commerciale cinématographique universelle. Peut-être, ces œuvres, d'un art profond et délicat, ne seront-elles pas si aisément comprises que beaucoup d'autres plus plaisantes au premier abord. Certainement, bien des spectateurs les verront sans y découvrir tout l'art qu'elles renferment. Racine, Bizet, Millet ont été des incompris de leur temps.

Le cinématographe s'ouvre à l'art, nous l'en savions capable depuis longtemps; soyons-en fiers et, surtout, encourageons-le à suivre de plus en plus cette voie heureuse et si belle.

Pour participer de notre mieux à cet encouragement, nous tenons encore à citer ici comme beaux films ou comme composition scéniques pouvant être donnés actuellement comme exemple, *La Terre du Diable*, *Théodora*, qui sont d'origine italienne, *La Bouquetière des Innocents*, qui présente des tableaux historiques très bien reconstitués et qui marque un très grand progrès sur ce que l'on montrait à l'ancien théâtre. *La Roue*, qui contient des merveilles photographiques, des scènes jouées et exprimées magnifiquement, malheureusement noyées dans des longueurs inutiles, mais qui indiquent déjà toute la puissance dramatique à laquelle parviendra le cinéma futur

Fig. 73. — Un tableau de l'Atlantide exécuté à la lumière artificielle (Aubert, éditeur).

(nous ne disons pas futuriste). Par exemple, les films américains *Kismet et Humanité*. Ce dernier à notre avis possède un titre malheureux pour exprimer mal une vertu du président Lincoln mais qui fait grand honneur au savoir des metteurs en scènes et des acteurs américains. Enfin l'*Atlantide*, qui au point de vue scénario, mise en scène et prise de vues sera longtemps un modèle du genre et qui restera toujours à ce répertoire (fig. 73) du cinématographe qu'il faudra bien un jour créer.

Dans les studios noirs, les yeux et la peau des acteurs sont très éprouvés du fait des coups de soleil électriques qui y sont fréquents et assez semblables à ceux provoqués par l'astre du jour. Ce sont les rayons ultra-violets contenus dans la lumière électrique et naturelle qui provoquent ces accidents. Pour en préserver les acteurs, il est bon de placer les sources lumineuses derrière des feuilles de verre transparent mais renfermant beaucoup de plomb; ces sortes de verre ont la propriété d'arrêter les rayons ultra-violets et infrarouges dans une certaine mesure. (1)

Le cinématographe est appelé, de plus en plus, à opérer partout. Sous terre, dans les salles d'un château, d'un musée, des usines, etc., il faut pouvoir réaliser des prises de vues correctes et artistiques partout. C'est encore à la lumière électrique que l'on demande ce service. Actuellement on trouve sans difficulté des groupes électrogènes montés sur camions automobiles provenant de la guerre, et qui fournissent de bons résultats dans ce cas. Le tout est de savoir déterminer quelle quantité de lumière il faut employer, avec le secours de surfaces réfléchissantes bien disposées, afin d'obtenir la meilleure image possible. C'est l'expérience et le goût qui guideront sûrement dans ces circonstances.

Jusqu'à présent, on s'est peu servi de la lumière au magnésium pour faire de la cinématographie continue, c'est un malheur et certainement nos lecteurs verront que l'on y viendra d'ici peu. En compagnie de M. Dourlan, le chimiste bien connu, nous étudions la question et nous ne voyons pas ce qui pourrait en empêcher une heureuse réalisation. La lumière produite par la combustion des poudres finement tamisées d'aluminium ou de magnésium, activée par des oxydants, comme le chlorate de potasse et autres corps du même ordre, peut fournir avec très peu de matière usée une quantité

____

(1) Depuis la guerre il était très difficile de se procurer, en France, de ces sortes de verre, mais maintenant on peut trouver des feuilles de cette sorte et du format 32×47 chez M. Gaumont.

énorme de lumière en un temps très court. C'est ce que les photographes de portrait utilisent si bien pour *envelopper* au mieux leur **sujet de** réflexions on ne peut plus photogéniques et qu'ils savent placer **si artistiquement**. Pour arriver d'une façon continue à cette intensité de bonne **lumière**, il suffit de disposer d'un matériel bien plus réduit que celui que **nous venons** d'examiner pour faire du cinématographe à la lumière électrique et **l'on** peut employer des locaux beaucoup plus modestes.

Mais, va-t-on nous dire, cette combustion va produire **énormé**ment de fumée? Oui, certes, chez le photographe professionnel aussi, mais cet opérateur adroit sait très bien s'organiser aujourd'hui, et, par la cheminée de son immeuble, il la fait disparaître commodément.

Restait la question de durée et de régularité de combustion sans projection de scories, et par conséquent de sécurité. M. Dourlan paraît en avoir obtenu heureusement au moyen de pots à feu ou de flammes de sa composition. Comme il serait, et qu'il est, du reste, déjà, possible d'enlever toute possibilité de nuire à la fumée produite par ces matières en combustion continue, nous pensons que cet éclairage est celui de l'avenir pour le cinématographe à la lumière artificielle.

Les modernes Studios et l'avis des metteurs en scène français actuels sur leur installation. Considérations générales sur la production artistique et technique de la vue cinématographique.

Pour finir ce chapitre nous y ajoutons quelques remarques extraites du journal de M. Coissac, le *Cinéops* et quelques considérations personnelles. Sur les Studios et leur emploi les metteurs en scène, actuellement en vogue, paraissent divisés en deux camps à peu près égaux. Les uns trouvent le Studio français suffisant comme outillage et éclairage, les autres le voudraient égal à ceux de l'Amérique, de l'Allemagne ou de l'Autriche. Ne parlons pas des studios anglais magnifiques et comportant même tout le confort moderne, mais où le brouillard anglais entre, paraît-il, comme si là, il était toujours chez lui!

On le sait, les Américains ont construit des Studios immenses, parfaitement outillés et où l'on peut disposer de 4, 6, 8.000 ampères!

Mais ces installations monstres représentent-elles une valeur réelle, commercialement parlant? A notre avis on peut en douter!

Pourquoi a-t-on voulu voir aussi grand en Amérique, sinon pour pouvoir éclairer de grands espaces, de grandes décorations, des scènes splendides comme par exemples celles de Kismet? Evidemment nous, Européens, du métier, nous sommes émerveillés par tout le scintillement de ces vues magnifiques, le brillant des ors sous la lumière des projections et des feux des centaines de lampes électriques qui les fournissent! *Kismet* et d'autres sujets du même genre ont été des révélations pour les connaisseurs, mais le public qui paye s'est-il bien rendu compte des merveilles qu'on lui montrait et de toute la peine qu'on avait prise pour lui présenter d'aussi curieuses choses? Cet ensemble si beau, ne s'est-il pas *fondu*, dans l'intérêt relatif que présentait, pour la masse, l'action ordinaire du Scénario et ce tout n'est-il pas passé commercialement, comme passe en soirées la généralité anonyme de la production intense du Cinéma universel? Les auteurs très artistes de cette belle conception y ont-ils retrouvé la juste rémunération de leur talent? Oui, probablement, parce qu'ils sont Américains, mais s'ils étaient de chez nous? Avec moins d'outillage savant, moins de lampes et d'ampères, croyez-vous que nos metteurs en scène et nos photographes ne sont pas capables de produire quelque chose de plus artistique et susceptible de se vendre universellement aussi bien? Si l'on admet cette conclusion, au moins au point de vue technique et artistique, nos Studios sont généralement suffisamment outillés et puissants, surtout si l'on ne veut pas y réaliser de très grandes compositions. Un bel éclairage bien posé sur un modèle est plus facile à réaliser de près que de loin; il demande beaucoup moins d'ampères pour être efficace. L'immensité de la scène éclairée n'est pas un élément de succès indispensable. Dans les articles dont nous parlons, certains metteurs en scène critiquent l'outillage de nos studios; on pourrait en faire autant pour celui de nos peintres, de nos sculpteurs, de nos graveurs, de nos photographes même. Lorsqu'on loue le talent de ces artistes, avez-vous entendu souvent adresser des louanges à l'outillage dont ils se servent? Le célèbre système D qui y supplée souvent, n'est-il pas d'invention essentiellement française? Aidons-le, par les moyens matériels les meilleurs, mais sans le condamner; il fait trop intimement partie de notre caractère national qui lui doit un peu de son charme.

Toutes ces considérations font perdre de vue, souvent, à notre industrie, le rôle prépondérant et artistique qu'elle a à soutenir pour maintenir notre renommée au premier rang.

M. Coissac nous montrait toute la correspondance qu'il reçoit à ce sujet. Les admirateurs de notre art en tout pays sont aujourd'hui de fins lettrés, des artistes ou des amis passionnés de notre civilisation et de ses beautés. Ils s'y perfectionnent par l'étude de notre littérature, de nos revues et de toutes les manifestations de notre esprit. On ne peut plus leur en conter. Il faut que le cinématographe qu'ils attendent de nous réponde à l'idée qu'ils se sont faite de notre intelligence et de nos talents. Sans cela, le cinéma français n'est plus pour eux qu'un article d'exportation inférieur. Noblesse oblige! Si nous nous décidons à travailler sérieusement et artistiquement pour satisfaire cette clientèle mondiale qui nous aime, qui espère en nous toujours, nous aurons vite reconquis la première place et nos intérêts matériels aussi s'en ressentiront favorablement.

CHAPITRE X

Composition des Scénarios des Mises en scène employés pour les spectacles cinématographiques. Les Acteurs de cinéma. Prise de vues au théâtre, en plein air et en voyage. La Production de l'image cinématographique est un métier, un commerce, une industrie, une science et quelquefois un art qui procède par ses moyens propres.

Composition des Scénarios et des Mises en scène. — Dans ce livre, que de diversité dans les sujets traités! Après avoir vu dans quelles conditions techniques on obtenait la bonne image animée, nous avons encore à étudier ce qui peut la rendre belle et intéressante à exploiter. Depuis la première scène arrangée pour être reproduite par le cinéma : *L'Arroseur arrosé,* cette industrie en a fait une consommation fantastique; cela, au détriment de la valeur artistique du spectacle. Aujourd'hui les sujets véritablement intéressants deviennent de plus en plus difficiles à trouver.

Les Américains l'ont tellement bien compris, que dans une de leurs principales universités ils viennent de créer une chaire où l'on apprend l'art et la manière de composer de bons scénarios pour l'usage du public, ce consommateur insatiable! C'est une conception qui nous étonne, mais en y réfléchissant et en nous souvenant de ce que nous savons déjà sur l'instruction générale de ce pays (voir page 137), nous ne doutons pas qu'elle s'y montre efficace.

Les Allemands, toujours à la recherche des nouveautés, viennent de créer une même école à Munich. Celle-ci a divisé ses cours en plusieurs parties : enseignement technique de la cinématographie, formation des opérateurs et ouvriers de la corporation, des metteurs en scène, des artistes, des scénarios, etc.; enfin la partie commerciale, la location, la publicité, la propagande y feront aussi l'objet de cours spéciaux.

Pour lutter avec fruit contre cette concurrence mondiale aujourd'hui si bien organisée, que faudrait-il enseigner aux Français qui prétendent gagner encore de l'argent avec cette invention qui, au début, fut leur œuvre exclusivement? Nos concitoyens voudraient-ils écouter des avis désintéressés et qui leur diraient sincèrement ce qu'il en est? Nous le souhaitons et cela toujours pour leur plus grand profit.

En attendant, si nous voulons continuer à lutter, ce n'est toujours qu'à notre intelligence, à notre savoir intellectuel et littéraire qu'il faut nous adresser. Ce qui doit nous y encourager, c'est notre passé et l'intérêt croissant des masses pour tout ce qui est image animée. Cet intérêt, on ne le discute pas, les critiques les plus sévères et les plus prévenus ne refusent plus au cinéma le don d'émouvoir et de traduire fidèlement tout ce que ressent de plus intime, de plus délicat, de plus puissant l'esprit humain! Nos écrivains, nos poètes, nos romanciers recherchent sa consécration et n'hésitent pas à lui confier la représentation de leurs œuvres. C'est une évolution, une forme nouvelle dans la diffusion, la propagation de la pensée universelle! On n'aurait pas voulu l'admettre, il y a seulement vingt ans. Aujourd'hui le cinématographe sait nous faire rire et pleurer aussi bien que les meilleurs textes écrits; il peut en plus avoir ses beautés, sa poésie, ses charmes, ses puissances personnelles et aussi ses pauvretés. Ce qui démontre qu'il est bien humain.

On peut déduire également de ce qui précède que le cinéma, dans certains cas, est devenu un art nouveau et comme tout art qui se respecte il procède par ses moyens propres et ses nécessités particulières. Maintenant il faut que ces moyens de le réaliser soient portés à la perfection si l'on veut y triompher de la concurrence universelle. Nous devons donc recommander, à cette place, les moyens de le rendre toujours meilleur et plus beau.

Jusqu'à ces derniers temps, la composition, l'exécution des scènes ou scénarios du cinéma étaient chez nous confiées à trois sortes de spécialistes. Les auteurs ou les adaptateurs de l'idée, de l'action en elle-même. Les metteurs en scène et les animateurs de tout ce qu'il fallait réunir pour recomposer l'œuvre devant la machine cinématographique. Le plus souvent les auteurs eux-mêmes se chargeaient de ce rôle. Enfin, l'opérateur photographe était chargé de la prise des vues constituant la matière vendable. Nous nous réservons de parler du rôle des interprètes acteurs au sous-titre suivant (page 278).

On peut admettre, de suite, qu'il y a deux sortes de scénarios utilisés en cinématographie, au point de vue du genre et de la composition.

1° Ceux qui ne sont que documentaires, mélodramatiques, comiques, si vous voulez, et qui n'ont besoin que d'être enregistrés et présentés correctement par les moyens ordinaires de l'industrie cinématographique.

2° Ceux qui doivent fournir un tout en accord avec le sujet traité pour composer une œuvre personnelle nouvelle, une intelligente traduction matérielle de l'idée créatrice. Le cinématographe est capable d'interpréter, de rendre sensible toutes les subtilités, les nuances les plus fines voulues par son animateur ou celui qui l'inspire, cela par le choix judicieux des paysages, des lieux où il va situer, suivre les actions du scénario. Dans ces milieux il se pénétrera de ce qu'il doit exprimer; il y groupera ses personnages, les vêtira, les fera agir selon leurs caractères propres, leurs pensées; enfin il nuancera le tout par le bon éclairage et créera ainsi l'ambiance de la scène à faire.

Si le créateur de l'idée inspiratrice est un maître, on voit où il peut et où il doit entraîner celui qui veut honnêtement et savamment le traduire par la cinématographie.

Longtemps l'industrie cinématographique a pu vivre sans aller chercher les inspirations aussi haut; c'était alors sa nouveauté mécanique qui la faisait surtout vivre; nous avons indiqué ses origines. Les auteurs des premiers scénarios employés par elles n'étaient pas de grands penseurs. Il fallait surtout savoir produire beaucoup, activer le décorateur, le costumier, le pourvoyeur d'acteurs et de figurants, afin de réunir le plus vite possible les éléments nécessaires à la réalisation du scénario accepté par la direction. Tout le monde devait *en mettre* et comment! Gare à ceux qui faisaient recommencer la scène ou à l'opérateur qui ne trouvait pas la lumière suffisamment belle! On tournait d'abord et à tour de bras et, après, ce que l'on récoltait se vendait avec la plus grande facilité!

L'ennemi de notre cinéma, c'est qu'il lui reste encore un peu de cette mentalité-là et un personnel qui a pris la coutume de travailler avec des méthodes et des moyens aussi insuffisants aujourd'hui.

Cependant nos auteurs, nos metteurs en scène, nos photographes sont capables de faire aussi bien que partout ailleurs; les anciens y auront plus de mal, surtout si l'on y ajoute les obstacles financiers du moment.

Pour se rendre compte photographiquement de ce que pourra rendre au Cinématographe un paysage, un acteur, une décoration, M. Guérin, successeur de la Maison Leroy déjà si connue par ses appareils stéréoscopiques, vient de créer l'appareil simple que représente la fig. 74. Cet instrument est très petit, ses vues sont un peu plus grandes que celles du Cinématographe, mais la bobine de pellicules sur laquelle sont enregistrées les 25 à 30 vues possibles est de la même grandeur que la pellicule cinématographique, avec cette différence qu'elle n'est pas perforée et que l'on se sert de toute sa largeur.

Par ce moyen on voit quelle récolte facile de documents peuvent se procurer les metteurs en scène et les opérateurs, lorsqu'ils composent les scènes et les ensembles qui serviront à illustrer les scénarios en exécution.

Pour composer et réaliser un bon scénario cinématographique, choisissez-le bien et pensez-y profondément, ou allez en emprunter la substance, l'intérêt, la force au maître écrivain, à l'auteur ré-

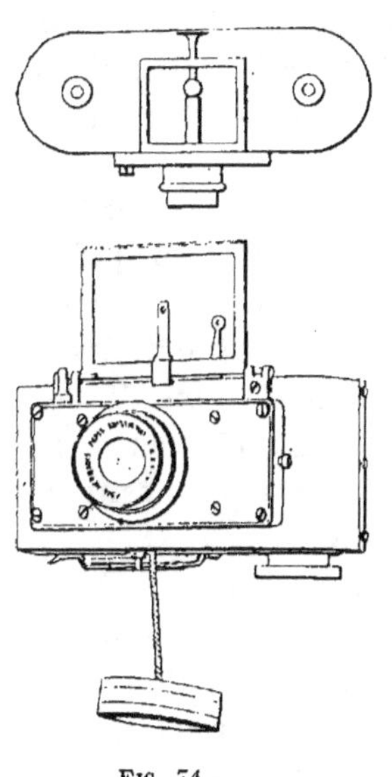

Fig. 74.

puté, qui a su déjà plaire. En ceci réside la partie littéraire inspiratrice dont dépend l'œuvre cinématographique projetée. Après, polissez, repolissez sans cesse l'idée choisie, cela pour votre but particulier. Clarifiez, simplifiez, coordonnez, divisez en scènes nettes, liées et compréhensibles. Surtout restez dans l'esprit de l'auteur, ne sortez pas du milieu qu'il a indiqué ou voulu; inspirez-vous entièrement de lui, ne pensez jamais aux facilités, aux procédés techniques et littéraires démodés du vieux cinéma et du vieux mélo, et par le choix des sites, des milieux, la composition de vos scènes, la finesse du jeu de vos acteurs, le « rendu » de vos éclairages et tout l'art de votre photographe, composez et imprimez sur votre pellicule rigide des scènes animées plus belles que la pensée qui les a fait naître, si vous pouvez!

Ce n'est pas facile et pour y parvenir il faut avoir appris à étudier, à regarder utilement la nature et l'œuvre des maîtres qui nous ont précédé, afin d'en pouvoir discerner et reproduire toutes les beautés! On n'invente pas cea tout seul.

Il est indispensable également de posséder là ce que l'on nomme du métier et même du talent. Pour le compositeur de scènes ciné-tographiques modernes, ce métier, ce talent, sont ce qui lui permettra de suivre, d'ajouter, si le mot n'est pas par trop téméraire, son art personnel et spécial à celui qui n'est qu'indiqué dans le texte, comme le dit si puissamment au sujet de la musique M. Pierre Lasserre dans un petit volume intitulé : *Philosophie du goût musical,* que l'auteur Bernard Grassenet a publié dans la collection des « Cahiers verts » dirigé par M. Daniel Halévy et dont voici quelques extraits :

« L'essentiel, pourrait-on dire, c'est ce qui n'est pas écrit et l'objet de ce qui est écrit (et qu'il faut d'ailleurs respecter scrupuleusement) est de le suggérer à un vrai musicien, afin que son interprétation en soit pénétrée; il s'agit d'une suite d'inflexions indéfinissables et comme instinctives où se reproduisent les palpitations de l'onde vivante qui d'un train doux ou emporté, selon le sentiment, a soulevé l'un après l'autre dans la mémoire auditive du compositeur en travail de créer les notes successives dont se compose le thème.

« Le thème formé, cette onde y reste prise et comme fixée. Pour la remettre en fusion il faut de la part de l'exécutant une action psychologique, je ne dis pas identique, mais analogue à l'action psychologique créatrice d'où elle a jailli et qui s'est comme moulée en elle en frémissant. La suite des notes n'est que la ligne de déroulement que cette action s'est frayée. Que celle-ci soit rendue sensible par l'exécution, c'est ce que le public traduit naïvement, en disant qu'il joue ou chante « avec expression ».

« Il est vrai qu'on entend souvent par là un certain pathos vulgaire. Mais supposons une expression juste et noble : il importe de préciser qu'elle n'est pas un surcroît qui s'ajoute à la réalisation, à l'idée, mais l'idée même, l'âme de l'idée. Est-elle absente ou fausse, ce n'est pas une diminution de ce que le compositeur a conçu, c'en est la destruction pure et simple. Le compositeur quitte désespéré la salle où il s'est entendu massacrer ou, qui pis est, annuler correctement et selon toutes les règles. Les créations du plus tumultueux des arts sont les plus fragiles. Un rien les anéantit. Mais c'est pour la même raison qu'un rien les fait vivre et leur donne leur physionomie. »

On peut admettre que le cinématographe est devenu une forme de l'art de reproduire, de fixer, d'interpréter par des images fidèles animées les actions, les sentiments conçus et mis en évolution par la pensée créatrice, comme l'exécution de la pensée musicale écrite est la vie redonnée à l'inspiration qui la crée; avec cette différence que le cinématographe et le phonographe pour la musique fixent définitivement l'interprétation qu'on leur a confiée. Techniquement, le cinématographe est capable, maintenant, de fournir une image animée très belle, lumineuse, au propre et au figuré, stable, agréable à regarder. Dans ses évolutions, ses compositions, comme la flûte, le violon, le piano, bien dirigés et inspirés, elle peut devenir une interprétation de la source inspiratrice qui la fait exister et agir et, sans exagération, elle peut être aussi artistique qu'elle.

Choisir un site, l'identifier à l'action, faire ressortir toutes les beautés, les finesses de celle-ci par le jeu des acteurs les plus doués, ce sont des talents très particuliers, mais insuffisants pour faire de leur possesseur le seul maître du métier qui nous occupe; c'est ce que l'on ne veut pas encore admettre suffisamment.

Ces reconstitutions seraient-elles les plus belles et les mieux inspirées du monde, encore faut-il qu'elles s'adaptent et respectent les nécessités du mode de fixation, de reproduction, de facture qui va servir à les enregistrer. Le cinématographe dépend d'un mode d'enregistrement photographique. La photographie est tout un art spécial. Il est encore très rare d'être à la fois fin lettré, homme de théâtre, compositeur émérite de scènes animées et profond photographe. C'est pourtant ce qu'il faut être pour devenir le meilleur animateur et créateur de l'image cinématographique enregistrée.

Il est aussi difficile d'être le photographe artiste rêvé. On sait que les photographes sachant leur métier et inspirés par leur art ne sont pas nombreux. Pour arriver au meilleur résultat il faudrait que le metteur en scène soit aussi photographe technique que son propre photographe et que celui-ci en plus soit aussi artiste érudit que son metteur en scène. C'est ce qui arrivera de plus en plus souvent. La bande qui a pour titre : *L'épreuve du feu* en est une preuve comme nous l'avons dit page 265; nous souhaitons qu'en France ces preuves se multiplient très souvent.

Actuellement on fait du cinématographe dans tous les pays. Nous avons vu la maîtrise à laquelle sont parvenus les Américains dans ce genre de représentations. Cela est le fruit de leur application, de leur goût cultivé spécialement. Certes, leur marché est beaucoup plus puissant aujourd'hui que le nôtre, mais ce n'est pas une raison pour nous décourager. Heureusement il n'y a pas que le cinématographe américain et celui du grand art qui peuvent exister. Celui qui interprète simplement nos idées comiques, dramatiques, mélodramatiques, documentaires, peut faire vivre aussi bien notre industrie que celui qui est la quintessence de l'art; là influent les conceptions, les appréciations, surtout populaires; elles varient avec chaque pays.

M. Pierre Benoît, dans une interview, ne se demandait-il pas si sa conception et celle de ses confrères du roman français étaient réellement la meilleure pour concurrencer utilement au cinéma celle de Charlot, dont le succès mondial n'est plus discuté. A la représentation ces deux formules correspondent aux deux appréciations suivantes dues aux meilleurs clients du cinéma : « Il est bien drôle, Charlot! Elle est bien méchante, Antinéa! » Quelle est la plus puissante de ces deux conceptions, commercialement parlant?

Les Italiens font très bien, leur tempérament artiste et impressionnable à l'excès les sert dans ces reconstitutions. On dit que ces dons naturels vont être commandités par les capitaux allemands! Ce sont deux éléments puissants réunis contre nous! L'art véritable y gagnera-t-il? Les Anglais ont encore fait peu de cinématographe mélodramatique, mais ils sont inimitables dans leurs bandes comiques. Les Japonais et les Chinois sont des comédiens cinématographistes merveilleux. Enfin les Scandinaves sont de grands et profonds penseurs, de parfaits photographes; c'est pour cela que leurs productions sont déjà recherchées sur le marché universel. Les Allemands travaillent à déprécier, à abîmer l'histoire et l'art français. Ainsi déformés, ils s'en servent contre nous par les moyens de leur propagande très bien organisée, en Espagne notamment. Pourquoi ne leur rendons-nous pas la pareille? ou au moins ne nous faisons-nous pas mieux valoir à l'étranger? Nous sommes capables de faire mieux que partout ailleurs, notre littérature, notre théâtre sont là pour le prouver; à nous de le vouloir hardiment encore dans ce cas.

Pour ce faire, revenons à des considérations plus techniques. Dans une interprétation cinématographique c'est l'action qui s'y déroule et les titres et textes montrés en même temps qui peuvent guider le spectateur suffisamment pour qu'il s'intéresse à l'action. Lorsque celle-ci est déjà connue par la lecture du texte qui l'a inspiré, tout va bien; mais si le sujet est nouveau, c'est pour le spectateur une peine dont les auteurs ne tiennent pas suffisamment compte à notre avis. Pour peu que les acteurs soient nombreux, qu'ils se ressemblent, qu'ils portent des costumes semblables, on les confond et on ne suit plus l'action avec facilité et intérêt. Souvent les bandes montrées manquent de clarté sur ce point. Les auteurs de langue anglaise font aussi imparfaitement traduire leurs titres. Les expressions employées ne sont pas les meilleures et ne correspondent pas exactement à la mentalité de chez nous. Dans ces titres, il y a souvent des mots d'argot qui choquent, parce qu'ils sont mal placés ou inutiles. Il y a beaucoup de tournure de phrases ainsi faites en anglais, c'est ce qui explique ces malentendus.

Lorsqu'on compose et exécute un scénario il n'est pas besoin d'écrire un texte châtié, ce dernier ne doit servir que d'indications et de points de repères. Ce qu'il faut faire, c'est, sans se fâcher, indiquer très posément et très minutieusement ce que doit exprimer celui qui va jouer. Après, c'est l'acteur qui compose lui-même le livret. Oh! combien libre et souvent si drôle! C'est là où l'intelligence et la personnalité de celui-ci se révéleront et s'il est artiste et bien l'homme de l'emploi, il le montre aussitôt. Nous ferons remarquer que cette méthode est scientifique. M. Demeny, lors de ses premières expériences, enregistrait des mots ou, plus exactement, les mouvements de la bouche et de la face qui accompagnaient l'émission des paroles. Il arrivait ensuite, à faire lire les images de ces mouvements par des sourds et muets qui interprétaient les mouvements et comprenaient les mots ainsi reconstitués. Il n'est pas rare que pendant une scène de cinéma on parvienne également à saisir sur les lèvres de l'acteur les mots qu'il a articulés en jouant. S'il les dit en langue étrangère c'est plus difficile et l'effet n'est plus le même pour celui qui ne parle pas cette langue.

Les Acteurs du Cinématographe. — On ne joue pas du tout la comédie devant un cinématographe de la même manière qu'on la joue au Théâtre-Français! C'est un principe fondamental qu'il ne faut jamais oublier ici. L'art de mimer juste est un grand art, que l'on a ou non en soi. On peut apprendre à réciter des vers convenablement, à jouer le drame et la comédie; il est bien rare qu'on devienne mime intéressant, si on n'a pas dans sa personnalité ce qu'il faut pour y parvenir. Sans être profond observateur, regardez les personnes que vous croisez dans la rue : les unes vous plairont, les autres pas; par leur seul aspect extérieur vous trouverez les unes stupides et les autres intelligentes. Pourtant, elles ne vous auront pas parlé. Toute l'extériorisation de ces personnes vous attirera ou vous repoussera; avec plus d'attention vous lirez presque à coup sûr dans leur esprit et vous direz, sans guère vous tromper : « Celle-ci pense à des choses gaies, celle-là porte le diable en terre! » Si c'est cette dernière que l'on veut introduire au cinéma comme acteur, il y a des chances pour que vous n'en vouliez pas longtemps, même pour mimer les traîtres et les fâcheux; il faut pour y réussir tout de même plus de souplesse et d'esprit dans les expressions. Au contraire, si vous rencontrez sur l'écran l'acteur vif, libre d'allure, à l'œil malin et qui, par toute sa personne, ses gestes apparents, et sans que vous vous en rendiez compte même, va vous conduire, sans doute possible et sans peine, à saisir immédiatement l'action qu'il va exécuter et dans quel but il va la faire, voilà l'acteur rêvé du cinéma!

La preuve que ces facultés, ces dons, sont dans la personnalité, c'est que des enfants les possèdent naturellement. Comme nous le remarquions à ses débuts, le cinéma s'est servi des acteurs et des vedettes de l'ancien théâtre; leurs noms connus faisaient bien sur ses affiches. Lorsque ces acteurs étaient bons mimes, cela allait, mais quand ils ne savaient que déclamer ou chanter, c'était pitoyable! C'est pour cela que le public du cinéma ne se laisse plus aussi facilement imposer et aime mieux les véritables vedettes du cinéma actuel.

M. G. Negrier, qui dirige une école destinée à former des acteurs spécialistes du cinéma et qui a beaucoup de métier, me confirmait ces manières de penser. Sur cent personnes passant par ces écoles on en trouve à peine dix possédant les dons naturels nécessaires pour arriver à des résultats intéressants; les autres ne pourront qu'y végéter.

Aujourd'hui, on trouve de bons acteurs pour le cinéma dans tous les pays. Nous en avons de très bien doués et de grand style; les Américains aussi. Parmi ces derniers, il y en a de très remarquables et qu'une réclame énorme rend populaires; leur jeu est sobre, clair et limpide, tout le monde le comprend de suite, leur puissance d'impression est aussi remarquable. Les acteurs d'origine latine sont peut-être moins clairs, plus exubérants, plus passionnés dans l'expression des violents sentiments. Les Anglais jouent à l'américaine, les Scandinaves sont très fins et délicats dans tout ce qu'ils expriment. Les Chinois et les Japonais sont de parfaits mimes.

Au vrai théâtre, les acteurs jouent généralement la comédie de trois manières différentes : 1° les plus modestes, comme ils peuvent; 2° les acteurs, dits à tempérament, jouent selon la marche de leur digestion; 3° enfin, les acteurs savants et de tempérament suffisamment puissant et régulier ne jouent et n'expriment à coup sûr que ce que leur indique leur savoir supérieur. Au Cinéma, ce qui est sur le film y est pour toute la durée de son exploitation; c'est pour cela qu'il faut prendre toutes les précautions possibles pour que ce qui s'y trouve soit l'expression du meilleur réalisable. Les acteurs qui y contribueront ne seront donc jamais trop bons. (Voir page 410 ce que nous disons sur les acteurs au sujet des enregistrements phonocinématographiques.) (1)

Prise de vues au théâtre et en plein air. — De plus en plus on opère sur des décorations refaites réellement aux trois dimensions hauteur, largeur, profondeur et qui ne ressemblent plus du tout aux décors en feuille du ciné primitif : extérieurement et pour éclairer ces décorations on emploie la lumière naturelle, intérieurement la lumière électrique et aussi quelquefois la lumière artificielle la nuit. (Magnésium.)

Si l'on opère sur un décor à l'atelier, il ne faut pas avoir de *découverte* en haut ni sur les côtés, c'est-à-dire que les bords du décor ne seront nulle part visibles sur la vue.

Pendant l'action, il faut éviter que les acteurs puissent sortir du champ. Pour cela, on doit délimiter d'avance à l'aide de lignes tracées sur le terrain l'espace où ils pourront évoluer.

On effectue cette opération avec un aide qui se déplace sur-le-champ, tandis que l'opérateur cherche les limites de celui-ci sur le verre dépoli. L'aide marque les points extrêmes où il est encore visible, sur l'image vue, cela de face et sur les côtés; ces points sont rejoints par des lignes tracées à la craie. La hauteur à laquelle doit être placé l'appareil pour cinématographier varie suivant les scènes. Si on opère de près, l'appareil doit être bas, sans cela on photographie trop de terrain et pas suffisamment de décor; c'est pour cette raison également que le plancher ne doit pas avoir de

---

(1) Le métier d'acteur cinématographiste n'est pas toujours doux et exempt de danger. Les bras et les jambes cassés ne se comptent plus. Une actrice vient d'être dévorée par une lionne, en Italie.

pente, les acteurs paraissent plus écrasés et ne sont pas avantagés par ce dispositif. De loin et en plein air, c'est le sujet qui indiquera à l'opérateur artiste la hauteur à laquelle il placera son appareil. Dans les foules, il faut pouvoir opérer au-dessus d'elles.

Pour certaines scènes répétées d'avance, on peut se servir de la plate-forme panoramique; on suit ainsi les acteurs, jouant sur des fonds de décors qui changent en même temps que le mouvement panoramique s'exécute.

Comme nous le disions à propos de la décoration moderne, pour faire exprimer plus puissamment ce que veulent faire ressentir les acteurs en scène, on les fait jouer de très près, l'image de leur figure peut même arriver à remplir l'écran presque en entier; de ce fait, la moindre contraction de la face, les plus petits rictus de la bouche, l'imperceptible mouvement du regard prennent des proportions énormes! Si la face ainsi montrée est une tête de caractère à lignes accentuées, l'éclairage aidant, en peut en obtenir une suite d'images saisissantes et puissantes à souhait. Mais si c'est celle d'une jolie femme? On voit d'ici comment la photographie va l'arranger! Les personnes jolies, lorsqu'elles sont authentiquement belles, se plaisent à aller souvent chez les photographes portraitistes parce que ceux-ci savent, si c'est possible, les rendre encore plus belles par une retouche savante et spirituelle! Ces heureux praticiens sont favorisés dans ce cas parce qu'ils n'ont qu'un cliché et quelques épreuves à retoucher, tandis que le pauvre cinématographiste en a des milliers! Tout le monde sait que cette retouche est indispensable pour interpréter les plus divines beautés, parce que la photographie voit trop les moindres petites imperfections du visage; elle a un œil d'une indiscrétion, d'une rosserie, passez-nous le mot, que rien n'égale sinon les coups de langue des bonnes petites amies! Alors, en cinématographie, il faut trouver un autre moyen d'atténuer cela, en même temps que du temps, soi-disant, les irréparables outrages (que de progrès depuis Racine!) Les innombrables portraits inscrits sur ce ruban heureux étant trop nombreux pour être retouchés, sauf le respect et l'admiration que nous lui devons, ce sera le portrait lui-même de la beauté que nous pourrons faire retoucher utilement par son heureuse propriétaire! Comme ces dames le croient, c'est tout un art savant auquel nous nous garderons bien d'avoir la moindre prétention et pour lequel nous aurons toute la discrétion possible, même chimique! Cependant, ici, en technicien cinématographiste, tout en restant galant homme, nous sommes bien forcés de dire à ces dames que le cinéma et sa photographie ne vont pas du tout les voir comme notre œil toujours si sympathique! Tout ce qui est rouge, les lèvres surtout, pour nous va devenir noir, tout ce qui est teinte de lys et rose va se transformer en un bloc enfariné ou un vilain teint de navet! Vous voyez, mesdames, que quand je vous disais que la photographie du cinéma avait le mauvais œil pour vous, je n'exagérais rien. Avant donc de vous faire tourner au cinéma, comme l'on dit, allez trouver de ma part, l'opérateur et demandez-lui sans rire des tuyaux sur la *panchromatisation* du fard de votre joli minois, si c'est du jaune ou du violet qu'il faut remettre ou enlever, ou si le bleu de vos yeux ne les rend pas trop fatals! Comme cela, cet opérateur verra que vous êtes du métier et si vous lui faites, à propos, le bon sourire sympathique il ne vous trompera jamais et au cinéma, plus qu'à la ville, vous serez encore belle.

Lorsqu'on opère dehors et sur la voie publique, dans les villes, dans une foule, il faut pouvoir opérer au-dessus d'elles.

Pour arriver à de bons résultats, souvent il est nécessaire d'amener ses acteurs en voiture fermée, tout costumés, jusqu'à l'endroit où on veut faire jouer la scène. L'opérateur met en plaque et fait le champ en ayant soin de ne pas éveiller la curiosité des passants; une fois qu'il est prêt à opérer, les acteurs sortent de leur cachette mobile et exécutent la scène avant que les badauds aient eu le temps de s'amasser. Dans les villes, les campagnes où la circulation n'est pas très intense, on pourra faire figurer les spectateurs qui ne manqueront pas de s'amasser rapidement.

Généralement, on trouve beaucoup de complaisance parmi cette foule amusée et pour cette raison on peut s'en servir. Pour composer certaines bandes, il faut aller souvent très loin chercher les paysages appropriés; ces opérations nécessitent des déplacements très coûteux, car il faut transporter jusqu'à 25 ou 30 personnes, et tous les accessoires et costumes. Arrivé dans le pays désigné on doit encore obtenir les facilités nécessaires, louer des voitures, des chevaux, etc. : ce sont de véritables expéditions. Beaucoup de maisons sérieuses de Paris entretiennent des troupes sur le littoral de la Méditerranée pendant la mauvaise saison parisienne, cela afin de pouvoir continuer à produire en dehors des jours sombres du nord.

La mode est actuellement aux bandes et aux sujets toujours plus longs, mais on les coupe par des entr'actes ou des titres, on exécute aujourd'hui souvent une heure de projection sans arrêt, cela grâce à deux appareils qui se relayent et qui portent des bobines de 400 mètres changées alternativement.

Il faut se souvenir qu'il y a environ 52 images au mètre de pellicule et qu'on enregistre 960 images à la minute à la vitesse normale, on peut admettre qu'il défile environ 18 à 19 mètres de bande à la minute ou 1.200 mètres de vues à l'heure de spectacle utile en tenant compte des titres.

Prise des vues en voyage. — **En** plus des vues théâtrales, le cinématographe va souvent chercher des vues pittoresques naturelles, des scènes de vie intime propres aux pays éloignés, des aspects de grandes capitales, des détails de fabrication, des travaux des champs ou de l'industrie, etc. Le cinématographe aujourd'hui s'est même aventuré jusque dans les pays inexplorés et encore sauvages. Il nous a montré les grandes chasses africaines, les cataractes les plus reculées et les contrées mystérieuses de Sumatra et de Java, ainsi que les solitudes voisines des pôles.

Pour exécuter ces prises de vues, les grands éditeurs envoient ensemble, presque toujours, deux opérateurs expérimentés. C'est que la besogne n'est pas facile ni douce, si ces opérateurs veulent être consciencieux. D'abord, il faut qu'ils connaissent à fond leur métier de photographe et qu'ils sachent discerner ce qui sera bien, converti en vues animées, puis exécuter eux-mêmes la mise en scène de leur conception, et cela avec les éléments qu'ils trouveront à leur portée.

Pour faire du cinématographe intéressant dans ces conditions, ce n'est pas toujours commode, on doit y déployer beaucoup d'énergie et de savoir-faire. Voici quelques indications techniques qui pourront servir dans ces cas :

En chemin de fer, on peut obtenir beaucoup de vues intéressantes. Il ne faut pas se placer à la première portière venue et photographier en travers par rapport à la marche du train. On se place en tête ou en queue des wagons, cela est facile, sur les voies de montagnes par exemple. Dans les wagons à couloirs modernes on trouve aussi facilement à bien se placer, au besoin on s'arrange avec le chef de train. Les trépidations des wagons ne nuisent pas trop à la fixité de l'image. Le grand défaut de ces vues, c'est qu'elles sont faciles à faire, et on a tendance à les exécuter toujours trop longues. Il faut réserver sa pellicule pour les parties les plus pittoresques de la ligne; si on le peut, on doit toujours faire le parcours avant d'opérer : les premiers plans, l'entrée et la sortie des tunnels font surtout très bien dans ces compositions. En bateau, on peut faire tout ce que l'on voudra, on opère même en barque, si elle ne remue pas trop. Sur le pont d'un bateau en mer, les mouvements du roulis et du tangage seront très bien rendus par rapport à l'horizon (1). Si on cinématographie d'un bateau les rives d'un fleuve, il ne faut pas en être trop éloigné, sans cela la vue n'a plus d'intérêt. En automobile, sur un bon terrain et des bons pneumatiques, on peut faire et on a fait souvent de bonnes vues. En ballon captif, s'il y a du vent, les déplacements sont trop grands, le champ trop petit et la vue est rarement intéressante. En ballon libre, on est bien éloigné des premiers plans : en passant au-dessus d'une ville, et en opérant verticalement, on pourrait peut-être avoir quelque chose de curieux; en aéroplane, on fait des choses plus sensationnelles, certainement.

Dans certaines parties de villes peu animées, comme à Rome, par exemple, on se trouve souvent devant des monuments très intéressants, mais qui manquent tout à fait du *mouvement* nécessaire au cinématographe ou bien, par suite du peu de recul, il est impossible d'inscrire dans le champ toutes les parties intéressantes d'une place, d'une suite de façades, etc., etc. C'est dans ces circonstances que la plate-forme panoramique rend de réels services, car on anime par son mouvement la vue qui serait inerte autrement, on intéresse également les spectateurs par cette pratique, car on leur fait découvrir à chaque moment de nouvelles perspectives.

Si on cinématographie des indigènes occupés à des travaux manuels, à des danses, etc., il faut les prendre le plus près possible, la vue y gagnera en intérêt. Sous les tropiques, il ne faut pas croire que la lumière est bien plus puissante que dans notre pays, le soleil éclaire les objets beaucoup plus verticalement et voilà tout; cette particularité n'est pas avantageuse, et il n'est pas du tout nécessaire d'employer de plus petits diaghragmes; du reste, par quelques essais de développement, on jugera de l'intensité de la lumière très facilement.

---

(1) Mais c'est l'horizon qui remue et c'est le bateau qui paraît stable.

La surproduction cinématographique.
L'alliance du ciné avec la musique

Comme nous l'avons dit, un des défauts de l'industrie cinématographique mondiale, c'est la trop grande production que l'on réclame d'elle. On ne peut pas produire à jet continu de la bande cinématographique toujours intéressante et artistique à souhait. Du reste cette production revenant toujours à des prix plus élevés se raréfie forcément d'elle-même. Certainement, elle y gagnera en qualité. Il va falloir que le cinéma, comme l'ancien théâtre, arrive à se constituer un répertoire composé de toutes les principales œuvres produites pour son usage. On finira par y puiser avec joie, vous le verrez. Une alliance qui n'est qu'à ses débuts c'est celle de la musique avec le cinéma. On ne peut plus présenter un sujet cinématographique sans musique. Beaucoup de spectateurs du cinéma vous diront qu'ils vont à ses représentations autant pour la musique que pour son attrait particulier. Jusqu'à présent on adapte plus ou moins bien toutes les musiques possibles à ces représentations; souvent ces adaptations ne suivent que de très loin et très vaguement l'action de l'image animée. On sait tout le parti qu'a su tirer l'ancien théâtre de son grand auxiliaire la musique. Il faut qu'il en soit ainsi pour le cinéma. Ce dernier augmentera grandement de la sorte sa puissance d'impression et de fascination, mais pour cela il faut qu'il sollicite et qu'il accepte l'aide de vrais et savants musiciens. Aujourd'hui la bonne musique est appréciée par tout le monde, il ne faut plus que les images du cinéma, toujours plus belles, soient accompagnées de ces vulgarités musicales que l'on a trop entendues au café-concert des temps passés, car même le café-concert est forcé aujourd'hui de faire entendre de la bonne musique. On a essayé d'adapter des chœurs, des voix humaines aux représentations du cinéma; s'ils sont bien liés au sujet ils produisent un effet puissant que les exploitants sont satisfaits de constater, sur leurs recettes surtout. On peut donc tout oser dans cette voie si l'on est artiste, car on est certain d'être récompensé.

Souvent maintenant, on vend avec les films importants des adaptations musicales qui sont réglées en durée sur le temps que met à défiler la bande.

De plus en plus, ces adaptations sont créées par des musiciens de talent et si elles sont bien jouées et en temps voulu elles produisent une très bonne impression sur les spectateurs.

Fig. 75. — Les scènes à trucs. Figure extraite des mémoires récréatifs et anecdotiques de Robertson ; image fantastique, très ancienne probablement, et animée aujourd'hui par le cinématographe.

CHAPITRE XI

Les Scènes à Trucs

Le surnaturel a toujours séduit l'humanité. Pour émouvoir et étonner dans tous les arts, mais particulièrement dans ceux qui ne parlent qu'à l'imagination; il faut frapper celle-ci par les moyens les plus ingénieux et les plus inattendus. Dans le domaine du merveilleux c'est par les tableaux et les apparitions les plus étranges et les plus fantastiques que l'on arrivera à entraîner l'esprit du spectateur dans le monde rêvé par lui.

Quel milieu, parmi les inventions modernes, pouvait être favorable à la réalisation de ces illusions, si ce n'est le cinématographe!

L'adaptation à ce genre de spectacle des combinaisons et des effets d'optique, de physique et de photographie déjà connus et employées par les illusionnistes qui l'ont précédé ne pouvaient que tenter des praticiens adroits. Il en résulta des scènes et des illusions apparemment nouvelles et pourtant dues, pour la plupart, à la collaboration des Mesmer, des Cagliostro, des Léonard de Vinci, des Lavater, des Charles, des Robertson, des Robert Houdin, des Méliès, etc., etc.

Sur les vrais théâtres, les trucs, les changements à vue ont de

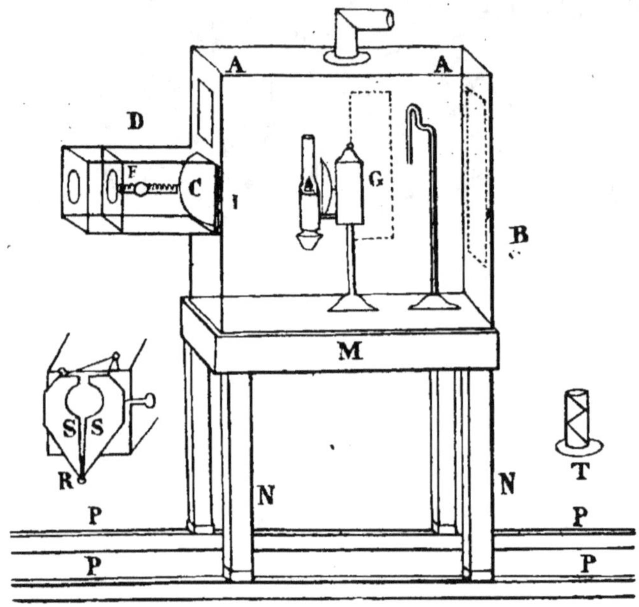

Fig. 76.

tout temps été appréciés. Il en fut de même pour les apparitions fantastiques montrées par les forains et parmi le monde déjà plus instruit qui fréquentait les cabinets de physique il y a une centaine d'années. La figure 1 de ce livre en est un souvenir. Vers ces époques les moyens employés étaient des plus modestes : la fig. 76 montre les détails de la lanterne dont se servait Robertson : comme source lumineuse, une antique lampe à huile; un condensateur constitué par une lentille plan convexe et pour objectif probablement deux simples lentilles peu ou pas achromatisées! Mais l'on trouve déjà sur cet appareil bien des dispositions truquées employées aujourd'hui par le cinématographe. En F, la crémaillère qui permet de suivre la mise au point de l'objectif lorsque la lanterne se déplace sur les patins PP, cela afin de faire grossir ou diminuer les images projetées; en R et S nous voyons l'œil de chat qui fera *fondre* les vues soit en les éclairant de plus en plus ou en les estompant en fermant progressivement l'ouverture de l'objectif. Les images projetées étaient alors inscrites sur des verres et dessinées et coloriées à la main. Ces images elles-mêmes étaient souvent machinées et disposées pour se transformer, suivant les cas; leur description nous entraînerait trop loin dans ce livre. Lors de l'apparition de la photographie, la constitution de ces images projetables bénéficia de tous les perfectionnements que ce nouveau procédé comportait. De ce fait, de nouvelles illusions devinrent possibles, telles que les surimpressions, les réserves produites par des caches, les images doubles sur fond noir, etc., etc. En adoptant ces manières de faire au cinématographe, on put encore perfectionner les effets ainsi obtenus et animer des scènes qui étaient déjà très curieuses lorsqu'elles étaient fixes.

Avant le cinématographe, on avait bien souvent cherché à animer, ou à conserver l'animation de l'image de la chambre noire. Dans notre jeunesse, nous nous souvenons encore d'avoir été regarder souvent une image ainsi animée et qui avait un succès considérable alors. Nous voulons rappeler ici la vue de la chambre noire que l'on voyait, il y a trente ans environ, au Conservatoire des Arts et Métiers à Paris. Cette image était visible dans une sorte de cabine obscure. Un objectif (ouvert à F : 32 au plus) était braqué sur la rue voisine et la vue était redressée par une glace ou un prisme. La pauvre image, bien terne, projetée ainsi à plat, avait pourtant le don de charmer les visiteurs par ses couleurs pâles et ses mouvements plutôt d'ombres chinoises; on se pressait et on faisait la queue pour jouir de ce spectacle. Par cette comparaison, on comprendra mieux le succès de Robertson et autres illusionnistes, malgré la faiblesse des moyens dont ils disposaient. Pour ces précurseurs, le retournement de l'image de la chambre noire était un grand obstacle lorsqu'ils voulaient se servir de celle-ci comme image animée; aussi avaient-ils songé à la redresser.

Les fig. 77 et 77bis montrent deux combinaisons proposées dans ce cas et que nous devons au livre de Robertson que nous avons déjà cité. De cet ouvrage, nous pourrions encore extraire nombre d'indications curieuses, qui sont aujourd'hui plus ou moins employées en cinématographie.

La figure 78 montre un truc où sert une glace pour faire apparaître, dans un coffret, une image qui peut être animée.

Les trucs cinématographiques ne sont donc pas d'origine nou-

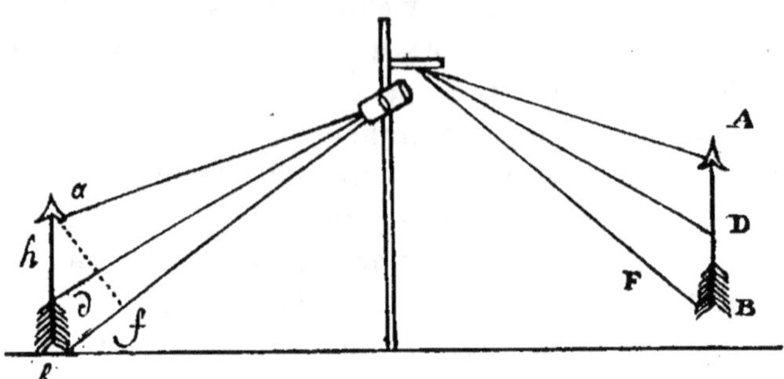

FIG. 77.

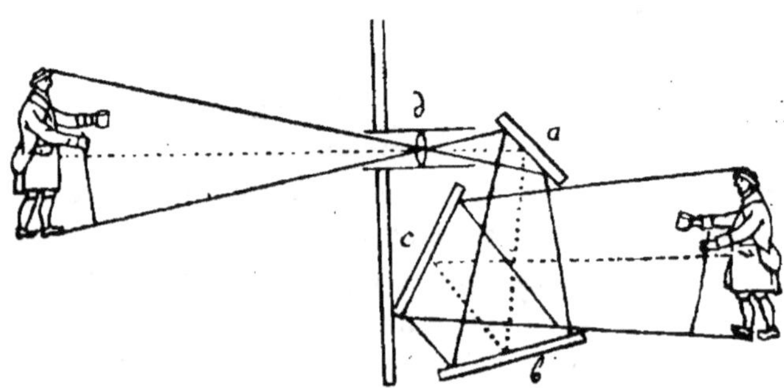

FIG. 77 *bis*.

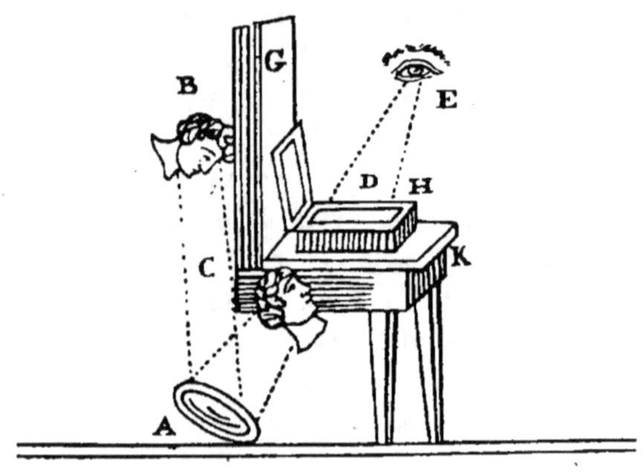

FIG. 78.

velle; pour la plupart, ils dérivent plus ou moins de combinaisons connues, mais qui, grâce à leurs adaptations, ont produit des effets curieux et intéressants.

Dans les quelques indications qui vont suivre, nous n'avons pas du tout la prétention de décrire tous les trucs réalisables par le cinématographe; nous voulons simplement indiquer les moyens susceptibles d'aider l'opérateur adroit qui veut les appliquer aux sujets qu'il traite.

De la combinaison des indications qui vont suivre pourront naître continuellement des effets nouveaux.

Actuellement on ne se sert plus du tout des scènes à trucs de la même manière qu'au début. Le plus souvent ces combinaisons servent surtout à idéaliser les scènes modernes ou à les rendre plus drôles au besoin. L'emploi de la scène truquée est d'un usage de plus en plus courant pour monter un rêve, l'image d'un personnage absent, l'expression de sentiments intimes que ne peut indiquer autrement un personnage mêlé à une action quelconque.

Pour activer les scènes burlesques ou en ralentir d'autres avec le cinéma à grande vitesse, on a produit des effets très nouveaux et amusants, et pour le cinéma moderne et dit artistique les moyens qui vont suivre pourront contribuer certainement à le rendre encore plus beau et plus intelligible.

Dans cet ordre d'idées et comme nous le disions précédemment, l'essentiel ne sera pas de jouer continuellement la difficulté, mais d'adapter et de mêler judicieusement les trucs aux scènes les plus attrayantes et les mieux combinées afin d'intriguer et surprendre le spectateur, toujours difficile à satisfaire.

Les principales scènes truquées peuvent se diviser comme suit :

1° Changement brusque du décor ou dans le décor; on passe d'un milieu à un autre : moyen photographique, moyen théâtral.

2° Apparition ou disparition brusque d'un ou de plusieurs acteurs, multiplication ou soustraction de personnages au milieu d'un décor qui ne varie pas : moyen cinématographique, moyen théâtral;

3° Changement à vue des costumes des acteurs : moyen cinématographique, moyen théâtral;

4° Substitution graduelle, dite *fondue*, d'un décor seul ou avec des personnages à une autre scène complète : repérages;

6° Disparition ou apparition graduelle, dite *fondue*, de un ou plusieurs personnages au milieu ou sur un décor qui, lui, ne varie pas de position ni de valeur lumineuse;

7° Apparition ou disparition en *fondu* ou instantanément d'une image réduite agrandie ou substituée à une autre sur une partie du décor : repérages à des échelles différentes;

8° Effets produits par des caches employées sous forme de décor ou dans la fenêtre de l'appareil prise de vue;

9° Les surimpressions photographiques, *les spectres*, les réserves sur l'image : effets produits; compteurs de tours et d'images;

10° L'emploi du fond noir en velours et des parties noires sur le décor;

11° Vues prises pendant que l'appareil s'approche ou s'éloigne du modèle;

12° Moyens de photographier les objets paraissant se mouvoir dans l'espace : les fils invisibles;

13° Vues prises verticalement et d'en haut;

14° Emploi du prisme des glaces réfléchissantes et sans tain : combinaison des projections fixes et animées;

15° Entraînement de la pellicule en arrière par l'appareil cinématographique : effets produits par ces manœuvres; fils invisibles, entraînant ou guidant les objets horizontalement;

16° Illusions réalisées par l'entraînement d'une seule image par tour de manivelle;

17° Les lumières artificielles : effets que l'on peut en obtenir; reproduction des feux d'artifice;

18° Les ombres chinoises reproduites par le cinématographe;

19° Reproduction dans l'eau; photographie de l'eau; imitation de la neige;

20° Personnages, costumes et décorations propres à réaliser les scènes à trucs.

1° *Changement brusque du décor ou dans le décor; passage d'un milieu à un autre : moyen photographique, moyen théâtral.* — Par les moyens cinématographiques, le changement de décor se fait on ne peut plus facilement. Si la scène est terminée et que les acteurs sortent d'eux-mêmes du décor, il suffit de cesser de tourner à ce moment-là. Une fois la bande négative développée, on la coupe juste à l'image représentant la sortie du dernier acteur, cela pour éviter *un froid,* comme l'on dit au théâtre, c'est-à-dire que la scène reste vide et sans mouvement. Sur le tableau suivant on continue à enregistrer l'action. La première image jugée bonne du deuxième tableau est immédiatement collée (1) à la suite de la dernière du tableau précédent, à moins, bien entendu, qu'il ne soit nécessaire d'intercaler un *titre* ou autre chose entre ces deux parties de la bande.

Si les acteurs doivent rester en scène pendant que le décor change, par exemple comme s'ils étaient transportés instantanément d'un lieu dans un autre, au moment du changement de décor le metteur en scène commande de s'arrêter; à ce moment, l'opérateur cesse de tourner et les acteurs restent immobiles dans la position qu'ils ont. Ils observent bien leur expression et leur geste et attendent qu'un aide ait marqué à la craie la position exacte de leurs pieds sur le plancher. Ils peuvent alors se retirer et le changement de décor a tout le temps de se faire. Une fois cette opération terminée, les acteurs reprennent exactement leur place respective et les mêmes gestes dans le nouveau tableau; l'action continue.

L'opérateur a commencé à tourner un peu avant le début réel de la nouvelle action, cela afin d'avoir la latitude de choisir sur la bande une image se raccordant mieux que les autres à celles de la scène précédente. C'est cette image qui est collée après la dernière de la scène précédente. Par les moyens du théâtre ordinaire et pendant le jeu des acteurs, on peut faire varier à vue l'aspect du décor. On obtient ces effets à l'aide de toiles de fond qui s'enlèvent et qui laissent apparaître derrière elles une nouvelle perspective théâtrale. Une partie de décor : un personnage, un groupe de danseuses, des accessoires, etc., peuvent apparaître à l'aide des trappes que nous avons décrites au chapitre IX.

2° *Apparition ou disparition brusque de un ou plusieurs acteurs, d'accessoires, etc., multiplication ou soustraction de personnages au milieu d'un décor qui ne varie pas : moyen cinématographique, moyen théâtral.* — Un acteur en scène fait une invocation, par exemple, étend le bras d'un geste de commandement et un autre acteur apparaît instantanément auprès de lui ou sur le décor à l'endroit désigné. Au moment où le premier acteur étend le bras, le metteur en scène commande de s'arrêter. L'opérateur cesse de tourner une fois le mouvement du bras enregistré. Le deuxième

---

(1) Voir collage des pellicules, pages 391.

acteur qui doit apparaître vient se placer à l'endroit désigné, le premier acteur reprend l'attitude qu'il avait au moment de l'arrêt. L'opérateur a commencé à tourner, toujours un peu avant et la scène continue. En coupant convenablement les deux parties de la bande pour que l'apparition paraisse soudaine, on arrive au résultat cherché.

Pour faire disparaître instantanément un acteur, l'opération est aussi simple : au commandement de l'arrêt, l'acteur qui fait disparaître l'autre reste immobile dans la position qu'il a. Celui qui disparaît a facilité l'illusion en paraissant s'enfoncer dans la terre ou, d'un saut, vouloir s'élancer vers le ciel. C'est dans ce mouvement que l'on choisit la meilleure image à couper. Une fois ce geste exécuté, l'acteur qui disparaît sort de scène, l'action continue et l'opérateur l'enregistre à nouveau pour obtenir l'autre partie de la pellicule qui sera collée à celle prise avant les manœuvres nécessitées par la disparition.

Par des moyens du même genre, répétés, on peut multiplier ou diminuer le nombre des personnages apparaissant ou disparaissant. Par exemple, un prestidigitateur prend un parasol chinois, ou un foulard, l'ouvre, place celui-ci face aux spectateurs, le relève aussitôt et derrière apparaît un personnage accroupi qui se lève et entre en action. On peut de la sorte faire apparaître autant de personnages et d'objets que l'on voudra. Au moment où le prestidigitateur ouvre son parasol ou étend son foulard, le metteur en scène fait arrêter; les choses se passent comme nous venons de le dire, l'acteur vient s'accroupir derrière l'objet qui le cache au public, l'opérateur tourne à nouveau et le prestidigitateur relève son écran et l'acteur apparaît; deux coupures et une collure intelligentes font le reste chaque fois. Pour faire disparaître les acteurs la manœuvre inverse est exécutée.

Par les moyens du théâtre déjà indiqués au chapitre IX, on peut faire apparaître ou disparaître également les personnages. A part les trappes à étoile qui font jaillir le personnage du sol et les moyens de suspension qui sont indispensables lorsque l'apparition doit se faire dans l'espace, on voit que l'on a tout avantage à se servir des moyens cinématographiques, ceux-ci étant beaucoup plus simples et produisant des effets plus précis.

3° Changement à vue du costume des acteurs : moyen photographique, moyen théâtral. — Ces changements s'effectuent tout à fait de la même manière que les précédents, c'est-à-dire qu'au moment du changement de costume on commande un arrêt pendant lequel s'effectue cette substitution, puis l'action continue; ce sont encore des coupures et une collure justes qui font les frais de l'opération.

Une manière élégante d'effectuer le changement de costume est la suivante, mais encore faut-il qu'elle soit applicable à l'action : le personnage qui fait changer l'autre de costume prend en paquet les nouveaux vêtements et les lance tels qu'ils sont, sur son collègue, tandis que celui-ci fait le geste de les recevoir, par exemple au-dessus de sa tête.

C'est dans ce mouvement que l'on cherche la première image à couper. L'acteur revêt les nouveaux vêtements pendant l'arrêt et autant que possible les deux acteurs reprennent à la même place les gestes qu'ils faisaient lors du lancement des vêtements. C'est dans ces nouvelles attitudes qu'est choisie la deuxième image se raccordant le mieux à la scène précédente. Le déshabillage instantané d'un personnage s'obtient par une suite de manœuvres inverses.

Pour les changements de costumes on peut se servir aussi des moyens du théâtre ordinaire indiqués au chapitre IX. Cette manière de faire s'adapte même très bien au cinématographe puisqu'elle est presque instantanée, mais pour s'en servir il faut disposer de costumes spéciaux et de petites trappes sur le plancher du théâtre. Dans ce cas, on n'a pas besoin d'arrêter l'action des acteurs ni de pratiquer des coupures dans la bande.

4° Apparition ou disparition des personnages au milieu des fumées, des flammes : moyen de préparer ces dernières. — Par ces moyens on augmente beaucoup l'effet produit. Pour faire apparaître un personnage au milieu d'une fumée intense, mais qui se dissipe rapidement, on exécute d'abord un arrêt. Le ou les acteurs en scène gardent l'immobilité, un aide apporte et pose à la place où doit avoir lieu l'apparition une plaque de tôle.

Sur cette plaque de tôle on a placé 3 à 4 grammes de poudre noire, sous cette poudre on a mis un petit tampon de coton-poudre. Ce tampon est attaché à une mèche de coton poudre également qui va jusqu'à l'endroit où l'aide peut l'allumer sans être pris dans la scène. L'opérateur se remet à tourner et l'aide allume la mèche; la poudre en prenant feu ne fait pas explosion, mais brûle en produisant un nuage intense de fumée qui disparaît en s'élevant très rapidement; l'opérateur s'arrête, l'acteur entre en scène, vient se placer à l'endroit d'où est partie la fumée, fait les gestes ou les mouvements que comporte la scène et l'action continue. Une fois la bande développée on la coupe une première fois pour raccorder la partie enregistrée avant le premier arrêt avec la partie où la fumée apparaît réellement. On coupe une deuxième fois le négatif au moment où la fumée s'envole pour coller cette partie avec l'image où l'acteur fait le mouvement correspondant à son apparition sur le théâtre. Pour faire disparaître le personnage dans la fumée on cinématographie jusqu'au moment où l'acteur fait le geste de disparaître, puis on fait arrêter; l'acteur sort de scène, les autres conservent la position et l'aide vient faire partir la poudre à l'endroit où était l'acteur qui a disparu. L'opérateur a commencé à tourner avant que la poudre ne brûle et l'action continue pendant que le nuage de fumée se produit. Sur le négatif, pour les coller ensemble, on cherche les images représentant l'acteur faisant le geste de disparaître et celles représentant la fumée en mouvement et allant s'épaisissant.

Pour que l'acteur paraisse réellement entouré de fumée, on fait souvent partir la poudre derrière lui au moment où il fait le geste d'apparaître ou de disparaître; on évite ainsi une deuxième coupure.

Si c'est au milieu des flammes que l'acteur doit apparaître ou disparaître, on procède comme pour la fumée, mais pour produire les flammes on se sert d'une matière que l'on trouve facilement dans tous les endroits où l'on fait du cinématographe : il s'agit de la pellicule manquée et bonne à jeter. En brûlant, le celluloïd produit des flammes très grandes et très claires qui s'enregistrent bien photographiquement, même en plein jour. Pour obtenir de belles flammes, il faut mettre suffisamment de pellicule, mais alors on doit être très prudent, car ce sont des flammes qui ne s'éteignent pas facilement et qui pouraient mettre le feu aux objets environnants. Le lycopode ne produit pas de flammes suffisamment blanches pour être enregistrées comme il faut; on peut produire un effet utile avec de la poudre de magnésium insufflée dans la flamme d'une lampe à alcool. Chez les artificiers, on trouve des flammes de Bengale qui sont très photogéniques et qui font peu de fumée; dans certains cas ces flammes rendent de grands services pour éclairer certaines scènes d'une façon fantastique; on peut les employer pour les apparitions.

5° Substitution graduelle, dite « fondue », d'un décor seul ou avec ses personnages à une autre scène complète; repérage des décors. — Pour bien effectuer cette opération, il faut opérer avec beaucoup d'adresse et de précision. L'opérateur aura à exécuter des manœuvres plus compliquées, il ne devra pas se tromper. Au moment où on voudra faire changer le décor, on commandera un arrêt; les acteurs garderont leur attitude et aussitôt l'opérateur comptera à très haute voix depuis 1 jusqu'à 7. L'espace de temps mis entre chaque chiffre énoncé correspondra à la vitesse d'un tour de manivelle effectué. Au septième tour de manivelle il s'arrêtera net et bien franchement. Les acteurs peuvent alors bouger mais doivent repérer leur position. A partir du moment où l'opérateur aura prononcé le chiffre 1, un aide ou l'opérateur lui-même fermera le diaphragme de l'objectif progressivement, de façon que le diaphragme, étant à l'ouverture normale au commandement de 1, ne soit fermé tout à fait qu'au moment où est prononcé le mot 7.

La manœuvre du diaphragme se fait à la main et en même temps que les sept tours de manivelle sont exécutés. Par cette manœuvre, depuis le moment où les acteurs ne bougent plus, il a été enregistré 56 images, puisqu'on en impressionne 8 par tour de manivelle. Ces 56 images diminuent d'intensité; elles se *fondent* du fait que le diaphragme a été fermé graduellement pendant qu'on les prenait et les dernières ne sont presque plus visibles; on arrive donc au noir absolu. On peut de la sorte réaliser la disparition graduelle d'un décor. Maintenant, si, à l'image qui vient de s'effacer de la sorte, nous substituons en sens inverse et sur la même partie de la pellicule l'image d'un nouveau tableau, ces deux vues vont se fondre l'une dans l'autre et la première disparaîtra petit à petit pour laisser apparaître l'autre progressivement.

Voici comment on procède pour obtenir ce deuxième résultat : L'opérateur, une fois le diaphragme tout à fait réduit et ses sept tours de manivelle comptés, ferme tout à fait le bouchon de l'objectif, puis, bien franchement, il fait sept tours de manivelle en arrière; de cette façon, il réintroduit la pellicule déjà impressionnée en fondu dans la boîte débitrice. Cette manœuvre exécutée, il se place devant le nouveau décor, met en plaque, fait placer les personnages s'il y a lieu, cela avec le viseur ou la loupe, et en *ouvrant* le diaphragme à la même cadence et progressivement comme pour la première opération où le diaphragme était fermé, il compte depuis 1 jusqu'à 7 en même temps qu'il exécute le même nombre de tours de manivelle. Au moment où l'opérateur prononce 7, les acteurs reprennent leur action. Sur le négatif, il peut y avoir des images à couper pour régulariser l'effet produit par le fondu ; cela dépendra surtout de la précision avec laquelle aura été exécuté l'ensemble des manœuvres que nous venons d'indiquer et aussi de ce que l'obturateur a pu rester ouvert pendant un arrêt, ce qui voile une image. Par ces moyens on peut produire des substitutions très amusantes si l'on repère très exactement les deux décors l'un sur l'autre. Par exemple, le théâtre représente une chambre à coucher : un acteur dort confortablement dans son lit ; la scène change : la chambre à coucher devient une forêt où la neige tombe et le lit un tronc d'arbre sur lequel se réveille l'acteur plus qu'étonné.

L'apparition produite, par le moyen des fondus, sur les fonds noirs, a également des effets très curieux (voir plus loin).

6° *Disparition ou apparition graduelle, dite fondue, de un ou plusieurs personnages au milieu ou sur un décor qui ne varie pas de position ni de valeur lumineuse.* — Ces opérations sont tout à fait du même ordre que les précédentes. Pour faire disparaître un personnage parmi ceux qui sont en scène, on commence toujours par réclamer un arrêt, et l'opérateur, pendant l'immobilité des acteurs, compte jusqu'à 7 et ferme en même temps graduellement le diaphragme. L'acteur qui doit disparaître sort de scène tandis que l'opérateur remonte sa pellicule comme il a été dit précédemment. Les acteurs restants reprennent exactement leur position. L'opérateur retourne, ouvre en même temps le diaphragme, et une fois le chiffre 7 prononcé, l'action continue. Par ces manœuvres, le décor et les acteurs qui sont en scène ont été protographiés d'une façon normale sur les 56 images constituant le fondu ; leur valeur photographique est donc constante, tandis que, pour l'acteur qui doit disparaître, la première opération a fait disparaître graduellement son image et la deuxième, en proportion inverse, apparaître la partie du décor qui se trouvait cachée par lui.

Pour faire apparaître un ou plusieurs personnages, la première partie du fondu est exécutée avant que les acteurs n'entrent en scène ; la deuxième est prise lorsqu'ils sont placés à l'endroit où ils doivent apparaître.

7° *Apparition et disparition en fondu ou instantanément d'une image réduite, agrandie ou substituée à une autre sur une partie du décor : repérage à des échelles différentes.* — Les moyens destinés à provoquer les apparitions et disparitions, fondues ou autres, dont nous venons de parler, sont susceptibles de nombreuses applications. Par exemple, le personnage en scène du cinématographe fait apparaître dans le décor où il se trouve des personnages plus petits ou plus grands que lui, ou il substitue à un personnage inanimé un être vivant qui peut exécuter toutes ses volontés.

Voici comment on procède dans ces cas; nous prenons un exemple compliqué pour mieux fixer les idées : une petite fille est couchée, elle rêve à sa poupée; celle-ci est placée debout le long de la cheminée, avec d'autres jouets. La poupée s'anime, danse, envoie des baisers, etc. La petite fille se lève, court à sa poupée, la prend et la trouve aussi inerte que par le passé. La partie de la cheminée en décor où est adossée la poupée peut s'enlever en laissant dans le décor un trou. Au fond de ce trou on met une autre portion de décor représentant à l'échelle voulue la même partie de la cheminée. Devant ce décor on place une enfant costumée de la même manière que la poupée. Par tâtonnement sur la glace dépolie on détermine exactement la place et la distance auxquelles la personne qui remplit le rôle de la poupée doit être placée pour que l'image de la poupée réelle se superpose exactement avec la sienne. Tout ceci bien amené par un fondu, on comprend comment on peut substituer une image à l'autre. Par les mêmes moyens on peut animer les personnages des tableaux, les statues, etc., etc. Par un simple arrêt et une bonne collure on peut substituer un mannequin à un personnage vivant ou inversement. Dans le cas d'une chute d'une falaise, d'un cinquième étage, etc., on peut faire voir le mannequin effectuant la chute réelle, puis abîmé sur le sol. Ensuite, par une substitution de l'acteur habillé semblablement, on peut faire continuer la scène, s'il n'en meurt pas tout de suite. Pour faire apparaître des petits personnages sur une partie du décor on peut se servir du procédé qui consiste à ouvrir une partie du décor et à photographier les acteurs, qui doivent être de taille réduite, à une plus grande distance que celui qui reste en scène et qui les fait apparaître. Pour qu'ils soient plus gros, ce serait le contraire.

Ces moyens sont praticables surtout si le décor s'y prête, mais il est préférable, pour produire ces illusions, d'opérer en deux fois : une première fois, le principal acteur, qui doit rester à l'échelle normale, joue d'abord la scène; puis sur un autre fond mais sur la même pellicule, on exécute la scène jouée par les petits ou grands acteurs. Il faut dans ces cas que les deux actions se raccordent; nous indiquons plus loin comment on procède.

8° *Effets produits par des caches employés sous forme de décor ou dans la fenêtre de l'appareil prise de vue. — Actions simultanées. —* Pour faciliter les effets précédents, on se sert de caches et l'on joue la scène exécutée en deux fois. Voici par exemple des cas où ces moyens sont indispensables : un génie invoque de petits êtres qui apparaissent et qui se mettent à danser sur une table placée au milieu du décor pendant que le génie joue du violon pour les entraîner. Pour réaliser cette scène, il vaut mieux qu'elle se passe dans un décor sombre, afin d'avoir derrière la table une partie presque noire. Le génie entre en scène seul et l'opérateur commence à tourner en prenant sur son cadran le chiffre du métrage de pellicule d'où il part. Le génie exécute les gestes nécessaires pour faire apparaître les petits personnages. Il joue exactement comme si en réalité les petits lutins apparaissaient, il les admire, les contemple, prend son violon et joue, puis les fait danser; il s'arrête ou fait le geste de faucher avec son archet toute la petite apparition et exprime que celle-ci a disparu. Une fois cette scène jouée et parfaitement chronométrée et repérée dans toutes ses parties, l'opérateur fait rentrer toute la pellicule impressionnée dans la boîte débitrice. A l'aide de ses cadrans il compte la pellicule passée et s'arrête lorsqu'il est revenu à son point de départ. Une fois la pellicule remontée, l'opérateur ouvre l'appareil et, sur la fenêtre même, place un petit cache très mince découpé de façon à ne laisser libre, ou à peu près, que la place où doivent évoluer les images des acteurs réduits. Cette place a été mathématiquement repérée avant sur le grand décor et le cache a été découpé selon les besoins, juste où il faut dans le rectangle de la fenêtre de l'appareil prise de vue. Sur un fond très sombre, alors, on met au point, à la place et à la grandeur voulues, les petits personnages. L'opérateur se met à tourner et l'acteur qui représente le génie mime la scène qu'il a exécutée déjà, mais, cette fois, il se place à côté de l'appareil pour donner le mouvement et l'action justes aux acteurs qui dansent à la mesure voulue et qui exécutent mathématiquement tous les gestes prévus dans le même temps que le génie a mis à mimer la première fois la scène; l'effet est ainsi complété. Comme on a eu la précaution de choisir un décor à fond très sombre et que les petits acteurs ont été photographiés en pleine lumière et possèdent des costumes de couleurs claires, la deuxième impression se détache parfaitement bien et cela d'autant plus, que toutes les autres parties du décor et de la première scène ont été protégées de la lumière diffuse par le cache pendant la deuxième impression. Ces sortes d'images peuvent apparaître ou disparaître brusquement ou par des fondus.

Au lieu de placer le cache dans la fenêtre de l'appareil prise de vue, celui-ci peut être constitué par le décor lui-même. Par exemple, on veut représenter une carte de visite ou une carte à jouer, dont les lettres vont se transformer et montrer la personne elle-même ou exprimer le langage conventionnel de la carte à jouer. Pour réaliser cette scène, on cinématographie d'abord l'image de la carte; celle-ci a été peinte sur un châssis ou décor qui peut avoir, par exemple, 3 mètres sur 2; la carte est donc beaucoup plus grande, mais à la projection on ne s'en apercevra pas. Tout l'intérieur de la carte est dessiné sur un panneau ayant juste la forme de la carte; ce panneau peut s'enlever de dessus le châssis et laisse ainsi une ouverture qui forme cache. La première partie du fondu est exécutée le panneau fermé, la deuxième est faite le panneau enlevé et laissant voir la scène préparée derrière et qui va se continuer jusqu'au moment où la carte reprendra son premier aspect par une suite inverse d'opérations du même genre.

9° *Les surimpressions photographiques, les spectres, les réserves sur l'image : effets produits; manière de les réaliser.* — En invoquant ici le souvenir d'un célèbre artiste, dont le cinématographe truqué doit être certainement parent, nous continuerons comme feu Nicolet par des acrobaties photographiques toujours de plus en plus fortes.

Les surimpressions cinématographiques sont difficiles à réaliser. Le but à obtenir est le suivant : Sur une image déjà existante sur la pellicule, il faut en impressionner une nouvelle qui se verra soit nettement séparée de l'autre ou bien les deux vues mélangées ensemble, celle de dessus restant transparente. Les effets que l'on peut obtenir de la sorte sont très saisissants, mais pour les réussir il faut de la persévérance. Par exemple, on veut représenter en ballon des personnages, etc., etc., qui passent dans le ciel. Pour qu'un ciel soit intéressant, il faut qu'il y ait dedans des nuages et au cinématographe ces nuages doivent remuer. La première impression consistera à obtenir des nuages qui marchent. On cherchera donc un ciel où il y a des nuages intéressants; le contre-jour est dans ce cas tout indiqué. Pour faire marcher les nuages, la plate-forme panoramique aidera le vent. Cette première impression obtenue, on placera les personnages ou les objets à faire passer dans le ciel et sur les nuages, sur un fond noir (voir plus loin) et sur la même partie de pellicule on prendra à nouveau l'image des objets et personnages; ceux-ci seront suspendus par des fils invisibles ou disposés comme nous le dirons encore plus loin.

Autre exemple : Sur la terrasse ou dans la salle d'un vieux manoir on veut faire apparaître un spectre. A l'aide de l'appareil prise de vue, on détermine exactement sur le décor et sur la scène les endroits où doivent se mouvoir les acteurs et le spectre. Le décor est choisi de couleurs sombres et est peu éclairé, les costumes des acteurs sont aussi peu photogéniques. Les places où doit évoluer le spectre bien repérées d'avance, on photographie d'abord celui-ci sur un fond noir absolu (voir plus loin); le spectre joue sa scène comme s'il était dans le décor, et celle-ci se termine brusquement par une fumée, un fondu, etc. L'opérateur remonte sa bande comme nous l'avons déjà indiqué, s'arrête au point de départ qu'il retrouve grâce à son compteur et sur la même partie de la bande il prend la scène représentant la partie du château et les acteurs véritables. Comme tout spectre qui se respecte est blanc et que le reste du décor est sombre, la deuxième impression n'est pas suffisante pour effacer l'image du spectre; celle-ci reste visible, mais au travers d'elle on peut voir souvent le décor; le spectre paraît donc transparent, impalpable, les autres acteurs peuvent traverser son image en personne et par des coups d'épée (si la scène est bien repérée), et l'illusion est parfaite.

Le nombre de scènes ainsi réalisables est infini; le tout, pour les réussir, est de proportionner les deux impressions photographiques de façon à ce que l'une ne nuise pas à l'autre tout en produisant l'effet voulu. Pratiquement, ce n'est pas toujours facile à réaliser.

Les surimpressions peuvent aussi se faire sur la bande positive à l'aide de deux clichés différents, mais, dans ce cas, il ne faut pas que les images se laissent voir au travers l'une de l'autre et il y a toujours une question d'intensités relatives difficile à obtenir juste. La mise en plaque, par rapport aux perforations des négatifs employés, est également délicate. Pour faciliter certaines surimpressions, on se sert de caches, comme nous l'avons déjà indiqué.

10° *L'emploi du fond noir en velours et des parties noires sur le décor.* — Nous venons de voir employer le fond noir pour certaines combinaisons. Cet accessoire est une grande ressource du cinématographe truqué. Pour isoler un sujet et reporter ensuite son image sur un autre décor, il n'y a pas de meilleur moyen. Pour se procurer un fond noir, il ne suffit pas de tendre n'importe où un fond de velours noir.

Généralement, dans les ateliers de cinématographie, on ne prend pas suffisamment de précautions pour obtenir par ce moyen un beau noir, il en résulte des négatifs gris qui perdent ainsi beaucoup de leur intérêt. Si on emploie le velours c'est parce que cette étoffe réfléchit le moins la lumière blanche, mais elle peut en réfléchir encore beaucoup si on l'éclaire trop fortement. Au laboratoire de M. Marey, au Parc des Princes, M. Demeny avait placé ce fond noir au fond d'une sorte de cavité dont les deux côtés, le dessus et le sol étaient profonds d'au moins 3 ou 4 mètres et recouverts également de velours noir; c'est devant cette ouverture que passait le sujet à photographier. Pour le cinématographe ordinaire, il est évident que l'on peut diminuer ces précautions, mais mieux on protégera le fond noir de la lumière qui le frappe directement, plus on obtiendra un fond obscur sur l'image

Sur certains décors on peut ménager des parties tout à fait noires, comme par exemple le fond d'une grande cheminée, le fond d'un vestibule, d'un escalier. A première vue, le spectateur ne remarquera pas autrement ces parties sombres et, au moment de l'apparition, elles rendront service sans paraître avoir été nullement préparées.

11° *Vues prises pendant que l'appareil s'approche ou s'éloigne du modèle.* — Dans beaucoup d'ateliers il existe un chariot monté sur rails possédant des roulements aussi doux et précis que possible. Ce mobile peut se déplacer d'un bout de l'atelier à l'autre. Sur ce chariot on place l'appareil prise de vue et l'opérateur. Des aides font avancer ou reculer le chariot au commandement de l'opérateur et du metteur en scène.

A l'aide de ce dispositif on peut faire varier la grandeur des personnages pendant la prise de la vue. L'opérateur doit faire varier la mise au point pendant la marche du système et bien repérer ses points extrêmes de course pour éviter de faire sortir du champ le sujet. C'est à l'aide de ce moyen que l'on fait apparaître des êtres fantastiques qui grossissent rapidement et qui paraissent se précipiter sur le spectateur. Pour que le décor ne grandisse pas en même temps que le personnage il faut avoir recours à deux impressions exécutées comme nous l'avons déjà dit. On peut encore réaliser beaucoup d'autres illusions par ce procédé.

12° Moyens de photographier les objets paraissant se mouvoir dans l'espace : les fils invisibles, les suspensions. — Le cinématographe n'ayant pas trouvé la formule qui détruira les lois de la pesanteur et les aéroplanes n'étant pas encore d'un usage tout à fait pratique, surtout en atelier, il a fallu trouver d'autres moyens pour enlever dans l'espace tout ce que le cinématographe veut y montrer.

Nous avons vu que dans l'atelier on avait réservé des points d'attache sur les fermes qui supportent le vitrage. Sur ces points on peut fixer tous les moyens connus des machinistes pour enlever un personnage sur une scène de théâtre.

Généralement, pour arriver à ce résultat, on se sert ici de l'ancien

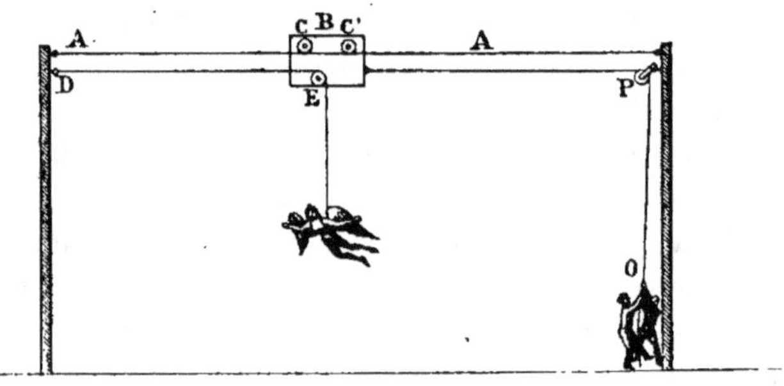

Fig. 79.

mode de suspension que l'on désignait sous le nom de vol oblique. Voici en quoi consiste cette machination, en somme fort simple : au-dessus du plancher et le plus près possible des fermes de la toiture, on installe en travers de la scène un fort fil de suspension (A, fig. 79) ; généralement on se sert pour cela d'un cordage métallique très résistant et susceptible d'être bien tendu. Sur ce câble on enfile une sorte de poulie en bois B. Au milieu de cette poulie se trouve un espace par lequel le câble métallique peut passer ; dans cet espace se trouvent deux galets C C' qui permettent à l'ensemble de rouler facilement sur toute la longueur du câble. Au-dessous du passage réservé au câble est placée une autre ouverture et un autre galet E. Sur ce galet passe un cordage qui est attaché d'un côté au point fixe D et qui de l'autre supportera le fil invisible en acier et le personnage à enlever. Sur la dernière face de la poulie sera attaché le cordage O qui arrivera jusqu'à portée des machinistes en passant sur une deuxième poulie P.

Supposons la poulie B contre le point D; le fil de suspension sera plus long verticalement et le personnage qui est attaché au bout reposera sur le plancher de la scène. En tirant sur le cordage O les machinistes vont solliciter la poulie B à venir vers le milieu de la scène; en même temps le cordage de suspension du sujet va avoir tendance à diminuer verticalement, puisqu'une de ses parties, toujours de plus en plus longue, devient horizontale par cette manœuvre. Il résulte de ces deux mouvements l'ascension du sujet et en même temps son passage au travers de la scène et par consé-quent du champ cinématographique; c'est donc bien un vol oblique et ascendant ou descendant que l'on imprime au sujet. Celui-ci est attaché au fil d'acier invisible, le reste du système de suspension est caché par la décoration ou placé hors du champ embrassé par l'appareil prise de vue. Le fil d'acier peut n'avoir que 1 millimètre ½ à 2 millimètres de diamètre; s'il est de bonne qualité, il peut ainsi porter beaucoup plus que le poids d'une personne. Pour qu'il devienne tout à fait invisible à la projection, on le recouvre d'une couche de vernis mat et noir. Il faut également avoir soin de ne pas mettre derrière un fond trop clair ou trop uni.

Le personnage enlevé est relié au fil d'acier par une attache bien vérifiée qui se place sur son dos un peu plus bas que le cou. Sous ses vêtements il a revêtu un corset spécial en cuir, qui prend tout le corps et les cuisses; le point de suspension est solidement fixé à ce corset.

Losqu'on opère à l'atelier, les choses se passent relativement facilement, mais en plein air (fig. 80) il faut combiner toute une machination de fortune. La plus facile à réaliser est celle qui con-siste à se servir des toits de maisons, des cheminées, lorsqu'elles sont solides, des arbres, des poteaux télégraphiques ou de distri-bution de force et de lumière électrique si on est bien avec la muni-cipalité. D'un côté à l'autre d'une rue, d'une route, d'un jardin, on installe alors un système analogue à celui que nous venons de décrire (fig. 79).

Comme le point de suspension est au-dessus du champ embrassé, il est invisible pour le cinématographe.

Avec un outillage de ce genre on fait apparaître dans le ciel

Fig. 80.

tous les personnages et sujets que l'on voudra; au besoin on laisse retomber le tout dans le plus épouvantable des fracas. Comme pour les personnages vivants il faut prendre quelques précautions élémentaires. Lorsque, par exemple, la ménagère ou le passant grotesque seront enlevés par le vent, on les verra réellement quitter le sol en faisant le plus de contorsions possible; on commandera alors un arrêt et ils seront ramenés doucement à terre, puis on les remplacera au bout du fil par un mannequin qui prendra en l'air leur place. Cet acteur insensible pourra être précipité à terre avec toute la violence désirable sans qu'il se plaigne. Il sera costumé, bien entendu, comme le véritable personnage.

Une fois la chute du mannequin réalisée, le metteur en scène arrêtera encore les acteurs et ceux-ci garderont l'immobilité pendant qu'on relèvera le mannequin et que le véritable acteur prendra sur le sol exactement sa place et son attitude. Si la coupure et la collure sont bien faites on verra alors l'acteur se relever en se frottant les côtes ou ne paraissant en rien incommodé par la terrible chute qu'il paraît avoir faite à la minute. Du toit d'une maison on peut aussi faire tomber du ciel tous les objets les plus étranges. Une bonne formule dans ce genre est la suivante : Sur trois ou quatre planches placées en bascule sur le bord d'un toit on accumule plusieurs tuyaux de cheminée, cinq ou six pots de fleurs, deux ou trois cages d'oiseaux, un ou deux bois de lits, des matelas, des chaises, des tables, des balais, une armoire *paraissant* à *glace*, un piano en *bois blanc*, une brouettée de plâtras, une de plâtre et une de suie et, au moment voulu, on laisse couler successivement dans la rue, en ayant soin de ne pas suivre; par dessus ou par dessous on a mis un ou deux mannequins si c'est nécessaire. On est ainsi certain de produire un effet magistral lorsque le tout arrive dans le champ du cinématographe.

Pour transporter dans les airs tous les petits objets légers on peut disposer d'un outillage moins compliqué. Au théâtre, de simples fils noirs manœuvrés des plates-formes qui se trouvent au-dessus de la scène suffisent.

En plein air, un moyen très simple rend souvent des services; il consiste dans l'emploi d'une longue canne à pêche. Celle-ci et son porteur peuvent rester en dehors du champ, tandis que l'autre extrémité du système exécute la besogne utile grâce au fil invisible qu'elle porte. Les moyens qui vont suivre peuvent servir également pour donner l'illusion des objets se mouvant dans l'espace.

13° *Vues prises verticalement et d'en haut.* — Par cette manière d'opérer on peut produire beaucoup d'illusions intéressantes et dans bien des cas, pour le spectateur non prévenu, on paraît détruire les lois de la pesanteur.

Voici quelques exemples qui fixeront de suite sur sa valeur :

Le décor représente la façade d'une maison à cinq étages et dans le champ on ne voit que la boutique et le rez-de-chaussée. Un homme apparaît, il est poursuivi; il grimpe le long de la boutique, puis, de la façon la plus facile, il sort du champ. Derrière lui paraît une nuée de personnages, de chiens, etc., etc. Tout ce monde se met à grimper le long de la boutique, arrive aux premier, deuxième, troisième, quatrième, cinquième et sur les toits; tous suivent, les chiens compris. Pour réaliser cet effet, la manière d'opérer est très simple : une toile peinte représentant la maison à cinq étages est étendue sur le parquet du théâtre juste au-dessous de la plate-forme mobile qui se trouve accrochée au faîtage. Lec acteurs, marchant à quatre pattes, paraissent s'accrocher aux saillies de la maison et progressent lentement, depuis le rez-de-chaussée jusqu'au toit. Pendant qu'ils exécutent ces mouvements, ils sont cinématographiés et suivis par l'opérateur qui se déplace en même temps qu'eux, grâce au mouvement de la plate-forme que nous avons décrite. La scène se passe et est enregistrée horizontalement; mais comme elle est projetée verticalement, le spectateur a l'illusion de voir réellement les acteurs monter vers le toit de la maison.

Sur un fond noir des acrobates paraissent. Autour d'eux et comme cadre, pour dérouter le spectateur, en surimpression, on a imprimé une partie de décor et même certains personnages dans la position verticale. Puis la scène exécutée par les acrobates est prise horizontalement. Dans ces conditions, ils peuvent exécuter les tours de force les plus extraordinaires; par exemple, un enfant de 12 ans portera une pyramide de 10 hommes; il soulèvera un homme à l'extrémité d'une perche on ne peut plus flexible, etc., etc.

Un moyen infaillible de dérouter le spectateur non prévenu est le suivant : sur le plancher du théâtre on dispose le fond noir et sur celui-ci un chariot qui porte lui-même une table ou plate-forme tournante de 2 mètres à 2 m. 50 environ de diamètre. Cette plate-forme est recouverte, elle aussi, d'un fond noir. Sur le plateau est couchée une actrice costumée en sirène, nymphe, etc. Cette personne évolue dans tous les sens, se retourne complètement sur elle-même pendant que la table tourne lentement, entraînée par un aide invisible. A la projection, on encadre avec un décor représentant le fond de la mer obtenu par une première impression. Lorsque cet ensemble est projeté verticalement, du fait des mouvements de la table tournante, la personne prend des positions invraisemblables; elle peut avoir la tête en bas et, comme elle se retourne tout à fait sur elle-même, le spectateur voit bien qu'elle ne tient à rien. Ce dispositif avait été présenté il y a environ une quinzaine d'années et, lors de son apparition, on voyait seulement l'image redressée par une glace sans tain placée à 45 degrés; l'illusion était parfaite et fort bien présentée. Il fallut du temps, même aux spécialistes, pour savoir comment elle était réalisée. Son application au cinématographe était tout indiquée et elle y produit toujours un effet très intéressant si elle est bien exécutée.

14° *Emploi du prisme des glaces réfléchissantes et sans tain. Combinaisons des projections fixes et animées.* — Le prisme est peu employé en cinématographie. On sait que, grâce à lui, on peut retourner une image ou simplement faire perdre la verticale à celle-ci, sans que l'appareil bouge. Généralement on lui préfère une glace étamée qui donne pourtant toujours une image moins nette du fait de la double réflexion. Un petit miroir placé contre l'objectif pourra servir à produire un tremblement de terre. Par exemple, un pochard se promène dans une rue; il titube tellement qu'à un moment donné, la rue, les maisons, les passants sont soumis eux aussi à des oscillations qui ne dépendront que de la valeur de celles que l'on donne au prisme ou au miroir dans lequel ou au travers duquel on prend la vue.

A l'aide de grands miroirs inclinés, on peut redresser certaines images ou donner à celles-ci des positions spéciales; on peut aussi, devant des miroirs à plusieurs faces, faire tourner des personnages qui se verront en même temps sur plusieurs côtés; mais les effets ainsi obtenus sont restreints, difficiles à régler et font en somme peu d'impression. Un joli dispositif consiste cependant à remplacer l'image fournie par un miroir, par une surimpression et un fondu. Une personne est par exemple devant la glace de sa coiffeuse : elle est en train de se parer de bijoux; on voit son image dans le miroir; elle s'en éloigne, et dans le même miroir on voit apparaître les traits d'un autre personnage, etc., etc. (Voir fig. 78).

Les glaces sans tain ne sont guère employées en cinématographie. C'est par elles que, sur certains petits théâtres, on fait apparaître les spectres en les plaçant à 45 degrés entre les spectateurs et les acteurs. Mais les images qu'elles donnent sont trop faibles, pas suffisamment lumineuses, trop transparentes; le cinématographe par surimpression fait mieux.

Par la combinaison de la projection fixe et animée, on obtient des effets très heureux; ils sont peu employés pourtant. A l'aide d'une lanterne de projection à image fixe on peut, par exemple, projeter toutes sortes de décors coloriés changeants ou non. Dans ces décors, grâce au cinématographe et au fond noir, on peut faire évoluer tous les personnages que l'on voudra. (Voir chapitre IV.)

15° *Entraînement de la pellicule en arrière par l'appareil cinématographique; effet produit par ces manœuvres. Fils invisibles entraînant ou guidant les objets horizontalement.* — Ces moyens produisent des illusions amusantes. Si l'on tourne en arrière la pellicule et si l'image ainsi enregistrée est projetée dans le sens normal, tous les mouvements sont reproduits à l'envers.

On voit de suite le parti que l'on peut tirer de ce procédé. Un homme rentre chez lui, se déshabille, lance ses vêtements aux quatre coins de la chambre puis ceux-ci viennent seuls se remettre sur lui et l'homme se retrouve habillé. Pour cela, il a suffi de tourner pendant le déshabillage dans le bon sens; mais au tirage de l'image positive la pellicule négative aura été tirée une première fois normalement puis une deuxième fois la pellicule positive marchant dans un sens et le négatif dans l'autre; il faut aussi inverser le sens des contacts des pellicules pendant cette opération; par des combinaisons du même ordre on peut produire des effets très troublants pour le spectateur.

Par la pratique de la marche en arrière, on peut faire sortir de l'eau tout ce que l'on voudra, y compris des personnages. Les acteurs, en réalité, se jettent à l'eau et s'y enfoncent, mais comme on tourne à l'envers ils paraissent sortir de l'eau et remonter à l'endroit d'où ils se sont jetés. Avant ce moment, les acteurs ont dû faire en réalité leurs mouvements en arrière, ou bien, avec une coupure, il faut raccorder les mouvements arrière et avant; cela, c'est de la pratique qu'il suffit d'indiquer ici.

La marche en arrière rend aussi des services dans les scènes d'écrasement. En réalité, sur l'écran, on voit souvent des voitures automobiles ou autres se précipiter avec une vitesse vertigineuse sur l'acteur qui doit être écrasé et on se demande comment la substitution du mannequin à l'acteur peut avoir le temps d'être effectuée. Dans bien des cas, c'est que l'automobile, au lieu de marcher en avant, marche en arrière et le cinématographe aussi; le point d'écrasement sert alors de point de départ et non d'arrivée; on a donc bien le temps de préparer les substitutions nécessaires. Si on complique les choses, comme par exemple dans le cas célèbre du cul-de-jatte auquel on remet des jambes factices pour les lui écraser véritablement après, on arrive à des effets des plus saisissants ou des plus comiques. Avec les trappes à étoile et la marche arrière, on peut faire disparaître des personnages dans le sol d'une façon très intéressante; on comprend de suite le moyen à employer.

Souvent, dans des scènes de cinématographe, on voit des objets inertes se mouvoir seuls : des tonneaux roulant, par exemple, et remontant des pentes invraisemblables; les pentes paraissant ainsi remontées sont en réalité descendues, mais le mouvement est reproduit à l'envers. On voit encore des objets qui marchent seuls, comme une bicyclette emballée; celle-ci peut être lancée, guidée ou entraînée par un fil invisible, elle peut également marcher par son propre poids et remonter les pentes par le procédé que nous venons d'indiquer.

16° *Illusions réalisées par l'entraînement d'une seule image par tour de manivelle.* — Ce moyen est généralement employé pour faire mouvoir seuls les objets inertes, comme par exemple un couteau qui coupe du pain, du saucisson, des cuillères et des fourchettes qui servent à table, des assiettes qui s'empilent seules, des lettres qui viennent former des mots, etc., etc.

Nous avons vu que par chaque tour de manivelle on enregistre huit images cinématographiques. Pour réaliser l'illusion qui nous occupe, on n'en prend plus qu'une par tour de manivelle. Sur l'appareil prise de vue on adapte un démultiplicateur spécial qui produit ce résultat. Ce dispositif monté sur l'appareil, on remarque bien la position de la manivelle qui correspond à la fermeture de l'appareil par l'obturateur. A chaque tour, c'est à cette même place qu'il faudra s'arrêter pour ne pas voiler la pellicule et ne pas perdre l'image suivante.

Pour montrer des objets se mouvant sur une table, il suffit de déplacer à la main les objets d'une petite quantité chaque fois qu'une image a été enregistrée. Le déplacement se fait dans la direction où doit aller l'objet.

Comme le temps de pose est relativement considérable pour chaque image et que l'enregistrement de toute une bande est très long, il y a avantage à ne l'entreprendre que lorsqu'on est assuré de posséder longtemps une lumière uniforme. Pour cette raison la lumière électrique même faible est très recommandée pour éclairer ces prises de vue.

Pour faciliter ces opérations, M. Bourdereau a proposé le dispositif que représente la figure 81. C'est un bâti métallique à plusieurs étages et on ne peut plus commode à employer. En haut

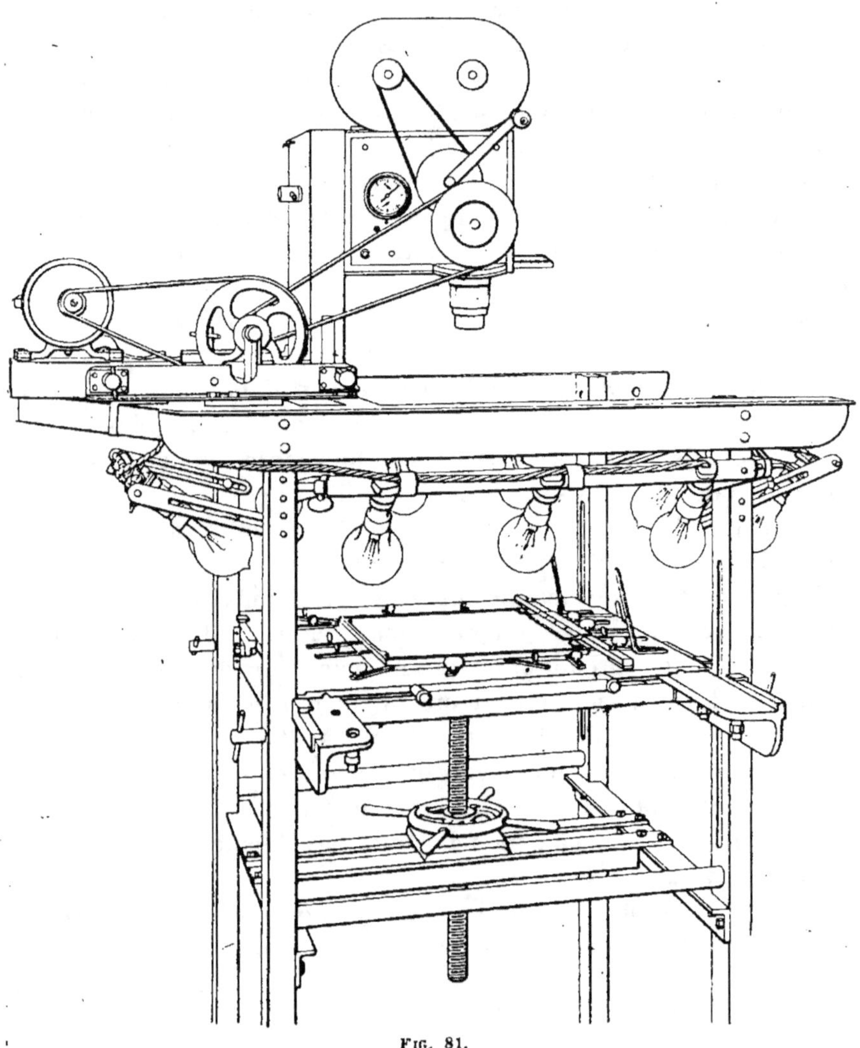

Fig. 81.

nous voyons, fixé verticalement, l'appareil prise de vues Cineix muni de sa boîte double magasin, pouvant contenir 60 mètres de pellicule. Dans ce cas, cet appareil est commandé par un moteur électrique attelé au démultiplicateur qui lui fait effectuer la prise d'une image par tour de la manivelle ou de la roue sur laquelle est montée la transmission du moteur.

Au-dessous de l'appareil, nous rencontrons un cadre métallique carré qui supporte généralement 12 lampes à incandescence, 3 sur chaque face. Ces lampes sont destinées à éclairer le modèle qui est situé plus bas. Ces lampes peuvent être allumées en même temps ou séparément pour permettre de réaliser des effets de lumière si le modèle a du relief. Enfin, cet éclairage est monté sur des résistances qui font qu'on peut l'allumer et l'éteindre progressivement, pour imiter le lever ou le coucher du soleil, par exemple. Si l'objet à photographier est placé plus loin, on peut aussi changer la position des lampes pour mieux l'éclairer.

Sous ces deux dispositifs, nous rencontrons une table mobile établie comme les marbres des machines à imprimer. Par ce moyen, on peut faire entrer et placer le modèle sous l'appareil prise de vues puis le retirer pour le modifier en détail et à la main, tout en demeurant certain que, une fois revenu sous l'appareil prise de vues, l'ensemble du modèle se trouvera dans ses parties générales toujours à la même place par rapport à la position primitive où on a commencé à le cinématographier. On sait que, dans ce cas,

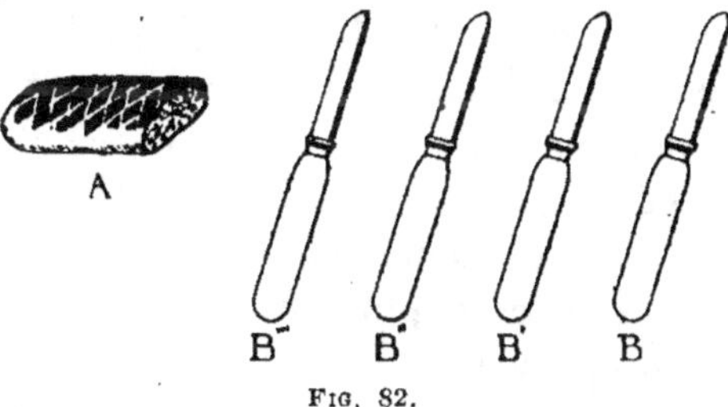

Fig. 82.

cela est de la plus grande importance dès l'instant qu'on veut que le dessin ne puisse pas remuer généralement et qu'il n'y ait en action visible que les parties que l'on a voulu animer par les moyens décrits ici. En-dessous de cette table mobile, on voit un volant métallique de réglage en profondeur qui peut servir pour la mise au point et aussi pour déterminer la grosseur des objets par la distance à laquelle on opère; pour certaines scènes et surimpressions, cela a beaucoup d'importance.

Si l'on veut montrer un couteau coupant du pain, soit (fig. 82) A le pain et B le couteau à sa position primitive, à la deuxième image enregistrée, B prendra la position B', et ainsi de suite, jusqu'à ce qu'il soit arrivé à entrer légèrement dans le pain, puis, à mesure qu'il entrera plus avant, chaque fois une image sera prise jusqu'au moment où le pain aura été coupé tout à fait. Pour composer un mot, veut-on faire venir successivement les lettres qui le forment : à chaque image, on fait faire un mouvement aux lettres, cela demande du temps et de la patience, mais plaît beaucoup.

17° *Les lumières artificielles, effets que l'on peut obtenir; reproduction des feux d'artifice.* — Nous avons déjà indiqué le parti que l'on pouvait tirer de la lumière électrique, pour éclairer les ateliers trop sombres ou produire des éclairages partiels et artistiques. Nous avons déjà dit aussi que l'on pouvait se servir de certaines flammes de Bengale qui ne font pas par trop de fumée, mais dans les scènes à trucs cette fumée peut être favorable; par exemple, on arrive ainsi à éclairer de vieilles carrières, d'anciens souterrains; en dissimulant les sources lumineuses derrière les piliers, s'il y en a, on peut produire de très beaux effets. Des démons peuvent être porteurs de torches lumineuses ainsi produites, et la coloration du positif aidant on aura une bonne reproduction des milieux infernaux.

Pour simuler un incendie, soit à l'intérieur ou à l'extérieur d'une maison, la fumée et la lumière de ces flammes sont indispensables.

Certaines pièces de feux d'artifice font très bien en cinématographie, les soleils sont reproduits tournants et entourés de leurs gerbes d'étincelles lumineuses en mouvement. Les pluies de feu font également très bon effet, on en prépare qui contiennent beaucoup de magnésium et qui sont très facilement reproduites; colorées par le positif, leur image est encore plus intéressante. Certaines gerbes d'étincelles lumineuses placées sur l'eau imitent mieux que l'eau elle-même les jets de celle-ci, le peu de fumée qui sort de l'eau dans ce cas augmente l'effet.

18° *Les ombres chinoises reproduites par le cinématographe.* — Le cinématographe peut reproduire ces ombres, pour cela il faut opérer la nuit; une très forte lampe à arc électrique est placée très bas. Les acteurs se placent entre cette lampe et un écran en calicot transparent. Le cinématographe est de l'autre côté de l'écran. La grandeur des ombres dépend de la distance à laquelle sont les acteurs de l'écran. Les artistes jouent leur scène pendant que leur ombre se projette sûr l'écran. Le cinématogaphe enregistre facilement ces ombres si la source lumineuse est suffisamment puissante. La difficulté est d'éviter de voir sur le cinématographe le point lumineux produit par la lampe à arc et qui est visible au travers du calicot. C'est pour cette raison qu'il faut placer la lampe plus haut où plus bas que l'axe de l'objectif du cinématographe. Sur des parties de décors transparents, on produit ainsi de très curieux effets.

19° Reproduction dans l'eau. Photographie de l'eau jaillissante ou en gouttes. Imitation de la neige. — On cinématographie dans l'eau des objets qui y sont plongés. On peut le faire verticalement, mais il est préférable d'opérer au travers des glaces d'un aquarium. Si l'extrémité de ces glaces n'est pas dans le champ, on a une bonne illusion d'un milieu aquatique, on cinématographie ainsi des poissons, des plongeurs, etc., etc.

L'eau jaillissante ou tombant en gouttes, lorsqu'elle est claire et pas très abondante, n'est pas facilement visible au cinématographe. Lorsque cela sera possible, il faudra délayer dedans du plâtre ou du blanc d'Espagne pour la rendre laiteuse, elle sera beaucoup mieux vue dans cet état. On peut éclairer intérieurement un jet d'eau comme dans les fontaines lumineuses, l'effet est assuré et très bon.

Pour imiter la neige, on se sert de duvet blanc, le coton est trop lourd. Des aides, deux ou trois, placés au-dessus de la scène, prennent une poignée de duvet dans leurs mains et soufflent dessus dans des directions différentes. Aussitôt le duvet tombe en voltigeant suivant les courants d'air qu'il rencontre et l'illusion est complète si le fond du décor n'est pas trop clair.

20° Personnages, costumes, décorations, accessoirés propres à réaliser les scènes à trucs. — Pour exécuter de bonnes scènes à trucs il faut, en outre des moyens matériels pour les réaliser, posséder des acteurs entraînés à ce genre de travail; il est nécessaire aussi que certains de ces acteurs soient très bons gymnastes, car, dans bien des cas, ils auront à exécuter de véritables tours de force. Les costumes devront être très étudiés au point de vue de leur valeur photogénique; dans les surimpressions, cela a de l'importance. Un costume classique à posséder pour les scènes fantastiques, c'est celui du squelette. Ce costume est constitué par un maillot noir qui recouvre le corps et la tête. Sur ce maillot sont appliquées des bandes d'étoffe très blanches qui dessinent seulement les os et le crâne du squelette. Les décors doivent être peints selon les besoins de la scène à trucs, les parties noires nécessaires aux surimpressions doivent y être présentées très adroitement pour ne pas éveiller l'attention du spectateur.

Les accessoires truqués peuvent rendre bien des services : des meubles à double fond, à deux faces, faciliteront des effets scéniques amusants, ces meubles pourront également grandir ou diminuer à l'aide de parties dissimulées dans les dessous; une bougie placée sur une table peut grandir démesurément si le chandelier percé est placé sur la partie correspondante à la place d'un pied de la table et si par ce pied creusé on fait passer un bâton blanc portant à son extrémité la véritable bougie. Sur une chaise possédant des pieds très longs et dissimulés dans les dessous et sur une trappe, on peut faire monter très haut un acteur assis dessus.

Les nouveaux appareils prises de vues facilitent beaucoup les manœuvres nécessaires pour exécuter aujourd'hui les scènes truquées. Nous avons indiqué ces perfectionnements page 167 et suivantes; nous n'y reviendrons pas ici.

En ce moment, la mode est à faire apparaître et disparaître les vues graduellement, grâce à l'emploi de l'œil de chat, bien connu de tout le monde. Certains appareils prises de vues en sont munis; on peut toujours en adapter à ceux déjà existants. On se sert aussi de caches mobiles qui marquent au besoin une partie de l'image; ces caches peuvent être à contours nets ou flous; cela dépend de leur place par rapport à l'objectif; on fait aussi disparaître l'image par des fondus. Tout cela, ce n'est qu'une question de goût et d'habitude et ne présente aucune difficulté pour un praticien. Actuellement, on se sert de tous ces anciens trucs, surtout pour corser les effets mélodramatiques des bandes modernes avec apparitions, surimpressions, etc.

On complique aussi les titres et on les fait apparaître et disparaître en *fondus* ou bien le sujet de la vue se mélange avec le titre en lettres blanches sur un fond plus sombre. Ce sont toujours les mêmes combinaisons qui servent mais présentées sous des aspects différents.

Dans des cas tragiques, on a cherché à rendre les titres encore plus émouvants et fantastiques! Pour cela, on a voulu les montrer scintillants et imprécis en se servant de l'eau en mouvement. Pour arriver à ce résultat, on prend, par exemple, un récipient de 1 m. 50 à 2 mètres de côté et peu profond : 20 à 30 centimètres suffisent. Sur le fond de ce récipient, on peut mettre du papier noir ou de couleur à dessins ou pas, puis, avec un ventilateur puissant et un éclairage électrique frisant on fera rider et scintiller la surface de cette eau. Si la lumière est bien placée, on aura des effets très curieux; le fond du récipient et sa couleur les feront varier à volonté. Les Américains, pour aviver l'effet, font nager dans cette eau quelques gros crabes, même de jeunes crocodiles et surtout quelques anguilles qui imitent les serpents!

Puis, lorsque l'on possède cette première image, on imprime en surimpression le texte du titre ou bien celui-ci forme réserve sur le tableau ainsi obtenu.

Nous pourrions multiplier à l'infini ces exemples, mais par ces indications, peut-être déjà trop longues, nous pensons avoir suffisamment montré au lecteur les éléments dont il peut disposer pour tenter à son tour d'augmenter le nombre des illusions cinématographiques déjà existantes.

CHAPITRE XII

Développement industriel de l'image négative
A la machine, sur châssis, cadres, rouleaux; en voyage

Le développement d'une image ou d'une pellicule, même de 50 mètres de long est une opération très facile, le tout est de disposer du matériel et des connaissances nécessaires pour bien l'exécuter. Il est très rare que l'on ait à développer une bande de 120 mètres impressionnée en une seule fois sur le même sujet et au même moment. Ce que l'on apporte à révéler c'est, sur une bande de 120 mètres, trois, quatre sujets différents exécutés sous des éclairages et à des distances différentes. (1)

Dans notre première édition, nous recommandions de couper ces sujets variés, retrouvables facilement, grâce aux coups de poinçon. Aujourd'hui, il peut en être de moins en moins ainsi et en voici la raison : il y a dix ans encore, la pellicule négative cinématographique était une bonne pellicule robuste, pas rapide et qui ne se voilait pas facilement; on pouvait la travailler au laboratoire en toute sécurité et avec une importante lumière rouge. Les opérateurs d'alors n'étaient pas souvent de fins photographes. Aujourd'hui, nous l'avons vu, on emploie de la pellicule de plus en plus rapide. Comme le cinématographe a besoin de moins d'opérateurs, que la production est limitée et sélectionnée; que leur savoir photographique a grandi en même temps que leur expérience, le service du développement des négatifs peut recevoir des pellicules mieux et plus justement posées proportionnellement aux sujets différents qu'elles représentent. Au développement, on peut donc leur attribuer un traitement plus uniforme sans avoir à trop redouter des écarts de pose accentués qui les rendraient mauvais.

---

(1) Voir page 391 la manière exacte de couper les négatifs pour faciliter leur tirage et leur classement.

Comme nous le savons, ce n'est pas le révélateur qui peut seul améliorer une vue mal prise. Ce qu'il peut faire, c'est de rendre meilleure dans une certaine limite un cliché qui pourrait être plus mauvais du fait qu'il a été mal posé et développé moins savamment. Comme en cinématographie, à la machine, ou au châssis, il faut opérer avec des grandes masses de bain révélateur, on ne peut pas penser utilement à modifier les valeurs révélatrices de ce bain en cours d'opération.

Au contraire, on doit s'appliquer à apporter des clichés correctement posés à un bain révélateur uniforme dans son action. Cette action doit être dosée aussi artistiquement que possible pour donner toujours la meilleure image réalisable. On sait que les révélateurs ne restent pas constants dans les valeurs relatives qu'ils fournissent aux images révélées, même posées correctement : ils se chargent automatiquement de bromure et ont tendance à donner des images plus ou moins dures au bout de très peu de temps. (Voir sur ce sujet notre traité général sur la Photographie. *Les Débuts d'un Amateur Photographe*. Albin Michel, éditeur.) (1)

C'est pour toutes ces raisons que l'on abandonne de plus en plus le développement sur châssis et que l'on se sert davantage des machines à développer.

Ces machines sont encore les grands mystères des usines modernes de cinématographie, et pourtant on s'en sert pour développer le papier au gélatino-bromure et les cartes postales depuis plus de vingt ans. Pour la forme de l'image cinématographique, il a fallu les modifier évidemment, mais le principe est resté le même. C'est M. Gaumont qui a eu l'honneur de les appliquer un des premiers à l'industrie qui nous intéresse ici : sa première machine à développer remonte à 1906. Ces conceptions, par elles-mêmes, n'ont rien de bien particulier, ce qu'il faut surtout pour qu'elles deviennent intéressantes industriellement, c'est un homme qui sache bien les diriger et leur faire produire leur maximum de rendement. Comme ces machines fourniront plus de services pour révéler les images positives que les négatives, nous ne les décrirons qu'à la page 348.

Pour alimenter de révélateur ces machines on pourra se servir des moyens que nous indiquons page 356 pour remplir les cuves à châssis. Il faut que le révélateur puisse circuler facilement dans la machine pour rester constant en effets obtenus sur les images révé-

---

(1) Voir le renvoi de la page 235.

lées, la température du bain, 15 à 18 centigrades environ, doit être aussi très sérieusement observée, c'est d'elle que dépendra la régularité du temps que doit rester la pellicule dans le bain révélateur; nous verrons page 351, comment on peut régler ce temps. Si on n'a pas beaucoup de négatifs à révéler, il peut toujours être intéressant de conserver les anciennes méthodes qui emploient des châssis.

Pour faire un essai ou développer quelques mètres de pellicule, on peut révéler à la main la bande par le moyen qu'indique la figure 83.

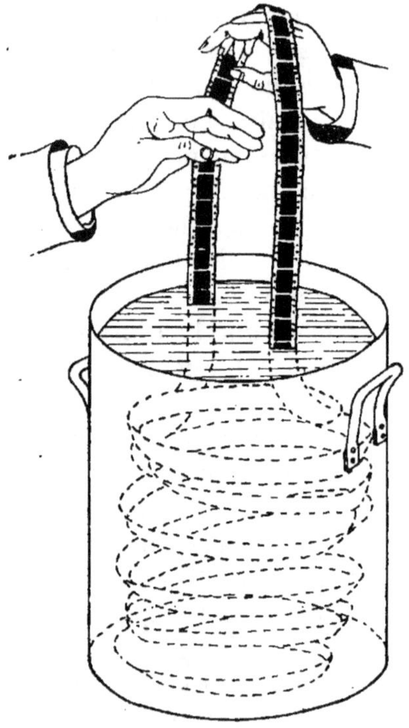

Fig. 83.

Cette manière de faire n'est pas à recommander autrement, car, si elle n'est pas exécutée avec beaucoup de précautions, la pellicule est facilement écorchée.

Plusieurs autres procédés sont employés dans l'industrie.

Un des meilleurs consiste à enrouler la bande sur des châssis plats semblables à ceux que représente la figure 84. Ces châssis peuvent contenir 50 ou 60 mètres de pellicule; on en fait aussi de plus petits pour les images négatives. Ces châssis peuvent se monter sur un support (fig. 84); à l'aide de deux tourillons qui entrent dans les montants, le châssis peut alors tourner sur lui-même et l'enroulement de la pellicule devient de ce fait des plus faciles. Les extrémités de la pellicule sont fixées sur les traverses du châssis à l'aide

FIG. 84.

de punaises ou épingles métalliques. La pellicule, une fois mouillée, devient plus longue et n'est plus tendue sur le châssis. C'est pour obvier à cet inconvénient que l'on a employé des châssis du genre représenté par la figure 85. Une barre A de ce châssis peut changer de position et se fixer en C (fig. 85), la pellicule se trouve ainsi de nouveau tendue. Pendant le séchage, il faut ramener la barre extensible à sa première position, car la pellicule ne doit jamais être très tendue sur le châssis, sans cela elle se déforme en séchant et, à la projection, il se produit des périodes d'instabilité de l'image provenant de la déformation de la bande à chaque tour de châssis.

Il existe beaucoup d'autres manières de disposer la pellicule pour

Fig. 85.

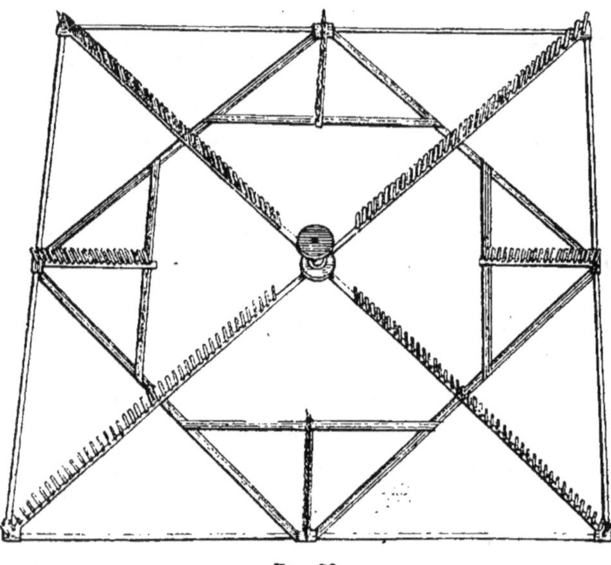

Fig. 86.

la développer. On emploie, par exemple, des sortes de grilles à goupilles semblables à celles que représente la figure 86. La pellicule est montée sur les goupilles et le tout est plongé dans une cuvette horizontale. Ce dispositif a l'avantage d'employer très peu de bain pour recouvrir la pellicule dans la cuvette.

Dans beaucoup de laboratoires on se sert de tambours en bois conformes à la figure 87. Sous ce tambour se trouve une sorte de

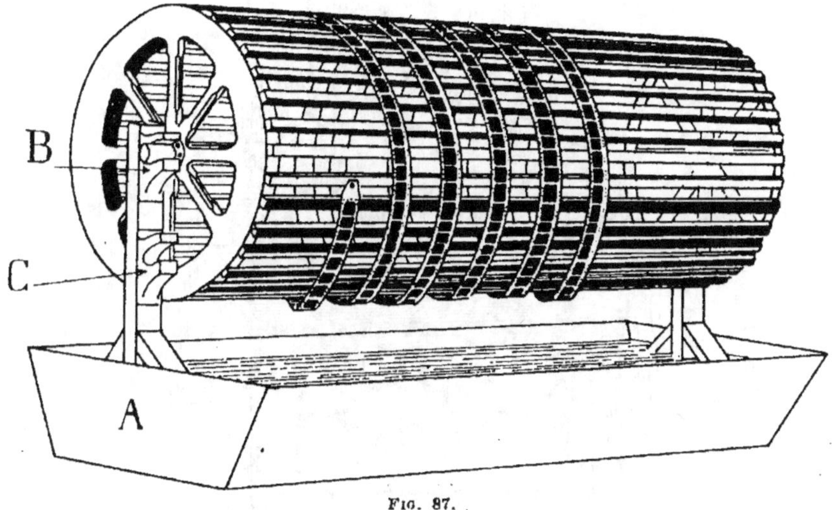

Fig. 87.

cuvette étanche doublée de plomb (A, fig. 87). On y place le révélateur.

Pendant qu'on enroule la pellicule sur le tambour, l'axe de celui-ci se trouve placé sur les supports B, puis le tambour est pris par les deux extrémités de son axe et placé sur les supports C. Dans cette position, la partie inférieure du tambour baigne dans le révélateur, et, en le faisant tourner, toutes les parties de la pellicule y baignent successivement, l'action du bain devient continue au bout du premier tour et il en est ainsi jusqu'à la fin du développement. Le tambour est ensuite enlevé de ses supports et placé au-dessus d'une autre cuvette semblable qui contient de l'eau; après le lavage, le tambour passe sur une troisième cuvette à hyposulfite pour le fixage. Pour le lavage définitif, le tambour peut être plongé en entier dans une cuve à eau, mais si on peut le faire tourner pendant cette opération, le lavage en est excessivement activé. Sur les tambours comme sur les châssis il faut toujours veiller à ce que la pellicule ne soit jamais très tendue.

Si on emploie les châssis droits, la pellicule est enroulée dessus, comme nous l'avons dit, dans un laboratoire éclairé par une lumière qui ne voile pas l'émulsion négative; à moins d'avoir à satisfaire à une grande production de négatif, une ou deux cuves à bain révélateur suffiront. Ces cuves peuvent être verticales ou horizontales,

FIG. 88.

comme le représente la figure 88. Les cuves horizontales contiennent moins de liquide et l'on peut employer avec elles des bains plus spéciaux. On pourra aussi bien suivre le développement et au besoin changer les proportions du bain pour obtenir un négatif irréprochable. Un bon négatif contribue toujours à donner de la valeur à n'importe quel sujet. (1)

La pellicule exposée dans de bonnes conditions, en parfait état de conservation, sera ultérieurement facile à développer. Industriellement on se préoccupe encore peu de ces détails, pourtant ils ont leur importance. Du reste, petit à petit, on le reconnaît.

____

(1) Voir le renvoi de la page 235.

Neuf fois sur dix on développe les négatifs avec des bains qui donnent des images à trop grands contrastes et qui ne sont de ce fait que très rarement artistiques. Une des formules les plus employées est la suivante :

Eau.	1000 cm³
Métol	3 gr.
Hydroquinone	5 —
Sulfite anhydre	60 —
Carbonate de potasse	40 —
Bromure de potassium	2 —

Cette formule a évidemment l'avantage d'être bonne à tout faire : elle retient bien les blancs, l'image est dure et plaît à bien des acheteurs par ses contrastes; si le temps de pose n'est pas juste, elle passe pour le corriger; enfin, le bain est robuste et permet de développer beaucoup de bandes dans la même quantité de solution.

On a pu, paraît-il, se contenter de ces résultats jusqu'à présent, mais cette manière de faire conviendra-t-elle encore aux films dits d'art? Les étrangers nous prouvent tous les jours que non.

Tout photographe instruit sera de notre avis : on peut faire mieux, car le cinématographe est capable de rendre visibles toutes les qualités provenant d'un révélateur choisi convenablement et bien dirigé. On ne discute plus tous les partis que l'on peut tirer des révélateurs à l'acide pyrogallique, diamidoparamido, etc., etc., et de temps de pose corrects.

Voici quelques formules applicables à la cinématographie, le cliché à révéler étant toujours posé instantanément et pouvant avoir dans beaucoup de cas un léger excès de pose.

A ce sujet, nous tenons à rappeler ici que l'excès de pose, léger évidemment, doit être recherché comme en photographie ordinaire. Par la surexposition l'image photographique a tendance à s'harmoniser du fait du phénomène de la solarisation, les différences entre les parties éclairées et dans l'ombre de l'image diminuent de contrastes, la valeur générale de l'image est ainsi beaucoup plus juste.

Formule de bain à l'acide pyrogallique (solution se conservant indéfiniment sans acide pyrogallique) :

Eau.	1000 cm³
Sulfite de soude anhydre . .	60 gr.
Carbonate de soude	15 —
Carbonate de potasse	10 —
Prussiate jaune de potasse	5 —

Au moment de révéler on ajoute à ce corps de bain 4 à 8 grammes d'acide pyrogallique par litre.

Le bain se conserve suffisamment longtemps pour que l'on puisse développer dedans successivement trois ou quatre châssis de 50 mètres de pellicules chacun. La pellicule n'est pas teinte par ce révélateur si les châssis et les cuves sont bien propres. Les clichés ainsi révélés sont corsés, mais généralement très justes comme valeurs relatives. En modifiant les quantités d'acide pyrogallique et d'alcalin, on peut faire varier légèrement les valeurs des images. Il est évident que ce bain ne se conserve pas longtemps, mais il a d'autres qualités.

Formule de bain au diamidophénol :

Eau	1000 cm³
Sulfite de soude cristallisé frais	80 gr.
Diamidophénol	8 —

Dans cette formule, le sulfite de soude cristallisé et de bonne qualité est préférable. Ce bain ne se conserve pas longtemps et ne développe pas beaucoup de châssis de 50 mètres, trois ou quatre tout au plus, mais l'image apparaît très rapidement et possède des valeurs très justes.

Formule de bain au paramidophénol :

Avec cette formule, l'intensité du cliché correctement posé ne dépend presque que de la quantité de lithine caustique que l'on met dans le bain et de la concentration en paramidophénol. Ce révélateur a l'inconvénient de noircir très vite mais sa coloration ne se communique pas à la pellicule, elle ne diminue pas non plus l'énergie du bain, on peut développer plusieurs châssis de 50 mètres dans la même quantité de révélateur, en ayant soin de rajouter du paramidophénol après chaque châssis.

Voici des quantités moyennes bonnes à employer pour des clichés cinématographiques :

Eau	1000 cm³
Sulfite de soude anhydre	60 gr.
Lithine caustique	3 —
Bromure de potassium	1 —
Paramidophénol	7

Développement lent à la glycine. — Industriellement il est intéressant de développer des négatifs avec un bain lent. De cette façon, on peut suivre en même temps un grand nombre de châssis garnis de pellicules et l'on gagne du temps, puisqu'un seul opérateur peut suffire pour les surveiller. La formule que nous donnons produit un bain très robuste qui révèle beaucoup de châssis et qui se conserve bien. Il faut employer cette formule dans des cuves verticales, il n'est pas nécessaire de remuer souvent les châssis et il est rare que ce bain colore les pellicules. Le temps de développement est d'environ une demi-heure à une heure et demie suivant la température et le degré d'usure du bain.

Voici de bonnes proportions pour préparer cette solution :

Eau	1000 cm³
Glycine	1 gr. 5
Sulfite anhydre	7 —
Carbonate de soude	28

On peut ajouter du bromure.

Formule de bain à l'adurol :

Eau	1000 cm³
Sulfite de soude cristallisé	60 gr.
Adurol	6 —
Carbonate de soude cristallisé	60 —
Bromure de potassium	1 à 5 — (facultatif)

Ce révélateur se conserve bien ; on peut développer de nombreux châssis dans le même bain et les valeurs qu'il donne sont beaucoup plus justes que celles obtenues par le métol et l'hydroquinone ; il n'est pas très employé parce qu'il est peu connu. Il n'attaque pas la peau comme le métol.

Pour les machines à développer et des clichés correctement impressionnés, c'est-à-dire possédant, pour leur sujet propre, une légère surexposition, voici une formule qui donnera des négatifs sans dureté, à la condition que l'on ne laisse pas le bain se bromurer trop par l'usage, sans le régénérer en l'additionnant de bain neuf, suffisamment et au bon moment. Cette bonne formule est ici qu'il ne faut pas en avoir une rigide. Toutes celles connues sont à employer si on sait le faire intelligemment. Ce dont il faut se souvenir, c'est que les opacités maxima que peut fournir une formule donnée dépendent le plus souvent des proportions existantes entre le révélateur proprement dit, métol, hydroquinone, acide pyrogallique, etc., et la quantité d'alcalin que l'on met en présence avec ces produits dans la solution. Ces différences agissent le plus souvent beaucoup plus efficacement que la dilution ou la concentration globale de toute la formule. Il faut savoir doser ces différences proportionnellement aux temps de pose et à la qualité de l'émulsion à laquelle on a affaire au moment de l'opération; c'est un art qu'on peut apprendre.

Voici une formule donnée par la Société Kodak qui pourra servir de base ou de point de départ intéressant si l'on veut : élon (métol) 1 gr., hydroquinone 3 gr. 1/2, sulfite de soude anhydre 30 gr., carbonate de soude anhydre 17 gr., acide pyrogallique 4 gr. Dissoudre chaque produit séparément dans l'eau tiède et faire en tout un litre 1/2 de solution concentrée. Pour emploi, prendre : solution concentrée 400 cc., eau 3.600 cc. Si l'on veut du bromure? A la température de 18 degrés centigrades la durée du développement est de 16 à 20 minutes. Pour plus de détails, voir notre traité général sur la photo : *Les Débuts d'un Amateur Photographe*, Albin Michel, éditeur.

Le développement des pellicules négatives est effectué comme nous le disions, soit dans des cuves verticales ou horizontales (ces cuves sont généralement en bois doublé de plomb). Les cuves verticales peuvent avoir deux rainures pour permettre d'y introduire à la fois deux châssis porteurs de pellicules.

A côté de la cuve à développement on aura une cuve à eau pour plonger dedans le châssis une fois que l'on aura jugé le cliché suffisamment révélé.

On arrête la venue de l'image négative cinématographique exactement comme on le fait pour un cliché sur verre; on juge de l'intensité par transparence devant une lanterne où on regarde la venue de l'image au dos de la pellicule, mais ce dernier moyen est souvent trompeur si l'on cherche à obtenir un cliché juste et beau (1).

Un cas qui se présente souvent est celui du développement de la pellicule déjà vieille ou abîmée par un long voyage sous des climats chauds et humides.

La pellicule ainsi altérée et mise dans le révélateur montre

---

(1) Industriellement, l'emploi des désensibilisateurs chimiques n'est pas encore entré dans le domaine de la pratique.

presque toujours d'abord l'image qu'elle a reçue, mais celle-ci, au lieu de rester pure et de monter en intensité, se grise très rapidement; si on la regarde à la surface et par transparence, elle est terne et sans contrastes. Bien des opérateurs alors sont tentés de retirer la pellicule du bain et de la fixer ainsi, car, disent-ils, l'image disparaît.

Les personnes qui ont de la pratique savent qu'il n'en est rien. L'image existe toujours, mais elle est recouverte d'un voile formé par de l'argent réduit, du fait de l'altération de l'émulsion. Si cette altération n'est pas trop considérable, il est encore possible d'obtenir une image qui donnera un bon positif à la projection. Pour cela, il ne faut pas arrêter le développement aussitôt que l'on voit griser l'image mais au contraire le pousser à fond. Une fois l'image fixée elle sera peut-être empâtée, grise et voilée, mais les contrastes seront suffisamment forts pour que dans bien des cas le cliché soit utilisable tel quel ou en le descendant.

Il est toujours préférable de disposer d'un local spécial pour développer les pellicules négatives, les bains et l'éclairage étant différents de ceux employés pour les bandes positives. On devra toujours essayer l'éclairage du laboratoire, qu'il soit rouge, vert ou jaune, le principal est qu'il ne voile pas pratiquement.

Fixage des négatifs. Lavage. Séchage. — Une fois la pellicule bien lavée, au sortir du bain de développement, elle est plongée dans le bain de fixage suivant :

Eau......................	100 litres
Hyposulfite de soude......	40 kgs
Bisulfite de soude liquide..	2 litres

Comme pour un cliché sur verre la pellicule est laissée dans le bain de fixage jusqu'à ce que le bromure d'argent soit dissous, c'est-à-dire que tout le blanc de la pellicule ait disparu. (1)

Au sortir du bain de fixage la pellicule est mise au lavage : celui-ci doit être effectué dans une cuve à rainures qui peut contenir un plus ou moins grand nombre de châssis ou de tambours. L'eau de la cuve doit se renouveler continuellement. Dans ces conditions, au bout d'une heure, ou moins, la pellicule est bien lavée et on peut la mettre à sécher.

Le séchage de la pellicule négative a une grande importance, car

---

(1) Même un peu plus longtemps.

pendant cette opération elle peut être déformée, comme nous l'avons vu.

Si on veut formoler la pellicule au sortir du lavage pour en durcir la couche de gélatine, il est préférable d'employer des solutions très diluées. Enfin, il ne faut pas chercher à sécher la pellicule trop rapidement et à la chaleur; faute de cette précaution, elle se gondole sur elle-même, elle devient cassante, perd sa souplesse, et acquiert des retraits inégaux qu'il est bien difficile de corriger pendant le tirage des images positives.

On a recommandé, naguère, l'emploi de la glycérine pour rendre plus souples les bandes cinématographiques. Avec la pellicule dont on dispose aujourd'hui, cette précaution est tout à fait inutile, si les pellicules sont séchées lentement. Il est toujours difficile d'éliminer les traces de glycérine, et il est préférable d'éviter de s'en servir surtout pour des négatifs.

Il est des cas pourtant où il faut sécher les négatifs très rapidement, pour les besoins de l'actualité par exemple. C'est alors par une ventilation énergique que l'on peut obtenir ce résultat. On place les châssis dans un courant d'air chauffé et desséché légèrement. On emploie alors une pièce spéciale à double paroi et dont toutes les ouvertures sont garnies de toiles métalliques très fines pour empêcher la poussière d'y pénétrer. Dans la première pièce, l'air est filtré puis aspiré par un puissant ventilateur; il passe ensuite sur les ailettes d'un radiateur qui le chauffe et le dessèche, puis il entre dans la salle où sont les châssis et sort par le haut de ce local chargé de l'eau qu'il a enlevée à la surface des pellicules. Bien d'autres moyens peuvent être employés. Dans certaines usines on sèche la pellicule sur des tambours qui ont un grand diamètre et dont l'axe est constitué par une rampe à gaz allumée. Ce dispositif, en tournant, assure un séchage extra-rapide, mais l'eau ne s'évapore pas toujours également à la surface de la pellicule, et il en résulte souvent des taches ineffaçables sur les négatifs. (1)

Développement des pellicules négatives en voyage. — Comme nous l'avons vu, la pellicule négative ne se conserve pas facilement en voyage, sous des climats chauds et humides, et cela surtout, une fois que la boîte qui la contenait a été ouverte. Il y a donc

____

(1) Les machines à développer modernes assurent un séchage rationnel à la bande négative.

intérêt à la développer le plus tôt possible après cette ouverture et l'impression.

En voyage, on ne dispose pas toujours d'un laboratoire très bien installé, il faut savoir s'arranger avec tout. On peut emporter des petits châssis en bois sur lesquels on mettra 15 à 25 mètres de bande, on peut avoir aussi des cuvettes horizontales qui contiendront ces châssis. Les grilles à goupilles sont tout indiquées pour le voyage. La Compagnie Eastman a créé un matériel pour développer la pellicule dans ces conditions. Il consiste en une sorte de bande en celluloïd plus large que la pellicule et qui porte sur ses bords des bourrelets. Ceux-ci empêchent que l'intérieur des spires formées par la bande de celluloïd ne se touche lorsqu'on l'enroule sur elle-même. Si on introduit la pellicule à développer dans ce système, on peut en développer un bon morceau dans une cuvette ne contenant pas beaucoup de bain relativement.

Si on se décide à développer en voyage, il ne faut pas le faire avant d'avoir trouvé une pièce relativement fraîche pour y installer un laboratoire. On devra aussi avoir beaucoup d'eau à sa disposition. Autant que possible, cette eau n'aura pas beaucoup plus de 13 degrés. Pour les bains, on pourra les ramener à cette température avec de la glace si on en a à sa disposition. Il y a certaines eaux au bord de la mer qui ne produisent que de forts mauvais bains, il faudra en vérifier la qualité avant de risquer ses pellicules. Les lavages ne devront pas être trop prolongés, mais très actifs; la gélatine, qui résiste pourtant bien aujourd'hui, pourrait y fondre. Le séchage ne doit pas être fait au soleil ni d'une façon trop rapide. Il est bon dans ce cas de formoler légèrement la pellicule après le fixage quoique ce traitement altère la gélatine dans un autre sens; par la suite elle deviendra plus cassante.

CHAPITRE XIII

Essuyage. — Montage. — Coupage des bandes négatives. — Préparation pour le tirage des bandes positives. — Conservation des négatifs.

Nous avons vu l'importance de l'établissement des bandes négatives et les effets que l'on peut obtenir en effectuant des coupures et des raccords de parties de scènes entre elles.

Dans ce chapitre nous allons indiquer la manière de réaliser matériellement ces soudures. Lorsque l'opérateur sort les morceaux de pellicule négative impressionnés de la boîte réceptrice, les coups de poinçon faits sur la bande lui indiquent les endroits où il peut couper sans interrompre une scène. Il a eu soin de séparer ces morceaux de façon à réunir ceux qui ont une pose à peu près égale, cela afin de les monter sur le même châssis pour être développés en même temps. Une fois le développement, le fixage, le lavage et le séchage exécutés, on retire la pellicule des châssis de la même manière qu'elle y a été placée, c'est-à-dire que le châssis est mis sur un support qui le laisse tourner. La pellicule négative est enroulée alors à l'aide d'une bobineuse (fig. 89) ou posée simplement dans une corbeille légère doublée de toile à l'intérieur. La pellicule sortant du séchoir est toujours recouverte de petites impuretés qui se sont déposées à sa surface, soit du fait du calcaire insoluble que renfermait l'eau des lavages ou des poussières qui se trouvaient dans l'air du séchoir.

Pour enlever ces corps étrangers, on place à la main une partie de la pellicule négative sur une sorte de support ou planche recouverte de drap rembourré à son intérieur, genre planche à repasser. Une ouvrière fait passer d'une main la pellicule sur ce support élastique et de l'autre, à l'aide d'une peau fine et souple, essuie successivement les deux faces de la pellicule. Il existe des machines qui

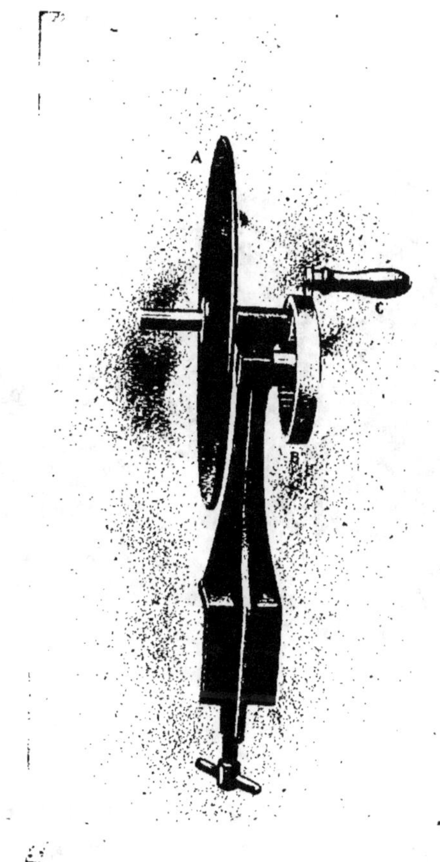

FIG. 89.

exécutent cette besogne, mais pour les négatifs nous pensons encore qu'il est préférable de l'effectuer soigneusement à la main, car un négatif peut être facilement rayé sur une grande partie de sa longueur. Lorsque la pellicule est très sale on emploie quelquefois un tampon d'ouate imbibé d'alcool pour frotter légèrement sur ses surfaces.

La pellicule, une fois essuyée, peut passer devant un pupitre à retouche et avec un pinceau fin et de la couleur à l'eau il est facile de boucher les trous et les écorchures qui peuvent s'y trouver. Ce sont à peu près les seules retouches praticables en cinématographie.

Ces premières opérations terminées, on place la pellicule en vrac dans les corbeilles et on commence à l'examiner au point de vue des coupures à faire. A l'extrémité de chaque morceau de pellicule il y a plus ou moins long de bande perdue, du fait de l'amarrage dans les appareils prise de vue, des coups de poinçon, des faux

Fig. 90.

départs, etc., etc.; on commence par enlever toutes ces parties inutiles, à quelques images près. Pour trouver l'image à couper, on se sert d'un pupitre à retouche, éclairé au besoin par une lampe électrique. On emploie également des tables transparentes éclairées par en dessous.

Pour raccorder deux parties de bandes entre elles, on choisit d'abord les deux images qui se font mieux suite. La première est coupée bien d'équerre à l'aide de la petite règle en acier (E. fig. 90). Sous la bande on a placé la glace D. D'un coup de la pointe coupante P on sectionne la pellicule à environ 3 à 4 millimètres, après la dernière image que l'on veut conserver. La coupure faite, on a donc, à l'extrémité de la bande, une image complète, la séparation de celle-ci plus 2 à 3 millimètres de l'image suivante.

Légèrement, avec la langue ou une petite éponge mouillée, on humecte cette partie de pellicule en excès sur l'image de façon à ramollir la gélatine qui est dessus, puis, avec la pointe à couper, on gratte la gélatine bien exactement jusqu'à la séparation de la dernière image complète; on a donc, de ce fait, une partie de celluloïd à nu. Cette première opération terminée, le bout de la pellicule est posé sur la table de la colleuse (fig. 90). Une des dernières perforations de la bande est introduite dans les dents G (fig. 90), puis la porte A est refermée pour faire pression sur la pellicule ainsi immobilisée. L'autre morceau à raccorder a été coupé de la même manière, mais sectionné exactement à l'endroit occupé par une séparation d'image. C'est sur l'extrémité libre de gélatine du premier morceau que va se faire la collure. On sait que le celluloïd est soluble dans une solution d'acétone et d'acétate d'amile, la colle employée sera donc un mélange de ce genre. A l'aide d'un pinceau fin on placera un peu de cette colle sur la petite partie réservée au collage, sur la première bande, puis le deuxième morceau sera appliqué dessus, de façon à ce que l'extrémité de l'image touche l'autre, celluloïd en dessous et gélatine en dessus bien entendu; le deuxième morceau aura été guidé et mis en place exactement à l'aide des dents qui se trouvent encore sur la partie de la table de la colleuse restée ouverte, puis la deuxième partie de la porte B est rabattue sur la pellicule et la pression qu'elle exerce sur la collure facilite l'opération. Au bout de très peu de temps, 15 à 20 secondes, on peut ouvrir les portes de la colleuse et les deux parties de la pellicule sont bien soudées (si elles étaient propres et exemptes de parties graisseuses, la graisse empêchant quelquefois la colle de faire prise). Cette opération simple est toujours délicate à bien exécuter, il y faut mettre beaucoup de propreté et de précision, les morceaux de pellicule doivent être coupés franchement et d'équerre, les raccordements de la perforation dans les dents de la colleuse seront exacts par rapport à la position et à la succession des perforations, sans cela, à la projection, il y aurait décadrement des images, celles-ci pouvant se trouver déplacées, par exemple, d'une dent en dessus ou en dessous du cadrage de la partie précédente de la pellicule.

Il arrive que deux morceaux de pellicule peuvent ne pas se raccorder complètement, du fait des positions différentes des images par rapport à la perforation ou bien du retrait plus ou moins grand et différent de la pellicule de deux négatifs destinés à se succéder.

Ce défaut provient aussi quelquefois de ce que des images ne cadrent pas parfaitement sur une partie de la bande parce qu'il s'est produit un débloquage du système d'entraînement dans les perforeuses, ce qui a permis pendant un certain temps une perforation irrégulière, ou bien, le jeu existant dans les griffes d'entraînement devenant trop grand, il en résulte une position défectueuse de l'image par rapport à la perforation.

Dans ces cas, il faut reperforer toute la partie défectueuse du négatif pour la rendre fixe et susceptible de cadrer avec les autres; mais ce sont là des exceptions que la pratique seule apprendra à surmonter. Le principal est de s'assurer, avant de donner au tirage des négatifs collés ensemble, que les collures sont faites de façon à ne pas procurer de décadrements pendant le tirage de l'image positive et la projection. Les négatifs ainsi préparés, il reste à les grouper d'une façon industrielle pour qu'ils soient tirés et révélés le plus économiquement possible. Bien des théories ou des pratiques sont proposées pour arriver à ce résultat, mais il ne peut pas y avoir de règle générale, tout dépend des circonstances dans lesquelles on se trouve (1).

Dans les usines importantes où il faut produire beaucoup et rapidement, on sélectionne les négatifs à tirer par intensité semblables et sur une longueur de 50 ou 60 mètres correspondant à la capacité d'un châssis sur lequel sera enroulée la pellicule positive pour être développée. Dans les laboratoires où la production est moins intense, on tire souvent négatif par négatif et on règle la lumière pour chacun; la production est ainsi améliorée mais diminuée comme rendement à l'heure. En Angleterre, on a adopté un mode de tirage tout autre. Sur une bobine on enroule de 200 à 300 mètres de négatif, fort ou faible, peu importe, puis on les fait passer dans une machine à tirer à marche rapide et à lumière intense. Ces machines possèdent deux modes de réglage : un qui agit sur l'intensité de la lumière et l'autre sur la marche de la machine. A l'aide de ces moyens on règle le temps de pose proportionnellement à la lumière, à l'intensité du négatif et à la sensibilité de la pellicule positive. Ce dernier procédé, quoique très séduisant au premier

______

(1) Les Allemands viennent de proposer une nouvelle machine à coller automatiquement. Cette colleuse gratte la pellicule, l'humidifie à l'endroit ou doit être enlevée la gélatine, rapproche les deux parties à coller et les presse ; dans la grande industrie elle pourra rendre des services.

abord, n'est pas plus avantageux que les autres, nous verrons pourquoi au chapitre *Tirage des positifs*. Voir aussi là le tirage à la machine.

Les négatifs cinématographiques coûtent généralement très chers à créer, leur obtention nécessite de grands frais, il y en a qu'on ne peut plus recommencer; leur conservation a donc toujours de l'intérêt.

Pour ces raisons, il faudra en surveiller très soigneusement le lavage. On fera bien d'éviter l'emploi de la glycérine, celle-ci ressort toujours plus ou moins. Il y a avantage à ne jamais trop formoler les négatifs, ils deviennent cassants, durs, et la gélatine se craquelle. Il est très recommandable de prendre deux négatifs du même sujet, si cela est possible. Par la suite, il peut se produire un accident qui détériore un négatif ou une partie de celui-ci; on a le double qui le remplace dans ce cas. Chaque négatif doit être matriculé et chaque morceau qui le compose numéroté. On conserve généralement les négatifs ainsi catalogués dans des boîtes en fer-blanc bien fermées. Ces boîtes sont rangées par ordre sur des rayons ou dans des armoires en fer, il faut toujours redouter le feu. Pour que la pellicule ne se dessèche pas, il est bon de placer ces armoires dans un sous-sol pas trop humide, mais frais. La pellicule périt souvent par son dessèchement, ses cassures; il faut donc les retarder le plus possible. Lorsque les négatifs sont au tirage, le moment où ils fatiguent le plus, c'est lorsqu'on les réembobine après leur passage dans l'appareil; il faut que cette opération soit faite lentement et avec soin.

Dans les bilans des sociétés d'éditions de vues cinématographiques les négatifs sont toujours comptés pour des valeurs considérables. Ils ont coûté beaucoup certainement, mais après leur première édition quelle valeur peuvent-ils réellement conserver? Cela est excessivement variable et élastique. Dans tous les cas on a tout avantage à conserver les négatifs dans des locaux éloignés du centre de fabrication et protégés efficacement contre le vol et l'incendie : situés au sous-sol de préférence.

CHAPITRE XIV

OBTENTION DE L'IMAGE POSITIVE

Installation industrielle destinée à la production de l'image positive. — Division des services. — Perforation de la pellicule positive. — Tirage.

La production de l'image positive constitue la partie la plus industrielle de la cinématographie.

A la fabrication de l'image positive on peut appliquer des règles commerciales. Si celles-ci sont sérieusement suivies, elles donneront des résultats rémunérateurs.

A part de rares exceptions, toutes les fabriques de vues cinématographiques reçoivent la pellicule toute faite et prête à être impressionnée. Nous allons donc suivre cette pellicule depuis son entrée à l'usine jusqu'au moment où elle en sortira sous forme de bande cinématographique portant à sa surface une image bonne à être projetée.

Théoriquement, cette partie de la fabrication de l'image animée peut comporter onze services qui seront répartis comme suit :

1° Le stock où sera reçue, comptée et emmagasinée la pellicule vérifiée vierge;

2° Le service des négatifs qui procurera à l'usine les négatifs tout préparés pour impressionner les bandes positives;

3° Le service de la perforation positive et négative;

4° Le service du tirage de l'image positive;

5° Le service des développements de l'image positive et négative;

6° Le service de la préparation des bains photographiques;

7° Le service du lavage;

8° Le service des virages et teintures des bandes positives;

9° Le service du séchage;

10° Le service des titres pour bandes et tableaux;

11° Le service du montage des bandes positives;

12° Le stock où reviendra la pellicule terminée, qui livrera et tiendra comptabilité de la quantité de pellicule entrée vierge et sortie manufacturée.

Actuellement, quelle proportion peut-on donner à ces services? Voilà une considération évidemment très embarrassante.

Comme nous le disions d'autre part, nous pensons que le temps de la grosse production est passé. C'est en s'appliquant à produire parfait et très rapidement que l'on a le plus de chance de rémunérer le capital engagé; il faudra donc être prudent et ne pas voir trop grand si l'on veut durer.

A notre avis, une usine pouvant produire 10.000 mètres par jour serait un grand maximum. Mais en admettant qu'on ne les produise pas journellement, on peut considérer qu'il est encore bon de disposer du matériel capable de produire cette quantité, cela afin de satisfaire dans certains cas à la production intensive et extra-rapide que peut nécessiter la mise en vente de certaines actualités ou bandes à succès. Dans tous les cas, il sera toujours facile de multiplier ou de diviser les valeurs de cette base.

Le stock sera constitué par un bâtiment isolé et distant environ de 10 à 15 mètres de toutes les autres parties de l'usine. Ces dispositions sont du reste prescrites en France par des règlements de police qu'il sera nécessaire de consulter avant l'établissement de l'usine. On prend ces précautions pour réduire les chances d'incendie, le celluloïd étant toujours dangereux à emmagasiner en grande quantité.

La pellicule est conservée dans ses boîtes de provenance. Le haut du bâtiment du stock affectera la forme d'une hotte de cheminée et sera ouvert afin de faciliter le dégagement des gaz et des fumées en cas d'incendie.

Le stock renfermera de la pellicule négative et positive non perforée ou manufacturée, sous les longueurs les plus employées et que nous avons déjà indiquées. La première opération à faire subir à la pellicule c'est la vérification de sa largeur. Celle-ci peut être plus ou moins exacte et ce défaut nuirait à la stabilité de l'image, comme nous l'avons vu.

Perforation. — La pellicule négative pouvant nécessiter une perforation spéciale, comme nous l'avons également fait remarquer, il faut disposer d'une perforeuse réglée à ce pas. Une seule machine est en général suffisante, car, tous les jours, il est rare d'absorber en négatif sa production; celle-ci peut être de 1.200 mètres par 10 heures de travail effectif (1).

Les perforeuses destinées à la bande positive pourront faire 1.000 tours. A cette allure, une machine marchant 10 heures par jour peut produire 2.400 mètres, cinq machines produiront donc théoriquement 12.000 mètres, mais, sur ces cinq machines, il y en aura toujours une ou, deux en vérification, en nettoyage; ce sont des instruments délicats qui marchent à une grande vitesse relative et qui doivent être surveillés. Une bonne ouvrière peut conduire cinq machines, car, en somme, elle n'a qu'à les alimenter de pellicule et à retirer celle qui est perforée (2). Un ouvrier mécanicien connaissant à fond les machines doit vérifier plusieurs fois par jour la régularité du pas de la perforation obtenue. Il existe des instruments spéciaux pour vérifier la précision du pas. Il peut se produire des débloquages des organes de réglage du pas et alors la pellicule devient inutilisable.

Les cinq machines à perforer sont entraînées le plus souvent par la même transmission, leur vitesse doit être aussi constante que possible, mais s'il se produit des variations sur le moteur électrique ou à vapeur qui les commande, cela n'a pas grande importance. La pellicule perforée est remise dans ses boîtes d'origine où elle attendra son passage à l'atelier de tirage. Dans la pièce où on effectue la perforation, on place aussi quelquefois les machines dites *à signer.* Certains industriels, pour éviter la contrefaçon, impriment leur nom

---

(1) Nous avons dit que cette machine devait marcher plus lentement que les autres pour éviter la production des effluves électriques enregistrables sur la pellicule négative

(2) Actuellement pour diminuer le prix de la main-d'œuvre et augmenter le rendement de ces machines on recommande les perforeuses qui exécutent 4 perforations à la fois mais est-ce bien indiqué et indispensable pour tous les producteurs de vues positives qui possèdent déjà des perforeuses à un trou?

ou leur marque sur la pellicule dans l'espace laissé libre au bord, entre les perforations et l'image. Il existe dans le commerce divers modèles de machines à signer. Il est bien entendu que les perforations sont exécutées à une lumière qui ne voile pas l'émulsion soit négative ou positive.

Pour la pellicule négative, il faut prendre de grandes précautions, car l'émulsion reste relativement longtemps exposée à la lumière du laboratoire. On sait que toutes les lumières rouges, jaunes ou vertes que l'on peut employer voilent la pellicule plus ou moins et en un temps plus ou moins long. Il faudra donc déterminer pratiquement quel est l'éclairage à employer dans le laboratoire dont on dispose. Cela dépendra de la qualité, de la lumière émise par les lanternes et de la distance à laquelle on les place, de la pellicule et tout cela proportionnellement à la sensibilité de l'émulsion. Ce n'est donc que par des expériences personnelles que l'on pourra déterminer et établir des laboratoires qui ne voilent pas. Pour ne pas compliquer les installations et les laboratoires, il est préférable, pensons-nous, d'installer toutes les perforeuses positives et la perforeuse négative dans la même pièce et sur le même établi ou support. Pour la perforeuse négative, il faudra disposer d'un entraînement spécial à plus faible vitesse. On installera dans le laboratoire aussi deux éclairages, un qui ne voilera pas l'émulsion négative et l'autre qui permettra de travailler la pellicule positive en toute sécurité.

Pour éviter les pertes de pellicule, à la demande du service du tirage, on peut faire livrer à ce service, par celui de la perforation, des morceaux de pellicules coupés en longueur selon les besoins des négatifs en tirage. Ceci est une simple indication pratique que nous donnons en passant.

Tirage des images positives. — Le tirage des images positives nécessite une connaissance photographique sérieuse de la part de celui qui doit le diriger, mais il est très facile à réaliser pour un photographe de métier.

Cette opération peut se pratiquer de différentes façons. Industriellement, on rencontre généralement aujourd'hui trois manières de tirer, qui, en somme, sont peu différentes les unes des autres : la première, dite américaine ou anglaise, consiste à entraîner l'une contre l'autre et à grande vitesse (400 tours) la pellicule portant l'image négative et la pellicule positive. L'impression de l'image se produit à cette vitesse, grâce à une lumière très forte qui peut varier d'intensité suivant l'opacité du négatif qu'elle a à traverser.

Industriellement, pour pratiquer ce procédé, on se sert de négatifs très longs montés sur une même bobine et composés de plusieurs sujets différents réunis les uns aux autres. Comme ces négatifs n'ont jamais la même opacité, chaque fois que l'on passe de l'un à l'autre, il faut faire varier l'intensité lumineuse ou la vitesse d'entraînement, car celle-ci est également réglable grâce à un rhéostat et si l'appareil est entraîné électriquement. Au premier abord, ce procédé paraît séduisant, mais, industriellement, nous pensons que ce n'est pas celui qui procurera le meilleur rendement.

Les deux autres dispositifs employés pour le tirage ne diffèrent que par la manière de les installer et leurs réglages plus pratiques. Ils sont basés tous deux sur l'entraînement à vitesse constante et lente des deux pellicules, tandis qu'il n'y a que l'intensité lumineuse qui varie suivant l'opacité du négatif en tirage.

Dans certaines usines, les appareils de tirage sont montés contre une cloison percée de trous, derrière cette cloison et dans une salle spéciale sont placées les lampes électriques qui éclairent chacune un appareil. Dans d'autres, l'appareil est placé sur un pied qui lui est particulier et, sur le même support, un corps de lanterne renferme la source de lumière propre à l'appareil. Dans les deux cas, cette source est réglable non pas par son intensité qui reste aussi constante que possible, mais par la distance à laquelle elle peut impresionner la pellicule. Lorsque la source lumineuse est placée derrière une cloison et dans une pièce spéciale, elle peut être avancée ou reculée à l'aide d'une tige graduée que l'opérateur commande de la pièce où se trouve l'appareil de tirage proprement dit. Sur la lanterne qui la renferme, un cadran peut également indiquer la distance à laquelle agit la source lumineuse (fig. 47).

Avec ces moyens, il est évident qu'il faut disposer d'un mode d'entraînement des appareils de tirage aussi constant que possible. Théoriquement, il serait même nécessaire que cela fût absolu et un ingénieur non familiarisé avec la photographie vous le soutiendra de bonne foi, mais nous savons qu'il y a toujours des accommodements avec cet art, pratiquement. Il est certain qu'il ne faut pas mettre, sur le circuit qui alimente le ou les moteurs du tirage, une lampe à arc de cinquante ampères ou tout moteur puissant qui pourrait donner de gros à-coups sur l'intensité du courant électrique dont on dispose. Industriellement, on sait qu'il est très difficile d'avoir du courant constant et qu'il sera peu aisé de réaliser une vitesse d'entraînement parfaitement régulière. Pour ces raisons, le tirage devra être, autant que possible, alimenté par du courant continu et provenant d'accumulateurs.

Les appareils de tirage, des types les plus employés, sont entraînés généralement à une vitesse de 120 tours ou un quart de seconde de pose par image, ce qui correspond à une production théorique de 1.200 mètres pour dix heures de marche, mais pratiquement il faudra compter avec les arrêts forcés, le temps de chargement et celui nécessaire à déterminer la distance exacte à donner à la source lumineuse. Pour ces raisons, on peut ramener au maximum de 1.000 mètres par jour le rendement d'un appareil de tirage. Pour impressionner 10.000 mètres de pellicule, il faudra donc employer au moins dix appareils de tirage. Chacun de ces appareils doit être approvisionné et surveillé par une petite main, une ouvrière par exemple. Certains opérateurs adroits arrivent à surveiller et à alimenter deux appareils de tirage, mais cela demande déjà beaucoup d'expérience.

Ces derniers modes de tirages nécessitent beaucoup de main-d'œuvre et surtout, ils ne produisent que des morceaux de positifs relativement courts (50-100 mètres au plus) ; du reste, pour le développement au châssis cela vaut mieux.

Pour le développement à la machine, il est plus économique de produire des bandes positives aussi longues que possible (300 à 400 mètres) et pour le tirage de celles-ci, des moyens aussi automatiques que possible. C'est ce que l'on réalise aujourd'hui, avec les tireuses automatiques du genre de celle de M. Debrie et que nous avons décrite page 195. Pour s'en servir industriellement, on constitue un négatif de 400 mètres environ ; celui-ci est composé de vues différentes, par conséquent de clichés plus ou moins opaques. Le chef de service du tirage doit donner d'abord une valeur spéciale de tirage à chacune de ces parties de la bande, c'est-à-dire l'étalonner et pouvoir dire : cette partie de négatif avec telle pellicule positive demande telle intensité lumineuse pour donner une image parfaite ; lorsque, entraînée à une vitesse constante, elle sera impressionnée par telle intensité lumineuse connue et appréciée par moi, puis entraînée toujours par une vitesse constante dans la machine à développer, elle y passera tant de temps, soumise à l'action d'un révélateur, constant dans sa puissance révélatrice ; cela, pour que tous les négatifs d'opacité différente, accouplés sur la même longue bande négative, présentent des images sensiblement égales en valeurs relatives. Au premier abord, cela paraît bien compliqué et très savant, avec de la pratique et la bonne photo, c'est beaucoup moins terrible! (1) Mais en exposant ainsi cette manière de tirer moderne, remarquons de suite que nous avons piétiné les plates-bandes de deux services : celui du tirage et celui du développement. Le chef de service du tirage devra donc savoir apporter des positifs correctement posés au service du développement, a moins qu'il ne cumule les deux fonctions, ce qui est possible aujourd'hui.

Le local destiné au tirage doit être aussi vaste que possible et bien ventilé; les hausses de température exagérées ne doivent pas pouvoir s'y produire, car, de ce fait, on pourrait éprouver des difficultés dans l'entraînement des deux pellicules l'une contre l'autre dans les appareils de tirage, ce qui nuirait de suite à la stabilité de l'image obtenue. On doit vérifier également l'état hygrométrique de l'air du laboratoire.

Pour déterminer, d'une façon aussi juste que possible, la distance à laquelle doit être placée la source lumineuse ou quelle intensité on doit lui donner afin d'obtenir un temps de pose exact avec la vitesse d'entraînement normale, le meilleur moyen consiste à impressionner 15 ou 20 centimètres de bande positive derrière le cliché que l'on veut étalonner, cela avec les variations voulues, puis de développer de suite ce morceau de bande dans le bain normal des positifs; on verra aussitôt dans quelle situation d'intensité d'impression on se trouve. Il sera donc facile de modifier celle-ci dans le sens nécessaire avant de donner le bon à tirer à une intensité de lumière connue.

Généralement on emploie, comme source lumineuse, une lampe à incandescence à filament métallique. On peut également se servir de becs de gaz à incandescence. Pour le tirage extra-rapide, dit américain, on emploie des lampes plus intenses dont la lumière est concentrée sur la fenêtre au moyen d'un condensateur.

(1) M. Lloyd A. James, du laboratoire des recherches Eastman, propose une nouvelle étalonneuse qui, presque automatiquement, compose les valeurs relatives des différents clichés constituant une grande bande montée sur une tireuse moderne. Pour de grosses maisons d'édition cette machine peut rendre des services. Voir *Science Technique et Industrie Photographique* (juin 1923).
Avec les machines à développer on gagne énormément de temps et on économise de la main-d'œuvre. Avec un opérateur connaissant bien le métier et un ou deux aides ou manœuvres, on peut produire 16.000 mètres par jour environ.

CHAPITRE XV

Dispositions. — Matériel et châssis propres aux laboratoires des usines cinématographiques. — Cuves de développement et de lavage. — Séchoir. — Production des titres. — Installation des services du montage de la bande positive.

Laboratoire des négatifs. — La pellicule négative devra être manipulée dans un laboratoire spécial, sa rapidité étant plus grande que celle de la pellicule positive.

Le développement d'une image négative est toujours délicat à conduire et à suivre. Pour ces raisons, il faut pouvoir contrôler souvent la venue de l'image. Certains opérateurs emploient, dans ce cas, des cuvettes horizontales maniables à la main. Pour que ces cuvettes ne soient pas trop lourdes, on les construit en carton verni ou en bois recouvert de gutta. Elles doivent être suffisamment grandes et profondes pour contenir la pellicule montée sur son support, que celui-ci soit constitué par un châssis ou par une sorte de grille à goupille. Mais ces dispositions ne sont applicables qu'à de petites longueurs de bande. Généralement, on préfère à ces moyens les cuves verticales fixes en bois, doublées de plomb, dans lesquelles on introduit la pellicule montée sur un châssis en bois qui peut contenir environ 50 mètres de pellicule. Aujourd'hui, il y a avantage à révéler les négatifs à la machine.

On trouve dans le commerce également des cuves en ardoise ou en grès qui sont très propres et conservent bien les bains. Toutes les cuves verticales destinées au développement n'ont pour épaisseur que l'espace suffisant pour introduire, à leur intérieur, au plus deux châssis; beaucoup ne peuvent en contenir qu'un. Leur profondeur et leur largeur sont proportionnées aux dimensions des châssis employés. A côté de la cuve à développer, on en place une autre de même épaisseur qui contiendra de l'eau pour le lavage du négatif, puis enfin une troisième plus épaisse et destinée au fixage. Pour la construction et l'installation de ces cuves, nous donnerons plus loin des indications complémentaires. (Voir cuves pour images positives.)

Devant et au-dessus de la cuve contenant le révélateur, on installera une lanterne ne voilant pas et dont la surface éclairante sera aussi large que le support de la pellicule; en hauteur, cette lanterne ne pourra avoir que 10 ou 20 centimètres. C'est devant cet éclairage et en retirant le châssis et la pellicule de la cuve que l'on jugera de la venue de l'image comme on le fait par transparence pour un cliché ordinaire. Pour la pellicule extra-rapide, il faut développer au temps compté et sans lumière.

Dans le laboratoire des négatifs, on réservera un emplacement destiné à monter les négatifs sur les châssis. Le laboratoire sera muni d'une double porte pour en faciliter l'entrée et la sortie pendant le travail. Il sera bon d'y installer également un système de trappe ou de double placard qui servira à faire sortir les châssis porteurs des négatifs fixés, sans que la lumière blanche pénètre dans le laboratoire.

De l'autre côté de la cloison, ainsi franchie, un aide recevra les négatifs et les mettra à laver dans le service que nous décrirons plus loin.

Laboratoires et matériel destinés à la fabrication de l'image positive. — Ces laboratoires comporteront neuf éléments principaux :

1° Les supports ou châssis sur lesquels seront tendues les pellicules positives;

2° Les cuves qui contiendront les bains photographiques;

3° L'éclairage;

4° Le matériel nécessaire à l'alimentation et à la préparation des bains photographiques;

5° Le matériel propre au lavage de la pellicule développée et fixée;

6° L'installation du séchoir;

7° Le matériel destiné à virer et teinter les positifs;

8° A la production des titres;

9° Au montage de la bande.

Ou bien seulement une sérieuse machine à développer, laver et sécher avec ses services d'approvisionnements.

Développement aux châssis. — Nous avons vu que les supports les plus employés en cinématographie pour cet usage sont les châssis en bois que nous avons déjà décrits, page 319.

Le plus souvent ces châssis sont prévus et construits pour recevoir 50 mètres de pellicule positive. Pour les négatifs, on en a établi qui peuvent recevoir 60 mètres, c'est-à-dire la moitié d'une bande de 120 mètres, mais cela est-il un véritable avantage? Nous ne le pensons pas. Il faut avoir des cuves spéciales pour ces châssis qui sont plus hauts et puis, pratiquement, il est rare d'avoir une bande de 120 mètres à développer sans coupure : aussi nous croyons plus pratique d'unifier la grandeur des châssis et de n'en posséder que d'une seule capacité, 50 mètres, si l'on veut.

La grandeur de ces châssis pourra être, par exemple: hauteur 1^{m}20, largeur 1 mètre, épaisseur 7 à 9 centimètres. Le bois employé pour leur construction devra être de bonne qualité et d'une essence aussi serrée et imperméable que possible. Ils ne devront pas se déformer ni se gauchir dans les bains et cuves de lavage. On peut faire injecter ces bois ou les imperméabiliser en les plongeant, par exemple, dans de la paraffine ou du bitume de Judée. L'essentiel est de conserver ces châssis toujours dans un état de propreté parfaite et exempts de toute trace de révélateur ou d'hyposulfite, quoique le même châssis puisse pratiquement passer du bain révélateur dans celui de fixage sans que pour cela les positifs ni les négatifs aient à en souffrir.

Chaque châssis contenant 50 mètres de pellicule, comme nous l'avons vu, il sera nécessaire de disposer de 200 châssis pour traiter 10.000 mètres de pellicule par jour. Mais si l'on considère que de nombreux châssis peuvent être immobilisés par les négatifs, les positifs passés à la teinture ou aux virages ou bien encore n'étant pas secs de la veille ou en réparation, il faudra posséder 300 châssis au moins, pour ne pas être arrêté, de ce fait, dans la fabrication.

Cuves destinées au laboratoire des positifs; leur installation. — Le laboratoire où on développera les bandes positives devra contenir trois postes complets de développement pour satisfaire à la production que nous avons prise comme exemple, c'est-à-dire que trois opérateurs auront chacun un éclairage spécial et un jeu complet de cuves : une pour le développement, une pour le lavage et une pour le fixage.

Au milieu de la pièce on disposera au moins deux supports destinés à enrouler la pellicule sur les châssis; nous les avons décrits page 320. Une ouvrière recevra du service du tirage la pellicule

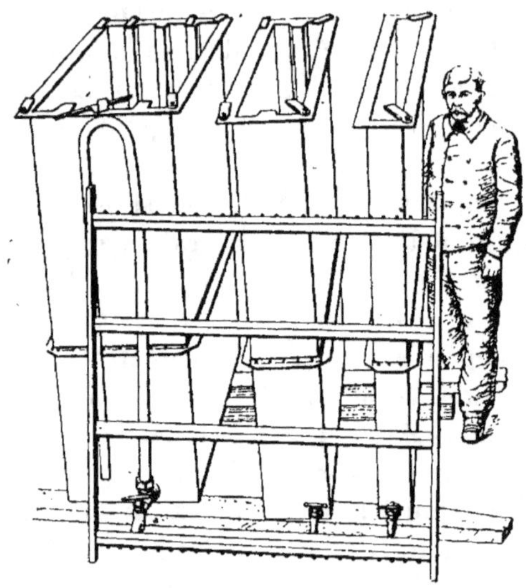

Fig. 91. — Cuves en tôles soudées à la soudure autogène, doublées de plomb pour le développement et vernies simplement pour le fixage et le lavage ; châssis et cuves prévus pour 60 mètres.

impressionnée, la montera sur les châssis, de façon que ceux-ci soient bien remplis et les passera au développeur.

Les cuves verticales sont ici les plus pratiques, mais comme leur hauteur doit être d'environ 1ᵐ30, afin que les châssis y baignent en entier, elles deviennent incommodes car elles se trouvent trop hautes pour que l'opérateur puisse facilement y introduire ou en sortir les châssis. Pour parer à cet inconvénient, on place devant elles un faux plancher à claire-voie ou caillebotis qui surélévera l'opérateur de façon que celui-ci se trouve à bonne hauteur devant la cuve. Comme dans le laboratoire des négatifs, chaque opérateur aura devant lui une lanterne pour juger la venue de l'image. Certains praticiens se servent là, en plus, d'une lampe électrique portative entourée de papier qui procure une lumière inactinique. En l'approchant du châssis, ils jugent bien l'état de l'image en développement.

Industriellement, on a réalisé les cuves cinématographiques de bien des manières. Il en existe de fort belles, très compliquées, très solides et dont la construction en bois rappelle les assemblages et les formes les plus savantes de la tonnellerie, mais ces modèles, coûtant un prix très élevé, sont évidemment très résistants, mais bien luxueux pour l'usage auquel ils sont destinés.

Pour contenir le révélateur, des cuves en grès sont très recommandables, ainsi que celles constituées par des feuilles d'ardoise, mais ces deux dernières sortes sont encore d'un prix élevé et la pratique ne réclame pas leur emploi absolument. Pour le révélateur, une bonne cuve en bois blanc bien assemblée et doublée d'une feuille mince de plomb est encore ce qu'il y a de plus pratique à employer. Cette cuve pourra avoir une rainure au milieu et une épaisseur suffisante pour contenir deux châssis en même temps. La production de développement sera ainsi augmentée sans que la qualité en souffre.

Les cuves de lavage pourront être en bois blanc, épais seulement, bien assemblé, calfaté à la céruse et vissé avec soin. Au premier abord, il est évident qu'une cuve ainsi constituée ne paraît pas donner une grande somme de sécurité, mais, pratiquement, si ces cuves sont bien faites et si on les laisse toujours pleines, elles deviendront rapidement très étanches, ne se déformeront pas trop et donneront certainement une somme de satisfaction proportionnelle au bas prix qu'elles ont coûté. Pour les cuves à hyposulfite, il est préférable de les établir en bois blanc également, mais doublé de plomb; l'hyposulfite pénétrant dans le bois, attaque celui-ci à la longue, le traverse et se répand dans le laboratoire. Toutes ces cuves devront être pourvues dans le bas d'un robinet de purge en plomb antimonié ou en étain qui permettra de les vider et de les nettoyer facilement.

DÉVELOPPEMENT A LA MACHINE. — Comme nous l'avons déjà dit, ces machines sont de plus en plus employées dans l'industrie ciné-, matographique; lorsqu'elles sont bien conduites, elles permettent de réaliser de grandes économies de temps et d'argent.

La Société des Etablissements Gaumont à été la première à concevoir et à réaliser une installation semblable. Dès 1906, elle com-

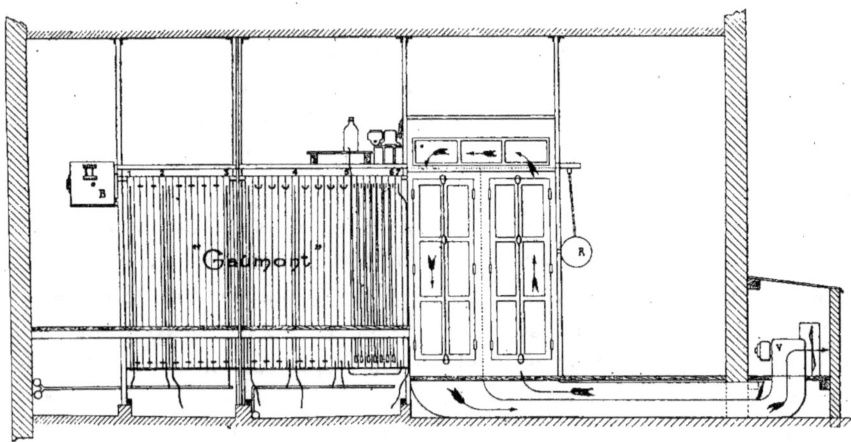

FIG. 92. — Machine à développer les films cinématographiques. Modèle Gaumont.

mençait en effet à employer ces sortes de machines, mais dans lesquelles, toutefois, des cuves remplissaient les fonctions des groupes de tubes adoptés aujourd'hui. Ce ne fut qu'en 1911 que la disposition définitive avec les tubes fut adoptée et, de ce jour, exclusivement employée dans les ateliers de la Société.

La figure 92 représente les dispositions générales de cette machine. La bande à traiter, placée dans une boîte magasin B est conduite par une série de cylindres dentés dans des groupes de tubes disposés côte à côte et dans un même plan, où elle passe successivement.

Dans le groupe des tubes de 1 à 2 circule le bain révélateur ; dans le groupe des tubes 2 et 3 circule le bain fixateur d'hyposulfite de soude. Puis, dans les deux groupes 3 à 4 et 4 à 5 circule l'eau de lavage. Enfin, l'un des tubes 5 à 6 contient la solution tinctoriale ou le bain de virage, suivant le cas, pour donner aux images la teinte désirée et un dernier tube rinceur y termine la série des opérations humides.

La bande pelliculaire pénètre alors dans une armoire sécheuse où au fur et à mesure qu'elle s'achemine vers la bobine d'enroulement R, elle se trouve en contact avec de l'air de plus en plus sec, de plus en plus chauffé aussi par un moyen approprié, et aspiré par le ventilateur V.

Aujourd'hui, il existe un nombre considérable de ces machines ; chacun a la sienne et en vante les mérites, mais en somme le principe général en reste toujours le même. Du reste, le plus important dans ce cas, ce n'est pas d'avoir une magnifique machine, mais c'est de posséder quelqu'un qui sache bien s'en servir, et cela est relativement toujours délicat. Voici, d'une façon générale, comment on procède. On admet que dans toute la machine la pellicule va passer, entraînée avec une vitesse constante. Il n'en faut pas moins pour pouvoir faire varier l'action du révélateur proportionnellement à la perméabilité de la couche de la pellicule en révélation et le degré d'impression lumineuse qu'elle a reçu au tirage ; et aussi relativement à la sensibilité de son émulsion et aux tendances de celle-ci à donner des images plus ou moins puissantes en valeurs relatives et en pureté. En cours de fabrication, ce sont des facteurs variables qu'il est impossible de ne pas rencontrer. Pour déterminer le temps pendant lequel doit agir un révélateur donné sur une image positive impressionnée d'une façon normale sur une pellicule considérée, on conçoit que seule l'expérience puisse le déterminer ; c'est donc la partie principale du savoir du conducteur de la machine. Une fois ce temps trouvé par une expérience pratique préliminaire (développement de plusieurs bandes de 10 centimètres de pellicule, posés différemment), il faut que la pellicule entrant dans la machine, entraînée à une vitesse constante, ne subisse l'action du révélateur que pendant le temps trouvé le meilleur. C'est en réglant la *longueur* de son parcours dans le bain révélateur que l'on y parvient.

Pour cela, la pellicule arrive entraînée par un rouleau denté au-dessus du tube à liquide révélateur, on lui fait faire une boucle dans ce tube; pour l'entraîner vers le fond on met à l'extrémité de cette boucle une sorte de diabolo qui tourne en même temps que la bande défile. C'est la longueur de cette boucle et la profondeur du tube qui déterminent le temps que va passer la pellicule dans le révélateur; si le premier tube ne suffit pas, les suivants sont employés de la même manière. Dans d'autres machines, comme celle de M. Bourdereau, un petit cylindre mobile fixé au bout d'une tige montante ou descendante sert à déterminer la longueur de la boucle. Ensuite, pour le fixage, il n'y a qu'à déterminer un temps de passage plus que suffisant produit par la longueur du chemin parcouru dans le bain d'hyposulfite afin que la pellicule soit bien fixée lorsqu'elle le quitte. Il en sera de même pour le lavage de la bande; elle peut rencontrer là des courants d'eau très violents, même des douches qui élimineront très vite les dernières traces d'hyposulfite que sa gélatine peut contenir. Nous avons dit souvent que l'on exagérait le temps de ces lavages; la preuve, c'est que, sortant des machines, la pellicule moderne se conserve aussi bien. Pour les virages et les teintures ainsi que le dernier rinçage, le lavage ne présente aucune difficulté.

La question du séchage dans ces machines est aussi pratiquement assurée, le tout est de bien déterminer le régime des températures de l'air, de son hygrométrie et de sa vitesse et quantité pour assurer un séchage pas trop rapide, mais progressif, afin de ne pas trop brusquer la pellicule dans la prise de son retrait définitif. Cela, c'est une question de métier très délicate; pour la bien régler, il faut être devant la machine même et connaître le milieu dans lequel elle travaille. Dans certaines circonstances, il y aura peut-être aussi avantage à modifier légèrement le pas de la perforation des bandes soumises au régime de séchage de ces machines? Dans tous les cas, en les employant, on va vers des simplifications et des régularisations de fabrication qui ne peuvent contribuer qu'à rendre l'image projetée toujours plus belle et agréable à regarder. Lorsqu'on a trouvé le régime qui convient bien à une émulsion positive en cours de débit, il est préférable de l'employer en même temps. Il est également indispensable de savoir approvisionner la machine d'un révélateur constant en valeur révélatrice chimique et également constant en température; on sait en effet que celle-ci a une importance considérable pour la durée de l'opération (1).

Pour développer les images positives à la machine, voici une formule de révélateur, donnée par la Société Eastman et recommandée pour l'emploi de sa pellicule positive.

Eau	40 litres
Elon ou Metol.	12 gr.
Sulfite de soude anhydre. . . .	1.590 gr.
Hydroquinone	240 gr.
Carbonate de soude anhydre	750 gr.
Bromure de potassium.	36 gr.
Acide citrique.	28 gr.
Métabisulfite de potasse. . . .	60 gr.

Machines à développer de M. Bourdereau. — Jusqu'à présent, ce sont à peu près les seules machines que l'on puisse se procurer dans l'industrie, mais elles y ont déjà fait leurs preuves et sont tout à fait au point. Ces machines partent d'un principe autre que celles de M. Gaumont, elles emploient des cuves et des tubes selon le cas et par raison d'économie. Le film impressionné à la tireuse entre dans la machine, entraîné toujours de la même manière. Il rencontre une série de galets qui le conduisent successivement dans les cuves où vont se passer les différentes opérations exécutées automatiquement par la machine (fig. 93). Pendant ce parcours, le film va former des boucles plus ou moins longues. Ces

----

(1) Voir d'autres formules pour développer les pellicules et émulsions positives, page 324.

Avec les machines à développer on gagne beaucoup de temps et on économise beaucoup de main-d'œuvre. Pour diriger une machine il faut un opérateur connaissant bien le métier et trois ou quatre aides ou manœuvres; avec ce personnel on peut produire par jour 14-15-18.000 mètres de pellicules développées, lavées et séchées.

(2) Même en réglant aussi bien que possible l'éclairage et le bain omnibus nécessaires à chaque vue on ne pourra jamais faire qu'un cliché doux donne la même gamme de valeurs qu'un cliché plus corsé ou vigoureux. Cela provient de ce que dans ces deux cas la couche d'émulsion positive est impressionnée plus ou moins *en profondeur.* L'art du directeur de la machine à développer est de tenir encore compte de ce facteur important pour égaliser l'unité artistique de la bande en tirage.

longueurs seront déterminées à volonté; d'un côté, par les galets
supérieurs fixés sur le bâti de la machine et de l'autre par d'autres
galets montés à l'extrémité de tiges mobiles et qui servent à régler
justement cette longueur de boucle; plus on fait descendre la tige et
le galet qu'elle porte à son extrémité, plus la boucle est longue et entre
profondément dans le bain en action. M. Bourdereau a installé sur

Fig. 93. — Tête de trois machines à développer, modèle Bourdereau; on voit sur cette figure les
galets entraîneurs et le dispositif des tiges de réglage utilisées pour la plongée de la pellicule
dans les bains.

ses machines et sur chaque cuve 9 galets fixes et 9 galets montés
au bout des tiges de plongées.

Par ces dispositifs et étant donné que l'on connaît exactement la
vitesse d'entraînement de la bande il est possible de régler le temps
de développement avec toute la précision désirable. Généralement la
durée du temps de développement est de deux minutes et demie à la
température de 18 degrés centigrades pour le bain révélateur. Afin

d'assurer l'entraînement régulier de la pellicule pendant toutes les opérations, la machine possède deux galets dentés moteurs placés sur le bâti de chaque cuve. Ces galets sont munis d'un système de débrayage facilitant toutes les différentes opérations et les changements de régime de la pellicule en traitement.

Pour le *fixage* les galets sont en ébonite afin qu'ils ne soient pas

Fig. 94. — Machine à développer de M. Bourdereau montrant les cuves et les tubes, ainsi que le dispositif de plongée par tige, et les armoires séchantes suffisantes pour traiter 300 mètres de pellicules à l'heure.

altérés par l'hyposulfite; les autres galets sont en laiton. Le lavage peut être aussi plus ou moins prolongé par des moyens semblables; cela dépend de l'intensité du courant d'eau que l'on a à sa disposition, un quart d'heure généralement suffit; comme le montre la figure 94, la machine comporte des cuves et des tubes destinés aux virages et teintures; du fait de l'emploi des tubes on peut réaliser de notables économies de quantité de bains; cela a de l'importance actuellement.

Pour le *séchage*, la machine comporte des armoires dans lesquelles la pellicule rencontre un courant violent d'air chaud et sec, qui, grâce à un système de ventilation et de chicanes marche dans le sens contraire au sien. L'air le plus chaud et le plus sec rencontre la pellicule la plus sèche; après quoi, plus l'air avance plus il devient humide et de température moins élevée; cela est avantageux pour assurer à la pellicule un régime de séchage progressif. Pendant le séchage, il est donc bon de surveiller encore le retrait général de la pellicule, ce qui la fait changer de longueur. Une sonnerie électrique prévient l'opérateur lorsque ce retrait change et, avec des moyens de réglages appropriés, il peut assurer à la bande des tensions normales qui l'empêcheront de flotter. On

FIG. 95. — Machine à développer de M. Bourdereau pouvant traiter de 6 à 800 mètres de pellicules à l'heure.

admet généralement que le séchage doit être terminé en un quart d'heure. On voit que les machines de M. Bourdereau ont été très bien étudiées dans toutes leurs parties. Ce constructeur a établi actuellement deux modèles, l'un destiné à traiter et sécher 300 mètres de pellicules à l'heure (fig. 94) et l'autre 600 mètres (fig. 95), mais qui, grâce à des souffleries supplémentaires, peut activer le séchage et arrive à traiter utilement 800 mètres à l'heure.

Matériel destiné à préparer les bains photographiques. — L'alimentation en bain du laboratoire ou des machines est très facile, si on dispose d'une installation pratique pour préparer les solutions nécessaires. A notre avis, la meilleure est celle qui suit, elle est la plus universellement employée. Les laboratoires étant presque toujours installés au rez-de-chaussée des usines, au-dessus d'eux ou dans une partie de l'usine au premier étage, il est toujours facile de disposer d'une petite pièce que l'on réserve pour cette préparation; autrement, cette opération peut être faite au rez-de-chaussée, mais alors il faut installer des pompes spéciales pour élever le révélateur et l'hyposulfite au-dessus du niveau des cuves où ils seront employés.

Dans la pièce destinée à la préparation des bains, l'outillage est très simple : il consistera en une armoire ou rayons où seront emmagasinés les produits chimiques, un chauffe-bain, autant que possible alimenté par le gaz et de l'eau sous pression, enfin trois ou quatre cuves rondes, métalliques, autant que possible inoxydables (émail ou étamage). Chacune de ces cuves sera de la contenance de 60 litres environ et pourra recevoir, par en haut, de l'eau chaude provenant du chauffe-bain; on adaptera dans le bas un robinet en plomb qui permettra de les vider facilement. Les cuves en grès vernissé sont également recommandables pour ces usages. Au niveau inférieur de ces cuves, on en disposera deux autres plus grandes, en bois, doublées de plomb et de la contenance de 300 à 400 litres environ. Ces deux cuves fermées seront destinées à recevoir les réserves de bain révélateur et fixateur tout préparés. Ces deux récipients porteront, à leur partie supérieure, une sorte d'auget ou grille sur lesquels on placera de la ouate de verre ou du coton hydrophile. Les bains seront amenés des cuves de préparation à ces cuves de provision par des tuyaux en plomb. En passant au travers des filtres grossiers, ils seront débarrassés des plus grandes impuretés qu'ils pourraient contenir.

Du bas de chacune de ces cuves, un tuyau en plomb, muni à son extrémité d'un robinet de même métal (1), amènera au laboratoire les bains révélateurs et fixateurs. A l'aide de seaux spéciaux, les opérateurs n'auront qu'à aller puiser à cette source pour maintenir leurs bains en bon état de fonctionnement. On peut également alimenter de la même manière les machines et maintenir leur régime de développement dans un état constant d'énergie et de qualités révélatrices.

Matériel nécessaire pour le lavage de la pellicule. — La pellicule développée et fixée au châssis arrive du laboratoire obscur au service du lavage au travers d'une trappe ou double porte comme les négatifs.

Dans le service du lavage, les châssis, garnis de pellicules, vont rapidement s'accumuler. Il est incontestable que, pour laver le plus rapidement possible une pellicule, il n'y a pas de meilleure manière que de la monter sur un tambour du modèle que représente la figure 87 (page 322) et de faire tourner celui-ci dans de l'eau toujours renouvelée et placée dans l'auget du bas. En dix à quinze minutes, toute trace d'hyposulfite a disparu. Pour un travail pressé, on peut employer ce moyen, mais lorsqu'il s'agit de laver 10.000 mètres de pellicule par jour, il ne devient plus du tout pratique et nous pensons que l'on a avantage à laver la pellicule sur le châssis même où elle a été développée. Pour immerger cès châssis en entier, il faut avoir de bonnes cuves et de grandes quantités d'eau, car, plus celle-ci sera renouvelée rapidement, plus le lavage sera court. Suivant les locaux dont on dispose, on pourra construire quatre ou cinq cuves qui contiendront chacune, par exemple, vingt-cinq châssis. La place de chacun de ces châssis sera réservée dans la grande cuve à l'aide de rainures. A l'extrémité de chacune de ces rainures sera vissé un taquet en bois qui pourra, en tournant, venir se mettre à cheval sur cette rainure et empêcher le châssis de sortir de l'eau car, étant en bois, ce dernier ne plonge dans l'eau que si on l'y force par ce moyen.

Une cuve à vingt-cinq rainures, capable de contenir un nombre égal de châssis, aura une grande capacité et par conséquent des proportions respectables. Pour qu'elle soit solide et qu'elle puisse résister au poids et aux poussées latérales de l'eau, il faudra qu'elle

---

(1) Le graissage de ces robinets se fait avec un mélange de vaseline et de paraffine : par ce moyen les bains ne seront pas altérés.

soit bien établie. On en a construit en ciment armé, elles sont très solides et économiques, mais elles ont l'inconvénient de se dissoudre légèrement dans l'eau de lavage (1). De ce fait, il se forme souvent des dépôts de matières insolubles sur la surface des pellicules. Pour cet usage, on se trouvera encore bien d'employer de grandes cuves en bois blanc bien épais, assemblé et calfaté à la céruse et fortement vissé. Au début, ces cuves travailleront, elles fuiront également, mais, puisqu'elles doivent être alimentées en eau courante, le mal n'est pas grand et, au bout de huit à dix jours, pendant lesquels elles auront été maintenues pleines d'eau, elles deviendront suffisamment étanches et donneront toute satisfaction pendant longtemps. Les cuves de lavage sont alimentées d'eau neuve par le haut et l'écoulement ou trop-plein doit se faire par le fond de la cuve, les solutions d'hyposulfite, étant plus lourdes que l'eau pure, ont toujours tendance à descendre dans ces régions.

Nous avons dit que l'on devait installer quatre ou cinq cuves de lavage à vingt-cinq rainures chaque. Si nous avons pris ces chiffres, c'est qu'à vingt-cinq rainures, une cuve peut être facilement construite et résiste bien ; d'autre part, avec quatre cuves à vingt-cinq rainures, on ne pourra laver que cent châssis à la fois, mais, comme le lavage ne dure pratiquement qu'une heure ou une heure et demie au plus (2), on voit que, dans la journée, on peut laver facilement deux cents châssis et même trois cents si c'est nécessaire. Une autre cuve de lavage, ou de préférence deux autres cuves plus petites, serviront spécialement aux châssis de teinture et de virage. Au bout de très peu de temps, ces cuves seront teintes elles-mêmes par les excès de teintures entraînés par les châssis. Pour cette raison, il sera toujours prudent de ne pas y laver les châssis destinés aux positifs noirs, sans cela on pourrait provoquer des colorations mal placées qui rendraient le positif noir invendable. Les machines à développer et à teinter suppriment tout ce matériel.

Avant de quitter le domaine des cuves et de la pellicule mouillée, nous dirons qu'il faut encore posséder une cuve doublée de plomb d'une grande capacité, 300 ou 400 litres. Ce récipient est destiné à

---

(1) Pour la conservation des vins on a construit des cuves en ciment armé doublées de plaques de verre ; certainement pour la cinématographie on obtiendrait de bonnes cuves par ce moyen.

(2) Ces temps sont reconnus trop longs aujourd'hui.

recevoir et à traiter les bains de fixage à l'hyposulfite une fois qu'ils refusent leur service, c'est-à-dire qu'ils ne dissolvent plus le bromure d'argent en excès sur les pellicules. Enfin, pour les virages et les teintures, cinq ou six cuves au moins sont indispensables; ces dernières seront en grès, ardoise ou doublées de plomb, car elles doivent être aussi imperméables que possible, autrement les matières colorantes les pénétreraient et elles ne pourraient plus servir qu'à un seul usage. Les machines à développer simplifient toutes ces opérations (voir p. 348).

Séchage des bandes cinématographiques. — Le séchage d'un grand nombre de châssis, portant plusieurs milliers de mètres de pellicule, est toujours une opération difficile; elle nécessite une installation spéciale et une main-d'œuvre importante. Il faut aussi qu'elle soit bien dirigée, autrement la pellicule peut être déformée; de ce fait les images perdraient leur stabilité.

Beaucoup de dispositions ont été imaginées et réalisées pour arriver à de bons résultats. Parmi celles-ci, nous ne nous arrêterons qu'à une d'entre elles; nous la considérons aussi pratique que toutes les autres et elle nécessite une place plus restreinte. Cette disposition est celle qui emploie des séchoirs cloisonnés, réduits et à températures variables proportionnées à l'état de séchage de la pellicule. Dans beaucoup d'autres industries (le blanchissage du linge, entre autres), surtout en Amérique, ces dispositifs ont toujours donné de bons résultats; il n'y a donc pas de raison pour qu'en cinématographie ils en produisent de moins favorables. Leur installation ne coûte pas plus cher que les autres. Un emplacement de neuf mètres sur six est suffisant pour les contenir dans notre cas. Trois ou quatre chevaux de force serviront à actionner les ventilateurs et un système de radiateur, alimenté en vapeur par la chaudière préposée en même temps au chauffage général de l'usine, seront les seuls éléments indispensables pour son installation. Pour les considérations techniques propres à la manière de réaliser cette sorte de séchoir, nous les examinerons au chapitre suivant lorsque nous indiquerons, en même temps, la manière de sécher la pellicule. Voir aussi la manière de sécher à la machine (page 355).

Service des virages et teintures. — Pour virer et teindre la pellicule positive, il est préférable, si on le peut, d'installer deux laboratoires, ces deux opérations étant tout à fait différentes.

Par la première, on fait changer la couleur de l'image positive, en modifiant chimiquement le bromure d'argent qui la compose, tandis que, par l'autre, on teint simplement la gélatine qui sert de véhicule ou de support à ce même bromure d'argent.

Dans chacun de ces laboratoires, il faudra disposer du plus grand nombre de cuves possible, surtout pour les teintures. On peut réaliser, avec ce procédé, une multitude de combinaisons qui nécessiteront toutes une cuve spéciale. Tout dépendra ici de l'importance que l'on veut donner à cette partie de la fabrication. Dans ces laboratoires, il est bon de disposer également d'un chauffe-bain et des cuves rondes de préparation des solutions. Si on le peut également, à côté des cuves de virage et de teinture, on installera des cuves de lavage spéciales pour ces services; on obtiendra ainsi beaucoup plus de sécurité dans la production de l'usine.

Production des titres. — Un atelier et un laboratoire photographiques seront nécessaires pour établir ce service. L'atelier pourra être vitré comme celui des photographes ordinaires, mais il est préférable de lui substituer une pièce suffisamment grande où on installera un puissant éclairage électrique permettant de cinématographier lentement ou de photographier à la pose des lettres blanches sur fond noir. Le fond noir sera obtenu par du velours et les lettres blanches par du carton découpé et entretenu parfaitement blanc avec de la gouache. Dans le commerce, on trouve des lettres émaillées blanches ou en celluloïd qui servent généralement aux enseignes de boutiques : dans notre cas, elles sont utilisables. Pour ce service, il faudra disposer d'un appareil prise de vue et aussi d'une chambre noire 13×18 ordinaire. Au chapitre XVIII, nous verrons comment sera employé ce matériel.

Essuyage de la bande. Son montage. — La pellicule, à sa sortie du séchoir, passe à l'essuyage. Cette opération peut être faite à la main ou à la machine. Il faut disposer de deux ou trois tables et coussins en drap (voir page 331), si cette opération doit être faite à la main. Si on veut effectuer l'essuyage à la machine (il existe de ces machines dans le commerce), dans notre cas, une seule machine suffira. On admet industriellement qu'une ouvrière peut monter environ, et suivant les circonstances, de 5 à 800 mètres de pellicule par dix heures de travail; il faudra donc disposer de l'emplacement nécessaire pour loger quatorze à quinze ouvrières et le matériel nécessaire à chacune d'elles.

Ce matériel consiste en une table, autant que possible à éclairage spécial par en dessous et au travers d'une glace dépolie. Sur sa table, l'ouvrière aura à sa disposition une bobineuse, un pot de solution pour coller les morceaux de bande, unè colleuse du modèle représenté figure 90, deux corbeilles à pellicule et les outils destinés à couper les bandes.

Dans cet atelier de montage, on disposera encore d'au moins vingt paniers en osier doublés de toile qui seront destinés à recevoir la pellicule en vrac pendant les opérations du montage de la bande.

De grandes armoires, fermant à clé, seront mises à la disposition du chef de service pour loger et classer tous les morceaux constituant chaque élément d'un même sujet cinématographique; enfin, des précautions méticuleuses seront prises contre l'incendie dans ce local. L'installation électrique sera souvent vérifiée, de grands espaces seront laissés libres entre chaque table occupée par une ouvrière et de nombreuses sorties et postes contre l'incendie installés. Il ne faudra jamais perdre de vue que cet atelier contient toujours beaucoup de pellicule, que celle-ci y est constamment déroulée et manipulée par des mains plus ou moins soigneuses et que là, plutôt que partout ailleurs, un accident peut se produire, et l'on comprend que dans de telles conditions il pourrait avoir vite des conséquences fâcheuses.

CHAPITRE XVI

Préparation des bains photographiques. — Traitement de la pellicule pendant les opérations du développement, du fixage, du lavage et du séchage. — Renforcement. — Réduction. — Voiles colorés. — Récupération de l'argent dans les bains de fixage.

Nous avons vu de quel matériel on devait disposer pour préparer facilement les bains photographiques. Nous avons déjà donné, au chapitre XII, les formules nécessaires pour révéler et fixer les images négatives. Pour développer les images positives dans l'industrie, on ne se sert presque exclusivement que du métol ou produits similaires et de l'hydroquinone. Le bain ainsi formé est très robuste, résiste longtemps, c'est-à-dire qu'il permet de révéler un grand nombre de châssis dans le même bain; il a l'inconvénient d'attaquer les mains des opérateurs mais, malgré tout, son usage prévaut pour le développement des images positives parce qu'il contribue à leur donner facilement de la transparence et du brillant. Voici, sinon une formule fixe, du moins des proportions généralement utilisées pour composer ce bain :

Eau.	1000	grammes
Sulfite de soude anhydre.	50 à 60	—
Carbonate de potasse. . . . . :	50 à 60	—
Hydroquinone.	8 à 10	—
Métol.	3 à 5	—
Bromure de potassium.	2 à 5	—

A doubler d'eau pour l'usage. (Voir page 352 la nouvelle formule Eastman.)

Pour faciliter la préparation de cette solution un peu concentrée et comme pour les autres, du reste, on se sert d'eau chaude pour activer la dissolution des produits. Dans une des cuves dont nous avons indiqué les dispositions générales, on met donc 50 litres d'eau chauffée à environ 50 degrés. L'élévation de l'eau à cette température est très facile et rapide, grâce à l'emploi du chauffe-bain dont nous avons parlé également. Dans cette eau chaude, on met d'abord le sulfite et le carbonate et, avec une forte spatule en bois, on agite fortement le mélange jusqu'à ce que ces deux produits soient tout à fait dissous, ensuite on ajoute le métol puis l'hydroquinone et le bromure. On agite encore pour activer la dissolution complète de tous les produits, on laisse refroidir suffisamment et, par la canalisation spéciale, on envoie le bain préparé dans la cuve de réserve. S'il y a lieu, on double l'eau soit dans cette cuve soit seulement dans les cuves à développer ou à fixer. Dans les deux cas, il faut toujours bien mélanger l'eau que l'on rajoute au bain, car la densité des deux liquides n'étant pas la même au moment du mélange, le bain sans cela resterait au fond des cuves et l'eau au-dessus.

Pour révéler les positifs, on peut se servir avantageusement de la formule à l'adurol que nous avons indiquée; pour les négatifs, tout autre révélateur ou formule peut servir, il y en a beaucoup qui vaudront toujours autant que le métol et l'hydroquinone, surtout au point de vue artistique.

La solution d'hyposulfite de soude pour le bain de fixage pourra être obtenue par les mêmes moyens et à chaud. Les proportions à employer sont les suivantes : eau, 50 litres; hyposulfite de soude, 20 kilogrammes; bisulfite de soude liquide, 1 litre. Il est préférable de préparer cette solution dans une autre cuve ronde ne servant pas à la préparation des bains révélateurs; on peut aussi la composer à froid dans la cuve même de réserve du bain de fixage. Dans le même laboratoire on préparera les solutions qui permettront de descendre les images positives ou les clichés négatifs trop développés; nous indiquerons la composition de ces bains (page 372).

Traitement de la pellicule pendant le développement. — Nous avons vu comment la pellicule positive arrivait entre les mains du développeur toute montée sur son châssis-support. Le développeur prend alors le châssis et le plonge, d'un seul coup, dans la cuve contenant le révélateur, puis il le fait monter et descendre dans la cuve plusieurs fois pour chasser les bulles d'air qui ne manquent pas de se former à la surface de la pellicule lors de son introduction dans le bain. Si le bain n'est pas trop vieux et si le temps d'impression est juste, l'image apparaît presque de suite. Graduellement, elle augmente d'intensité; les opérateurs de métier examinent surtout l'image positive par réflexion en promenant à sa surface une lampe portative électrique garnie de verre ou de papier rouge. Pour cet examen, le châssis a été relevé à moitié environ en dehors de la cuve. Par ces moyens, les praticiens expérimentés jugent sûrement de l'état de venue de l'image et l'arrêtent très exactement et très régulièrement à la même intensité. Il est bon de remarquer que, dans ce cas, ces opérateurs ont presque constamment affaire à une émulsion régulière et, à un degré d'impression de l'image relativement juste, et que leur expérience et leur entraînement journalier leur donnent une sûreté de main que les plus belles théories ne procureront jamais (1).

Une surveillance rigoureuse est nécessaire dans ce service, car il peut s'y introduire constamment des à-coups provenant d'une différence de rapidité dans les émulsions, une plus ou moins grande épaisseur des couches de gélatine ou des entraînements d'hyposulfite de soude dans les bains révélateurs. Il faut que tous les accidents ou défectuosités soient signalés immédiatement, soit par les développeurs, soit par les personnes qui reçoivent les pellicules fixées pour les mettre à laver au jour. Au laboratoire, on ne voit pas de suite tous les défauts qui peuvent se présenter. Des bains trop vieux, par exemple, donnent, à une température élevée, des voiles colorés, dits dichroïques. On ne voit ces voiles qu'à la lumière blanche et lorsque la pellicule est fixée. De ce fait, 10, 15, 20 châssis peuvent rapidement arriver au lavage présentant ce défaut. C'est de la pellicule, sinon perdue, du moins nécessitant des manipulations supplémentaires toujours onéreuses. Dans ce cas, le remède est simple, il faut renouveler les vieux bains, nettoyer à fond le laboratoire et les cuves et, si c'est en été, diminuer, autant que possible, la température des laboratoires et des bains, soit avec de la glace soit en les ventilant avec de l'air frais si on en a à disposition.

Premier lavage de la pellicule. — Le lavage des pellicules et châssis entre le bain révélateur et le bain de fixage doit être très bien

---

(1) Autant que possible la température des bains révélateurs doit être maintenue aux environs de 15 degrés : le froid retarde le développement, la chaleur altère la gélatine et voile l'image dans certains cas. Nous avons vu, page 348, qu'en dehors de ces anciennes manières de procéder, on a pu achever le travail préparé à l'aide de machines à développer, mais nous avons conservé la description de ces manières d'opérer, parce qu'elles sont encore employées par des usines déjà installées depuis longtemps ou peu importantes.

fait et suffisamment prolongé pour qu'il ne soit pas entraîné trop de bain révélateur dans l'hyposulfite; au début cela n'a pas, évidemment, beaucoup d'importance, mais lorsque beaucoup de châssis sont passés par le bain d'hyposulfite, celui-ci peut produire des positifs colorés.

Fixage de la pellicule. — La pellicule positive se débromure très facilement car elle contient toujours moins d'argent soluble que les pellicules négatives. La seule précaution à prendre est de bien s'assurer que la couche est tout à fait fixée, c'est-à-dire que toute trace de bromure d'argent soluble et blanc a disparu (1). Lorsque le bain n'est plus très neuf ou que la pellicule présente une surface de gélatine moins perméable pour une raison quelconque, il arrive qu'en haut et en bas, contre les barres des châssis surtout, il reste des parties qui mettent très longtemps à se fixer ou bien qui paraissent fixées, mais qui, en réalité, montrent encore un aspect légèrement laiteux, bleuâtre, qui n'est produit que par du bromure d'argent non dissous. A la lumière, ces parties laiteuses se colorent en jaune et produisent des voiles qu'il est très difficile d'enlever par la suite d'une façon régulière. On ne surveillera donc jamais trop le fixage des pellicules et l'on voit que cette opération a son importance, comme toutes les autres, du reste.

Dernier lavage de la pellicule. — Comme nous l'avons vu au chapitre précédent, cette opération se fait dans de grandes cuves pouvant contenir ensemble vingt ou vingt-cinq châssis et dont l'eau est renouvelée constamment et le plus abondamment possible. Dans ces conditions, la pellicule se lave rapidement. Il est préférable de ne pas trop prolonger le séjour de la pellicule dans l'eau. Nous avons vu que la bande s'allongeait plus ou moins dans ce cas.

La gélatine qui est sur le support a toujours tendance à se dilater dans l'eau, à s'y décomposer ou même à y fondre si l'eau de lavage est à une température trop élevée. Enfin, certaines gélatines, pendant un lavage prolongé, se piquent et produisent des trous ou des parties transparentes dans les images positives. Pour toutes ces raisons, il y a donc avantage à laver vite avec de l'eau très souvent renouvelée et à température aussi basse que possible (8 à 13 degrés).

On a proposé de nombreux procédés, soi-disant perfectionnés, pour laver plus à fond et plus rapidement encore la pellicule, mais

____

(1) Il est préférable de prolonger même un peu ce temps de fixage après que le bromure blanc a disparu.

presque tous ces systèmes exigent des manipulations supplémentaires et, en fin de compte, une dépense d'eau toujours considérable. Nous croyons que l'on pourra obtenir de bons résultats commerciaux avec le procédé simple que nous venons d'indiquer. Pour les petits lavages extra-rapides, on pourra avoir à sa disposition deux ou trois tambours du modèle que nous avons décrit. Les machines simplifient tout cela aujourd'hui.

Séchage de la pellicule. Conditions théoriques et pratiques auxquelles doit satisfaire un séchoir de pellicule. Installation d'un séchoir cinématographique. — Au sortir du lavage, la pellicule positive ou négative passe dans le séchoir pour y abandonner toute l'eau qu'elle contient ou qu'elle entraîne à sa surface. Ce séchage est toujours une opération très délicate quoique, à première vue, elle paraisse tout à fait simple. Pour ces raisons et en cette circonstance, notre ami M. Lœuillet, ingénieur-chimiste, a bien voulu nous communiquer quelques notes, fruit de sa science et de sa longue et constante pratique industrielle. Nous résumons ici ses indications pour nos lecteurs. Ils trouveront en elles les avis d'un homme compétent et que la recherche du vrai et du pratique a seule guidé.

La matière à sécher, la pellicule, comme nous le savons, absorbe de l'eau pendant les lavages, par son support et par la gélatine étendue à la surface de celui-ci. La pellicule positive est perforée, à sec bien entendu, et avant d'avoir reçu l'impression lumineuse qui fixera à sa surface l'image positive, laquelle reproduira l'image négative, y compris ses déformations acquises au cours des manipulations qu'elle a dû subir. Mais examinons comment les choses vont se passer et se compliquer, par rapport à la stabilité de l'image sur l'écran de projection.

Nous prenons la pellicule négative aussitôt après sa perforation. Nous avons vu que cette perforation avait pu être faite avec un pas légèrement plus long. Cette précaution est prise pour tâcher de rattraper, dans une certaine mesure, le retrait que subira la pellicule quand elle sera passée dans les bains de développement de fixage et de lavage, puis séchée. Actuellement, les supports des pellicules employés ne sont pas suffisamment constants comme épaisseur, perméabilité et qualité pour qu'on puisse déterminer d'avance, et d'une façon régulière, la quantité dont ils vont se dilater ou se contracter pendant les lavages et le séchage. Pratiquement, on sait qu'après un traitement normal la pellicule, encore mouillée, est dilatée dans le sens de la longueur d'environ 2 à 3 %. C'est pour cela qu'elle flotte mouillée sur les châssis où on l'avait bien tendue lorsqu'elle était sèche. Mais au séchage, elle va se contracter et reprendre non pas sa longueur primitive, mais une longueur X qui dépendra de la façon dont elle aura été lavée plus ou moins rapidement et séchée dans un air plus ou moins sec et chaud. Si on ajoute à cela les traitements chimiques (bain de formol ou d'alun) qui influeront encore sur son retrait, on voit ce que l'on peut recueillir à la fin de ces manipulations. Mais nous n'avons encore envisagé en tout ceci que le cliché dont dépendra l'image positive; or, celle-ci, au moment de son impression, peut être mal placée par rapport à la perforation normale, seule régulatrice de la stabilité de l'image projetée. Lorsque la pellicule positive aura été elle-même développée, lavée, séchée, et que ces déformations résultant de l'instabilité se seront ajoutées, que donnera-t-elle en définitive à la projection? Voilà pour la stabilité de l'image. Pour les qualités photographiques, un séchage défectueux peut avoir également de très fâcheuses conséquences.

Durée du séchage. — Pour qu'une pellicule négative ou positive sèche dans d'aussi bonnes conditions que possible, on admet que la durée du séchage ne doit pas être inférieure à trente minutes, ni supérieure à deux heures. Un séchage trop rapide rétrécit la pellicule, la recroqueville. Nos essais personnels nous ont permis d'établir qu'une pellicule normalement séchée se raccourcit de 1 % de sa longueur environ, tandis que, dans un air trop sec, elle perd 2 et parfois 3 %; on comprend dès lors qu'il est impossible de conserver une perforation exacte. Un séchage lent raccourcit peu les films, mais il offre de gros inconvénients, entre autres celui de maintenir plus longtemps humides les parties les plus basses du châssis, ce qui produit des retraits inégaux sur certaines parties de la bande. Enfin, sur une pellicule qui sèche lentement, la gélatine se pique souvent et, de ce fait, l'image est toute parsemée de parties claires. Un autre inconvénient grave se produit, dans ce cas : sur les négatifs et les positifs, au point de contact de la pellicule sur le châssis ou sur les parties qui ont séché en dernier, il se forme des renforcements locaux de l'image qui sont très visibles à la projection.

La pellicule ne doit donc être séchée ni trop vite ni trop lentement, ce qui permet à l'image de reprendre une position aussi normale que possible, par rapport au pas de la perforation théorique.

Systèmes de séchage. — Au début du cinéma, on n'avait pas du tout étudié rationnellement les moyens de séchage, même pour 10.000 mètres de pellicule par jour. Avant tout, il fallait aller vite; c'est pour cela que l'on avait recommandé le séchage sur tambours chauffés ou tournants dans des salles chaudes, mais ce procédé était fort défectueux; les pellicules se détachaient des tambours (fig. 96);

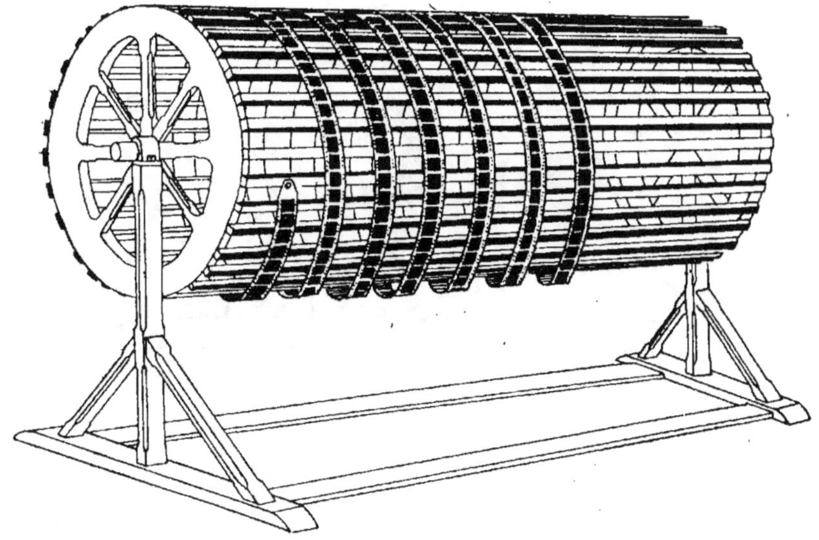

Fig. 96.

elles prenaient la poussière, il fallait de la force pour faire tourner le tout, la pellicule se tendait trop en séchant, elle cassait et ce système après expérience n'avait même pas l'avantage de la vitesse qu'on lui attribuait. Tout bien compté, on arrivait à des résultats meilleurs avec moins de manipulation, en se servant par exemple des châssis en bois (voir page 320). Ce qu'il faut faire pour récolter des pellicules bien séchées, c'est d'obtenir une évaporation rationnelle de l'eau qu'elles contiennent au sortir du lavage. Ce séchage se réalise par la vaporisation de l'eau à éliminer, mais ce phénomène n'est pas continu et s'arrête lorsque l'air en contact avec le liquide en absorbe toute la vapeur qu'il était capable de contenir à la température de l'expérience, c'est-à-dire lorsqu'il est saturé. Pour

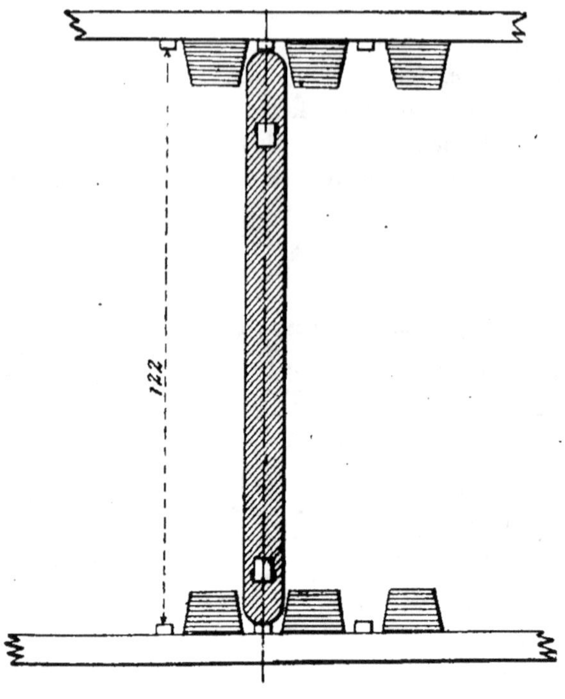

Fig. 97.

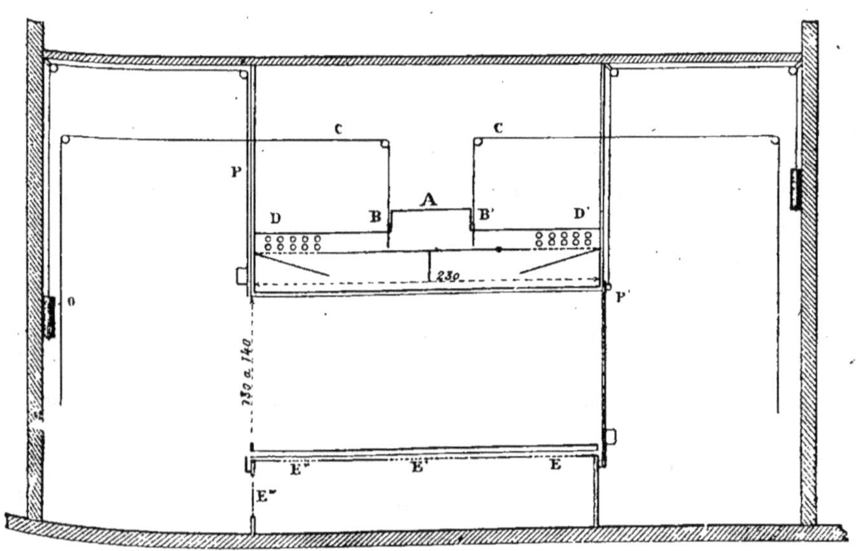

Fig. 98.

que l'évaporation continue, il faut chasser l'air saturé que contient le liquide et le remplacer par de l'air non saturé. C'est la ventilation qui arrivera à ce résultat, plus que la chaleur qui a la propriété d'élever la tension de vaporisation du liquide mais qui, en plus, dessèche l'air. Elle est donc aussi un puissant moyen d'activer le séchage qui nous intéresse.

Après bien des expériences et des recherches, on en est arrivé à donner la préférence aux séchoirs dits cloisonnés réduits; voici pourquoi. D'abord, ils tiennent peu de place, ils laissent pénétrer difficilement la poussière à leur intérieur, ils utilisent entièrement le volume de la salle chauffée, ils ne perdent pas beaucoup de chaleur et se ventilent facilement. D'autre part, nous savons que la gélatine mouillée de la pellicule est d'autant moins susceptible de fondre, que son état de séchage est plus avancé; il y aurait donc intérêt à élever la température au fur et à mesure de l'évaporation; c'est, du reste, ce que l'on pratique dans les nouvelles machines à développer et à sécher que nous avons étudié page 348.

Mais dans un séchoir renfermant des pellicules à différents degrés de siccité, il est impossible d'élever la température par trop, car on ferait fondre les plus mouillés. Il faut donc diviser les châssis à sécher par groupes assez petits pour que ce nombre de châssis puisse sécher en même temps et recevoir les mêmes variations de température sans provoquer de fusion ou de retrait anormal. Ce groupement est assuré aussi, du fait que les châssis arrivent successivement du service du développement. D'après ce qui précède, ces sortes de séchoirs se composent d'une série de pièces pouvant contenir chacune, par exemple, 16 châssis de 50 mètres chacun. Le nombre des pièces de ces séchoirs pourra être de six et chaque pièce aura 2^{m}30 sur 1^{m}20 (fig. 98), ces séchoirs seront desservis par un couloir de chaque côté, comme le montre la figure 98, les chambres seront fermées par les portes P et P'. Au-dessus de la chambre de séchage, nous voyons en A l'introduction de l'air. Cet air est pris par un ventilateur et refoulé vers A après filtration, il en est de même pour les six chambres du système. En B et B' se trouvent des registres commandés par les fils C et C'. Après avoir franchi les registres, l'air propulsé rencontre en D et D' des radiateurs qui l'échauffent au passage; ces radiateurs et ces registres sont indépendants et réglables pour chaque chambre. De là, l'air ainsi chauffé se répand dans la chambre séchante et ne trouve un écoulement qu'en bas, par les ouvertures E E' E" E'". Chaque chambre comportera huit rainures dans lesquelles entreront ou sortiront, de chaque côté, les châssis; vu les dimensions indiquées, chaque chambre en contient bien seize. Il est enfin indispensable que ces chambres soient construites en matériaux qui maintiennent bien la chaleur : briques en liège ou carreaux de plâtre épais.

Avec les teintures, les six chambres indiquées seront suffisantes pour sécher 300 châssis par jour, ce qui correspond toujours à la production de 10.000 mètres par jour. Pour sécher avec ce dispositif, on laisse égoutter d'abord les châssis pendant dix minutes au sortir du lavage; puis on les introduit dans la chambre chaude, celle-ci peut être à 20 degrés environ. Au bout de trente minutes, ou à peu près, on retournera les châssis pour qu'ils sèchent également en haut et en bas. Après quoi, on peut augmenter la température et le débit de l'air, mais c'est un régime à trouver surtout pour chaque état hygrométrique de l'air extérieur; après environ trois quarts d'heure de ce nouveau régime, les châssis doivent être secs. Pendant ce temps, on a continué à charger les autres chambres du séchoir; c'est ainsi que l'on perd le moins de temps possible. On peut indiquer à la craie sur une ardoise les temps où commence chaque opération séparée. Dans les machines à développer modernes, la pellicule passe dans des sortes d'armoire où elle est continuellement en marche; elle peut y faire un nombre plus ou moins grand de tours, donc y rester plus ou moins de temps. Dans chaque armoire, on fait régner un régime de température et de ventilation appropriés, suivant les cas. On peut ainsi calculer le retrait résultant du régime employé.

Renforcement. Réduction de l'image. Voiles colorés. — La fabrication industrielle de la pellicule cinématographique n'est pas infaillible, elle se trompe quelquefois; aussi arrive-t-il que des clichés négatifs ou des positifs sont trop ou pas suffisamment développés et, de ce fait, très imparfaits. Lorsque les images négatives ou positives manquent de développement, qu'elles sont trop transparentes et, de ce fait, réclament un renforcement, en cinématographie, il n'y a pas de remède vraiment pratique, il vaut mieux l'avouer franchement.

Renforcer au mercure ou à l'iodure mercurique un négatif même pas très long est une opération bien délicate. Sur un cliché 9 × 12, ces opérations donnent souvent des résultats inconstants; pour renforcer un négatif de seulement 10 mètres de long, sans taches, sans fausses teintes, c'est une opération que l'on peut évidemment réussir, mais combien de fois sur cent ! Si on ne veut pas risquer son négatif par ce procédé, on a indiqué et employé souvent l'expédient qui consiste à teinter généralement le négatif en bleu, en vert ou en rouge, mais nous pensons que par ce moyen on obtient plutôt une illusion de renforcement qu'une amélioration réelle du négatif. Reste encore le moyen qui consiste à virer le négatif à l'urane; on peut le renforcer réellement par ce moyen, mais quel résultat certain peut-on espérer de cette opération? La conservation du négatif sera en tous cas compromise pour toujours et cela pour une somme d'avantages bien problématiques.

La meilleure manière de renforcer les négatifs sera donc de les recommencer, si c'est possible, ou d'en faire deux à la suite ou en même temps. En les développant l'un avant l'autre, le dernier pouvant être traité plus efficacement pour donner une image parfaite.

On renforce également les images positives en les virant comme nous le verrons au chapitre suivant, mais c'est à ce procédé qu'il faudra se borner, croyons-nous, pour améliorer les positifs trop transparents.

La réduction de l'intensité des images négatives et positives, trop développées, trop posées ou voilées dans certaines conditions, peut être modifiée industriellement d'une façon pratique par l'emploi du ferricyanure de potassium et de l'hyposulfite de soude. Ce mélange agit bien sur l'intensité de l'image et la réduit d'une façon très sensible. Cependant, il faut être prudent dans son emploi car celui-ci n'est pas constant et dépend de l'état dans lequel il rencontre la gélatine et l'émulsion des pellicules. Une même solution agira très rapidement sur une pellicule et très lentement sur une autre; même certains négatifs développés depuis un certain temps et remouillés ne seront pas attaqués du tout par le bain; cette non-activité s'expliquerait facilement si on avait affaire à des pellicules formolées et rendues insolubles et imperméables, mais certaines gélatines résistent même sans ce traitement; il faut donc surveiller toujours très attentivement l'action du bain réducteur. Celui-ci ne se conserve pas, il faut le composer au moment même de l'employer; voici comment :

On prendra, par exemple, 100 litres d'eau et on y fera dissoudre 40 kilogrammes d'hyposulfite de soude : cette solution constituera une solution de réserve; d'autre part, dans une bonbonne de verre ou un flacon de 10 litres, on préparera une solution concentrée à 25 % de ferricyanure de potassium dans de l'eau. Au moment de descendre une pellicule on prendra, par exemple, 10 litres de la solution d'hyposulfite et un litre de la solution de ferricyanure, on mélangera et on introduira la pellicule dans le mélange. On pourra ajouter encore de la solution de ferricyanure, si l'action ne se produit pas rapidement car, après dix à quinze minutes au plus, l'action du bain est épuisée et il faut le jeter. Si le bain agit rapidement sur l'opacité de l'image, il ne faut pas attendre que l'intensité désirée soit obtenue, autrement les images seraient trop transparentes; pendant le temps que l'on met à enlever le châssis et les premiers moments où est plongé le châssis dans l'eau pour arrêter l'action du bain, celle-ci continue et baisse d'autant l'image.

Voiles colorés. — Il arrive industriellement, comme nous l'avons déjà dit du reste, que certaines pellicules négatives ou positives présentent à leur surface des voiles colorés lorsqu'on les sort du bain de fixage. Ce défaut est généralement produit par des bains de développement trop vieux ou des bains de fixage qui renferment trop du bain révélateur; ces entraînements peuvent se produire facilement, ne l'oublions pas. Les voiles colorés sont également plus fréquents pendant la saison chaude, aussi un bon moyen pour les éviter sera de maintenir la température des bains assez basse (13 à 18 degrés). Certains de ces voiles disparaissent assez facilement en trempant la bande qui en possède dans une solution à 2 ou 3 % de permanganate de potasse acide. Mais ce produit est un destructeur de l'image et son action est très rapide; il a toujours tendance à baisser la valeur de l'image, il faudra donc prendre beaucoup de précautions lorsqu'on s'en servira, au besoin diluer encore plus les solutions, autrement le remède serait pire que le mal. Lorsque les voiles colorés ne sont que très faibles, on peut aussi les dissimuler par les virages et les teintures. Dans d'autres circonstances, la bande reste inutilisable et il faut en refaire une autre si c'est une bande positive. Ce défaut n'est pas très grave pour un négatif car il n'empêche pas le tirage, il faut simplement une lumière plus intense pour le traverser. Pour cette raison, il est donc préférable souvent de laisser le négatif tel qu'il est et de ne pas le compromettre par une manipulation dont le résultat n'est jamais bien certain.

Récupération de l'argent dans les bains de fixage. — Dans le procédé au gélatino-bromure d'argent, on sait que l'image photographique est constituée par de l'argent réduit. La quantité d'argent ainsi utilisée est très petite (5 %), par rapport à celle qui est sur la pellicule pour former la couche sensible avec laquelle elle est préparée et vendue. Lorsque l'on traite seulement quelques milliers de mètres de pellicule par jour, les cuves de fixage à l'hyposulfite contiennent rapidement des quantités d'argent dissous qui sont loin d'être négligeables. Il faut donc chercher à reprendre cet argent, et cela d'autant plus que l'opération est très facile et toujours lucrative. Voici comment on peut procéder : Lorsque les bains d'hyposulfite ne fixeront plus que très lentement, on les transvasera des cuves des laboratoires dans une grande cuve doublée de plomb et pouvant contenir 500 ou 600 litres; ce transvasement pourra se faire avec des seaux ou avec l'aide d'une petite pompe rotative. Pour 300 litres de liquide, on mettra dans la cuve environ 4 kilogrammes de sulfure de sodium préalablement dissous dans l'eau tiède (1). L'argent sera précipité en sulfure sous forme d'une boue noire. A l'aide d'un robinet de vidange, cette boue sera recueillie sur des filtres en coton puis déposée dans des pots. On trouve des acheteurs pour ces boues. Ces industriels font une analyse chimique et déterminent en argent la teneur du résidu; c'est ce qui détermine le prix qu'ils offrent. Si l'usine est suffisamment importante, on a toujours avantage à traiter soi-même ses résidus. Voici la manière de procéder dans ce cas :

Les boues sont d'abord lavées par agitation avec de l'eau pure lorsque le dépôt est bien rassemblé ou décanté. Cette opération doit être renouvelée au moins deux fois.

Nous éliminons ainsi la plus grande partie des sels solubles (bromures, sulfures, chlorures alcalins) qui, après séchage, rendent la pulvérisation toujours difficile.

Le sulfure ainsi purifié est filtré, égoutté, puis séché en l'étendant sur de grands plateaux de tôle.

On obtient ainsi une masse en grumeaux que l'on pulvérise soigneusement.

Lorsqu'on veut la traiter on chauffe au rouge un creuset de terre dans un fourneau de fondeur et on y projette successivement et par petites portions (150 à 200 grammes à la fois) le sulfure pulvérisé et des déchets de fer, en limaille, tournure ou petits morceaux. La

---

(1) Le sulfure de sodium à employer est le produit très impur que le commerce livre sous le nom de monosulfure. Certaines maisons emploient le sulfure pur, nous nous sommes toujours demandé pourquoi.

réaction produit par double décomposition du sulfure de fer Fe S^2 et de l'argent métallique. Le métal étant plus lourd coule au fond du creuset, tandis que le sulfure de fer en fusion surnage.

Si on emploie un four soufflé dont la température peut atteindre 1800° le sulfure est assez fusible pour se séparer nettement du métal, sinon on ajoute un fondant (carbonate de soude) qui facilite la séparation.

Quand l'opération est terminée on coule le contenu du creuset dans une lingotière, la scorie sulfurée surnage et déborde, l'argent se rassemble en un lingot.

CHAPITRE XVII.

Virage et teinture des images positives. Coloris

Pour améliorer l'aspect des images positives, pour leur permettre
de donner mieux l'illusion de la réalité ou de produire des effets
que l'on s'efforce de rendre artistiques, l'industrie cinématographique a, depuis son origine, cherché à teinter ses vues. Dans cet
ordre d'idées les moyens sont très limités. Les surfaces sensibles
positives des bandes du cinématographe sont actuellement constituées exclusivement par du bromure d'argent presque pur. Si, dans
certaines émulsions positives, il entre du chlorure d'argent, ce dernier ne s'y trouve pas en suffisante quantité pour permettre aux sels
d'or de virer l'image comme sur les papiers à l'albumine ou au
citrate d'argent. Pour teinter le bromure d'argent, il ne reste plus
que trois ou quatre moyens pratiques; mais, avant de les étudier,
il faut bien déterminer la différence d'action d'un bain de virage chimique et d'un bain de teinture. Le bain de virage va modifier, suivant sa composition, l'argent métallique développé et fixe qui constitue l'image positive; on comprendra alors que l'action du virage
s'exercera beaucoup plus énergiquement sur les parties noires de
l'image positive comportant de gros amas d'argent métallique, tandis que dans les parties claires et transparentes, où il n'y a presque
que de la gélatine pure, l'action du virage ne pourra être que très
faible ou nulle.

Les bains de teinture, au contraire, agiront simplement en pénétrant presque uniformément toute la gélatine qui se trouve à la surface du support; l'image noire argentique fixée restera toujours noire, mais, au travers de la gélatine, on pourra voir en plus la teinte qu'a prise généralement toute celle-ci mais elle n'en occupe pas non plus toute l'épaisseur. C'est par une longue expérience et un soin judicieux apportés à l'étude des effets produits par l'un ou l'autre de ces procédés qu'on arrivera à une production pouvant intéresser et plaire aux acheteurs. Nous nous contenterons d'indiquer ici quelques formules et matières colorantes qui donneront certainement de bons résultats.

Comme nous l'avons vu précédemment, les virages et les teintures nécessitent beaucoup de cuves; l'installation de ces services sera donc toujours coûteuse, à moins qu'on ne se serve de la machine à tubes, qui peut révéler en même temps.

Pour obtenir des tons bien francs avec les formules de virage qui vont suivre, il y a avantage à fixer les bandes positives au sortir de leur développement avec des solutions d'hyposulfite fraîches, autrement on pourrait avoir des accidents qui n'auraient pour cause que des solutions d'hyposulfite trop usagées.

Par les virages, on peut pratiquement donner quatre teintes au positif noir : la teinte bleue, la teinte verte, une teinte brun sépia et une teinte rouge carmin. Théoriquement, on a indiqué d'autres procédés qui permettent d'obtenir des laques de presque toutes les couleurs, mais industriellement, nous ne pensons pas que leur utilisation soit bien pratique (voir brevets spéciaux à ce sujet, et concernant d'autres modes de virage).

Virage bleu. — On prépare la solution suivante :

Acide oxalique	8 gr.
Oxalate ferrique à 25° Baumé	8 cm³
Perchlorure de fer	0 gr. 5
Ferricyanure de potassium	4 gr. 5
Eau	1000 cm³

La pellicule *bien lavée*, après le bain de fixage, est plongée dans ce bain; on suit, en pleine lumière, la transformation en couleur de l'image et, aussitôt que la teinte désirée est obtenue, on retire le châssis et on le plonge dans l'eau pendant au moins un quart d'heure, après quoi on peut faire sécher.

Virage vert :

1ʳᵒ solution.	Ferricyanure de potassium.	4 gr.
	Eau.	1000 cm³
	Acide oxalique.	15 gr.
2ᵉ solution.	Oxalate ferrique à 20° Baumé.	1 cm³
	Perchlorure de fer	1 gr.
	Eau.	1000 cm³

Mélanger les deux solutions et ajouter 2 grammes de chlorure de vanadium; dans certains cas, on peut doubler la quantité de chlorure de vanadium.

Virage brun sépia. — Préparer la solution suivante :

Nitrate d'urane.	8 gr.
Acide oxalique.	6 —
Ferricyanure de potasse	5 —
Eau.	1000 cm³

Virage rouge carminé :

Sulfate de cuivre.	4 à 5 gr.
Ferricyanure de potassium	5 à 6 —
Citrate de potasse	200 —
Eau.	1000 cm³

Pour faire cette solution il faut d'abord dissoudre le citrate de potasse, sinon il pourrait se former un précipité de ferricyanure de cuivre qui se dissoudrait difficilement.

La Compagnie Eastman Kodak vient de publier un petit volume destiné à guider les opérateurs cinématographistes chargés de teindre et virer les images positives tirées sur les pellicules employées dans cette industrie. Nous résumons ici les considérations qui nous ont paru les plus pratiques contenues dans ce joli volume orné de nombreux spécimens obtenus sur la pellicule même.

Teintures. — Comme on le sait, il existe deux sortes de colorants utilisables dans ce cas, les colorants basiques et les colorants acides, comme on ne peut pas les mélanger on a choisi les colorants acides. Un mélange de colorants acides et basiques se trouble; lorsque les deux colorants sont de même nature, le mélange reste limpide.

Pour qu'un colorant soit utilisable, il faut généralement qu'il n'attaque pas la gélatine qui est sur la pellicule. Il y a des colorants qui ont cette propriété même à la dose de 1 %; l'acidification en excès du bain peut produire le même effet surtout à des températures un peu élevées; 20-25 c.

Pour ces raisons, il est préférable d'employer des solutions très diluées; 0,2 % est suffisant, le plus souvent, pour la couleur. Il y a toujours intérêt à employer le moins possible d'acide dans un bain, cet acide devra être volatile, acétique, par exemple, afin de s'éliminer au séchage.

La meilleure température des bains de virage est d'environ 15 à 18 c., ne pas dépasser 20 centigrades. Le colorant doit tenir dans la couche et ne pas se laisser trop éliminer par le lavage. Plus on acidifie les bains de teinture, plus, en général, ils ont tendance à teindre plus vite, mais nous avons vu qu'il ne fallait pas abuser de ce moyen; aussi on recommande de ne pas dépasser 0,05 % en acide. Sur tous les colorants l'action de l'acide n'est pas la même et lorsque le bain change de teneur en acide il peut aussi fournir des colorations différentes, en un temps plus ou moins long. On doit choisir les colorants de nuances aussi belles et aussi pures que possible. Il y a des colorants qui obscurcissent l'image photographique dans des proportions énormes. On recommande surtout les colorants suivants : Rouges, amaranthe, azo rubine (ou azo fuschine, écarlate de croceine; orange, orangé pour laine, jaunes; jaune pour laine, jaune de quinoléine (soluble à l'eau), verts; vert naphtol B, vert acide, vert acide solide. Bleu direct, violet; violet solide pour laine.

Il y a tout intérêt à ne pas trop concentrer les bains de teinture. Des expériences précises, exécutées au laboratoire de la Société Eastman disent que la teinture peut absorber de 20 à 90 % de la lumière employée à la projection; les couleurs qui absorbent le plus de lumière, sont les violets, les bleus et les verts. Il y a intérêt en été à aluner la pellicule après lavage et avant teinture, l'alun sert à raffermir la gélatine, comme on le sait, et dans ce cas, il devient un mordant qui facilite la prise de la teinture sur la gélatine. En hiver, on recommande de glycériner légèrement la couche dans la proportion de deux volumes pour 100 volumes de bain, car la glycérine peut être incorporée au bain de teinture même, quoiqu'elle en retarde l'action.

On admet que 200 litres de bain à 2 gr. 5 par litre, suffiront à teindre 12.000 mètres de pellicule, soit 300 mq.; une partie d'acide, pour 1.000 de bain remet en marche un bain qui paraît épuisé, mais il ne faut pas abuser de ce moyen; il vaut mieux refaire une solution neuve. Les pellicules sont teintes, montées sur les supports ordinaires, cadres, tambours, etc. Il est aujourd'hui plus économique de teindre avec une machine à tube contenant peu de liquide et fonctionnant comme la machine à développer (page 354).

Pour l'emploi des virages, les mêmes auteurs disent que contrairement à une image teinte, une image virée est faite d'une matière colorée, répandue dans de la gélatine incolore. Cette matière colorée doit être aussi transparente que possible et ne pas trop renforcer les valeurs photographiques de l'image déjà existante en noir. La matière colorée ajoutée peut être un sel métallique insoluble, une matière tinctoriale ou l'assemblage des deux. Les sels métalliques le plus employés dans ce cas sont le ferricyanure métallique. Les teintures qui donnent les meilleurs résultats ici proviennent de colorants basiques. Les pellicules développées par les bains génol-hydroquinone universellement employés sont dans l'état voulu pour se prêter convenablement à l'opération du virage, mais cela à la condition que leurs images soient parfaitement pures, pas trop développées, car elles vont être renforcées généralement un peu; elles ne doivent pas présenter trace de voile, car celui-ci deviendrait bien plus apparent du fait de l'opération du *virage;* cela au point de rendre la vue inutilisable. Une proportion de 1/10.000 de sel de cuivre dans le révélateur ou le fait que celui-ci est trop oxydé produisent des images voilées impropres à servir dans ce cas.

Le fixage des bandes doit être parfait, ainsi que le lavage. On doit, de préférence procéder au virage de suite après la sortie de l'eau de lavage et sans laisser sécher la pellicule; les résultats sont ainsi plus réguliers. On recommande pour obtenir de bons virages, de bien suivre les formules indiquées qui ont été vérifiées soigneusement. De préférence virer dans des bains à 15-18-20 c. au plus. Dans ces conditions, la limite de l'action du bain utilisable est obtenue en dix à quinze minutes, les tons intermédiaires étant obtenus par des temps moindres. Il faut s'accoutumer à juger par la vue la valeur qu'aura l'image sèche et projetée et parvenir ainsi à la régularité de fabrication. Il faut toujours considérer une image virée comme moins solide qu'une image qui ne l'est pas. Du fait de l'opération du virage la gélatine de la bande est également altérée, elle a tendance à devenir plus dure, plus sèche, plus cassante; elle résiste bien à la vie normale d'une bande, mais ne serait pas d'une conservation longue assurée. Pour parer à ces inconvénients après lavage définitif, on peut passer les bandes virées dans une solution à 2 % de glycérine, cela pendant trois ou quatre minutes.

Toutes les solutions qui contiennent du ferrocyanure sont sensibles à la lumière, on devra donc toujours couvrir les cuves qui les renfermeront. Toutes les parties métalliques en contact avec le bain l'altèrent, les cuves ne doivent donc pas en comporter, ainsi que les supports sur lesquels sont montés les pellicules à virer. Lorsque les bains s'épuisent, il vaut mieux en faire d'autres que de chercher à les raviver. Voici des formules et des moyens de procéder : A. — Pour bains rouges brun par virage au cuivre sur positif normal; faire la solution suivante :

Eau pour faire	200 litres
Sulfate de cuivre	800 gr.
Citrate d'ammoniaque neutre	2 k. 500
Ferricyanure de potassium	800 gr.
Carbonate d'ammoniaque	400 gr.

Dissoudre chaque produit séparément dans aussi peu d'eau que possible, mélanger dans l'ordre indiqué. La solution doit être vert clair et limpide. Le carbonate d'ammoniaque doit être transparent, il faut le dissoudre à l'eau froide. Le citrate d'ammoniaque doit être neutre; sinon ajoutez de l'ammoniaque jusqu'à neutralisation.

Employez le bain à 18 ou 20 centigrades; durée du virage, cinq à dix minutes. La *vie* du bain est de 3.000 mètres par 200 litres.

Solution B. — Ton rouge feu, brun rougeâtre ou noir chaud par virage à l'urane. Pour préparer le bain on procède comme il a été déjà dit :

Eau pour faire	200 litres
Nitrate d'urane neutre	500 gr.
Oxalate neutre de potassium	500 gr.
Ferricyanure de potassium	200 gr.
Alun d'ammoniaque	1.200 gr.
Acide chlorydrique à 10 0/0	1.000 c.c.

La solution doit être limpide et de couleur jaune pâle. Le ton obtenu est facilement influencé par la teneur en acide, il est indispensable que le nitraite d'urane ne contienne aucune trace d'acide libre, on l'évite en ajoutant de l'ammoniaque jusqu'à commencement de formation de précipité. Le bain vire toujours bien entre

18 et 20 c. Les teintes varient suivant la durée du virage. La durée du lavage ne doit pas dépasser dix à quinze minutes. Dans 200 litres de bain, on peut virer 1.500 mètres de pellicule. Il est possible ensuite de raviver le bain en y ajoutant une dose d'acide égale à la première; il vire de ce fait 1.500 nouveaux mètres, mais ensuite il faut abandonner la solution.

C. — *Tons sepia, par sulfuration.* — (C'est le virage des papiers au bromure). Dans ce cas on prépare les deux solutions suivantes :

A. Eau pour faire.............................	200 litres
Ferricyanure de potassium..................	4 k.
Bromure de potassium......................	1 k.
B. Eau pour faire.............................	200 litres
Monosulfure de sodium....................	1 k.

On fait blanchir dans la solution A comme pour les papiers; on lave pendant cinq minutes et on plonge dans la solution B, toujours aux températures de 18-20 c., le blanchiment s'obtient en deux à quatre minutes, tandis que le virage complet en demande dix à quinze le plus souvent. Conserver la solution A à l'obscurité, la solution B peut servir plusieurs jours.

D. — *Ton vert olive ou bleu verdâtre foncé, par virage au fer, en deux bains sur positifs légers ou moyens.*
Péparez les deux solutions suivantes :

A. Eau pour faire.............................	200 litres
Ferricyanure de potassium..................	4 k.
Ammoniaque concentrée	2 litres
B. Eau pour faire.............................	200 litres
Alun de fer ammoniacal....................	2 k.
Acide chlorhydrique concentrée............	400 c.c.

Dans le bain A, l'image blanchit en deux à cinq minutes; après quoi on lave dix minutes, puis on vire dans la solution B, toujours à 18-20 c. Le virage est complet en dix à quinze minutes. On peut raviver la solution A, en y rajoutant une dose égale d'ammoniaque (12.000 mètres). La solution B peut virer 9.000 mètres sans rien y ajouter.

E. — *Ton bleu pur par virage au fer. (Positifs légers et moyens.)*

Ce bain est assez délicat à préparer. Faire fondre chaque produit par ordre et dans un peu d'eau tiède puis filtrer :

Eau pour faire	200 litres
Persulfate d'ammoniaque	100 gr.
Alun de fer ammoniacal	250 gr.
Acide oxalique	600 gr.
Ferricyanure de potassium	200 gr.
Alun d'ammoniaque	1.000 gr.
Acide chlorhydrique à 10 0/0	200 c.c.

La durée du virage est de cinq à dix minutes à 20 c., le bain est jaune clair et limpide, il se conserve bien. Après virage on lave toujours de dix à quinze minutes.

Si on renouvelle à temps la dose d'acide après première usure du bain, on peut virer 5.000 mètres de pellicule dans cette solution.

Il est possible d'obtenir des tons allant du *sépia au bleu verdâtre*, en mélangeant dans des proportions variables les solutions B et E, par exemple cinq volumes de B et un volume de E. On obtient un bon ton vert en plongeant la pellicule trois minutes dans le bain B, puis deux minutes dans le bain E.

Pour obtenir des tons variés on peut aussi provoquer sur la pellicule la naissance d'un mordant au cuivre ou à l'urane, puis teindre après de différentes manières. Pour obtenir le mordançage on peut se servir de la solution A au cuivre ou bien de la solution suivante :

Eau pour faire	200 litres
Nitrate d'urane	320 gr.
Ferricyanure de potassium	160 gr.
Acide oxalique	160 gr.

Préparer cette solution avec les précautions déjà données pour le virage simple à l'urane. L'action de ces mordançages doit être rapide et très faible, puis on teint en employant de préférence les colorants suivants : Safranines (rouge), chrysoïdines ou orangé d'acridine (orangés), auramine ou phosphine (jaunes), vert Victoria ou vert malachite, bleu méthylène ou bleu Victoria; violet de méthyle.

Si on évite de mettre dans la solution E de l'alun ammoniacal, les ombres sont seules virées et après lavage préalable, si on plonge la même pellicule dans un bain formé par les couleurs *basiques* indiquées déjà pour la teinture après mordançage, les parties claires pourront être teintées par le colorant employé, tandis que les ombres déjà bleues seront peu modifiées par cette deuxième opération.

Si on obtient pendant toutes ces modifications des pellicules trop teintées, on peut *essayer* de les éclaircir, en les plongeant dans une solution à 0,2 % d'ammoniaque; au contraire, si la teinture ne prend pas suffisamment, recommencer l'opération du mordançage.

Séchage des pellicules virées et teintées. — Comme pour les pellicules noires, le séchage des pellicules virées et teintées est toujours délicat.

Pour les virages, les précautions peuvent être les mêmes que pour les pellicules noires, mais pour les teintures il faut prendre plus de soins car, dans les bains, on a affaire à des matières colorantes très tenaces et qui exercent leur action, même sous une dilution considérable. Il peut en résulter des taches, des fausses teintes, etc., etc., qu'il est très difficile d'enlever une fois la pellicule séchée.

Une autre précaution indispensable, pour le séchage, est de veiller à la parfaite propreté des supports sur lesquels seront teintées et séchées les pellicules, autrement il se produirait certainement des taches; ainsi les orangés et certains bleus basiques sont très difficilement éliminés par les supports en bois; certaines autres couleurs, emprisonnées dans les bois des châssis, produisent des taches lorsqu'on se sert du châssis pour plonger la pellicule dans une autre teinture. La tartrazine et le bleu de méthylène, par exemple, présentent ce défaut.

Il y aura donc avantage à employer les châssis toujours pour la même couleur ou la même solution. Tous les châssis, même ceux qui ne servent qu'aux bandes à images noires, doivent être brossés et lavés très à fond, toutes les fois que la pellicule séchée est retirée de leur surface; on évitera ainsi bien des accidents dans la fabrication. Il faudra encore imperméabiliser le mieux possible le bois des châssis; moins celui-ci sera perméable aux bains, moins il y aura de chance d'entraînement des divers produits dans lesquels sont plongés les châssis garnis de pellicule.

Les machines à tubes et à diabolo où circule la pellicule à teindre, évitent tous ces inconvénients et sont très économiques, parce qu'elles emploient moins de bain.

Coloris. — La photographie directe des couleurs ne pouvant être que difficilement employée industriellement jusqu'à présent, on la remplace par le coloriage à la main ou mécanique des bandes cinématographiques (1).

Au début du cinématographe, toutes les bandes en couleurs étaient peintes à la main; généralement cette opération était entreprise par des ouvrières qui venaient chercher aux usines les bandes à colorier. Elles exécutaient ce travail chez elles, au pinceau et sur un pupitre à retouche ordinaire, c'est-à-dire par transparence. Pendant longtemps cette coutume put se développer lucrativement. Toute l'adresse, le goût et la finesse d'exécution de l'ouvrière parisienne s'y retrouvèrent. Certains ateliers employaient jusqu'à cinquante ouvrières; le travail était généralement très satisfaisant mais revenait forcément à un prix encore trop élevé.

Pour colorier, on se servait et on se sert toujours de couleurs à l'aniline, transparentes; on trouve du reste facilement ces couleurs dans le commerce. La gélatine de la bande les reçoit très bien et les bavures et fausses teintes sont facilement évitées. Il est évident que ces matières colorantes ne sont pas d'une stabilité parfaite et qu'après de nombreux passages dans l'appareil de projection, elles perdent de leur éclat, mais comme la bande qui les supporte n'est pas plus éternelle qu'elles, industriellement leurs qualités sont plus que suffisantes.

Si on le peut, il est préférable de tirer spécialement les négatifs et les positifs destinés au coloris; ces derniers doivent être plus transparents, plus orthochromatisés, les noirs de l'image restant toujours noirs sous le coloris. Une autre précaution à prendre est de bien choisir les couleurs des costumes et des décors pour les négatifs; si, par exemple, l'on cherche à obtenir une robe rouge il ne faudra pas faire porter à l'actrice une robe rouge positivement (quoique, dans ce cas, on devrait dire négativement) : du fait du manque d'orthochromatisme de la pellicule négative sur le positif, nous aurions une robe noire non transparente, tandis que si l'actrice porte une robe bleue, violette ou blanche, nous aurons au positif une robe transparente qui pourra devenir d'un rouge éclatant si, pour la teinter, nous nous servons de cette couleur. S'il s'agit de verdures et de paysages, où il se trouve beaucoup d'arbres, pour la même raison, il faut photographier les fonds verts, autant que possible en plein soleil ou avec le plus de lumière que l'on pourra ou ouvrir le diaphragme pour avoir de la surexposition. Par

---

(1) Voir chapitre XIX, la cinématographie par la trichromie.

ces moyens, les arbres seront blancs sur le positif, mais ils deviendront d'un beau vert transparent par le coloris, autrement ils resteraient toujours noirs et peu colorés.

Le cinématographe prit une telle extension que le coloriage à la main devint rapidement insuffisant pour satisfaire à toutes les demandes; il fallut trouver des moyens de production plus puissants. Ce fut alors que l'on introduisit, dans cette industrie, le coloriage dit au patron ou pochoir employé dans bien des métiers. Aujourd'hui, ce procédé a été même rendu mécanique et il existe déjà plusieurs brevets à son sujet. Les intéressés pourront les consulter et les rechercher utilement. Nous ne ferons que dire ici, en quelques mots, en quoi consiste ces procédés, car, autrement, nous sortirions du cadre que nous nous sommes assigné, cette fabrication ne pouvant et n'étant encore entreprise utilement que par les très gros producteurs de bandes cinématographiques (1).

Pour pratiquer le coloriage au patron, il fallait d'abord se procurer celui-ci et combien devait-il être parfait pour suivre exactement les contours d'images aussi petites que celles du cinématographe. Pourtant cette difficulté put être vaincue. A l'aide de petits outils tranchants et pivotants (2), des mains guidées par des yeux de quinze ans, d'une délicatesse et d'une sûreté extrêmes, arrivèrent à découper, dans une image positive, sur pellicule, les parties de la vue qui devaient correspondre à une couleur désignée d'avance. On ne pouvait pas avoir, en effet, de meilleur guide que l'image elle-même dans ce cas. En prenant trois ou quatre exemplaires de bandes, tous tirés sur la même portion du même négatif, et en découpant chacun de ces positifs seulement aux parties respectives qui doivent correspondre à une couleur spéciale, on peut ainsi se procurer les patrons nécessaires pour répartir exactement et mécaniquement même, les trois ou quatre couleurs propres à colorier complètement une image positive.

Une fois que l'on possède les patrons on commence par mettre à plat le positif à colorier puis, sur sa surface gélatinée, on applique bien exactement le premier patron découpé, selon la répartition qu'on a déterminée pour la première couleur. Une fois le patron et l'image positive bien repérés, à l'aide d'un pinceau dur, d'un tampon ou de tout autre moyen, on étend la couleur à travers les ouver-

---

(1) Voir au chapitre XIX, la Cinématographie en couleurs Gaumont.
(2) Ces outils sont actuellement dans le commerce.

tures du patron; cette couleur ne peut s'appliquer sur l'image que selon les espaces qu'elle trouve libres. La première couleur ainsi déposée, on procède, grâce au deuxième patron, à la répartition de la deuxième couleur et ainsi de suite. Une fois que l'on possède les patrons, on voit combien la sélection et l'étendage des couleurs peuvent être rapides. Industriellement ce procédé donne des résultats très intéressants, car il est économique appliqué en grand; les teintes sont très uniformes. Au début l'étendage des couleurs au patron se faisait à la main et au tampon, actuellement il existe des machines brevetées qui exécutent cette besogne.

CHAPITRE XVIII

Obtention des titres. Essuyage. Vérification. Classement. Montage des bandes positives.

Les titres ou marques de fabrique qu'il est d'usage de placer en tête de chaque bande ou entre certains tableaux d'un même sujet peuvent s'obtenir par bien des procédés; en voici un, le plus souvent employé :

Comme nous l'avons indiqué au chapitre XV, on place sur un fond noir le modèle de la marque ainsi que des lettres blanches, avec lesquelles on compose les mots formant les titres; le tout est mis en bonne lumière, soit dans un atelier vitré de photographie ordinaire, ou dans une pièce où est disposé un éclairage électrique suffisant, composé de lampes à arc ou de tubes à vapeur de mercure. Le tableau noir, avec ses lettres blanches, est alors cinématographié avec un appareil prise de vue. On opère avec cet appareil et on fait la mise en plaque de manière à obtenir une image réduite exactement à l'échelle nécessaire, pour que le titre prenne toute la place désirée à la projection. De ce titre, on impressionne trois ou quatre mètres de bande négative et l'on s'arrête. Ce petit négatif est développé et tiré comme une bande cinématographique ordinaire; il suffit de tirer le négatif autant de fois que l'on souhaite un exemplaire du même titre (1). Dans certains cas, et par économie, il y a avantage à photographier le tableau noir et ses lettres blanches à

____

(1) Pour faciliter cette opération, les appareils de tirage Prévost, dernier modèle, sont munis d'un compteur très pratique.

l'aide d'une chambre noire ordinaire 13×18, on obtient ainsi une image négative sur verre, mais celle-ci n'est pas aussi facile à obtenir qu'on pourrait le croire, car de photographier exactement du blanc sur du noir constitue toujours une difficulté (1). Ce négatif est alors tiré directement ou en réduction par un appareil de tirage. On a également essayé d'obtenir des titres par des procédés d'imprimerie, mais cela n'est avantageux que lorsqu'on doit tirer les titres à un grand nombre d'exemplaires (2).

Essuyage des pellicules positives. Vérification. — Au sortir des séchoirs la pellicule est enlevée des châssis et mise en vrac dans des paniers. Pour cette opération et le bobinage, on se sert du support des châssis et des bobineuses représentés par la figure 84. On remarque, en effectuant le déroulement, que les pellicules positives, comme les négatives du reste, portent sur leurs surfaces une quantité considérable d'impuretés, de petits corps étrangers et insolubles qu'elles ont récoltés dans l'eau et pendant les manipulations qu'elles ont eu à subir. Beaucoup de ces impuretés ne pénètrent pas la couche de gélatine, mais sont simplement déposées à sa surface. Par un simple essuyage, on peut donc les enlever dans la plupart des cas. On sait qu'il est toujours délicat de frotter une surface photographique en gélatine; il faut donc prendre ici des précautions, sans cela des rayures très dangereuses seraient produites et le remède deviendrait pire que le mal.

L'essuyage de la pellicule peut se faire à la main et à la machine. Lorsqu'on l'exécute à la main, on peut procéder comme nous l'avons dit pour la pellicule négative, c'est-à-dire sur des surfaces souples et avec une peau de chamois, qui ne la rayera pas. La bande est reçue en vrac dans un panier d'osier doublé de toile, ensuite elle est mise en rouleau à l'aide d'une bobineuse. Cette dernière opération ne doit pas être faite trop rapidement, car la bande pourrait faire des coques dans le panier et se casser si elle subissait, de ce fait, une traction trop forte. Comme pour la pellicule négative, on peut également se servir d'un tampon d'ouate imbibé d'alcool pour enlever certaines impuretés plus tenaces.

Pendant l'opération de l'essuyage, on doit s'assurer que les images

---

(1) En employant une plaque *positive* au lactate Guilleminot pour obtenir cette image négative on arrive à des résultats très suffisants.

(2) Aujourd'hui on trouve dans l'industrie des machines à faire les titres, très pratiques et à grand rendement.

n'ont pas eu d'accidents pendant leur fabrication ; elles peuvent être déchirées, tachées, piquées, écorchées, etc. Ces défauts disparaîtront facilement, dans bien des cas, par une légère retouche au pinceau ou même au besoin par le recollage avec pièces d'une image ; ces derniers moyens ne sont pas évidemment recommanda-

Fig. 99.

bles, mais enfin, dans certaines circonstances, ils seront préférables à la déchirure ou à l'écorchure qu'ils sont destinés à masquer.

Dans l'industrie, on peut se procurer actuellement plusieurs modèles de machines à essuyer (fig. 99) ; celles-ci comportent généralement des courroies garnies de morceaux de peau de chamois. Ces peaux sont entraînées et frottent ainsi à la surface de la pellicule et provoquent un essuyage efficace et rapide. Ces machines sont très bien étudiées et ne rayent pas souvent les bandes, autrement ce défaut peut se présenter si on ne surveille pas très sérieusement les mains trop rudes ou trop lourdes.

Classement de la pellicule positive. — Un travail délicat et considérable est celui qui consiste à reconnaître tous les morceaux de pellicule sortant de l'essuyage. Pour effectuer ce travail, il faut disposer d'une personne qui connaisse déjà les négatifs et qui se souvienne exactement de leur composition. Pour faciliter le classement, chaque fragment d'un même négatif peut porter à l'une de ses extrémités une marque indiquant à quelle image l'ouvrière du montage devra couper le positif pour faire commencer la scène. En avant de cette première image, on laissera toujours, comme nous l'avons déjà dit, 20 à 30 centimètres de bande négative qui serviront à amorcer et à entraîner le négatif en même temps que le positif dans les appareils de tirage. Sur cette partie du négatif et une ou deux images avant celle marquée pour indiquer le commencement de la bande, on pourra inscrire un numéro qui correspondra à celui qui, au répertoire, appartient au sujet représenté par la bande. Un autre chiffre indiquera la place que la partie de la bande doit occuper dans l'ensemble du sujet: ces indications se reproduisant sur les extrémités des positifs, faciliteront le classement. Les morceaux de pellicule classés par sujets et numéros d'ordre appartenant à une même bande sont pourvus du morceau de titre qui sera placé en tête et des sous-titres qui expliqueront ou sépareront chaque tableau. Cette composition effectuée par le chef d'atelier, tous les éléments constituant une même bande seront remis à une ouvrière qui pourra alors commencer le montage de ces parties destinées à faire un tout. Les nouvelles machines à tirer automatiques simplifient énormément toutes ces pratiques si elles sont bien réglées d'avance.

Montage de la bande positive. — Cette opération est relativement très simple lorsque le travail a été bien préparé. L'ouvrière qui doit l'effectuer prend les deux ou trois mètres représentant le titre de la bande, elle en coupe les deux extrémités bien d'équerre puis la partie extrême qui doit s'ajouter à la première image du tableau est coupée et grattée exactement comme nous l'avons indiqué pour les collures à effectuer sur les négatifs (voir page 333). Les mêmes précautions sont nécessaires pour bien placer bout à bout les deux positifs, autrement on obtiendrait certainement des déplacements des images sur l'écran de projection par rapport à la position du titre sur lequel on effectue la mise en cadre de la bande au moment où on charge l'appareil de projection. Il est indispensable que la position de l'image, dans le cadre de projection, reste bonne jusqu'au dernier morceau de pellicule rajouté, et une bande peut en comporter quinze, vingt et plus. C'est en cela que doit s'exercer toute la surveillance du chef d'atelier du montage. Si la première et la dernière image à couper sur chaque positif sont bien indiquées, il ne peut pas y avoir de difficultés ni d'erreurs. De ce fait, la besogne est bien moins délicate que pour les négatifs, où une image de trop ou une de moins peuvent compromettre un effet. Ici, les collures doivent être faites très proprement, en n'empiétant pas trop d'une image sur l'autre et tout à fait perpendiculairement à l'axe de la bande pour ne pas gêner la perforation et assurer le parfait débit de la pellicule. Pratiquement, il est encore inévitable que quelques-unes de ces collures ne viennent à céder pendant les nombreux passages de la bande à la projection. L'exploitant doit toujours être à même de recoller lui-même la bande. S'il dispose d'une bonne machine colleuse (fig. 90) et d'une lame qui coupe bien, l'opération est des plus faciles. Le mélange collant constitué par de l'acétone et de l'acétate d'amyle qui dissout le celluloïd du support de la pellicule, ne doit pas être trop vieux et par conséquent évaporé, autrement il colle mal. Il y a toujours avantage à tenir bien bouchés les flacons qui le renferment.

Une fois que le montage de la vue est terminé, l'ouvrière doit la vérifier à nouveau; elle doit s'assurer que le pas de la perforation et le cadrage de la vue ne pourront pas être altérés pendant la projection. La bande qui, au fur et à mesure du montage, est reçue dans un panier doublé de toile, est alors enroulée et mise en boîte métallique. Ces boîtes doivent avoir des diamètres très différents, car il en faut pour tous les métrages. Le chef d'atelier, à l'aide d'une machine à métrer, doit s'assurer du métrage de chaque sujet terminé et monté; il sait ainsi combien il sort de pellicule de son atelier chaque fois qu'il livre le même sujet. De temps en temps, si on ne peut pas le faire pour toutes, il faut projeter quelques bandes prises au hasard dans l'atelier de montage et au besoin faire assister les ouvrières à ces projections. Par cette pratique, on vérifiera ainsi la qualité des montages et on pourra montrer aux ouvrières les fautes qu'elles ont faites et les défauts qu'elles doivent éviter.

Après cette dernière vérification, la pellicule manufacturée est remise au stock qui en passe comptabilité et la livre au commerce, soit par l'intermédiaire du magasin de vente au détail ou celui de gros.

Pour annoncer les nouveautés créées ou éditées continuellement par la maison ainsi organisée, il faut lancer très souvent des catalogues ou feuillets de catalogues mentionnant toutes les qualités et les effets réalisés par les nouvelles bandes. Aujourd'hui le lancement d'un grand film moderne devient presque un événement mondain et populaire. Pour présenter cette œuvre au public intéressé et à la critique littéraire et artistique des grands journaux quotidiens, on convie par invitations spéciales le plus de monde que l'on peut. Ces présentations se font généralement dans les salles les plus grandes et les plus luxueuses, et dans tous les milieux on parle de ces présentations comme d'événements parisiens importants! En outre, la publicité corporative nécessaire pour lancer le film est assurée par une presse spéciale ordinairement très bien informée, mais peut-être un peu trop bienveillante souvent. Son excuse est qu'il ne faut pas décourager ceux qui risquent des sommes énormes pour éditer les sujets montrés! Parmi ces journaux et revues et comme les plus sérieux, nous citerons : le *Cinéops,* de M. Coissac, auquel nous avons fait de nombreux emprunts dans ce livre; le *Ciné Journal,* de M. Duraud, le *Courrier,* etc.

Pour faciliter l'annonce de ces bandes aux exploitants qui les achètent ou qui les louent, on fait éditer souvent, en même temps que la bande, une affiche illustrée ou des épreuves 13×18 ou 18×24 Avant d'acheter, les exploitants désirent voir généralement la photographiques qui montrent la ou les scènes principales du sujet. bande; pour cela il faut pouvoir mettre à leur disposition une salle de projection confortable et suffisamment grande. Un opérateur s'y tiendra à la disposition des acheteurs pour projeter les vues nouvelles. Le magasin de vente ou de location doit toujours être en mesure de livrer très rapidement les demandes; pour cela on le maintient en communications constantes avec les ateliers de production et, comme nous le disions, ceux-ci doivent pouvoir continuellement donner toute satisfaction aux ordres reçus du service commercial et cela en un temps aussi court que possible. La pellicule se vend ou se loue au mètre, ses prix peuvent varier suivant l'état du marché ou l'intérêt du sujet qu'elle porte. Actuellement on trouve à acheter à des opérateurs, des auteurs ou des sociétés d'auteurs, des négatifs tout faits et représentant des vues de tous les pays, ou des scènes ou pièces qu'ils ont fait exécuter eux-mêmes. Souvent ces propositions sont intéressantes pour l'industriel, car il y trouve de la composition toute faite, sans aléa de prix de revient, et il n'a plus qu'à l'éditer. Dans ce cas le négatif est vendu au mètre ou suivant une redevance proportionnelle au nombre d'exemplaires tirés ou vendus sur le négatif acheté.

CHAPITRE XIX

La Cinématographie en couleurs naturelles. — La pratique de la Chronophonographie. — Les différents systèmes de Synchronisme.

La Cinématographie en couleurs naturelles. — Nous avons déjà indiqué page 105 et suivantes en quoi elle consistait. Dans ce chapitre, nous dirons plus techniquement comment on a pu la réaliser et quelles sont ses nécessités actuelles. Nous avons déjà donné notre avis sur l'avenir et l'usage de la pellicule tramée en couleurs; c'est encore du domaine des espérances possibles, aussi nous ne nous y arrêterons pas à cette place.

Théoriquement, les propositions de M. William Friese Green, dont nous avons parlé (page 106), étaient intéressantes. Mais aujourd'hui nous savons que si l'on prend trois vues sélectionnées au travers de trois écrans colorés, à l'aide de trois objectifs différents; il est très difficile de faire coïncider leurs trois images à la projection. Si nous prenons les trois images, successivement, avec un seul objectif, il devient difficile de faire défiler ces trois images suffisamment vite et de prendre les trois images négatives suffisamment semblables dans toutes leurs parties pour que dans notre œil elles fournissent des ensembles de toutes les couleurs justes, sans franges inégalement colorées, aux places où se sont passés des mouvements très rapides.

Rétrospectivement, nous devons signaler ici la réalisation intéressante du Kinémacolor. Cette présentation eut lieu à Paris, en juillet 1911. Les vues montrées n'étaient pas parfaites; mais cela n'empêchait pas de les trouver souvent très intéressantes et même très belles.

Ces vues étaient obtenues par MM. Raleigh et Robert; pour cela, ils se servaient d'un cinématographe ordinaire, mais qui faisait défiler de la pellicule (sensibilisée panchromatiquement) deux fois plus vite que celle qui sert à enregistrer les images en noir. Sur l'obturateur tournant il y avait aussi deux fenêtres : l'une était garnie d'un écran vert bleuté et l'autre rouge orangé tirant sur le jaune. Pour les objets rapprochés, les premiers plans, cette sélection incomplète donnait cependant des résultats très satisfaisants. Les ciels et lointains étaient quelquefois par trop verdâtres, mais enfin ils plaisaient souvent.

Grâce à deux couleurs et à des éliminations successives et méthodiques, il est toujours possible d'utiliser, au mieux, des écrans composés avec art et des pellicules sensibilisées plus particulièrement pour certaines régions du spectre. On arrive, ainsi, à des mélanges heureux qui, s'ils ne sont pas rigoureusement scientifiques, donnent sur l'écran une somme de tons se rapprochant bien de ceux de la réalité et qui procurent une illusion qui charme le spectateur, lequel ne recherche pas toujours la quintessence du vrai. Peut-on dire du reste, exactement, que tel objet, telle façade, tels feuillages ont une couleur précise? Oui, certes, mais combien de temps, au cours d'une journée, cette couleur reste-t-elle semblable par rapport à elle-même, du fait des changements de lumière qu'elle pourra refléter par sa surface propre et que la cinématographie en couleurs devra reproduire si elle veut être sincère?

Lorsque l'on montra ces vues animées en couleurs, c'était à l'époque du couronnement d'Edouard VII à Londres. On admira beaucoup les couleurs magnifiques des uniformes rouges anglais qui défilèrent à cette cérémonie. Il en fut de même pour les ors parfaitement reproduits des carrosses du cortège; donc, dans ce cas, les sélections étaient suffisantes, surtout, s'il n'y avait pas de ciel dans la vue. Au moment où ce procédé fut montré, il était bridé par le manque de rapidité des pellicules existantes et aussi, du fait qu'il devait marcher deux fois plus vite que le cinématographe en noir. Aussitôt que l'on augmentait les temps de pose, la qualité des images colorées devenait beaucoup plus parfaite. MM. Raleigh et Robert montraient des vues à mouvements lents, ou obtenues par le procédé, dit tour de manivelle qui possédaient des gammes de tons très étendues, on aurait pu même les prendre pour des vues trichromes très bien réussies.

Où ce système devenait le plus imparfait, c'est lorsqu'il montrait des mouvements rapprochés et rapides. Dans ces conditions, les deux images nécessaires à la synthèse de toutes les couleurs, ne pouvaient plus se superposer sur toutes les parties d'un même objet en mouvement. Alors apparaissaient des franges soit rouges, soit vertes, le long de l'image de ces objets en mouvement.

Nous venons de voir que les principaux obstacles de la cinématographie en couleurs naturelles, obtenu par la trichromie; solution qui paraît encore actuellement la plus indiquée et la plus facile à

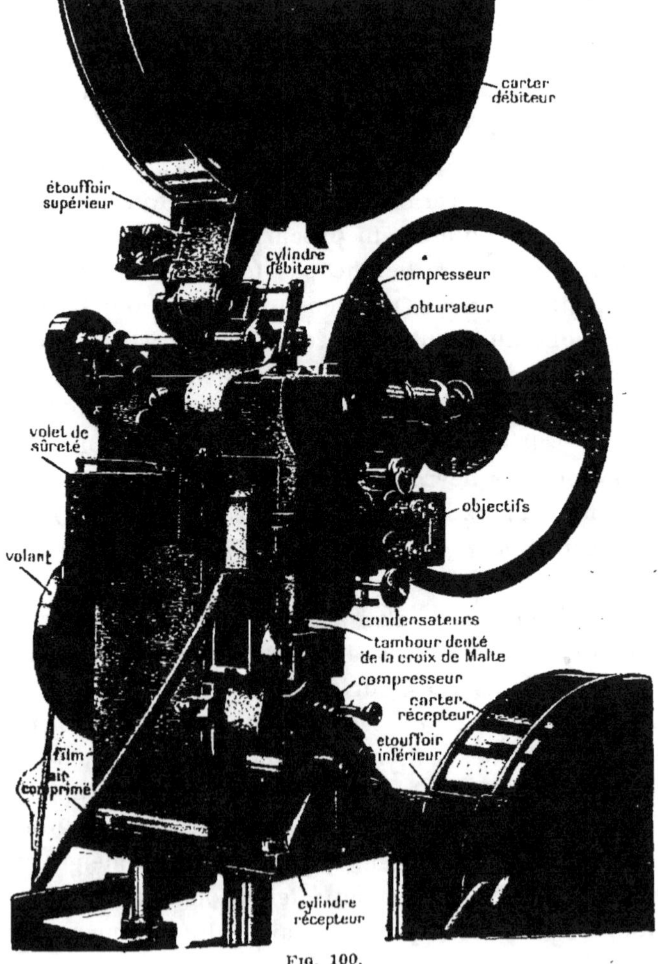

Fig. 100.

réaliser, sont : 1° Difficulté de faire parfaitement coïncider, à toutes les distances, trois ou même deux images provenant de trois ou de deux objectifs différents; 2° difficulté de mélanger suffisamment vite deux ou trois images projetées successivement pour former dans l'œil du spectateur un mélange acceptable de toutes les couleurs; 3° absorption de beaucoup de lumière par les écrans sélecteurs, donc perte sensible de rapidité photographique pour la prise de la vue.

Pour les sélections trichrome ou bichrome même le panchromatisme est la partie du problème la mieux résolue; nous avons déjà dit que la sensibilité des pellicules cinématographiques venait d'être notablement améliorée.

La cinématographie des couleurs en était à cette étape, lorsque vers 1910, M. Gaumont présenta son intéressant appareil (fig. 100). Pour parer aux inconvénients des prises de vues successives, les trois vues, dans cet appareil, sont prises en même temps à l'aide de trois objectifs différents.

C'est pour obtenir des sélections plus parfaites qu'on a adopté les trois couleurs au lieu de deux. Les vues positives sont aussi projetées à l'aide de trois objectifs différents. Nous allons examiner comment cet appareil fonctionne et en même temps nous remarquerons les difficultés qu'on a dû vaincre par des moyens ingénieux.

Le cinématographe en couleurs naturelles de M. Gaumont n'emploie avec juste raison qu'une seule pellicule. Cette pellicule est rendue sensible à toutes les couleurs du spectre en même temps; nous avons déjà dit que cela était très bien étudié et pratique aujourd'hui. Mais puisqu'il n'y a, dans cet appareil, qu'une pellicule et trois couleurs en fonction, il faudra que la pellicule avance à chaque prise de vue de la longueur nécessaire à l'enregistrement de trois vues, cela fait donc 18 $^m/_m$ de haut × 3 = 54 millimètres à chaque traction des griffes. On reconnut que pratiquement cela avait des inconvénients, entre autres, celui d'abîmer les perforations de la pellicule, tirée trop fortement par les griffes et de donner à la bande une course exagérée, ce qui nuisait à sa stabilité. Pour éviter ces défauts, on résolut de diminuer en hauteur, le format des images animées; elles n'eurent plus que 14 millimètres au lieu de 18, ce qui ramena la longueur de bande déplacée à chaque prise de vue à 42 millimètres. Pratiquement ce dispositif donne de bons résultats.

Puisque l'on avait décidé d'employer trois objectifs et que l'on savait que leur coïncidence d'image n'était possible que dans certaines conditions bien déterminées, il fallut chercher à réduire au minimum ces inconvénients. Pour pouvoir rapprocher, le plus possible, les trois objectifs, on les réunit dans une seule monture (Fig. 101) et l'on donna à leurs lentilles une forme rectangulaire se rapprochant beaucoup de celle du format de l'image elle-même. Ces objectifs sont d'un foyer moyen comme pour la prise de vue ordinaire, mais ils ne sont pas dirigés parallèlement les uns par rap-

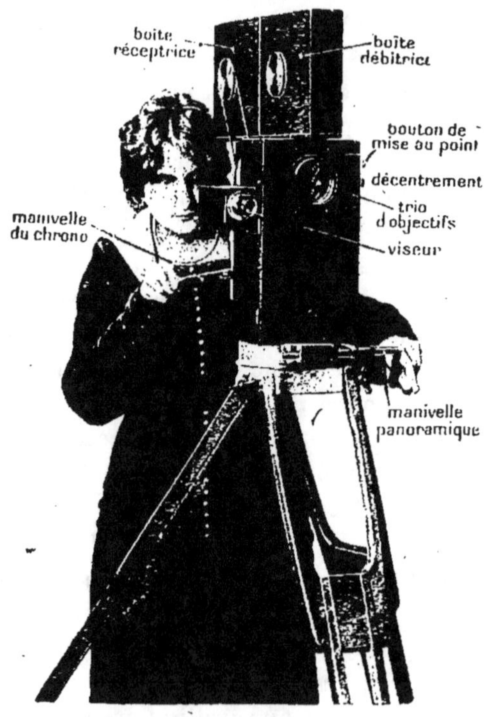

FIG. 101.

port aux autres; on a fait converger leurs directions pour que celles-ci soient orientées réciproquement vers le centre d'un sujet situé à 10 à 15 mètres de l'appareil prise de vue. L'appareil est construit comme tous les autres (fig. 101) c'est-à-dire approvisionné de 100 à 120 mètres de pellicule vierge, débitée comme de coutume; le système à griffes fait seulement avancer la bande de 42 millimètres à chaque prise de vue au lieu de 18 millimètres. Pour obtenir des vues complètes avec cet appareil, il faut encore de la belle lumière, car on en perd pas mal au travers des écrans sélecteurs. La pellicule panchromatisée se développe dans l'obscurité absolue, mais en somme, comme l'autre pellicule en noir, elle a gagné beaucoup en rapidité du fait de sa panchromatisation (1).

Les clichés obtenus sont toujours noirs, bien entendu, mais leurs valeurs en opacités sont décalées, ou placées de façon que, lorsqu'elles seront tirées en positifs toujours noirs mais projetées réciproquement les unes sur les autres et colorées chacune par l'un des trois écrans voulus, leur ensemble sur l'écran fournisse l'image animée en couleurs naturelles que l'on désirait.

Mais la projection de ces trois images colorées positives n'en formant plus qu'une, ne va devenir belle et intéressante à regarder, qu'après bien des tribulations; nous allons les étudier.

L'appareil employé par M. Gaumont pour la projection est semblable à tous ceux qui servent pour les images en noir, mais la course d'entraînement de la pellicule est toujours réglée pour les 42 millimètres de bande qu'il faut déplacer afin de projeter une image composée de ces trois éléments monochromes.

Un volet s'interpose entre la source lumineuse et le dispositif optique de la lanterne; cela pour éviter les accidents pendant les arrêts possibles du film; un tube à air comprimé souffle sur le film pour diminuer sa température pendant la projection, car il faut employer un très fort ampérage pour que l'image soit encore brillante sur l'écran éclairée au travers des trois filtres qui doivent lui fournir toutes ses couleurs. La source de lumière est aussi moins concentrable.

Comme pour la prise de vue, nous avons dit que la projection était faite à l'aide de trois objectifs.

Dans ces conditions le réglage des objectifs va devenir plus compliqué, puisqu'il va falloir d'abord faire coïncider leurs trois images, cela pour toutes les distances auxquelles on voudra faire les projections et celles où ont été prises les vues.

Après avoir réglé et mis au point pour la projection l'objectif du

---

(1) Voici une formule de panchromatisation pour cette pellicule :

Solution de réserve eau distillée.............. 50 c.c.
Alcool à 90° .... 50 c.c.
Pinachrome................................... 0 gr. 1

Pour sensibiliser, prendre :

Eau.. 120
Alcool à 90° 60
Solution de réserve .... 4 c.c.

Fig. 102.

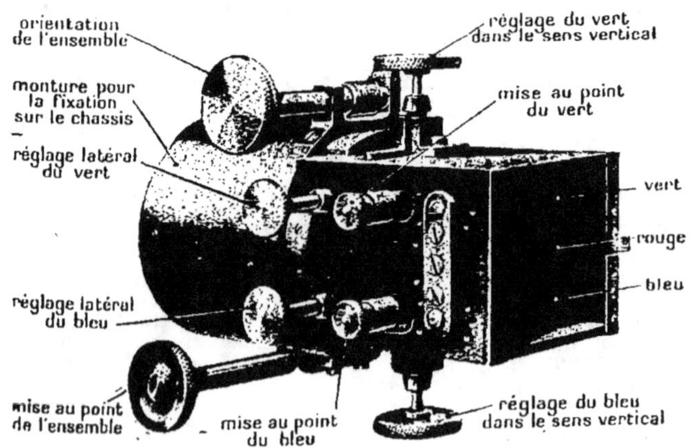

Fig. 103.

milieu, les trois objectifs de projection étant toujours les uns au-dessus des autres, il faudra en plus régler en hauteur, largeur et en convergence, les projections fournies par les deux autres objectifs par rapport à celle de l'objectif du milieu pour que l'image apparaisse parfaite et sans franges colorées sur l'écran.

La principale difficulté pratique de ces réalisations c'est qu'il faut modifier l'angle de coïncidence des trois images pour chaque partie de vues prises à des distances différentes. C'est ce qui a amené les inventeurs à construire une monture d'objectif aussi compliquée en réglages différents afin de manœuvrer au mieux les trois objectifs (fig. 103). Tous ces réglages demandaient du temps et l'on sait que toutes les vues successives d'une projection cinématographique se succèdent très vite. On dut donc trouver mieux. C'est ce qui fit adopter le correcteur électrique, qui commande à distance tous les organes de réglages délicats qui se trouvent sur la monture collective des trois objectifs.

L'opérateur qui conduit ce correcteur se place près de l'écran, pour voir distinctement l'image dans ses moindres détails, et à l'aide de deux manettes (fig. 104) qui correspondent aux deux cou-

FIG. 104.

leurs à régler, tandis que celle du milieu reste fixe, il peut faire se recouvrir exactement et sans franges les trois images projetées. L'opérateur tient de chaque main une de ces manettes et les incline vers le côté où il faut diriger une ou les images. Tous ces mouvements et leurs sens, sont transmis de suite électriquement aux organes de réglage qui se trouvent sur la monture des objectifs, par l'intermédiaire d'un organe spécial qui constitue le correcteur proprement dit.

Celui-ci est composé (fig. 105) d'un petit électromoteur qui tourne constamment et commande par vis sans fin, à vitesse très réduite, des axes parallèles A et A'. Sur l'axe A sont montés deux cônes de friction C^1 et C^2 se faisant face et tournant en sens inverse grâce à un cône C^1 qui transmet, mais en sens inverse, le mouvement de C^1, calé sur l'axe A, à C^2 fou sur le prolongement de cet axe. Une petite poulie de friction P mobile le long d'un axe B, mais qui l'en-

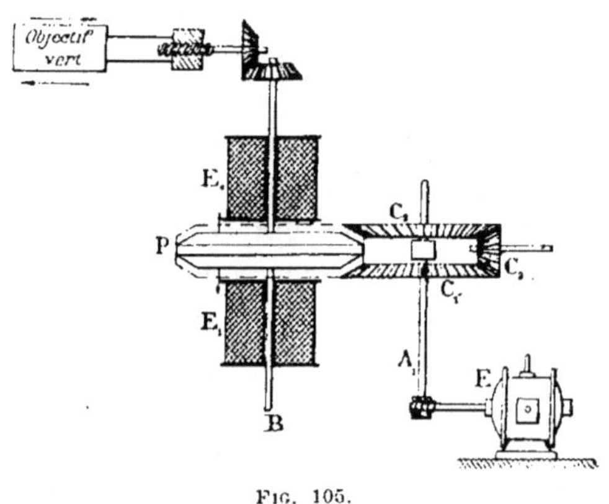

Fɪɢ. 105.

traîne dans son mouvement de rotation est placée entre deux électros E^1 et E^2 dits suceurs et, suivant que la poignée du manipulateur établit le contact nécessaire à l'excitateur de E ou de E^1, la poulie est attirée par l'un ou l'autre, c'est-à-dire vient en prise avec C^1 en C^2 de façon à être entraînée dans l'un ou l'autre sens de rotation. Ce mouvement communiqué à l'axe B est transmis par celui-ci à une vis de réglage, solidaire de la monture de l'objectif (vert) par exemple, qu'elle déplace dans l'un ou l'autre sens, latéral si l'on veut. Chaque mouvement de l'objectif (vert) est ainsi commandé par l'électromoteur E, grâce à une transmission A^1 A^2 ou A^3 dépendant des positions de la poignée droite du manipulateur; il en est de même pour l'objectif (bleu) que l'électromoteur règle par les transmissions B^1, B^2, ou B^3 dépendant de la poignée gauche du manipulateur.

Il est certain que la cinématographie en couleurs va encore faire de grands et rapides progrès du fait des procédés employés par

M. Gaumont, mais telle qu'elle est, elle constitue une représentation on ne peut plus intéressante de la nature en mouvement qui nous environne, elle nous en montre tous les beaux paysages avec leurs plus fins coloris et les illusions de l'espace aux transparences les plus délicates et les mieux nuancées par les jeux de la lumière qui le traverse.

Si l'on peut diminuer la vitesse de prise de vue comme, par exemple, pour des objets à déplacements lents ou inanimés, les images obtenues par ce procédé deviennent aussi extraordinairement belles et justes, parce qu'elles ont aussi une puissance de coloris et une luminosité propre qui est incomparable. Au tour de manivelle M. Gaumont a montré des vues en couleurs dont la sélection technique était irréprochable et on touche là à la perfection. Pour la vue animée plus rapide on va certainement arriver également à mieux; du reste, lorsque la vue est bien éclairée elle est toujours intéressante à regarder.

Dans le même ordre d'idées, mais par d'autres moyens, MM. Marcel Chrétien et Dourlon viennent de présenter une nouvelle solution de la cinématographie des couleurs qui théoriquement et pratiquement est curieuse. Ce procédé consiste à impressionner successivement trois pellicules, soit une pour chaque couleur fondamentale. Ces trois impressions successives se font à l'aide d'un seul objectif dont les rayons lumineux sont envoyés alternativement sur les trois pellicules. Pour arriver à ce résultat, les trois pellicules sont placées deux de chaque côté de l'objectif et à angle droit avec celui-ci, la troisième est située directement en arrière de l'objectif comme dans les appareils ordinaires. Derrière l'objectif et entre les pellicules pouvant tourner sont montées deux hélices métalliques à deux branches; sur les extrémités de ces branches sont situés des miroirs à faces simplement réfléchissantes, c'est-à-dire, sans épaisseur, pour éviter les doubles réflexions. La course et la direction de ces miroirs ont été calculées pour que l'image de l'objectif unique puisse d'abord passer directement entre les pales de l'hélice, afin d'aller impressionner d'une image la pellicule qui se trouve derrière l'objectif. Après quoi, l'image fournie par l'objectif unique est prise par la première pale des hélices ou plutôt par le miroir qu'elle porte et est transportée sur la pellicule qui se trouve, par exemple, à gauche. Cela, sans que l'image remue pendant tout le temps où la pellicule reste immobile pour la recevoir, comme dans les autres appareils, car elle est entraînée aussi de la même façon. La pellicule située de l'autre côté de l'objectif est impressionnée également par les révolutions successives de deux miroirs portés respectivement par deux hélices qui, en tournant, se suivent sans pouvoir se rencontrer. L'originalité du procédé réside d'abord dans l'utilisation complète de la lumière, car l'éclairage d'une image est immédiatement suivi, sans obturateur, de l'impression des images suivantes, l'objectif est toujours en prise directe avec la lumière, aussi le rendement lumineux de cet ensemble peut être évalué à 95 ou 98 %, c'est-à-dire le meilleur rendement des obturateurs de plaques en photographie ordinaire.

Nous avons vu réaliser le transport optique des images par ce procédé, il est fort remarquable et les images restent bien stables et nettes pendant ces opérations, ce qui fait le plus grand honneur aux inventeurs. Il reste à se demander si le mélange des trois images se fera suffisamment vite dans l'œil du spectateur et si les trois pellicules repéreront bien? Vu le rendement lumineux de l'appareil, vu la perfection mécanique des cinématographes modernes, nous ne pensons pas que ce soient là les deux parties les plus difficiles du problème.

La projection en couleurs peut se faire à l'aide d'un appareil identique à celui pour prises de vue. Les trois pellicules seraient éclairées avec trois lampes et trois condensateurs que l'on pourrait rendre semblables en puissance, surtout grâce aux lampes à incandescence très bien étudiées aujourd'hui. Les inventeurs cependant ne considèrent pas la réalisation industrielle de leur procédé sous cette forme. Ils étudient la transformation des trois négatifs indépendants en un seul positif en couleur par un procédé d'impression et nous savons qu'il y en a de très intéressants à employer dans ce cas.

Dans ces derniers temps on a proposé un moyen approché de faire du cinématographe en couleurs naturelles. Il est dû à des inventeurs dont malheureusement nous ignorons le nom mais exploité par la Société Prisma.

Voici à peu près en quoi il consiste. On fait un négatif avec le cinématographe ordinaire, mais la pellicule est bien panchromatisée, c'est-à-dire rendue sensible le plus possible aux valeurs relatives des couleurs, afin de donner des opacités plus justement placées. Cette pellicule négative est-elle émulsionnée des deux côtés? Nous l'ignorons, mais toujours est-il qu'elle est tirée sur une pellicule positive qui est émulsionnée ainsi. Après développement les deux faces de cette pellicule qui portent chacune une image sont teintes différemment, d'un côté en bleu vert, de l'autre en rouge tirant sur le jaune. Ces colorations sont obtenues par des procédés de teinture ou de virage que nous avons déjà examinés dans ce livre page 376. Il n'y a pas de trame et les teintes sont uniformes; il n'y a que les valeurs des deux images photographiques qui les font varier. A la projection il naît de cet ensemble des effets heureux qui peuvent plaire, surtout pour des objets situés en premier plan et bien déterminés dans leurs contours; pour le vague des infinis, cela est peut-être moins intéressant parce que les deux images se voient davantage et que les sélections sont moins nette· ment marquées; la justesse des teintes obtenues est aussi très élas· tique, quoique agréables à regarder.

Les lignes précédentes étaient écrites avant que nous ayons pu voir un scénario très important exécuté par ce procédé. Dans l'espèce, il s'agit de la *Glorieuse Aventure*, film très dramatique exécuté en Angleterre ou en Amérique. Comme nous le disions, dans ce film il y a des paysages et des lointains qui ne sont pas encore parfaits, mais nous y avons vu des premiers plans merveilleux, entre autres des personnages vêtus de costumes aux couleurs éclatantes et se profilant sur des fonds de vieilles tapisseries! Les chevelures féminines étaient aussi, dans ces conditions, magnifiquement exactes de coloris et d'effets. Le grand malheur, c'est que, sur un public non averti, ces vues colorées ne font pas plus d'effet qu'une vue en noir, parce que ce public ne se rend pas compte de la différence et ne comprend pas la peine que l'on a prise pour lui montrer une telle œuvre; il juge cela comme du vulgaire coloris, et ne le trouve pas bien.

Procédé Keller Dorian Berthon. — Théoriquement ce procédé est plus intéressant. On dit qu'il est plein d'avenir, nous le souhaitons à ses inventeurs et aussi pour le plus grand renom de la science française; voici généralement en quoi il consiste : pour arriver à leurs buts, les inventeurs n'emploient qu'une pellicule; celle-ci est émulsionnée comme toutes les autres, mais grâce à une émulsion sensible à toutes les couleurs. Cette pellicule perforée peut passer dans tous les appareils prises de vues de l'industrie cinématographique, mais elle est exposée par le dos. C'est ce dos qui porte la particularité la plus curieuse du procédé. Au lieu d'être parfaitement lisse, il est gaufré du fait d'un moulage qu'on lui fait subir avant de l'émulsionner de l'autre côté. Ce gaufrage affecte la forme de toutes petites lentilles rondes à face concaves, placées les unes à côté des autres; actuellement, les inventeurs en sont à 1.000 petites lentilles ainsi réalisées sur la surface d'un millimètre carré; ils disent qu'ils vont pouvoir en créer davantage sur le même espace, plus ces éléments de sélections seront nombreux et plus leurs images colorées seront fines et agréables à regarder. Dans

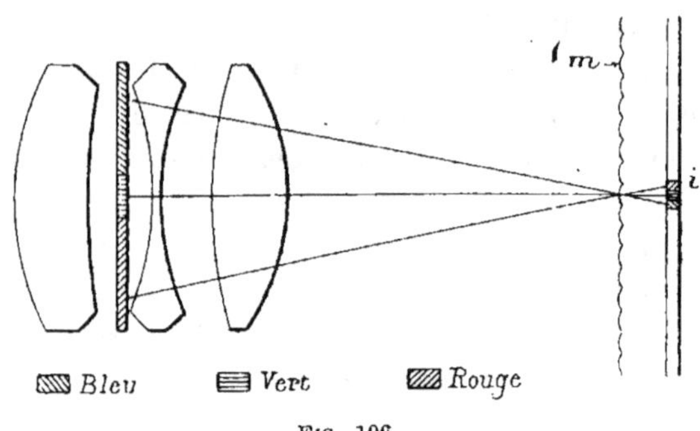

FIG. 106.

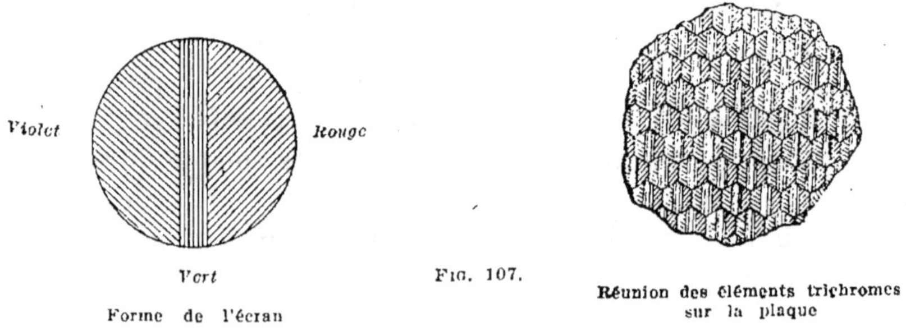

Forme de l'écran

FIG. 107.

Réunion des éléments trichromes
sur la plaque

l'objectif ordinaire (fig. 106) prise de vues à grande ouverture, on place un écran particulier qui a la forme représentée par la (figure 107). Cet écran est transparent et il est divisé en trois sections dont celle du centre est verte, l'autre violette et la dernière rouge. Du fait du passage de tous les rayons qui doivent constituer l'image au travers de ce premier filtre, il se produit déjà une sélection ou décomposition de l'image par rapport à toutes ses couleurs. Cette sélection est reprise individuellement ou, autant que possible, pour tous les points de l'image, par chacune des petites lentilles qui se trouvent sur le dos du support en celluloïd de la pellicule; chacune de ces petites lentilles travaille comme le montre la figure et sert à constituer un des petits éléments trichromes de la figure 107. Ce sont ces éléments sélectionnés qui font s'enregistrer sur la couche sensible les opacités noires qui boucheront ou laisseront libres les couleurs dont on aura besoin pour fournir à la bonne place l'élément coloré désiré, comme cela se produit sur les plaques à réseaux ou à points colorés, mais comme ici il faut que les éléments colorés soient excessivement fins, les inventeurs ont préféré, pour les obtenir, employer le moyen *virtuel* que nous venons d'indiquer. Comme pour les procédés trichromes connus, en inversant les sélections enregistrées négativement sur la pellicule sensible on pourrait obtenir à la projection une image avec toutes ses couleurs placées aux bons endroits (le négatif possédant, lui, toutes les couleurs complémentaires du fait de sa projection). Mais ce qu'il y a de plus intéressant dans ce procédé nouveau, c'est que, paraît-il, l'on a reconnu la possibilité de tirer sur ce nouveau négatif autant de copies que l'on voudra et qui donneront de bonnes images positives bien colorées en se servant uniquement d'une pellicule gaufrée comme la première et recouverte simplement d'une émulsion positive ordinaire, cela en respectant certaines particularités propres au procédé. Il est bien entendu que les projections se font au travers d'un écran trichrome placé dans l'objectif et semblable à celui qui a servi à sélectionner l'image négative.

A propos des dispositifs employés par ce procédé, nous ferons remarquer ici l'extraordinaire précision des moyens mécaniques réalisés dans les ateliers de M. Keller-Dorian, qui est un spécialiste des machines qui servent à apprêter, à décorer, à imprimer les tissus. Lorsqu'on se rend compte qu'il y a ici 52.000 petits objectifs ainsi réalisés sur la surface d'un centimètre carré et 224.640 sur le format d'une image cinématographique, comme le dit si curieusement le journal le *Cinéops,* on est émerveillé de la témérité des inventeurs qui ont espéré réussir en se servant de moyens aussi en dehors de ceux déjà connus. On sait que le celluloïd est une matière plastique idéale, mais que dire des moules gravés et métalliques, exécutés par des moyens mécaniques susceptibles de fournir correctement de pareils éléments?

La précision mécanique réalisée ici est capable de suivre, par ses moyens propres, la photographie au gélatino-bromure dans toutes ses définitions d'éléments d'images. On sait tous les beaux travaux actuels concernant la constitution, les modifications possibles du grain chimique du gélatino-bromure (voir page 223). Nous croyons, pour l'avoir déjà vu, qu'une image cinématographique tramée correctement peut être aussi agréable à regarder qu'une image à seule définition photographique, cela parce que le grain chimique de cette dernière arrive presque à se confondre avec le grain ou la ligne mécanique que l'on sait aujourd'hui réaliser. Le seul juge en la matière, notre œil, est des plus complaisants parce qu'il n'est pas lui non plus, à beaucoup près, parfait.

LA PRATIQUE DE LA CHRONOPHONOGRAPHIE. — Depuis l'époque déjà lointaine où les projections animées faisaient leur apparition, on a parlé toujours de la possibilité de faire coïncider les sons du phonographe avec les gestes ou les mouvements apparents de la parole exprimés par l'image cinématographique. Mais on a beaucoup plus discuté de cette possibilité qu'on ne l'a réalisée effectivement jusqu'à nos jours.

Les raisons qui ont provoqué cet état sont, à notre avis, les suivantes : Pour faire agir l'image du personnage montré sur l'écran en concordance avec les paroles émises par le phonographe, il fallait d'abord disposer d'un système mécanique capable d'assurer le synchronisme parfait en ce qui concerne l'entraînement des deux instruments dont l'ensemble des fonctions devait procurer l'effet cherché. Nous verrons plus loin qu'il existe un grand nombre de dispositifs mécaniques ou électriques capables de réaliser parfaitement ce synchronisme.

Il est encore nécessaire que les deux appareils marchant synchroniquement puissent se décaler l'un par rapport à l'autre. Pratiquement, il arrive qu'une bande perde quelques images, du fait de ses passages répétés dans l'appareil débiteur; cet accident produit inévitablement une avance du cinématographe sur le phonographe et la coïncidence des deux éléments, nécessaire dans notre cas, n'existe plus. Il est donc indispensable que le phonographe ou le cinématographe puissent s'attendre ou se rattraper mutuellement, puisque l'un ou l'autre peuvent subir un déréglage du fait d'accidents toujours possibles. Les mécanismes susceptibles d'assurer le synchronisme sont aujourd'hui suffisamment parfaits et savants pour éviter ces accidents. S'ils n'y parent pas d'eux-mêmes toujours, ils les montrent souvent à l'opérateur qui peut y remédier grâce à des moyens que ces machines mettent à sa disposition.

D'où venaient donc les raisons qui faisaient que ces sortes de vues ne se répandaient pas davantage malgré l'attrait forcé qu'elles possèdent? Nous pensons qu'il faut chercher ces causes, d'abord dans le fait de la difficulté plus grande d'exploitation. Parmi les exploitants, il y a beaucoup de commerçants mais pas encore beaucoup de techniciens. Pour exécuter de la bonne chronophonographie, quoique la chose soit on ne peut plus simple, il faut plus d'attention et de soins que pour faire défiler, au petit bonheur, une bande ordinaire. Si des accidents répétés se produisent sur la même bande, celle-ci peut être rendue inutilisable du fait de la concordance devenue impossible avec le disque du phonographe, d'où pertes d'argent, de temps et nécessité pour l'exploitant de posséder ou de surveiller davantage un opérateur, même très sérieux, et connaissant bien son métier. D'autre part, ces sacrifices n'étaient peut-être pas très justifiés par l'attrait supérieur que pouvait présenter le sujet montré, celui-ci étant constitué, le plus souvent, par l'exhibition d'un seul personnage qui chantait ou récitait quelque chose, souvent fort bien, mais où les gestes ne coïncidaient avec les expressions qu'avec une sorte de gêne, un manque de sincérité que l'on devinait plutôt qu'on ne pouvait le définir exactement, mais suffisant néanmoins pour enlever la plus grande partie de l'effet captivant attendu par le spectateur, surtout si l'acteur ne chantait pas. D'où provenait ce manque de naturel? D'un perfectionnement technique encore indispensable pour réaliser ces sortes de scènes. Précédemment, il était nécessaire d'enregistrer séparément les gestes et les expressions accompagnant l'émission de la parole et ensuite la parole elle-même, celle-ci ne pouvant être inscrite utilement qu'à une très courte distance, 50 centimètres ou 1 mètre environ des pavillons des phonographes; l'acteur devait dire et ensuite dire et jouer la même scène. Ces deux émissions personnelles devaient donc être identiques à elles-mêmes et l'on sait combien cela est difficile et suceptible de briser tout effet artistique, si on n'a pas affaire à des comédiens de grand talent ou guidés par la mesure musicale. Dans plusieurs circonstances et grâce à de bonnes relations, nous avons pu étudier la manière physiologique de jouer de bien des artistes de valeur. Voici ce que nous avons cru remarquer sur ce point si délicat et tout d'appréciation personnelle :

L'artiste, quel qu'il soit, joue la comédie selon son tempérament, sa force de volonté, son intelligence et les modifications que l'étude, le talent personnel et la pratique ont apportées à ses moyens physiques primitifs. La science de l'artiste consommé est de montrer, d'une façon constante, des effets toujours semblables à eux-mêmes paraissant la conséquence de sentiments on ne peut plus naturels et imprévus. Ces effets ne sont réalisables pourtant que grâce à de grandes études destinées à provoquer le maximum d'impression sur le public qui ne doit jamais soupçonner la savante préparation des scènes les plus simples qui le charment. Une regrettée artiste de la Comédie-Française, pour un rôle de douairière, ne dédaignait pas de passer des heures à répéter et à étudier la meilleure manière de peloter de la laine pendant que dans la pièce un acteur venait lui faire certaines confidences. Bien des spectateurs étaient loin de se douter de toute la peine que s'était donnée la consciencieuse artiste pour lui présenter une scène on ne peut moins compliquée par elle-même, mais très délicate à exécuter sans gaucherie sur un théâtre où tout doit être impeccable.

Pendant nombre de répétitions de bien des pièces intéressantes, nous avons encore pu constater combien l'art théâtral est compliqué, le mal que les auteurs et metteurs en scène doivent se donner pour faire entrer, dans l'esprit de certains acteurs plus présomptueux qu'artistes, la bonne manière de dire et de faire exprimer ce qui est écrit dans la pièce. Le spirituel compositeur Sardou, dans les répétitions de ses pièces, était inimitable; il jouait lui-même tous les rôles, il en détaillait toutes les finesses et souvent indiquait à des artistes de valeur des effets sûrs auxquels ceux-ci n'avaient même pas songé. La manière de dire, de composer un rôle, un personnage, un caractère, pourrait-on dire, exigeait de la part du grand acteur qu'était Coquelin aîné une application extraordinaire. Les plus beaux mouvements d'emportement de cet artiste, ses élans, tout ce qui enlevait la salle, était voulu, mesuré et gradué avec l'art le plus sûr et le plus capable de produire l'enthousiasme. Pourtant, le comédien merveilleux restait parfaitement maître de lui; ses sentiments personnels n'étaient pas altérés par ceux que tous ses organes exprimaient et cela à tel point qu'il lui eût été facile de reproduire les mêmes effets, aussitôt la scène terminée.

Il est inutile de dire que de tels tempéraments sont rares au théâtre et si nous disons tempéraments, c'est que n'importe quel talent, pour arriver à des résultats aussi merveilleux, doit être aidé par un cerveau, un système nerveux et un organisme parfaits, sans quoi, et malgré l'artiste lui-même, ce sont ses organes physiques qui modifient sa manière de jouer. On n'a, par exemple, qu'à se reporter, à ce sujet, aux mémoires de Mme Sarah Bernardht;

elle y raconte elle-même la manière dont elle joua la comédie, pour ses débuts, à la Comédie-Française. Des circonstances pénibles, en effet, avaient été suffisantes, ce jour-là, pour porter préjudice à la manière de dire de cette grande artiste. Depuis, elle a pourtant prouvé et montré tout le talent qu'elle possédait. Si nous avons rappelé ces souvenirs, c'est surtout pour démontrer ici que — à moins d'avoir affaire à des sujets tout à fait hors ligne — on ne peut pas obtenir d'une façon mathématique d'un acteur ou d'une actrice, même de grande valeur, qu'il joue d'une façon constante, dans tous ses détails, une scène donnée. Forcément, la plupart des tempéraments artistes, et parce qu'ils sont artistes surtout, se laissent influencer par le milieu dans lequel ils se trouvent, le personnage qu'ils interprètent, le texte qu'ils ont à réciter et les comparses qui leur donnent la réplique. De l'ensemble des éléments qui précèdent et des personnalités naissent les véritables expressions d'ensemble qui charment ou déplaisent au théâtre.

Il fallait donc que les conceptions rigides de la science s'assouplissent suffisamment pour devenir capables d'enregistrer et de montrer fidèlement par la chronophonographie tous les éléments si fugitifs et si subtils qui constituent le grand art théâtral en particulier et en général toutes les manières de dire et d'exprimer, par les gestes et les paroles, la pensée humaine.

La principale difficulté ne résidait pas dans l'enregistrement visuel de la scène. Nous savons également que le phonographe, surtout le Cyclophone Gaumont à air comprimé, peut aussi aujourd'hui enregistrer et reproduire d'une façon peu déformée et suffisamment puissante la voix humaine (1). Pour devenir parfaite, la chronophonographie devait seulement pouvoir inscrire en même temps les gestes, les expressions accompagnant la parole et la parole elle-même, et cela à une distance suffisante pour ne gêner en rien le jeu des acteurs en scène ou des orateurs. Dans ces conditions, il devenait possible d'enregistrer des pièces à plusieurs personnages et par conséquent de reconstituer tout à fait les aspects et les auditions que procure le véritable théâtre.

____

(1) Les nouveaux haut-parleurs électriques Gaumont vont encore améliorer ces rendements dans de notables proportions à la condition que l'on n'exagère pas trop leur amplification. Beaucoup de travaux intéressants furent exécutés à cette époque chez M. Gaumont par M. G. Laudet, un de ses ingénieurs.

Ces résultats ont été obtenus déjà d'une façon satisfaisante grâce à de patientes recherches entreprises, depuis de longues années, dans les Etablissements Gaumont; et ils conserveront à l'art et à la science une foule de documents on ne peut plus intéressants pour ceux qui nous suivront.

L'enregistrement à distance des scènes chronophonographiques et leur production présente de nombreuses difficultés d'ordres très différents. Les phonographes actuels sont encore peu puissants pour reproduire la voix humaine; la qualité des sons recueillis et émettables à nouveau est sujette à bien des déformations. Pour se procurer des enregistrements à distance, il faut inévitablement passer par plusieurs transformations. Celles-ci peuvent être électriques : on se sert alors du microphone, mais on sait que cet instrument n'étant pas accordable pour un grand nombre de sons à la fois et en dehors de certaines limites, un seul instrument ne peut enregistrer juste. Electriquement il se produit aussi des décallages ou des retards dus à la self-induction.

Un autre procédé est utilisable, c'est l'enregistrement des mouvements communiqués à un faisceau lumineux provenant d'un miroir, vibrant proportionnellement aux ondes sonores émises devant lui. Ces vibrations lumineuses sont enregistrées par un moyen photographique quelconque. Si l'image photographique des vibrations ainsi obtenue est transformée en sillons accidentés semblables à ceux qui se trouvent sur les disques des phonographes, on admettra que l'on pourra rencontrer de la sorte une solution du résultat cherché, mais cela encore avec combien de difficultés et déformations? Enfin, on envisagera une autre solution possible du problème, dans le perfectionnement des diaphragmes et des matières plastiques employées actuellement pour les enregistrements phonographiques ou l'emploi des flammes chantantes (1).

Systèmes de synchronismes employés par les Etablissements Gaumont. — M. Gaumont a certainement été un des premiers, sinon le premier, à s'occuper de ces questions; ses brevets du début remontent à 1901 (2). Pour satisfaire aux besoins des clients, deux

---

(1) Au sujet des enregistrements à distance, on pourra consulter utilement les communications du Dr Marage, qui, en se servant d'un miroir oscillant est parvenu à photographier la parole. Des sinusoïdes ainsi enregistrées sur la surface sensible à un disque de phonographe, il n'y a qu'un pas bien facile à franchir.

(2) Extrait d'une note technique provenant des Etablissements Gaumont.

types ont été proposés par ces Etablissements : un simple et marchant à la main, l'autre automatique et plutôt destiné aux exploitations industrielles (1).

Pour les appareils industriels, la nécessité de disposer le phonographe reproducteur auprès de l'écran sur lequel est projetée l'image cinématographique, alors que l'appareil de projection en est éloigné, créait presque l'obligation de demander à l'électricité le moyen de relier synchroniquement les deux appareils.

D'autre part, le phonographe devait nécessairement conserver une vitesse constante égale à celle du disque pendant l'enregistrement de façon à ce que la hauteur du son reproduit soit la même que celle employée pour son enregistrement. Il était donc naturel de faire dépendre le mouvement du Cinématographe de celui du Phonographe. Enfin, si l'on admet qu'accidentellement il puisse se produire de petits décalages d'un de ces mouvements par rapport à l'autre, il était utile de se réserver la possibilité de les pouvoir corriger. Or, pour la même raison (obligation de conserver au Phonographe sa vitesse uniforme), on ne pouvait agir pour la correction que sur le mouvement subordonné du Cinématographe. C'est encore à des dispositions électriques que l'on a eu recours pour réaliser ces corrections.

Parmi les différents brevets pris par la société des Etablissements Gaumont pour l'asservissement à distance du mouvement du Cinématographe à celui du Phonographe, nous signalerons l'un d'eux qui consiste à employer deux petits moteurs électriques à peu près de même puissance, construits pour marcher sur courant continu et que l'on branche en dérivation sur une même source d'énergie électrique. Mais les induits de ces moteurs sont subdivisés en un même nombre de sections et les sections de l'un des induits sont reliées chacune à une section de l'autre induit et dans le même ordre. Il en résulte que le premier des induits ne peut tourner d'une certaine quantité sans que l'autre se meuve d'un même déplacement angulaire.

Si, dans de telles conditions, le premier induit conduit le Phonographe et le second le Cinématographe et que les relations de vitesse

---

(1) Vers 1898 une première tentative d'exploitation de Chronophonographie avait été tentée; par qui? nous ne pouvons plus le préciser. On entendait alors le phonographe à l'aide de récepteurs téléphoniques placés à proximité de chacun des fauteuils réservés aux spectateurs. Ces vues étaient visibles alors à l'Olympia, à Paris.

entre les moteurs et les appareils aient été choisies telles que le déroulement de la bande ait par rapport au disque la même vitesse que pendant l'enregistrement du son, on comprend que le synchronisme soit réalisé.

Il est bien entendu d'autre part que la prise de la vue aura été faite en même temps que l'enregistrement des sons, l'appareil de prise de vue et le Phonographe étant reliés synchroniquement l'un à l'autre de manière analogue.

La synthèse du son et du mouvement doit donc être parfaite si l'on a soin, au moment du départ, de replacer la première image dans la fenêtre du Cinématographe et l'aiguille du Phonographe à la naissance exacte du sillon.

Dans les derniers modèles de postes de chronophones (fig. 108) le

Fig. 108.

départ du Cinématographe est fait électriquement par un contact placé sur le disque du Phonographe, la bande cinématographique ayant été préalablement disposée de façon qu'une image servant de point de départ soit devant la fenêtre du Cinématographe.

Un rhéostat spécial placé dans le circuit des moteurs permet d'agir simultanément sur leur vitesse à tous deux, ce qui est indispensable pour la régler de manière à retrouver rigoureusement celle qui correspond à la vitesse de l'enregistrement et par conséquent pour que la voix ne soit pas dénaturée et soit reproduite à sa tonalité normale. Cette condition doit surtout être parfaitement réalisée pour le chant. Enfin, si par suite d'un accident quelconque, il se produisait une discordance si petite soit-elle, d'une fraction de seconde par exemple, entre l'émission d'un son et le mouvement des lèvres du chanteur, il serait facile de ramener immédiatement la concordance comme nous allons le voir.

Un tableau ou boîte rectangulaire, à la portée de l'opérateur et que l'on voit à droite et en haut de notre figure 108, réunit tous les organes de commande et de réglage. Les constructeurs ont donné à ce tableau le nom de chef d'orchestre pour cette raison.

Ces organes de réglage agissent sur les éléments suivants.

L'axe de l'induit d'un petit moteur commande, par des mobiles intermédiaires, une roue dentée faisant partie d'un système différentiel; une roue dentée identique et faisant partie du même différentiel est reliée par un dispositif quelconque, mais sans glissement, à un des mobiles du cinématographe. Entre ces deux roues se trouvent d'autres petites roues qui complètent le différentiel; elles sont réunies entre elles et si ces roues, dites satellites, se déplacent dans un sens ou dans l'autre, elles entraînent l'aiguille du régulateur de synchronisme. Si le phonographe et le cinématographe marchent d'une façon absolument synchrone, les deux roues directrices tournent à la même vitesse et en sens inverse, les satellites roulent sur place et l'aiguille sera fixe. Si le cinématographe tourne plus vite que le phonographe, les satellites se déplaceront et entraîneront l'aiguille vers la gauche; si c'est au contraire le phonographe qui tourne plus vite, l'aiguille sera entraînée vers la droite. Les graduations indiquées sur le cadran, sur lequel évolue l'aiguille, donnent le nombre d'images de la bande cinématographique dont on est en avance ou en retard suivant que l'aiguille est à droite ou à gauche du zéro. Pour assurer le synchronisme parfait, il faut et il suffit que l'aiguille reste immobile devant le cadran. Si l'appareil fonctionne à la main, il suffit de tourner la manivelle de façon à maintenir l'aiguille fixe et de tourner plus vite si l'aiguille se déplace du côté où il y a écrit *avance* et moins vite si l'aiguille se dirige du côté où il y a écrit *retard*. Si l'appareil fonctionne automatiquement au moyen du courant continu actionnant la dynamo, le régulateur de synchronisme se charge de régler automatiquement la marche du cinématographe. L'aiguille régulatrice du modèle à main est munie d'un frotteur à double contact qui se déplace sur des parties métalliques isolées entre elles. Chacune de ces parties est en contact avec une partie d'une résistance spéciale qui fait alors varier le courant et par conséquent la vitesse d'entraînement de la dynamo, selon les besoins du synchronisme.

Trouve-t-on maintenant qu'il existe, par hasard, un léger écart

Fig. 109. — Ciné-Phono Gaumont.

entre les deux appareils par suite du ressaut de l'aiguille d'un sillon dans l'autre ou du fait de la coupure d'une ou de deux images de la bande cinématographique. Dans ces cas, on déplace à droite ou à gauche le commutateur double, fixé sur le *chef d'orchestre*. Aussitôt on voit le cinématographe avancer ou retarder son allure pour se mettre à nouveau au pas avec le phonographe. L'ensemble de ces dispositifs assure pratiquement un synchronisme parfait et s'il n'a pas été plus employé, c'est surtout à la qualité des images qui lui étaient fournies qu'il faut l'attribuer.

Système de synchronisme Gentilhomme. — Ce système très intéressant et très parfait a été vendu par la Société Pathé Frères; il se particularise de la façon suivante : Le phonographe et le cinématographe, appelés à marcher synchroniquement, sont munis chacun, sur un de leurs organes mobiles, d'un dispositif ayant pour objet d'envoyer dans le *synchrophone* ou organe principal du système, à intervalles réguliers, des courants électriques venant actionner deux mouvements d'horlogerie accouplés. L'un de ces mouvements est actionné par le cinématographe, l'autre par le phonographe. Leur allure respective se reflète donc à distance, pour ainsi dire sur l'allure des mobiles qui les actionnent de loin.

Tant que la marche des deux appareils est synchrone, les courants envoyés sont de même nombre pour chacun des mouvements d'horlogerie dont les rouages défilent ainsi à la même vitesse. Mais, dès que, pour une cause quelconque, l'un des appareils modifie son allure, les mouvements d'horlogerie commandent, au moyen de relais, un petit moteur électrique pendant tout le temps que subsiste l'écart du synchronisme. Ce moteur tourne dans le sens voulu pour faire déplacer automatiquement la manette mobile d'une résistance intercalée dans le circuit du moteur actionnant le cinématographe. La variation de cette résistance fait activer ou ralentir la marche de ce dernier moteur jusqu'à ce que le synchronisme soit complètement rétabli.

Il peut arriver que l'opérateur juge à propos de modifier en marche la position relative du disque et de la pellicule, soit par suite d'une erreur commise dans le repérage du départ, ou de l'obligation où il se serait trouvé de supprimer une ou plusieurs images en un point quelconque de la pellicule.

Dans ces cas, l'opérateur doit faire tourner à droite ou à gauche à la main les organes d'un dispositif placé sur un mobile du cinématographe et nommé boîte de décalage. Par ce moyen, il produit des contacts supplémentaires ou en nombre moindre. Ces manœuvres remettent à nouveau les deux appareils en synchronisme à l'endroit désiré.

Système de synchronisme Couade. — Ce système est également la propriété de la Société Pathé Frères; il est très précis et fort intéressant. Par les moyens qu'il met en œuvre, il fait honneur à la science de son inventeur. Voici en quoi il consiste :

Dans ce système, on s'est servi de la propriété qu'ont tous les moteurs actionnés par un alternateur produisant du courant triphasé de tourner synchroniquement avec l'alternateur qui les alimente de ce courant. Pour simplifier le système on actionne ici en pratique le producteur de courant triphasé par le phonographe lui-même; dans ces conditions, on n'a donc plus affaire qu'à un seul moteur synchrone. Un dispositif spécial produit les ondes électriques non pas par induction comme dans les alternateurs industriels, mais par des rhéostats tournants. Le courant devant être très régulier quant à la forme de ses ondes, il est nécessaire de disposer, pour actionner le rhéostat tournant, d'un moteur très régulier : celui-ci pourra être pourvu d'énergie par des acumulateurs, des contrepoids ou un mouvement d'horlogerie avec régulateur. Le moteur mécanique des phonographes est généralement très suffisant dans ce cas. Le moteur actionnant le cinématographe est réglé dans sa marche synchrone par les organes que nous venons d'indiquer, il est semblable à ceux que l'on utilise avec les courants triphasés, mais il est plus petit que ces derniers.

Le rattrapage des deux éléments synchrones est possible avec ce système (on sait qu'il est indispensable pour les raisons que nous avons déjà indiquées); il suffit pour cela de déplacer les balais qui recueillent le courant sur le collecteur du rhéostat; c'est ce qu'en terme de métier on appelle décaler le courant.

Pour les prises des vues cinématographiques et en supposant que le disque phonographique a été déjà enregistré, le cinématographe est mis en marche synchroniquement par le moteur du phonographe, puisque c'est ce moteur qui conduit la production des ondes électriques qui actionnent le moteur du cinématographe. Pour les projections, le phonographe est disposé près de l'écran et il est mis en communication électrique avec le moteur du cinématographe. On met le phonographe en route et on arrête à volonté le cinématographe au moyen d'un déclanchement électrique; le rattrapage se fait comme nous l'avons indiqué.

(Pour plus de détails, voir brevets Couade, Pathé Frères.)

Système Gibls. — Cette manière de procéder a bien des avantages pratiques, elle est la propriété de MM. Raleigh et Robert et leur a toujours donné des résultats fort intéressants. Par ce système, on ne règle plus la vitesse des deux éléments automatiquement au moyen de deux moteurs toujours synchrones, mais en faisant varier la vitesse du cinématographe d'après l'observation d'un repère qui se trouve sur chaque image projetée.

Pour obtenir ce repère, voici comment on procède : Nous supposons que le disque phonographique a été enregistré avant la prise de la vue. Sur un des mobiles du moteur qui entraîne le phonographe, on adapte une transmission quelconque; celle-ci fait tourner synchroniquement une aiguille blanche sur un cadran noir. Sur ce cadran se trouvent seulement inscrits quatre points de repère blancs. Ce cadran, avec son aiguille blanche, est placé dans un coin à gauche du champ embrassé par la vue du cinématographe. Pendant tout le temps que la vue est enregistrée photographiquement, l'aiguille tourne synchroniquement avec le phonographe qui redit la scène et chaque image enregistrée porte l'impression de la position de l'aiguille correspondant au moment où la vue a été prise.

Lorsqu'on projette et que le phonographe a été mis en marche, l'opérateur n'a plus qu'à observer : premièrement sur l'image projetée, les mouvements de la figure de l'image et secondement auprès de l'écran et en bas le cadran et l'aiguille véritable qui reste commandée par le moteur du phonographe. Pour les projections, la véritable aiguille et son cadran sont rendus lumineux, afin qu'ils soient plus facilement visibles dans l'obscurité de la salle.

Lorsqu'on veut réaliser le synchronisme, il suffit que l'image de l'aiguille sur l'écran et l'aiguille elle-même, conduite par le phonographe, aient toujours la même position relative, cela dépendant des points de repère pour le départ des deux appareils.

Toute image supprimée entraîne par cela même la disparition de la position de l'aiguille correspondante et si, par exemple, dix images sont coupées, on voit la position apparente de l'aiguille sauter brusquement. Il suffit de ralentir le cinématographe pour voir les deux aiguilles reprendre leurs positions normales.

Il existe encore d'autres systèmes dits de synchronisme; certains emploient des disques ou des couronnes de lampes électriques qui tournent ou qui s'allument proportionnellement aux mouvements du cinématographe ou du phonographe, mais c'est alors à la main que se font les rattrapages réciproques.

De ces indications rapides, il résulte que le synchronisme parfait est bien réalisé par les différents systèmes précédents. Jusqu'à présent la difficulté commerciale résidait dans l'alimentation de ces mécanismes en bandes toujours intactes par rapport à leur nombre d'images et d'un intérêt suffisamment puissant pour justifier les sacrifices que doivent s'imposer les exploitants pour les montrer.

Tout praticien sait que les bandes cinématographiques ne sont pas passées souvent à la projection sans subir quelques cassures ou raccommodages dus à toutes sortes de petits accidents encore inévitables. Tant que la bande est intacte, par rapport à son nombre d'images, les mécanismes savants de synchronisme sont parfaits et efficaces, mais huit ou dix images viennent-elles à manquer, aucun organe mécanique ne l'indique encore. Dans ce cas, on est forcé de revenir au réglage primitif à la main. C'est ce qui nous faisait dire dans l'état actuel de la question, que c'était le système Gibls qui répondait un des plus simplement à cette exigence pratique. Avec lui, chaque image porte avec elle son état civil de synchronisme; le réglage à l'à peu près n'existe plus; le projectionniste n'a plus qu'à suivre le déplacement de deux aiguilles qui tournent sans s'inquiéter du mouvement des acteurs car, si un geste ou un mouvement des lèvres a été emporté par une coupure, un accident, la position correspondante de l'aiguille disparaissant, il n'a qu'à retarder la marche du cinématographe.

Les progrès qu'a réalisés la chronographie, du fait des modes perfectionnés d'enregistrement en une fois et à distance obtenus par les Etablissements Gaumont, sont de nature à faire envisager la question sous une autre forme plus pratique.

EXPLOITATION ET PROJECTION DES IMAGES CINÉMATOGRAPHIQUES

CHAPITRE XX

Dispositions spéciales aux salles d'exploitation cinématographique. Projections publiques, écrans, éclairage de l'écran et de la salle. Choix d'un programme.

Dans ce chapitre nous n'avons pas l'intention de faire un cours complet de projection. Il existe sur ce sujet des traités fort complets et très profondément étudiés. Ce que nous souhaitons ici, c'est de continuer à guider le lecteur quant à l'emploi commercial qu'il pourra faire de la vue cinématographique et la meilleure manière technique de s'en servir, pour l'exploiter avec économie et fruit.

Actuellement, il y a intérêt toujours, pensons-nous, à exploiter par ses propres moyens ce genre d'exhibitions; on peut trouver une ville, un quartier, une région où il y a de l'argent à gagner avec.

Il y a eu et il y aura toujours en Europe, pour ne pas dire seulement en France, deux sortes d'exploitations possibles des vues cinématographiques; celles à poste fixe et celles dites ambulantes. Les exploitations à poste fixe aujourd'hui peuvent se diviser en deux classes : les grandioses et les modestes.

Dans les grandes villes il est de plus en plus difficile de créer des exploitations modestes. S'il en existe d'anciennes faisant bien leurs affaires, elles tenteront des exploitants plus riches ou des sociétés plus puissantes et elles seront menacées d'une concurrence redoutable ou d'une expropriation payée. Il faut donc être très prudent dans le choix d'une nouvelle exploitation que l'on croit possible ou que l'on désire acheter et ne pas s'y risquer avant d'avoir tout étudié et tout pesé.

Petites ou grandes, les salles d'exploitations cinématographiques fixes ont intérêt à être confortables et même luxueuses. Certains vous diront que c'est inutile; ils se trompent et leur avis n'est pas d'un commerçant avisé.

Le besoin de luxe est une des nécessités croissantes de la vie moderne. Les signes extérieurs impressionnent plus facilement que les conceptions intellectuelles profondes. On arrive à plaire en éblouissant le spectateur, en le faisant entrer dans une confortable et magnifique salle. Cela lui donne confiance, le dispose bien et lui fait espérer que ce qu'on va lui montrer sera encore plus beau! Aujourd'hui, tout le monde va au cinématographe; il faut reconnaître que l'on y montre des spectacles qui peuvent plaire aux esprits les plus simples comme aux plus cultivés; il faut donc créer et aménager des salles pour recevoir tous les publics.

Sur les grands boulevards, à Paris, il n'est pas nécessaire de posséder une salle immense. Le public est trop divisé comme qualité, quantité et renouvellement; ce qui y a réussi le mieux ce sont des petites exploitations : 300, 500, 800 places au plus, mais continuellement renouvelées avec des spectacles courts; une heure, deux au plus; cela avec des vues de première valeur et choisies parmi celles qui ont la meilleure réputation, la vogue du moment.

Les étrangers, les passants, les provinciaux trouvent là un passe-temps agréable et ils sont tout heureux d'y rencontrer les dernières nouveautés; aussi pour un spectacle aussi court ils veulent bien payer leur place cher et l'exploitant y trouve son bénéfice, surtout s'il sait, par une réclame adroite et une exploitation irréprochable, faire croire à ses clients que sa maison est la meilleure de toutes.

L'amateur parisien fera un quart d'heure de plus de chemin pour trouver les plus grandes exploitations, celles du Faubourg Montmartre, ou de semblables quartiers. Là, pour un plus modeste prix, il trouvera une salle confortable où il pourra *malheureusement fumer* et où on lui montrera un programme copieux qui lui fera passer une soirée entière agréablement.

Pour varier ses plaisirs et lorsqu'il y aura été invité fortement par la réclame, il montera jusqu'au Gaumont-Palace; là il trouvera la plus belle salle de Paris, les plus belles exhibitions cinématographiques et aussi souvent des attractions où le vrai ancien théâtre mélangera toutes ses séductions à celles de l'image mécanique moderne qui le captive tant.

Un des éléments de réputation indispensables aux salles de cinématographe c'est leur orchestre. A Paris, il faut reconnaître qu'il y en a de fort bien composés. Cela provient de ce que les musiciens y sont bien payés et que le service y est moins pénible que dans les théâtres, surtout les théâtres subventionnés, où il faut connaître tout le répertoire et souvent répéter des pièces nouvelles.

C'est dans les orchestres du cinéma que l'on rencontre de plus en plus les prix du Conservatoire et les exécutants de premier ordre. Le Gaumont-Palace possède, en outre, des choristes qui sont des artistes très réputés. Il est à souhaiter pour l'éducation des masses que tous ces éléments savants contribuent à relever le niveau musical de ce que l'on a coutume d'exécuter pendant ces spectacles. On peut y faire de la musique intéressante sans pour cela qu'elle devienne ennuyeuse; le tout est que l'on permette à de vrais connaisseurs de pouvoir procéder à des choix artistiques et intelligents. Malheureusement ce n'est pas encore le cas assez souvent.

Tous les quartiers de Paris ont aujourd'hui leurs salles de cinéma. Dans les régions bourgeoises ou mondaines comme Passy, Auteuil, il existe des grandes salles confortables où le public le plus choisi se donne même rendez-vous. Il y a quelques années on n'aurait jamais été au cinéma de son quartier; aujourd'hui on s'y rencontre, lorsqu'on ne va pas à Paris, comme l'on dit. Avenue Bugeaud, on a installé une salle de spectacle cinématographique véritablement grandiose et qui est fort bien fréquentée.

Dans les quartiers plus populeux : Les Batignolles, Montmartre, Belleville, Montrouge, Grenelle, il existait déjà de petites exploitations qui faisaient de bonnes affaires, où l'on montrait surtout les vues populaires, les romans à épisodes, etc. Depuis la guerre, comme nous l'avons vu, la qualité du spectacle s'est grandement améliorée même là; aujourd'hui il s'adresse à tout le monde.

Depuis, dans ces quartiers on a construit des salles spacieuses et luxueuses, qui peuvent contenir jusqu'à deux et trois mille spectateurs, et le plus extraordinaire c'est que ces salles sont plus souvent pleines que vides. A quel prix? Nous ne voudrions pas trop le rechercher, mais toujours est-il que leur pouvoir attractif reste suffisamment puissant pour remuer chaque soir une masse énorme de spectateurs on ne peut plus heureux de trouver si commodément cette distraction à leur portée, pécuniaire et intellectuelle.

La construction de ces palaces a fait d'énormes progrès grâce à l'emploi du ciment armé et de l'acier. A Paris il en existe de fort intéressants par la hardiesse de leur construction et leur aména-

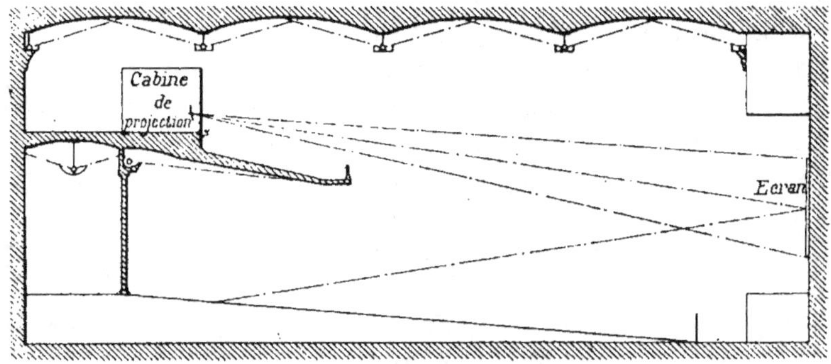

Fig. 110.

gement. Nous citerons parmi ceux-ci l'Hippodrome transformé en Gaumont-Palace, qui est le type de la salle ronde et que l'on a su très bien utiliser, quoique peu faite pour le cinéma.

Le type de la belle salle de spectacle pour cinéma c'est celle de l'avenue Bosquet, dont la figure 110 représente ou à peu près les dispositions générales, c'est-à-dire : rectangulaire, pour éviter autant que possible les places obliques par rapport à l'écran et qui sont très défavorisées au point de vue de la luminosité de l'image, comme nous allons le voir page 435. Au-dessus des places du rez-de-chaussée, se trouve une vaste galerie ou balcon qui avance fortement sur les derniers rangs des fauteuils d'orchestre, mais sans les gêner, et au-dessus du tout on voit le passage des rayons lumineux de la projection ; ceux-ci se propagent sous un angle qui n'est pas gênant et au travers d'une atmosphère relativement pure, puisque la fumée de la salle est enlevée par de puissants ventilateurs. Une autre disposition intéressante est celle représentée par la figure 111.

Lorsque le terrain est carré et qu'il faut l'utiliser sous cette forme on a placé l'écran D dans un angle du dit carré, comme le montre la fig. 111, puis dans l'angle lui faisant face, on a installé la cabine de projection A. Celle-ci est en béton armé et par conséquent ininflammable ; elle sert souvent de support central à toute la galerie supérieure où se trouvent les fauteuils de balcon B et les loges. Pour placer le plus de spectateurs possible sur un espace restreint et comme utilisation rationnelle du terrain, cette disposition nous a paru intelligemment étudiée et originale, d'autant plus qu'on y voit très bien à toutes les places.

Beaucoup de ces nouvelles salles possèdent en plus de l'écran une scène de théâtre aménagée ; c'est une très heureuse disposition pour rendre l'exploitation plus facilement lucrative. Cette scène n'a pas besoin d'être énorme ni aménagée comme celle d'un théâtre où l'on doit jouer toutes sortes de pièces à grand spectacle.

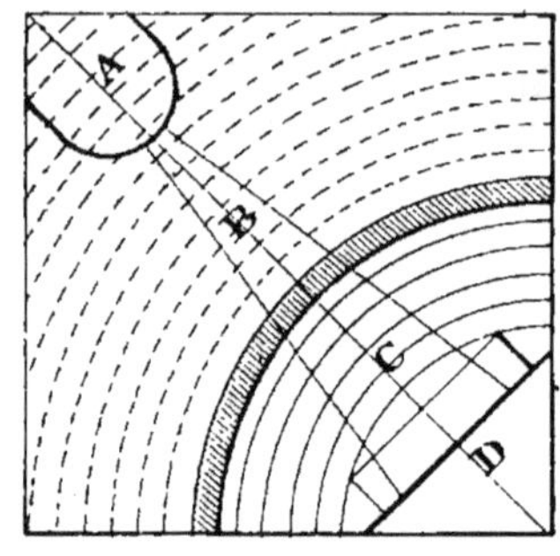

Fig. 111.

Ce que l'on pourra y représenter le plus souvent ce seront des numéros, comme l'on dit, des attractions, des opérettes, quelques comédies ; il ne faut pas une machinerie et un éclairage bien compliqués pour montrer ces choses-là ; de bons projecteurs dans la salle et quelques rampes y suffiront.

Il existe toujours en France beaucoup d'exploitations cinématographiques ambulantes. Il y en a qui possèdent un matériel considérable qui leur permet de monter elles-mêmes, là où elles se trouvent, une salle de spectacle en bois et toile. Ce matériel, aujourd'hui, s'il est en bon état, représente une valeur considérable, mais il faut avoir la mentalité foraine, c'est-à-dire travailleuse, pour pouvoir s'en servir utilement ; il existe des installations très pratiques dans ce genre et elles ont encore dans notre pays de très bons champs d'action à exploiter : foires, fêtes publiques, pays éloignés, etc. D'autres exploitants plus modestes ne possèdent qu'un camion automobile qui peut au besoin se transformer en groupe électrogène. Ces commerçants exploitent certaines petites villes où il n'y a pas la lumière électrique ; ils s'assurent, pour certains jours, la jouissance des salles de réunions, concerts, bals, etc. ; enfin, d'autres ne possèdent qu'un modeste poste de projection éclairé à la lumière oxhydrique ou que l'on tourne à bras pour obtenir du courant, mais malgré tout ils font recette.

Pour ce qui est aménagements intérieurs, dégagements, sorties, précautions contre l'incendie, il existe une foule de prescriptions préfectorales auxquelles il faudra se soumettre lorsqu'on voudra commencer ou construire une nouvelle exploitation; au passage nous en citerons quelques-unes en examinant les exigences particulières de ces salles. (Voir page 440).

Dans toutes les exploitations l'écran gagnera à être toujours très bien présenté, c'est-à-dire entouré d'un cadre doré, de tentures, ou même simplement de plantes et de fleurs naturelles. Dans ces salles, il faut pouvoir obtenir en plein jour l'obscurité absolue. Pour cette raison, les portes pourront être doubles, à tambour ou garnies de tentures, elles s'ouvriront de l'intérieur sur l'extérieur et pourront, au besoin, se maintenir ouvertes entièrement pour laisser le passage libre à la foule, si celle-ci voulait sortir vite pour une raison quelconque. Mais que le public se rassure. Un bon cinématographe, aujourd'hui, même d'un modèle pas tout à fait récent ne *peut plus* mettre le feu chez lui, nous avons déjà vu pourquoi. Les premières rangées de spectateurs ne seront pas placées trop près de l'écran: c'est l'endroit réservé, du reste, à l'orchestre ou au piano, même mécanique. Naguère, on avait beaucoup recommandé les bruits de coulisse, mais comme ils ne se produisaient que rarement au moment voulu, ils devenaient grotesques, aussi on y a renoncé.

L'éclairage des exploitations cinématographiques. — C'est un élément principal de leur succès qu'il ne faut en rien négliger. On peut le diviser en trois groupes :

1° L'éclairage de la façade et celui du vestibule où s'effectueront la vente des billets d'entrée et leur contrôle. L'exploitant avisé sait que, par une jolie façade et un bel éclairage, il attire et donne confiance au passant. Il faut y dépenser beaucoup d'électricité et rendre l'aspect de l'établissement aussi brillant que possible, ce n'est pas de l'argent perdu et cela d'autant plus que cet éclairage ne doit pas durer longtemps, une heure au plus; une fois que les clients sont entrés et la recette faite, on diminue la puissance de l'éclairage qui n'a plus sa raison d'être. Si on le veut, on peut mettre sur la façade des lampes à arc, mais aujourd'hui on trouve des lampes à incandescence très brillantes et bien lumineuses qui font beaucoup d'effet tout en dépensant moins. Les tubes à gaz qui donnent des éclairages bleus ou orangés sont économiques et pratiques.

Dans les villes où il existe des distributions de courant électrique, on a intérêt à s'alimenter par ce moyen, le courant coûte moins cher et les *pannes* sont de plus en plus rares.

Pour alimenter la façade, la salle du contrôle et les dégagements, sur le tableau général partant du compteur on peut faire une prise à part; celle-ci sera commandée, par exemple, de la salle du contrôle même.

2° Une autre prise ira alimenter la salle. L'éclairage de cette dernière devra posséder au moins 2 ou 3 circuits différents qui seront répartis comme nous allons le voir : 1° un circuit qui alimentera les lampes dites de secours. Ces lampes sont celles qui brûlent bleu ou violet pendant toute la représentation sans gêner les projections, mais cependant en répandant suffisamment de lumière, surtout sur les dégagements de la salle, pour faciliter les entrées des spectateurs et au besoin leur sortie. Ce circuit devra être commandé aussi de l'entrée du cinéma. 2° Un circuit ou plusieurs circuits commandant l'éclairage total de la salle. Celui-ci doit *paraître* agréable, être distribué par de beaux appareils, mais en réalité il aura avantage à ne pas être très intensif, cela dans l'intérêt des yeux des spectateurs et de la bourse de l'exploitant. Plus on fera passer ces yeux doucement de la lumière à l'obscurité, moins ils en seront fatigués ou gênés. Pour arriver à ce résultat, on doit pouvoir faire éteindre et se rallumer la salle graduellement, non pas avec des résistances, cela serait très bien évidemment, mais coûterait trop, mais plus simplement, en éteignant ou rallumant successivement plusieurs circuits différents, correspondant aux divers groupements des appareils d'éclairage de la salle. Tous ces circuits seront commandés de la cabine de projection par l'opérateur ou son aide, ou encore, dans les grandes exploitations, par l'électricien de service placé au même endroit. En plus de cet éclairage normal de la salle, il doit y en avoir encore un plus modeste que l'on puisse commander de l'entrée du cinéma et au besoin de la place du chef d'orchestre; ce circuit devra pouvoir, dans une mesure suffisante, rendre de la lumière, comme l'on dit, dans la salle, pour le cas où l'installation de la cabine n'en serait plus capable, pour une cause quelconque. A ce propos, avez-vous remarqué que personne ne se préoccupe plus de l'obscurité des salles de cinéma: on la trouve toute naturelle.

3° L'éclairage proprement dit des projections cinématographiques. Ici nous arrivons à un des points capitaux de cet ouvrage, puisque c'est l'élément principal qui mettra en valeur tout ce que nous avons pu y dire.

Justement, nous sommes à une époque où une évolution heureuse de cet éclairage se produit et nos lecteurs en auront ici certainement une des premières indications utiles. Comme nous l'avons vu, l'image du cinéma étant très petite il faut l'éclairer très fortement et utilement pour la projeter très grande. Jusqu'à présent, on ne pouvait se servir que de lampes dites à arc. On sait que ces lampes ne marchent bien que sous des voltages relativement bas et alimentées par du courant continu. Si on se sert de l'arc et que l'on se trouve sur une distribution qui ne donne que du courant alternatif plus ou moins phasé, il faut le transformer en courant continu; c'est ce qui existe dans beaucoup d'installations datant de quelques années. Aujourd'hui, avec les nouvelles lampes à incandescence à grande intensité et à gros ampérages, on peut arriver à la même puissance lumineuse, mais beaucoup plus pratiquement et économiquement.

Jusqu'à présent, on n'avait recommandé ce nouvel éclairage que pour des petites installations où, par exemple, l'écran ne dépasse pas 3 à 4 mètres de côté et où on ne projette pas à plus de 10 à 12 mètres de distance. Mais le colonel Couade, directeur des établissements Continsouza dont la technique est savante et sûre, et M. Pascal, le constructeur des nouvelles lampes à incandescence à grande puissance, nous affirment que d'ici peu on arrivera à produire par ce moyen la même quantité de lumière que celle utilisée sur les plus grand écrans connus. (Que l'on se souvienne qu'en 1900 MM. Lumière éclairaient 18 m. sur 24 d'écran avec 80 ampères bien employés.) Dans nos installations il ne suffit pas d'avoir beaucoup de lumière à sa disposition, il faut aussi chercher à ne pas en perdre de tous les côtés. Sur la puissance d'une lampe à arc dans une lanterne ordinaire de projections cinématographiques, on n'utilise réellement que 10 à 15 0/0 de la lumière produite. Il en est de même pour la vapeur : c'est tout au plus si on utilise 2 ou 3 0/0 des calories dépensées pour la produire. Avec des condensateurs et des miroirs bien placés on arrive à récupérer utilement aujourd'hui déjà 30 0/0 environ de la lumière produite par les lampes à incandescence.

On admettait naguère que la lumière était due à des ondes oscillantes ou à leurs effets véhiculés par un fluide qui remplissait l'espace et que l'on nommait l'éther. Aujourd'hui on se passe de l'éther pour expliquer la translation et la production de la lumière; ces phénomènes seraient dus à des ondes en mouvement, mais du même ordre que celles qui naissent dans la télégraphie sans fil; leur origine serait de la même nature, c'est-à-dire électrique et constituée par conséquent par la création de forces électriques et magnétiques oscillantes qui changeraient périodiquement de sens et de grandeur comme le font certains courants électriques et constitueraient ainsi un champ de force électro-magnétique semblable à celui de la télégraphie sans fil, avec cette différence que nous pouvons voir les manifestations produites par les mouvements des ondes lumineuses, tandis que nous ne voyons pas celles de la télégraphie sans fil, moins rapides dans leurs oscillations (1).

En résumé, du fait de l'emploi des nouvelles lampes à incandescence à grande puissance, il n'est plus nécessaire de posséder du courant continu, ce qui est un énorme avantage commercial; nous verrons page 445 ce que sont les courants alternatifs et la manière de les employer. Pour éclairer la cabine de projection, il faudra disposer de quelques lampes ordinaires et ménager des prises de courant pour les lampes qui éclaireront les lanternes de projection et les moteurs d'entraînement. Aujourd'hui, dans une exploitation un peu importante, il y a un poste double comme celui que nous signalions page 211, ou deux ou trois postes de projection, pour les raisons que nous avons déjà indiquées.

La cabine doit être le poste de commandement et d'exécution de toutes les fonctions de l'exploitation cinématographique; il y a intérêt à la relier par téléphone au contrôle qui lui donne ses ordres directement pour commencer la représentation, finir les entr'actes, savoir si tout est prêt à bien fonctionner, etc. Une communication téléphonique doit aussi exister entre la cabine et le chef d'orchestre qui se trouve, lui, très près de l'écran. Si l'opérateur a besoin d'une minute de plus pour commencer, changer une bande, réparer une cassure, etc., le chef d'orchestre adroit doit faire disparaître tous ces petits moments d'attente, de froid comme l'on dit au théâtre, et ne l'oublions pas, de crainte, toujours possible, vis-à-vis du public. Il se servira là d'une musique vive, gaie et entraînante qui empêche

---

(1) Explications dues à M. G. Urbain de l'Institut et Professeur en Sorbonne. (*Les Annales.*) Le même auteur parle aussi du rôle des électrons pour rendre les effets de la lumière visible lors de sa réflexion sur les corps, mais tout cela est encore du domaine des hypothèses à vérifier.

le spectateur de penser à autre chose; enfin, si le chef d'orchestre est complaisant et si les projections sont faites à grande distance, il peut aussi de temps en temps faire téléphoner à la cabine pour lui dire que la mise au point est mauvaise de près ou le cadrage de l'image en mauvaise posture. Ne l'oublions pas, ce sont tous ces petits détails de correction qui font le charme d'une bonne soirée cinématographique et qui engagent les spectateurs à y revenir. Nous verrons page 440 comment il faut installer aujourd'hui la cabine de projection d'une bonne exploitation.

Projections en salles éclairées. — Il y a eu une époque où l'on parlait beaucoup de ces sortes de projections parce que l'on redoutait que le public ne fût que médiocrement attiré par les salles sombres; aujourd'hui, on sait que la question n'a plus beaucoup d'intérêt. On peut laisser la salle éclairée si la lumière qui s'y trouve est faible et ne frappe pas directement l'écran. D'autre part si le dit écran reçoit de la lanterne de projection une quantité de lumière suffisante pour que l'image reste lumineuse malgré la lumière restée dans la salle, on aura encore une projection très bonne; c'est une question de relativité, comme dirait M. Einstein! mais plus la salle sera noire, plus les projections paraîtront belles. Aussi personne ne réclame plus la lumière dans les salles de cinéma pendant les projections.

Projections cinématographiques sur la voie publique. — Il en sera de même dans ce cas; c'est encore une question d'ampères à trouver et à dépenser; plus on pourra offrir une image lumineuse, plus celle-ci plaira aux spectateurs; évidemment, on aura avantage à faire éteindre toutes les lumières rapprochées de l'écran, mais ce n'est pas toujours possible.

Les écrans pour les projections animées. Leur grandeur proportionnellement à celle des salles, leur situation, leurs qualités. — Avec la source lumineuse et l'appareil cinématographique, l'écran est l'élément complémentaire qui doit contribuer à donner les meilleures projections possibles.

On a souvent tendance à ne pas apporter suffisamment de soins à la confection et à la situation d'un bon écran.

Il faut d'abord que la grandeur de l'écran et par conséquent celle de l'image projetée soient proportionnelles avec celle du local dans lequel on opère; généralement, on a admis que pour une salle de 10 à 12 mètres de profondeur un écran de 2 mètres sur son plus grand côté suffirait; dans une salle de 15 mètres on peut avoir 2 m. 50 à 3 mètres d'écran; pour 25 mètres de profondeur, on emploie 4 mètres à 4 m. 50. A partir de 30 mètres un écran de 5 à 6 mètres sera juste suffisant. Comme règle générale, on peut dire qu'il n'y a pas avantage à faire des projections trop grandes, mais que jamais elles ne pourront être trop lumineuses et brillantes.

L'écran sera toujours placé tout à fait perpendiculairement par rapport au poste de projection. L'axe optique du faisceau lumineux sortant du centre de l'objectif devra atteindre l'écran dans son centre également, même si le poste de projection est situé plus haut ou plus bas que ce centre. Si, de ce fait, on est forcé d'incliner en hauteur ou en profondeur le poste de projection, il faudra incliner parallèlement et dans les mêmes proportions l'écran; sans cette précaution il y aurait déformation de l'image projetée; dans tous les cas, on ne peut espérer réaliser utilement ces inclinaisons que dans de très faibles limites (quelques degrés au plus).

Ce qu'il faut réclamer en somme d'un bon écran c'est : 1° qu'il réfléchisse le plus possible de la lumière qu'on lui envoie et qu'il n'en absorbe que très peu; 2° qu'il répartisse bien cette lumière réfléchie pour que toutes les places occupées par les spectateurs puissent en jouir aussi également qu'on le pourra.

On peut diviser les écrans en 6 catégories différentes qui seront à employer suivant les cas. Nous allons les examiner en indiquant leur meilleur rendement actuel.

1° Pour une installation à poste fixe, il faut un écran très solide et durable; voici comment on peut le constituer :

Pour qu'un écran soit bon, il faut qu'il réfléchisse bien et qu'il laisse passer le moins possible de lumière au travers du corps qui le constitue. Pratiquement on arrive au meilleur rendement en faisant tendre sur un cadre ou maroufler sur le mur directement une forte toile très serrée comme tissu, et que l'on recouvre de nombreuses couches d'enduit comme savent en composer les peintres en bâtiment; il y a souvent dans ces préparations de la baryte et de la céruse; on obtient ainsi une sous-couche épaisse et parfaitement imperméable à la lumière; on termine par une couche aussi blanche que possible à la magnésie ou au blanc d'argent, mélangés d'un peu de bleu, pour éviter que la couche ne jaunisse en vieillissant si on a employé les couleurs broyées à l'huile ordinaires. Il n'est pas très recommandable de peindre directement sur le mur de la salle, ou alors il faut que sa surface soit parfaitement préparée par des masticages et des couches d'enduits nombreuses. Dans bien des salles où il existe une petite scène, il faut que l'écran soit mobile et disparaisse à certains moments pour faire place aux véritables artistes.

Dans ce cas, si on le peut, il y a tout avantage à le constituer par un cadre rigide sur lequel on tendra solidement la même toile épaisse et serrée que l'on enduira aussi fortement; cet écran a tendance à se craqueler, on devra donc pouvoir le loger soit au fond de la scène, derrière un décor ordinaire qui, lui, peut s'enrouler, ou dans les dessus de la scène si on dispose de la hauteur suffisante; on a déjà compris qu'une surface aussi bien préparée et imperméable ne peut pas se plier ni se rouler. En représentation, on place cet écran juste derrière le rideau de la scène, celui-ci peut se lever ou s'ouvrir à l'italienne; alors, comme pour le vrai théâtre, on lève ou on ouvre le rideau pour commencer la représentation et le public en est illusionné et satisfait.

2° Si on ne peut ou si on ne veut pas constituer un écran aussi rigide, on peut en construire un en opérant de la manière suivante : On prendra du bon calicot aussi serré que possible et on le tendra sur un cadre ou sur des rouleaux en bois qui serviront à le maintenir rigide et au besoin à l'enrouler, puis à chaud on étendra sur ce calicot une forte couche de la solution suivante : eau chaude 1.000 cc., gélatine tendre 90 gr., magnésie ou blanc d'Espagne 200 gr., puis on laisse sécher. Si l'on veut rouler l'écran il faut donner de l'élasticité à la couche avec de la glycérine ou autres corps du même genre.

3° On peut aussi se servir de calicot très serré seulement, mais sans couche obturatrice; il est incroyable alors de constater la perte de lumière que l'on subit de ce fait; la projection est bien plus terne, grise et sans effet, et une fois qu'on a constaté la différence, on ne peut plus se servir de ce moyen par trop primitif. Pourtant pour les écrans transportables, démontables et dits à anneaux, on est bien forcé d'en passer par là en attendant mieux.

4° C'est pour cette raison que M. Gaumont a proposé son écran Cinhelia breveté, qui est constitué par une forte toile vérnissée et saupoudrée d'un produit spécial incolore. Son rendement lumineux et son pouvoir de diffusion sont très élevés; il se cloue sur cadre rigide ou se roule sur tambour.

5° On a proposé des écrans à surface brillante et métallisée dans

lesquels il entre beaucoup de poudre de magnésium ou d'aluminium; les Allemands avaient fait une réclame monstre pour ces
écrans avant la guerre; aujourd'hui tout le monde en fait et ce sont
les meilleurs au point de vue du rendement pour les salles dont la
longueur est égale au triple de la largeur; mais leur pouvoir de
diffusion sur les côtés est limité. La figure 112, que nous devons à
la complaisance de M. Gaumont, indique nettement les valeurs respectives de réflexion et de diffusion des divers types que nous
venons d'indiquer. De face, c'est-à-dire dans l'axe de projection, la
proportion est de 38 pour l'écran de calicot, 40 à 45 pour l'écran
rigide enduit et préparé comme nous l'avons dit, 55 pour le Cinhelia

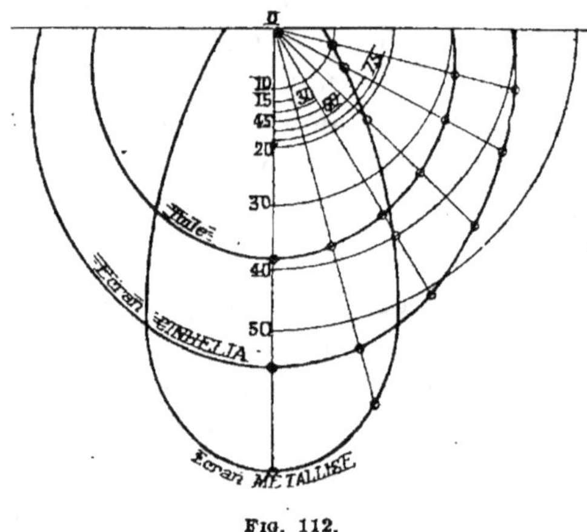

FIG. 112.

et 72 pour l'écran métallisé. Par contre, sur un angle de 45 degrés,
les proportions sont de 35 à 40 pour les écrans ordinaires sur toile,
47 pour le Cinhelia et seulement 22 pour les métallisés.

6° Pour les projections par transparence, lorsque l'écran sépare
les spectateurs de la projection, le problème est encore plus difficile à bien solutionner; c'est pour cela qu'il est employé de moins
en moins; d'abord, ces projections, si elles sont grandes, ne peuvent
se faire que sur une toile transparente (toujours le calicot); celui-ci
ne se fait qu'en 3 m. 20 en plus grande largeur; si on projette plus
grand et de près, on verra donc les coutures. Pour les petites projections on pourra utiliser avec grand succès le papier à calquer
qu'emploient les architectes ou un verre finement dépoli, mais ce
ne sont pas là des solutions commerciales. Pour rendre le calicot
plus transparent, ce qui est indispensable dans ce cas, il faut l'hu-

mecter d'eau additionnée de 15 % de glycérine pour retarder l'évaporation de l'eau. Lorsque l'on opère dans ces conditions il se produit un grave inconvénient, c'est la visibilité de ce que l'on nomme le point lumineux. Celui-ci provient de la lumière émise directement par la lampe de projection. Ce point forme au milieu de l'image cinématographique projetée une tache plus lumineuse et même aveuglante. Au travers d'un écran en calicot mouillé cela est insupportable. Pour la faire disparaître on place les spectateurs en dessous de la place où ce faisceau est visible directement; on peut aussi le faire disparaître tout à fait par l'emploi de papier-calque ou d'une glace dépolie comme nous l'avons indiqué. Pour arriver au même résultat, M. Gaumont a proposé un écran transparent spécial qui est constitué par une toile à mailles très serrées recouverte d'un enduit sec qui lui donne toutes les propriétés et la transparence voulue en évitant la visibilité du point lumineux. Ces écrans ne se plient pas et doivent être préparés sur place. Lorsqu'un écran est trop transparent il laisse trop éclairée la projection pour les spectateurs qui sont placés de face, mais cela au détriment de ceux qui sont situés de côté et qui voient alors l'image sombre et indistinctement.

Choix et composition du programme. — Aujourd'hui la mode et la réclame générale des grands journaux quotidiens et corporatifs influent beaucoup sur la composition du programme à fournir par l'exploitant. Comme nous le disions, toutes les classes de la société vont au cinéma.

Le répertoire littéraire, artistique, documentaire, du cinématographe est considérable; malheureusement on ne peut pas montrer trop souvent le même spectacle; la terrible mémoire des yeux s'y oppose. C'est ce qui fait la raison d'être des loueurs de spectacles ou de sujets toujours nouveaux. Pour placer leur marchandise, les loueurs sont forcés de faire une réclame monstre, d'éditer des affiches que l'on voit partout, même pour annoncer le sujet sensationnel à venir! C'est autant de gagné pour l'exploitant qui le montrera seulement au moment où il le pourra en tenant compte de ses moyens financiers propres.

L'exploitant doit toujours faire œuvre d'artiste et même de censeur vis-à-vis de ses clients. Il faut que l'on puisse dire de son exploitation : Lorsque nous allons à tel cinéma nous sommes certains que nous verrons des choses jolies, artistiques, intelligentes et à notre goût! Comme nous le disions le temps est passé où les *amateurs* n'espéraient y voir que des grossièretés et des initiations à tous les vices et à tous les crimes. Une jolie comédie de genre avec ses intrigues, ses finesses, ses délicatesses, même un bon mélo, sont compris et appréciés dans tous les quartiers de Paris. Remarquez qu'il en a toujours été ainsi; mais le cinéma ne le savait peut-être pas suffisamment et c'est un malheur, car il aurait pu s'éviter de se discréditer comme il l'a fait à un moment donné. Comme confirmation de ce que nous avançons, demandez à tous les vieux acteurs du vrai théâtre, et qui ont joué devant le public des représentations populaires gratuites à Belleville, ou rue de la Gaieté, ainsi qu'au Théâtre-Français, et vous verrez s'ils ne vous diront pas tous combien les applaudissements partent au bon moment et si tous leurs *effets* ne sont pas aussi subtilement saisis et appréciés là que dans les salles les mieux fréquentées; nous ne disons pas les jours des premières; les personnes du métier savent pourquoi.

Il faut aussi s'inquiéter de l'esprit de la masse des spectateurs et composer le spectacle suivant les indications qu'on aura pu en recueillir, lors de certaines visites, qui pourront même aller, jusqu'à emprunter un caractère presque officiel, en province surtout. Par la suite, vous verrez que le cinématographe exercera une influence politique, moralisatrice, sociale, même religieuse. Il en est ainsi dans presque tous les pays puritains du monde et nous n'y échapperons pas. A l'appui de notre dire, nous pouvons citer les nombreuses exploitations cinématographiques de Venise qui ne sont devenues lucratives pour leurs propriétaires que lorsqu'elles ont été placées sous la surveillance *morale* de l'évêque de cette ville, qui était alors Pie X. Dans d'autres pays ce sera l'influence contraire qui dominera, etc., mais ce sont des considérations que l'on ne peut pas négliger, si l'on veut faire les meilleures recettes possibles. Pour faire passer une bonne soirée à ses clients, le propriétaire de cinéma doit, autant que possible, leur montrer un peu de tous les genres existants. On commence par ce que l'on nomme les actualités. Ce sont les faits principaux qui se sont passés en France et dans le monde entier et que le cinématographe a pu enregistrer. Tout le monde a connu ces faits par les journaux, on sait ce dont il s'agit; ce n'est pas fatigant à regarder, on voit des personnages connus, souvent changés, si ce sont des ministres; mais ce qui ne change jamais c'est leur air pressé et leur manière épileptique de saluer! Il faut gagner du temps et l'on met de l'avance au débobinage de la pellicule positive. Si les cinémas ont intérêt à montrer ces vues ils devraient les faire défiler convenablement. Après, ce sera une vue drôle qui provoquera le rire et mettra en gaîté les spectateurs. S'ils rient bien ils seront contents et maintenus en bon état pour trouver tout le reste du spectacle bon et intéressant.

De braves sujets de comédie comme aujourd'hui on sait les présenter, soit en France, soit provenant d'Amérique ou d'Italie, seront appréciés et compris de tout le monde. Presque tous les cinémas sont forcés de montrer les épisodes des romans-feuilletons à la mode et publiés par les journaux dits de grande information.

Lorsque le roman est bon et la reconstitution cinématographique traitée par des artistes et des metteurs en scène de talent, tout va bien; les lecteurs de ces romans sont ravis de voir leurs héros agir réellement et ceux qui ne se passionnent pas pour l'histoire sont encore intéressés par de jolies reconstitutions ou de beaux tableaux. Comme nous le disions, ces romans deviennent plus intelligents; mais pour leurs lecteurs habituels il faut qu'ils gardent cette tournure populaire et ces sentiments naïfs que d'autres trouveront peut-être déjà bien démodés; ce n'est que petit à petit qu'eux aussi pourront évoluer vers un art plus élevé qui sera goûté d'autant plus que l'éducation du public aura été complétée par le cinématographe intelligent. Bien des exploitants, pour corser leur programme et après le seul entr'acte de la soirée, commencent la deuxième partie de leur représentation par ce que l'on appelle un numéro, une attraction. Ceux-ci peuvent être constitués par un bon chanteur, des acrobates, un montreur d'animaux dressés. Une belle exécution musicale sera toujours très appréciée, même si elle est constituée par de la musique dite savante, non ennuyeuse, mais exécutée par un bon artiste. Le nom du morceau et de l'auteur seront indispensables à indiquer pour que le public s'y intéresse. Enfin, on terminera par la grande pièce à réclame et en vogue. Celle-là pourra durer une heure ou une heure et demie; mais le public est entraîné maintenant et il va suivre avec un intérêt soutenu, même passionné, les péripéties de l'action. Ce sera un travail considérable pour lui, il y peinera, il en retiendra sa respiration, il en prendra mal à la tête, à l'estomac! Mais qu'importe le corps si l'esprit est transporté pour de bon dans les milieux rêvés, et si l'imagination s'y perd dans les visions les plus terrifiantes ou les plus délicieuses. C'est autant de gagné sur les réalités de la vie, et aujourd'hui que ne ferait-on pas pour pouvoir les oublier, ne fût-ce qu'un seul instant!

Notre dernière remarque se rapportera à nos enfants. Malgré le relèvement moral et intellectuel des sujets montrés par le cinématographe, malgré le plaisir intelligent que les esprits cultivés peuvent y prendre aujourd'hui, tous les spectacles cinématographiques ne sont pas faits pour les enfants. Nous avons vu pourquoi il était si difficile de faire des représentations à leur convenance; mais dans une grande ville comme Paris il nous semble que l'on pourrait au moins essayer d'en réaliser. Combien de fois personnellement, ne nous est-il pas arrivé, sur les boulevards, dans une fête publique, un casino, au bord de la mer, etc., de vouloir conduire de jeunes enfants se distraire une heure au cinématographe et de tomber juste sur un programme où figuraient des sujets scabreux, où le drame le plus noir et composé de situations que doivent ignorer le plus longtemps possible de jeunes cervelles; cela dit, non pas que nous ayons des idées rétrogrades, mais parce que nous pensons qu'il n'est pas nécessaire de noircir et d'inquiéter d'avance des imaginations qui ont encore le bonheur de voir la vie moins laide qu'elle n'est réellement.

D'une façon générale, pour être bon exploitant, il faut être très attentionné pour le public qui veut bien vous faire l'*honneur* de venir assister à vos représentations. Cette formule, c'est celle des vieux bateleurs qui ont créé le vrai théâtre sur le Pont-Neuf et à l'Hôtel de Bourgogne; elle est toujours la bonne. Il ne faut pas laisser *refroidir* la bonne volonté et l'enthousiasme du spectateur; on doit lui montrer ce qui l'impressionne le moins d'abord, progressivement l'intéresser, puis l'émerveiller pour finir! On le congédie ainsi sous la meilleure impression possible et en humeur de dire tout le bien qu'il pense du bon cinéma, où il s'est si bien amusé.

CHAPITRE XXI

Installation de la cabine de projection dans les exploitations ; les exigences administratives au point de vue de l'hygiène et de la sécurité publique. Le courant et l'éclairage électriques. Choix et conduite du poste de projection. Réglage de la vitesse de l'entraînement de la pellicule. De la correction de la projection. Mise au point. Cadrage, scintillement, flottement. Autres éclairages. Soins à donner aux pellicules par l'exploitant.

En France, lors de la création des exploitations cinématographiques, on ne donnait pas suffisamment de soins et d'attention à l'installation de la cabine de projection. Comme pour beaucoup d'autres choses, c'était le système D qui y régnait. Aujourd'hui, il y faut plus de sécurité et de confort.

On peut toujours considérer ici les exploitations cinématographiques sous deux aspects : celles qui sont modestes, qui vivent de leurs économies, qui ont été créées avec de petits capitaux, et celles qui sont déjà rémunératrices et même prospères ou grandioses. Pour être grand ou petit directeur d'exploitation, il faut savoir son métier, même si on est, en plus, gros financier. Comme nous l'avons vu au chapitre précédent, ce métier exige deux connaissances primordiales : celle de savoir bien achalander et présenter son établissement et ensuite celle de savoir l'exploiter techniquement et économiquement.

Pour l'exploitant, son premier et principal employé après le caissier, sera l'opérateur projectionniste. Il faudra savoir le choisir sobre, calme, sérieux et régulier de caractère, ayant du sang-froid, de l'ordre, de la méthode. C'est de lui que dépend toute la régularité et la beauté du spectacle dans ce genre d'industrie. Pour ces raisons, aujourd'hui, on ne peut plus le loger dans une de ces boîtes en tôle où il suait et peinait en proie à la crainte de ne jamais pouvoir arriver à faire dérouler proprement, et jusqu'au bout, sa bande! Lorsqu'on débute, il arrive souvent que l'exploitant lui-même devienne son propre opérateur. Cela est excellent, car c'est une école pratique qui servira beaucoup lorsqu'on aura à employer des opérateurs du métier, car il y en a de bons et de mauvais et dans tous les cas l'exploitant doit savoir les diriger : sans cela il n'est plus maître chez lui et perd infailliblement de l'argent.

Depuis que l'exploitation du cinématographe s'est généralisée et que divers accidents, plus ou moins graves, ont attiré sur elle la surveillance et la réglementation administrative officielles, ce genre d'exhibition est soumis à certaines ordonnances préfectorales auxquelles il faut satisfaire avant de pouvoir ouvrir une salle de ce genre en France.

Nous résumerons ici les principales d'entre elles, d'après le *Vademecum de l'opérateur cinématographiste de M. R. Filmos* et dont nous recommandons tout particulièrement l'étude à tous les professionnels qui veulent réellement devenir impeccables dans leur manière de présenter l'image animée.

A Paris, l'article 175 de ce règlement dit : L'appareil à projection sera placé dans une cabine construite de matériaux incombustibles. Cette cabine aura au moins une dimension de 1 m. 60 de longueur sur 1 m. 35 de largeur. Elle sera d'un accès facile et située de manière à ne pouvoir nuire à la sortie du public dans le cas où un commencement d'incendie surviendrait à l'intérieur. L'exploitant a tout intérêt également à ce que le plafond et le plancher de la cabine soient aussi recouverts de tôle ou faits en matière incombustible comme le ciment armé, etc. Un charbon incandescent, un bout de pellicule enflammé peut commencer à mettre le feu, ainsi qu'un accident électrique arrivant aux câbles ou aux tableaux de distribution situés dans la cabine. La stabilité de la cabine devra être assurée parfaitement; elle ne doit pas reposer sur un plancher élastique, même métallique; le passage des spectateurs ou le mouvement de l'appareil ne doivent pas influencer la stabilité de l'image projetée, car la projection amplifie ces mouvements proportionnellement à la grandeur de l'image. Plus la cabine sera grande, mieux cela vaudra; on y fait aujourd'hui un travail considérable; les séances ne durent plus une demi-heure, mais souvent 2 heures sans entr'acte; il faut y manipuler beaucoup de mètres de pellicule, continuer une projection d'un même sujet souvent sur 2, 3, 5 rouleaux de 4 et 600 mètres chacun, sans que le public s'aperçoive de ces changements. C'est pour cela que l'on a créé les postes doubles. Aujourd'hui, dans les grandes villes, il est difficile à un exploitant d'assurer un bon service avec un seul appareil, même très perfectionné. La figure 113 représente l'intérieur de la cabine du

Fig. 113. — Cabine de projection du Gaumont-Palace.

Gaumont-Palace; on y voit trois appareils de projection en batterie et prêts à se relayer les uns les autres. Dans ces conditions, la cabine devient un atelier où les opérateurs doivent fournir du travail excellent et régulier. Jamais elle ne sera donc trop confortable et aérée.

Article 177. — La cabine sera aérée à l'aide d'une large ouverture ménagée dans le plafond et garnie d'une toile métallique à mailles fines. Chaque fois que cela sera possible, la ventilation devra être faite directement à l'intérieur. Si on emploie des lampes à arc très puissantes, il y a toujours intérêt, si on le peut, à monter sur le toit de la lanterne de projection un tuyau de poêle ordinaire qui ira porter à l'extérieur la plus grande partie de l'air chaud fourni par ces lampes. La température de la cabine sera de ce fait considérablement améliorée; pour la saison froide, on pourra mettre sur ce tuyau un débit d'air variable réglé par une clef. Avec raison on recommande de situer la cabine en dehors de l'exploitation avec laquelle elle ne communiquera que par les petites ouvertures indiquées ci-dessous.

Article 178. — Les ouvertures pratiquées sur le devant de la cabine et servant au passage des rayons lumineux seront munies de volets métalliques se manœuvrant de l'extérieur.

Article 179. — La porte de la cabine ne sera fermée qu'au loqueteau se manœuvrant des deux côtés.

Article 189. — Il sera interdit de fumer dans la cabine. Il y a intérêt à ce que le plafond de la cabine soit le plus haut possible (2 mètres au moins) pour en augmenter le cube d'air; si l'on peut ouvrir dans la cabine des fenêtres qui donnent sur l'extérieur, cela sera très avantageux. Ces fenêtres fermées assureront l'obscurité dans la cabine bien entendu; mais elles serviront pendant les entr'actes et les autres temps libres à une aération efficace.

On doit pratiquer l'ouverture de la cabine par où passeront les rayons de la projection à une hauteur de 1 m. 25 environ, 1 m. 20 si le poste de projection est situé plus haut que l'axe de l'écran. A 0 m. 50, plus si on veut, sur la droite de cette ouverture et à 1 m. 50 de hauteur on pratiquera une autre petite fenêtre qui permettra de voir la projection et de régler sa mise au point. Cette ouverture pourra avoir 0 m. 15 sur 0 m. 10 de haut; on la situe à droite de l'autre parce que c'est de ce côté-là que se commandent tous les postes de projection. L'ouverture par où doivent passer les rayons de la projection pourra avoir 15 centimètres sur 15, mais à la condition que l'objectif de l'appareil soit très près de l'ouverture et pas à trop grand angle. Comme nous l'avons dit, l'axe du faisceau lumineux de projection doit être autant que possible à la même hauteur que l'axe, ou le centre, de l'écran; mais cela arrive rarement. En désaxement on ne peut guère dépasser 20 % en tenant compte de la différence de niveau existant entre les deux points qui nous occupent et la distance à laquelle on projette. Ainsi pour une projection à 20 mètres, la différence de niveau ne peut pas dépasser pratiquement 4 mètres, sans cela les images seraient par trop déformées. Les petites ouvertures dont nous venons de parler ne doivent pas être suffisamment grandes pour laisser passer trop de lumière dans la salle; comme les règlements le veulent, elles doivent pouvoir se fermer instantanément par de légers volets en tôle; on peut imaginer toutes sortes de combinaisons pour arriver à ce résultat peu compliqué en somme. Ce que l'on souhaite, c'est que par ce moyen on puisse isoler de suite l'intérieur de la cabine s'il s'y passe quelque chose d'anormal et que le public ne doit pas voir. De plus en plus, avec les appareils modernes, ces précautions deviendront superflues, car il ne pourra plus rien se passer de fâcheux dans ce petit studio bien organisé. Dans la cabine, loin de l'appareil, on pourra installer une table sur laquelle sera placé la ou les enrouleuses destinées, après la projection, à remettre dans le bon sens les bobines déjà projetées.

Sur cette table sera installé aussi tout le nécessaire destiné à recoller les bandes cassées. La boîte de provision des bobines à projeter constituant le programme sera placée dans un petit vestibule à proximité de l'entrée de la cabine, cela par mesure de plus grande sécurité. Dans ce vestibule ou coulisses spéciales à ce théâtre, on pourra installer un vestiaire pour les opérateurs ou l'opérateur et son aide. Il sera bon de leur fournir un poste d'eau potable où ils pourront se laver les mains et au besoin même se désaltérer. Sur le plancher incombustible de la cabine, à la place de l'opérateur, on pourra mettre un tapis caoutchouté pour l'isoler et éviter ainsi les pertes de courant à la terre et les pertes de calorie par les pieds. La cabine sera éclairée électriquement et l'opérateur aura à la portée de sa main toutes les manettes de distribution des éclairages de l'exploitation. C'est lui qui doit éteindre ou rallumer la salle au bon moment ou au besoin y rendre aussitôt la lumière s'il se produit un accident quelconque dans la cabine de projection. Par le téléphone il faut qu'il puisse continuellement être en communication avec la direction et l'orchestre. Pour combattre les commencements d'incendie, qui ne doivent plus *jamais se produire* dans une cabine bien installée, l'opérateur devra se souvenir toujours des ordonnances préfectorales : Article 187 : Il sera placé à portée de la main de l'opérateur un extincteur de cinq litres et deux siphons d'eau de seltz; un seau plein d'eau (renouvelée de temps en temps) sera placé à proximité de la cabine. De l'eau sous pression pourra être distribuée par une pomme d'arrosoir sur l'appareil; mais alors, gare les dégâts! Certains inspecteurs exigent qu'un morceau d'étoffe de laine (genre couverture) de 80×80 centimètres baigne dans l'eau contenue dans le seau. Cette couverture ainsi mouillée étouffe facilement un commencement d'incendie lorsqu'on la met dessus; mais il faut l'entretenir dans un état de non-pourriture suffisant, car sans cela le jour du malheur elle pourrait ne plus être en état de remplir efficacement son office. D'une façon générale, la première chose à faire en cas de feu c'est de fermer les communications avec la salle et d'y rendre la lumière; après, avec du sang-froid, on a tout le temps de remettre très vite tout en état puis de reprendre immédiatement et normalement la projection. Si l'exploitant veut être bon pour... ses opérateurs, il leur fournira un grand tabouret pour qu'ils puissent surveiller aussi le défilage de la pellicule pendant des heures, sans pour cela se fatiguer inutilement.

En écrivant ces lignes, nous comparons dans notre esprit l'opérateur cinématographiste à l'aviateur. Comme ce dernier que de choses il doit faire avec ses deux mains, tandis que l'aviateur se sert aussi de ses pieds.

Le courant et l'éclairage électriques. — Aujourd'hui, pour être bon opérateur cinématographiste, il faut être un peu électricien; ou tout au moins doit-on savoir comment on reçoit le *jus*, comme l'on dit dans le métier, et quelles en sont les origines, les qualités et propriétés, toutes connaissances nécessaires pour obtenir de bonnes projections.

Nous ne pouvons pas écrire ici un cours complet d'électricité, mais nous allons tâcher de faire le possible pour que notre lecteur possède sur ce sujet les notions utiles suffisantes.

L'usage du courant électrique se généralise de plus en plus; on le trouve souvent distribué par des secteurs qui le produisent à bon marché. Presque toutes les distributions de courant se font aujourd'hui sous la forme de courant dit *alternatif* plus ou moins *phasé*, à périodes ou fréquences variables, et sous des *voltages* différents.

La France est un pays riche de beaucoup de choses, entre autres d'énergie naturelle, produite par ce que l'on nomme la houille blanche. Cette force naissant de celle de ses cours d'eau va être utilisée et transportée sur son territoire entier du fait de sa transformation en courant électrique. Actuellement on commence à capter cette énergie partout où elle existe : Chutes du Rhône, de la Dordogne, des torrents et gaves des Alpes, des Pyrénées, des petits fleuves de la Bretagne, etc., etc... Sur les lieux d'extraction on y ajoute encore celle de la houille noire (Douai), transformée en calories d'abord, puis en électricité toujours. Toutes ces puissances électriques sont ensuite réunies par des centres de distributions et réparties dans les contrées où elles peuvent être consommées économiquement.

Le courant électrique est produit à haute tension sur les lieux où se trouvent les forces naturelles qui servent à le créer. Cette condition est nécessaire pour pouvoir le transporter économiquement; nous verrons comment. Dans les usines modernes, les grands alternateurs ou dynamos employés produisent du courant alternatif à 100, 110, 120.000 volts et comme la puissance du courant électrique produite est à peu près égale à celle des chevaux-vapeurs dont on dispose au lieu de production, on voit la masse formidable de force qui est transportée par de simples poteaux supportant les fils métalliques d'aspect si faible que nous connaissons tous. C'est pour ces raisons que ces lignes sont si dangereuses à approcher, à manipuler et à entretenir. Les lignes à très haute tension ne sont pas nombreuses, elles se subdivisent bientôt en lignes secondaires en subissant une première transformation électrique. Leur courant ne cheminera plus, par exemple, que sous la tension de 50.000 volts. Il y a déjà des lignes qui sous ce voltage effectuent des parcours de 100, 200, 300 kilomètres et plus. Comme les précédentes, elles doivent être très bien isolées et solidement construites; l'écriteau que l'on met sur chacun de leurs poteaux et qui prévient qu'il y a là *danger de mort* n'exagère rien. C'est généralement sur ces lignes à 25, 50.000 volts que sont branchés plus ou moins directement les groupes d'abonnés dans les villes ou lieux de consommation. Dans les villes comme Paris, les câbles à 25.000 volts sont souterrains, mais en province il n'en est pas toujours ainsi. Il existe encore dans ce cas des distributions à 5, 6.000 volts; enfin, une dernière transformation généralement effectuée au domicile même du consommateur, lui procure le courant à 250 ou 125 volts triphasé et à 50 périodes qu'il doit utiliser au mieux de ses besoins personnels. Sur cette source d'énergie électrique immense, le consommateur peut puiser tant qu'il voudra, son compteur lui dira seulement ce qu'il lui en coûtera pécuniairement. Pratiquement, il est indispensable d'être très prudent lorsqu'on manipulera du courant électrique, même à 110 volts; nous verrons ce que c'est qu'une perte à la terre, un court-circuit et ce ne sont pas des choses avec lesquelles il faut jouer, vu la puissance de l'énergie qui peut y être mise en jeu et qui devient vite et facilement redoutable.

Lorsqu'on emploie des lampes à arc, pour éclairer les projections, il faut transformer ce courant alternatif en courant dit *continu*, parce qu'une lampe à arc ne marche bien qu'avec ce courant-là. Mais, comme avec les lampes à incandescence à grande puissance on arrive aux mêmes intensités lumineuses et que ces lampes marchent bien avec tous les courants alternatifs connus, la solution du problème s'en trouve facilitée d'autant.

Nous venons de voir que dans l'industrie cinématographique on pouvait employer deux sortes de courant; examinons rapidement ce qu'ils sont. Tous les instruments ou machines qui produisent du courant électrique utilisable, piles, dynamos, magnétos, grands alternateurs, etc., ont deux pôles ou si vous voulez deux points sur lesquels on vient prendre l'énergie électrique qu'ils produisent. Ce seront pour nous les bornes ou serre-fils de la dynamo, ou les extrémités des fils d'arrivée du secteur. Pour utiliser ce courant, cette énergie, on procède de la manière suivante : D'un des pôles déjà cités et par un fil que l'on y attache on va faire cheminer le courant. Ce courant a une force, une *pression* si vous voulez, comme l'aurait de l'eau dans un tuyau sous pression aussi. Ce flux électrique va arriver ainsi à l'endroit où nous voulons qu'il travaille, par exemple une lampe à arc ou à incandescence, un moteur, etc. Là ce courant se heurtera à une résistance calculée d'avance; elle est produite par la lampe elle-même ou l'enroulement du fil du moteur, cela pour ne laisser passer dans leur intérieur que la *quantité* de courant qui leur est nécessaire pour bien fonctionner. Mais ce fonctionnement ne peut naître et durer que si le courant continue à passer. Pour qu'il passe, il faut qu'il trouve un chemin de retour. Ce sera le deuxième fil qui partira de la deuxième borne de l'appareil utiliseur et qui le conduira à l'autre borne de la dynamo génératrice ou de l'autre fil, dit fil de retour du secteur. Pour que ce retour, cette circulation du courant produisent de la force et soient possibles, il faut qu'il existe une différence de puissance de pression, d'intensité entre le point de départ et celui d'arrivée du circuit. C'est ce qui existe et que l'on nomme la différence de potentiel ou le *voltage* du courant. Sous cette différence d'*intensité* ou de voltage, la *quantité* de courant électrique que l'on peut amener à un appareil d'utilisation du courant électrique peut varier suivant la résistance qu'il offre au passage du courant, cela à la condition que la source initiale du courant soit plus abondante que la quantité que l'on utilise normalement. Ainsi, par exemple, si l'on prend (ce qu'il ne faut pas faire) les deux fils d'un circuit électrique provenant d'un secteur ou d'une dynamo et qu'on les fasse se toucher sans intercaler entre eux aucune résistance qui s'oppose au passage de toute la *masse* du courant produite normalement à sa source, tout ce courant va passer instantanément par cette porte ouverte ainsi pour lui et ce sera le feu d'artifice bien connu des professionnels et que l'on nomme le *court circuit*. De ce fait toute cette énergie précipitée ne trouvant rien à faire de mieux se transforme en chaleur, les isolants des fils se fondent, ainsi que le cuivre des câbles conducteurs et la catastrophe générale ne pourra être enrayée que par les *plombs fusibles* que l'électricien prudent n'aura pas manqué de mettre dans le circuit pour le protéger contre cet accident toujours possible. Ces plombs fondant plus facilement que le cuivre, ce sont eux qui cèdent les premiers et coupent le circuit avant que de plus grands malheurs puissent se produire. La quantité de courant qui passe ce sont les *ampères*. Les *watts* sont les unités de travail électrique; un watt-heure c'est cette unité consommée pendant une heure.

Connaissant le voltage, *l'intensité* du courant employé et le débit, ou *quantité* ou ampères, si l'on multiplie ces deux valeurs l'une par l'autre on a le nombre de watts consommés, c'est ce que l'on paye. Un kilowatt-heure c'est 1.000 watt-heures, etc.

Ce qui empêche l'électricité de sortir des fils dont les extrémités ne touchent à rien, et qui, par conséquent ne *ferment pas le circuit* dont nous venons de parler, c'est la résistance que l'air lui oppose. Il faut les très hautes tensions de la T. S. F., pour qu'il en soit autrement. De ce fait, il n'y a pas non plus de pertes sensibles, dans le courant ordinaire qui chemine dans des conducteurs nus mais isolés suffisamment de la terre.

Si des fils nus ou isolés insuffisamment par des gaines faites en matières qui ne laissent pas passer le courant, viennent en contact accidentellement avec quelque chose qui peut conduire l'électricité mal ou bien, comme une pièce métallique, un pied d'appareil cinématographique en fonte, un plancher, un mur humide, etc., etc., par ces corps, il se forme souvent ce que l'on nomme une *perte à la terre* qui est, elle, conductrice du courant, comme on le sait. De ce fait, le circuit se ferme accessoirement par cette route. Si la route est mauvaise, elle offrira de la résistance au passage du courant et la perte sera faible. Si elle est bonne elle peut devenir considérable. Si le courant est à faible tension elle est moins dangereuse, mais elle peut devenir terrible et mortelle si le courant provient d'une ligne à haute tension et dans ce cas la ligne est beaucoup plus difficile à isoler. Le corps humain est très bon conducteur de l'électricité. Si l'on touche à une partie d'un circuit fermé, où passe du courant, ou si l'on touche à un corps par où passe une perte de courant, on forme ainsi involontairement un circuit secondaire, parce que le retour du courant se fait facilement en passant par le corps humain et la terre. Lorsqu'on manipule les courants à haute tension, on isole les opérateurs, par des tabourets isolants à pieds de verre, justement pour éviter le retour par la terre. On sait qu'il faut traiter une personne électrocutée comme une personne noyée. On doit être très prudent pour la retirer du circuit qui a provoqué l'accident. Avec du 110 ou 220 volts les accidents graves sont très rares, mais ils peuvent se produire; on ne doit jamais l'oublier.

Maintenant que nous avons vu comment un courant électrique peut fournir de l'énergie, voyons sous quelles formes différentes nous pouvons le rencontrer. Nous l'avons déjà dit, c'est sous la forme de courant continu et de courant alternatif. Le courant est dit continu lorsqu'il s'écoule toujours dans le même sens pour aller d'un pôle à l'autre de la source dont il tient sa puissance.

Un de ces pôles est dit négatif et l'autre positif. Le *courant* alternatif au contraire est constitué par un courant irrégulier ondulatoire, par un flux qui change de valeur ou de sens suivant le nombre de fréquences ou de périodes que lui impose le mode de construction de l'alternateur ou de la dynamo qui le produit. Si nous disons flux c'est qu'on ne fait que de commencer à déterminer la nature exacte de l'électricité. Ce serait une forme de l'énergie atomique de la matière mise en évolution. On nomme dans certain cas les éléments de cette forme électrons; on sait de mieux en mieux leur donner naissance, les diriger et les utiliser.

Pourquoi a-t-on tout intérêt à se servir industriellement du courant alternatif plutôt que du courant continu? Voici. Plus il faut transporter d'énergie, de chevaux-vapeur si vous voulez, par un circuit électrique, plus il faut comme nous le savons transporter de volts et d'ampères pour récolter au bout des watts. Au début de l'emploi des distributions électriques qui n'étaient jamais longues, on se servait des bas voltages, par exemple 110-220 volts au plus. Pour transporter beaucoup d'ampères, il fallait disposer de gros fils en cuivre coûteux, cela pour ne pas rendre la ligne trop résistante au passage du courant, pour qu'elle ne chauffe pas et trouver encore beaucoup de watts au lieu d'utilisation. Afin de diminuer les capacités, c'est-à-dire ici les sections des fils de cuivre qui constituent les lignes de distribution, et pour que le courant puisse traverser avec moins de pertes les résistances fournies par les longueurs et les sections amoindries des lignes modernes, on a dû employer des courants électriques à haute tension : donc beaucoup plus de volts et moins d'ampères pour trouver au bout un plus grand nombre de watts.

On distribue aujourd'hui du courant sous des tensions de 120.000 volts et plus, 25.000 à 26.000 sont chose courante dans les villes. Il est inutile de dire que pour le cinéma un tel courant est absolument inutilisable directement, il tuerait instantanément tous ceux qui pourraient accidentellement y toucher; mais sous cette forme, il a été apporté économiquement à la porte de l'exploitation. S'il était continu on ne pourrait pas en faire quelque chose de bon à moins de très grandes pertes d'énergie ou de fortes dépenses inutiles pour diminuer le voltage (1); au contraire, s'il est alternatif et phasé, on va pouvoir le transformer en bon courant économique parce que sous une forme nouvelle et à bas voltage on utilisera presque toute l'énergie disponible à l'arrivée du courant à haute tension, cela grâce à un transformateur.

Cette métamorphose se réalise très simplement dans cet appareil, déposé chez le consommateur. Le courant à haute tension arrive dans une bobine creuse de fil qui forme une résistance calculée et suffisante; cette bobine est à fil fin; au centre du champ magnétique et électrique qu'elle produit ainsi se trouve un autre enroulement de fil plus gros. Du fait des alternances ou phases du courant, il naît dans le gros fil un nouveau courant dit induit dont on pourra déterminer et calculer le voltage et le débit possible en ampères, cela en donnant des longueurs de fils et des sections appropriées aux deux circuits. On peut aussi recevoir du courant alternatif par 2, 3 câbles; dans ce cas, on peut obtenir également des différents voltages : par exemple, sur une distribution à 3 fils ou câbles, on récolte par un câble 110 volts et par l'autre 220 volts, le troisième câble sert de ligne de retour, etc. Presque toutes les anciennes

---

(1) Il faudrait absorber ce voltage dans des résistances.

exploitations cinématographiques sont alimentées par du courant continu ou du courant alternatif transformé pour l'alimentation de l'arc en courant continu; nous savons qu'une lampe à arc ne marche pas bien sans cela, nous verrons plus loin pourquoi. Pour transformer du courant alternatif ramené déjà à un bas voltage en courant continu, il n'y a qu'un bon moyen. C'est de faire tourner une dynamo construite pour cela avec du courant alternatif, puis d'atteler cette dynamo sur une autre dynamo qui, elle, produira du courant continu. Nous avons vu que les rendements de la machine à vapeur, celui en lumière utile d'une lampe à arc de cinématographe étaient déplorables, 5 à 10 % au plus; au contraire, le rendement des dynamos électriques est remarquablement bon; une dynamo restitue théoriquement 90 à 95 0/0 de l'énergie qu'on lui procure.

Dans le cas précédent, il y a deux dynamos à mettre en marche, le rendement sera moins bon, mais encore très pratique commercialement parlant. Une lampe à arc de moyenne intensité, par exemple de 25 à 50-60 ampères, marche le mieux possible avec un voltage de 40 à 50 volts. Si l'on reçoit ou si l'on produit du courant à 110 volts, il faut absorber inutilement la différence dans ce que l'on nomme une résistance. Ce qu'absorbe cette résistance c'est de l'énergie électrique, donc de l'argent perdu, puisque nous payons pour nous procurer cette énergie. C'est pour cela que certains exploitants produisent leur courant continu sous un voltage de 75 volts seulement (1).

Maintenant que nous avons fait connaissance avec le courant que nous allons avoir à manipuler, voyons comment nous allons l'utiliser. Là nous nous trouverons encore en présence de nombreuses exigences administratives provenant de la préfecture et du secteur de distribution (art. 184). Les fils conducteurs seront protégés par un fourreau isolant à leur entrée dans la cabine. La partie souple aura la longueur strictement nécessaire au réglage de l'appareil; cette partie des conducteurs devra être protégée par une gaine de cuir (art. 185). Les conducteurs seront séparés et tendus sur des isolateurs (art. 184). Les conducteurs d'amenée du courant devront avoir au minimum une section de un millimètre carré par ampère (art. 186). Le tableau de distribution situé dans la cabine

____

(1) Si l'on avait à alimenter deux lampes à arc *en même temps* on pourrait les monter en tension sur du courant à 110 volts, mais dans une exploitation cinématographique il est très rare que l'on se serve de deux lampes à arc au même moment.

sera muni d'un interrupteur bipolaire et d'un coupe-circuit sur chaque pôle. Les mêmes appareils de sûreté seront placés au départ des conducteurs allant à la cabine. Les coupe-circuits ce sont des petits dispositifs qui tiennent dans des pinces interchangeables les fils de plomb qui doivent fondre avant que le reste de l'installation soit détériorée par un *court-circuit* dont nous avons expliqué les causes toujours possibles dans une installation électrique. Ce sont même ces courts-circuits, c'est-à-dire le fait que les deux fils d'un circuit se touchent, qui peuvent mettre le feu à l'immeuble où cela arrive. C'est pour cette raison qu'une installation électrique ne sera jamais trop protégée par ce moyen très efficace, du reste. Lorsqu'on remplace les fils de plomb fondus dans un coupe-circuit il faut au préalable arrêter ou couper le courant du circuit puis le rétablir seulement après l'opération, lorsqu'on a trouvé la raison pour laquelle le fil de plomb a fondu. Les interrupteurs bipolaires, dont nous avons parlé, doivent toujours provoquer une *coupure brusque* du courant, surtout lorsqu'il passe dans le circuit beaucoup d'ampères. Lorsqu'on coupe un circuit, petit ou grand, il se produit toujours ce que l'on nomme l'étincelle de rupture; celle-ci peut devenir un véritable arc excessivement chaud, cela au point de faire fondre le métal des branches de l'interrupteur, si on lui en laisse le temps. M. Goudoint a proposé de nouveaux interrupteurs à plots et à ressorts qui atténuent beaucoup cet inconvénient.

Pour savoir ce qui se passe dans la distribution électrique on se sert de deux instruments spéciaux, le voltmètre et l'ampère-mètre, qui indiquent chacun les unités en travail pour lesquels ils sont faits. Le voltmètre se monte en *dérivation*, l'ampèremètre en *série*, mais cela c'est l'affaire de l'électricien. Pour distribuer le courant dans la cabine cinématographique on se sert d'un *tableau*. Si on utilise une lampe à arc et du courant continu il faut employer un tableau sur lequel se trouveront des résistances capables d'assurer le bon débit de l'arc; la fig. 114 représente un de ces tableaux avec son ampèremètre, son voltmètre, ses coupe-circuits interrupteurs, etc. Si on se sert de lampes à incandescence de faible débit, jusqu'à 8 ampères par exemple, la Société Contin-souza a établi un modèle de tableau universel destiné à alimenter les lampes à incandescence sur les courants alternatifs des voltages les plus usuels; les fig. 115 et 115 *bis* indiquent clairement toutes les combinaisans électriques qu'il est possible de réaliser avec ce tableau des plus pratiques.

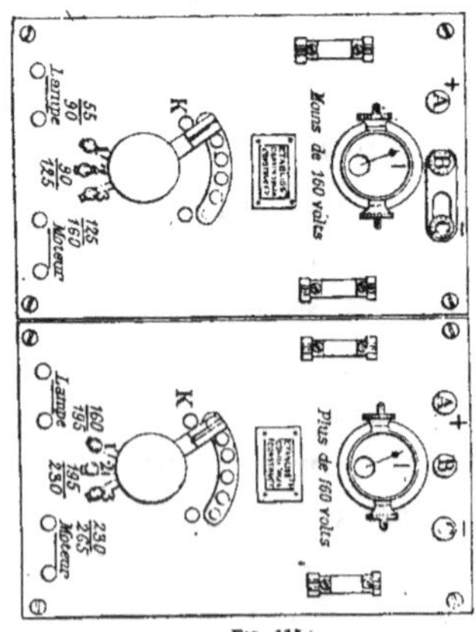

Fig. 115.

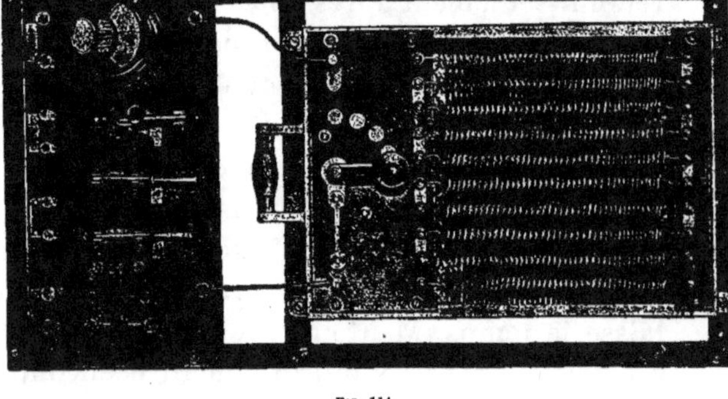

Fig. 114.

1. Débrancher la ligne.
2. Mettre ou retirer la barette.
3. Placer la manette contre sa butée K.
4. Dévisser le bouton de la manette, la placer et visser le bouton.
5. Brancher la ligne en A et C.
6. Pour régler le courant, amener l'aiguille face au repérage en déplaçant la manette supérieure de gauche à droite.

De 55 à 90 volts, barette de B à C, manette sur 1
De 90 à 125   —   —   —   sur 2
De 125 à 160   —   —   —   sur 3
De 160 à 195   —   barette supprimée   —   sur 1
De 195 à 230   —   —   —   sur 2
De 230 à 260   —   —   —   sur 3

Choix et conduite du poste de projection. — Ce choix dépendra surtout du genre d'exploitation que l'on voudra réaliser. Si c'est une grande exploitation à travail continu et intensif, aujourd'hui il ne faut pas hésiter à employer les postes de projection les mieux construits et les plus résistants. Il faut que ce soient des machines sur lesquelles on puisse absolument compter et qui ont, ne l'oublions pas, un travail énorme et délicat à fournir sans arrêt; ces appareils sont entamés, usés par la pellicule qui creuse, dans leur métal, et par son passage, de profonds sillons; le système à arrêts successifs fatigue beaucoup, forcément; c'est pour cela qu'il faut continuellement veiller à le conserver en parfait état de fonctionnement et de précision. Les postes Pax Gaumont et le Pathé Mundial des Etablissements Continsouza sont les plus intéressants que l'on construise en France actuellement. Comme nous l'avons vu, on doit aujourd'hui disposer de deux postes semblables disposés dans la même cabine.

Si on ne veut ou si on ne peut pas faire la dépense de deux postes aussi coûteux on peut avoir au moins un poste double comme celui que représente la fig. 60. Il est possible encore de faire de la bonne exploitation avec un poste simple plus ordinaire, on y mettra un peu plus de temps et d'habileté, et voilà tout. Dans ces conditions, le poste de projection C. M. Gaumont type B donnera toute satisfaction; il est muni d'une lampe à arc qui peut débiter jusqu'à 100 ampères et possède tous les derniers perfectionnements. Il en est de même pour l'appareil dit *Economique*, de la Société Continsouza.

Maintenant, voyons à quelles conditions principales doit satisfaire l'appareil pour être en règle avec l'administration (art. 181). L'appareil sera à enroulement automatique de la pellicule et les bandes seront renfermées dans deux boîtes métalliques dites « carters » de sûreté à fermeture automatique (art. 180). Il sera interposé entre le condensateur de lumière et la pellicule une cuve d'eau dont la contenance ne pourra être inférieure à un demi-litre; cette cuve sera en permanence remplie d'une solution absorbante de rayons caloriques (??), par exemple d'une solution d'alun dans l'eau distillée, d'un mélange d'eau et d'acide acétique, etc. (Voir page 212.) Deux autres cuves semblables et remplies de l'une de ces solutions seront en réserve dans la cabine pour que l'opérateur puisse les changer fréquemment. Un volet ou écran automatique tombant lorsque l'appareil s'arrête est recommandé par la circulaire préfectorale, mais l'ordonnance du préfet de la Seine n'en fait pas mention. On a construit et expérimenté des quantités de dispositifs de sécurité pour les exploitations cinématographiques. On a créé de nombreux carters et des volets plus ingénieux les uns que les autres, on cite ceux de M. Desailly, dans lesquels l'ouverture du carter est commandée par l'inflammation d'une bande de celluloïd, qui, en marche normale, maintient levée une lame coupante. Cette lame, en se rabattant, coupe la pellicule et ferme l'ouverture; en continuant sa course elle fait basculer un dispositif qui remet le courant sur les lampes de la salle. La même machinerie arrête le moteur d'entraînement de la bande et actionne une sonnerie électrique qui prévient le personnel du contrôle qu'il y a une rupture de la pellicule ou que quelque chose d'anormal se passe dans la cabine. Ce personnel peut, au besoin, intervenir pour parler au public et le rassurer si c'est nécessaire. Deux éléments principaux des postes de projections, ce sont leurs condensateurs et leurs objectifs. Les condensateurs servent à capter les rayons émis par la source lumineuse et à les diriger le mieux possible vers l'image de la bande cinématographique. Autrefois, pour les lampes à arc, ces condensateurs étaient de grosses lentilles à plan convexe, couplées par deux : aujourd'hui, les condensateurs pour les lampes à incandescence sont beaucoup plus compliqués et mieux étudiés; ils peuvent récupérer jusqu'à 30 0/0 de la lumière émise par la lampe à incandescence, à la condition d'y adjoindre des miroirs spéciaux placés très près de la surface des parois de la lampe, ce qui amplifie beaucoup leur action; ces instruments sont toujours difficiles à bien régler comme position pour leur permettre de fournir leur meilleur rendement, c'est la pratique qui guidera le mieux dans ce cas. Sur les appareils de projection on emploie des objectifs ordinaires doubles; des instruments plus précis ne donneraient pas des résultats sensiblement meilleurs. Ces objectifs sont du modèle Petzval; c'est-à-dire très lumineux surtout; leur prix est modeste, car leur fabrication est aujourd'hui entièrement mécanique.

Leur ouverture utile est souvent plus grande que la surface de l'image cinématographique. Ils ne répartissent pas très bien la netteté sur l'écran, lorsque les bords de l'image sont nets le centre ne l'est pas, ou inversement; mais cela ne se voit pas trop par les spectateurs; ils déforment aussi les lignes, celles du bord de l'image sont légèrement courbes, mais ce défaut n'est pas non plus très visible pour les personnes non averties. La grandeur de l'image projetée, le poste de projection placé à une distance déterminée de l'écran, dépend de la longueur du foyer de l'objectif employé. On sait que sur beaucoup de postes de projection cinématographiques il existe aussi un dispositif ou une deuxième lanterne qui permet de projeter des vues fixes provenant de plaques positives de $8 \times 10 \frac{1}{2}$ centimètres. Pour que ces deux sortes de projection de formats différents remplissent toutes deux la surface de l'écran, il faudra employer deux objectifs de foyers différents. Pour faciliter les recherches dans ce cas et trouver la grandeur d'image cinématographique obtenue à des distances différentes, nous publions le tableau suivant qui donnera des indications utiles. Une fois que l'on dépasse une certaine longueur

FOYERS EN m/m pris de la lentille arrière		DIMENSIONS DE L'IMAGE la distance de l'appareil à l'écran étant de :				
P^r projection animée	P^r projection fixe	5 mèt.	10 mèt.	15 mèt.	20 mèt.	25 mèt.
25 m/m	90 m/m	2 m 60	5 m 20	7 m 80	10 m 40	13 m »
30	110	1 95	4 80	7 25	9 50	11 75
35	125	2 25	4 20	6 30	8 30	10 40
45	145	1 75	3 50	5 25	7 »	8 70
55	205	1 40	2 85	4 30	5 75	7 20
65	230	1 30	2 60	3 85	5 10	6 40
75	250	1 20	2 40	3 60	4 80	6 »
85	310	1 »	2 »	3 »	4 »	5 »
95	340	0 90	1 80	2 70	3 60	4 50
105	385	0 80	1 60	2 40	3 20	4 »

de foyer pour obtenir des images plus grandes, il y a avantage à employer des objectifs dont le diamètre des lentilles est plus grand; on perd ainsi moins de lumière. Par exemple, pour des foyers variant de 40 à 45 millimètres, on pourra se servir d'objectifs ayant de 40 à 45 millimètres de diamètre de lentilles; au-dessus de 200 millimètres, au aura avantage à prendre 55 millimètres de lentille et ainsi de suite; cette pratique permettra également de faire des économies d'ampérage notable, tout en conservant des projections brillantes.

Choix de la lumière pour les projections, sa direction; lampe à arc. — L'image cinématographique étant très petite et la lumière de projection ne pouvant passer que par une ouverture proportionnellement semblable à la grandeur de ladite image, il en résulte qu'il faut toujours employer une source lumineuse très puissante et bien concentrée pour éclairer suffisamment un écran. C'est la lumière électrique qui remplit le mieux cette fonction; mais il y a encore des cas où on ne peut pas s'en servir; il a donc fallu trouver autre chose et c'est ce que nous examinerons. Comme on se sert encore beaucoup des lampes à arc, nous devons en dire quelques mots ici. Dans l'industrie, on en trouve partout de très bonnes. Pour le cinématographe, on ne se sert presque que de lampes réglables à la main ressemblant, plus ou moins, aux modèles que nous représentons fig. 116. Les lampes à réglage mécanique sont moins intéressantes parce que, pour qu'une lampe à arc donne son maximum de rendement lumineux ici, il y a une foule de petits détails qui sont très faciles à régler à la main et qui compliqueraient inutilement un réglage automatique.

Pour l'éclairage des vues cinématographiques, il s'agit de produire un point lumineux précis, mais aussi de le situer constamment dans une position et un état où il éclairera bien cette vue. Pour qu'il en soit ainsi, il faut que le cratère, d'où jaillit l'arc, renvoie la plus grande partie de la lumière produite vers l'axe optique de tout le système de projection qui nous intéresse. Théoriquement, tout cela paraît très compliqué; pratiquement, ça ne demande que du soin et de l'attention. Le centrage du point lumineux en hauteur, à droite et à gauche, est des plus faciles, grâce aux vis de rappel destinées à ces usages. En fixant les charbons

Fig. 116.

dans les porte-charbons de la lampe, on peut leur donner les inclinaisons et les hauteurs respectivement nécessaires pour que le cratère se forme dans une position favorable. La fig. 116 représente la lampe du modèle de M. Gaumont, les charbons y sont maintenus par des pinces composées de métaux de dilatations différentes. Les charbons serrés normalement au moment de leur placement ne risquent pas de se desserrer et de tomber pendant le fonctionnement de la lampe; les charbons chauds, en réagissant sur les pinces, tendent à augmenter la pression du serrage. L'art de bien centrer un arc est une chose qui s'apprend facilement et par tâtonnements successifs. Sur l'écran, et à travers l'appareil cinématographique sans pellicule dedans, on projette la lumière de l'arc sur l'écran. On y voit d'abord des choses très laides et colorées inégalement; alors, on monte ou descend, on porte à droite ou à gauche, on avance ou on recule son point lumineux. Du fait de ces manœuvres, on voit s'améliorer ou se gâter l'éclairage uniforme de l'écran; lorsqu'on va vers l'amélioration, on continue dans le même sens; bien entendu, dans le cas contraire, on revient en arrière. Sur un écran ainsi éclairé, il est bien rare que, même après un très bon réglage, on ne voie pas encore un peu l'image des charbons ou quelques autres imperfections; il ne faut pas se troubler pour cela : à la projection de l'image ces irrégularités disparaissent généralement. Comme les charbons s'usent pendant la marche de la lampe, il faut, bien entendu, continuellement surveiller et maintenir bonne la longueur de l'arc, c'est-à-dire l'écartement des deux charbons; du fait de ces mouvements, il est nécessaire aussi de recentrer souvent l'arc par rapport à sa position avec l'axe optique de tout le système.

Comme nous l'avons vu, la lampe porte, pour la venue et le départ du courant électrique, deux pôles, dits négatif et positif. Il faut que le pôle positif corresponde à la branche du haut de la lampe; on y fixera le charbon le plus gros et dit à âme, c'est-à-dire non homogène dans sa composition; au centre se trouve une sorte de charbon moins résistant à la combustion et qui facilite la formation du cratère. Si ce charbon est placé un peu en arrière de celui du bas, le cratère se forme de telle sorte qu'il s'échancre davantage du côté de la projection; on obtient ainsi un meilleur rendement lumineux du côté où c'est le plus intéressant. Le charbon négatif est plus petit et n'a pas d'*âme tendre*, c'est pour cela que l'on dit qu'il est homogène (1). A partir de 50 ampères cependant on a avantage à employer des charbons égaux en diamètre et tous les deux à âme. Plus il doit passer d'ampères dans l'arc plus les charbons doivent être gros; il y a des règles pour cela. Plus la projection est grande sur l'écran et plus il faut dépenser d'ampères dans la lampe; il en est de même pour la distance à laquelle on projette. Ainsi, pour une largeur d'écran de 2 mètres à une distance de 10 mètres il faudra dépenser 15 à 20 ampères. Pour 4 mètres

____

(1) On trouve les pôles positifs et négatifs en se servant d'un voltmètre qui donne de suite cette indication.

de largeur de projection à 15 mètres 40 ampères, pour 8 mètres d'écran à 25 mètres 80 ampères, etc. C'est en manœuvrant le rhéostat ou résistance du tableau que l'on fait débiter plus ou moins d'ampères à la lampe et que l'on augmente ou diminue par conséquent son pouvoir éclairant. Ce même pouvoir dépend aussi de la longueur de l'arc et de la position du cratère; si l'arc est trop long il peut s'éteindre; s'il est trop court il se forme entre les charbons un *champignon* qui fait *siffler* l'arc; le meilleur moyen de faire tomber le champignon en marche c'est d'allonger l'arc le plus possible jusqu'à ce qu'il se détache.

Nous avons déjà fait remarquer que toutes les sources de lumière artificielle sont mal employées dans les lanternes cinématographiques; du moins le plus souvent. Tout le monde connaît l'influence des réflecteurs dans ce cas. On ne fait que de commencer à les employer pratiquement. Dans cet ordre d'idées la maison Aubert vient de présenter une lampe à miroir calculé et entièrement de construction française, quoique son origine soit plus ou moins boche! Cette lampe à arc représentée par la fig. 117, permet de réaliser d'une

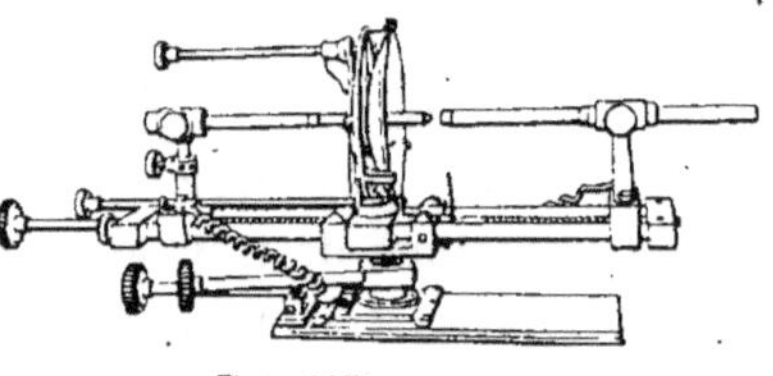

FIG. 117.

façon absolument certaine de notables économies de courant; celles-ci contrôlées officiellement par le laboratoire des Arts et Métiers. Cette lampe s'emploie sans condensateurs et, malgré cela, l'éclairage est très régulier. Pour arriver au même rendement lumineux sur un écran de 36 mètres de surface placé à 38 mètres de distance, on n'a pu que consommer 13 à 14 ampères avec la nouvelle lampe, au lieu de 50 à 55 ampères réclamés dans ce cas par une lampe ordinaire. Avis à tous les exploitants soucieux de leurs intérêts personnels!

Afin de pouvoir se servir de courant alternatif, quoique cette lampe marche mieux sur du courant continu, M. Garbarini, avec le concours de la direction des inventions, a étudié et réalisé une nouvelle lampe à arc destinée à fonctionner avec le courant alternatif et qui est basée sur des dispositions intéressantes et qui la rendent pratique. Cette lampe à arc emploie d'abord un charbon positif horizontalement placé et qui servira à former le cratère, puis une électrode négative métallique ne pouvant pas s'échauffer au point d'être lumineuse; pour cela, on la refroidit par une circulation d'eau; cette électrode est en forme de bague et porte à son intérieur une arête vive. C'est entre le charbon et cette arête vive que jaillit l'arc; mais dans ces conditions celui-ci serait instable, il jaillirait tantôt d'un côté, tantôt de l'autre, sur l'arête vive circulaire. Pour régulariser et rendre moins apparentes ces irrégularités on a augmenté le nombre de leurs mouvements, en créant autour de l'arc un champ magnétique tournant à l'aide d'un solénoïde qui entraîne l'arc. La rotation de l'arc peut être portée ainsi de 500 à 3.000 tours par minute; à ces vitesses, il est impossible de le voir tourner; l'œil ne perçoit qu'un point lumineux toujours fixe, car l'avancement du charbon qui s'use est assuré automatiquement. Le point lumineux ainsi obtenu peut donc rester toujours bien centré par rapport au système optique du poste de projection et comme le cratère est aussi régulièrement et favorablement formé il s'ensuit un éclairage plus puissant et mieux rapporté sur l'écran. L'avenir nous dira ce que valent pratiquement tous ces avantages théoriques.

L'éclairage des projections avec les lampes à incandescence. (Fig. 118.) — Comme nous l'avons déjà dit, c'est aujourd'hui l'éclairage intéressant et celui de l'avenir le plus rapproché. En effet, précédemment, on admettait que pour bien éclairer les projections ciné-

Fig. 118. — Nouveau dispositif pour placer les lampes à incandescence dans les lanternes de projection.

matographiques on ne pouvait partir que d'un point aussi réduit en diamètre que possible. Les lampes à incandescence du commerce étaient loin, évidemment, de tenir compte de cette nécessité avec leurs filaments métalliques bien étalés dans leur ampoule de verre pour fournir de grandes surfaces éclairantes. Mais les Américains, pendant la guerre, apportèrent en France des lampes à incandescence mieux étudiées pour ce que nous désirons en faire ici; en même temps ils avaient cherché à capter utilement le plus possible de la lumière produite par ces lampes; cela pour la concentrer sur l'image animée avec des réflecteurs et des condensateurs bien étudiés (Fig. 119). Si, en effet, une quantité de lumière est produite sur une surface de l'ordre 4 au lieu d'une surface de l'ordre 1, et que cette lumière puisse être concentrée sur un point qui sera égal à 1,

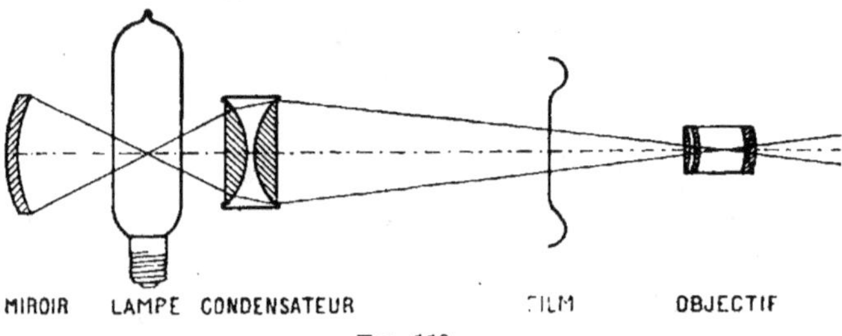

Fig. 119.

puis projetée sur la même image animée, nous obtiendrons encore un rendement lumineux intéressant, car nous n'aurons perdu de la lumière que du fait d'une réflexion supplémentaire et de la route un peu plus longue que nous lui aurons fait parcourir. Comme nous avons vu que dans les lanternes ordinaires à lampe à arc on perd énormément de lumière, que le courant alternatif est bien plus facile, pratique et économique à employer directement, l'éclairage par lampe à incandescence est plein d'avenir. On dit actuellement, dans certains catalogues, qu'on ne peut pas remplacer encore un arc de 50 ampères par une lampe à incandescence, mais cela ne sera pas vrai longtemps, nous avons dit pourquoi.

Ces lampes, qui venaient d'abord d'Amérique, étaient à très bas voltage, par exemple 30 volts pour consommer 20 ampères, ou 30 volts pour 30 ampères.

En France, on étudie d'autres tensions et intensités, surtout les 110 volts; mais il n'y a aucun intérêt à survolter les lampes pour leur faire donner beauconp plus de lumière pendant peu de temps et les voir ensuite se brûler rapidement; cela c'était bon pour la fameuse lumière froide, qui n'est plus très chaleureusement recommandée aujourd'hui.

M. Pascal a fait faire un très grand pas à cette question en présentant sa nouvelle lampe à réflecteur concentrique argenté, appliqué sur le verre même de la lampe. Par ce moyen le rendement lumineux est extraordinairement meilleur sur l'écran cinématographique, parce que presque les 9/10 de la lumière produite sont utilisés; ces lampes chauffent un peu, mais néanmoins elles sont plus qu'intéressantes, surtout pour les petites projections qu'elles améliorent d'une façon inespérée. La figure 120 représente cette lampe et la figure 121 le support proposé par la maison Gaumont pour utiliser commodément ces instruments dans les appareils cinématographiques.

Fig. 120.
Lampe Pascal.

Fig. 121.
Support de lampe.

On étudie, en ce moment, la meilleure forme à donner aux ampoules de ces lampes pour que, de par leur position, elles ne viennent pas diminuer le rendement des miroirs sphérique ou parabolique et du condensateur chargés de capter la lumière produite sur la surface à forme déterminée qui est celle du filament de la lampe plus ou moins replié ou enroulé sur lui-même. On comprendra que tous ces éléments doivent être solidaires les uns des autres, ce qui nécessite pour chaque ensemble un réglage particu-

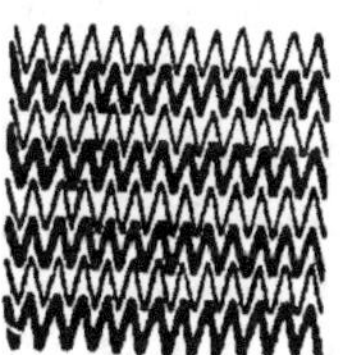

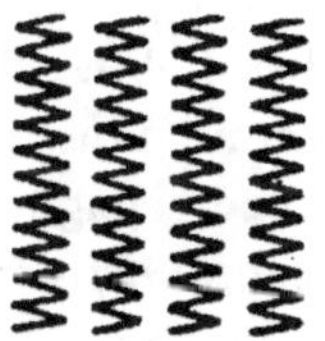

Fig. 122

lier. (Fig. 122.) Dans certains cas, il faudra amener les images des filaments réfléchis par le miroir à se croiser sur l'écran avec celle émise directement par les filaments lumineux; pour d'autres, ce sera le contraire; c'est le constructeur qui doit indiquer le réglage le plus favorable. Souvent, il faut opérer ce réglage sans objectif. Pour allumer certaines de ces lampes, il est nécessaire d'intercaler dans le circuit une petite résistance (fig. 124), parce qu'elles sont moins résistantes au passage du courant lorsqu'elles sont froides que chaudes, et on pourrait les brûler facilement; de plus, lors-

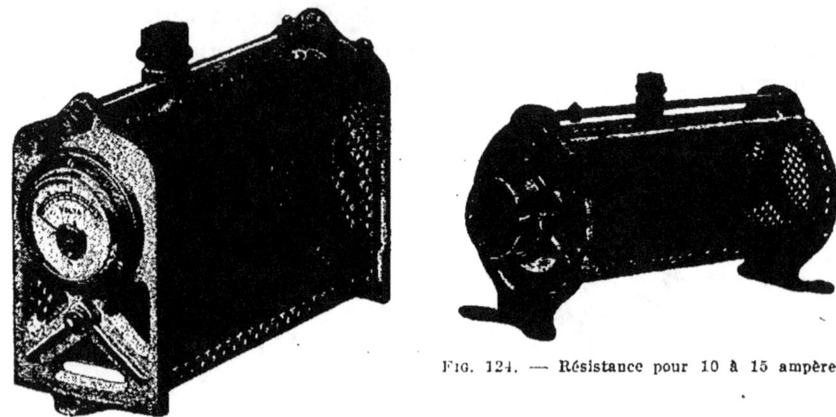

Fig. 124. — Résistance pour 10 à 15 ampères.

Fig. 123. — Petite résistance de précision, modèle Gondoin, pour 2 ou 3 ampères. Le fil de la résistance monté en triangle et parfaitement aéré ne chauffe presque pas.

qu'on utilise le courant d'un secteur ou qu'on le produit soi-même, l'intensité n'en est jamais régulière; il faudrait pour cela des accumulateurs, c'est pourquoi il est toujours avantageux d'intercaler dans le courant de la lampe une résistance qui régularisera au besoin cette intensité. Nous avons vu que ces lampes étaient surtout intéressantes à employer sur du courant alternatif à voltages déjà ramenés à 110-220 volts, etc.; mais ces voltages vont être encore beaucoup trop forts; pour certaines lampes il faut donc le réduire; on se sert avantageusement, dans ce cas, de petits transformateurs auxiliaires dits bobine de *self;* mais cette transformation n'est pas coûteuse, comme nous l'avons déjà vu, puisque ce que l'on perd en voltage on le regagne en ampérage et qu'en définitive le nombre de watts consommés utilement n'est pas augmenté, ou si peu, que ce n'est pas la peine d'en tenir compte. Pour faciliter toutes ces manœuvres, la Société Gaumont livre un tableau spécial sur lequel tous ces organes de réglages sont réunis commodément. (Fig. 125.)

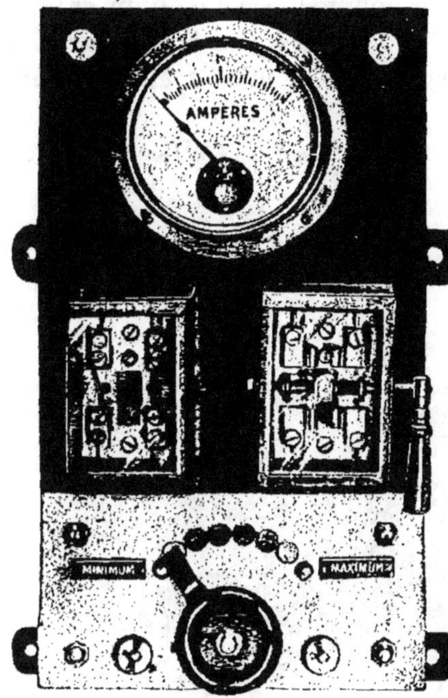

Fig. 125.

Pour de moyennes intensités d'éclairage ces lampes chauffent bien moins qu'un arc; les chances d'inflammation de la bande cinématographique en sont diminuées d'autant; les condensateurs cassent moins, le point lumineux ne se déplace plus constamment. Pour les fortes intensités, une grosse lampe à incandescence chauffe encore beaucoup et il faut être prudent; mais combien plus facile et plus agréable en sera le réglage.

Pour faciliter l'emploi des lampes à incandescence sous les bas voltages et dans des endroits dépourvus de canalisation ou distribution électrique, la Société Pathé a proposé le *générateur de lumière* que représente la fig. 126. Comme on le voit, c'est une petite dynamo ou plutôt une magnéto attelée sur un système démultiplica-

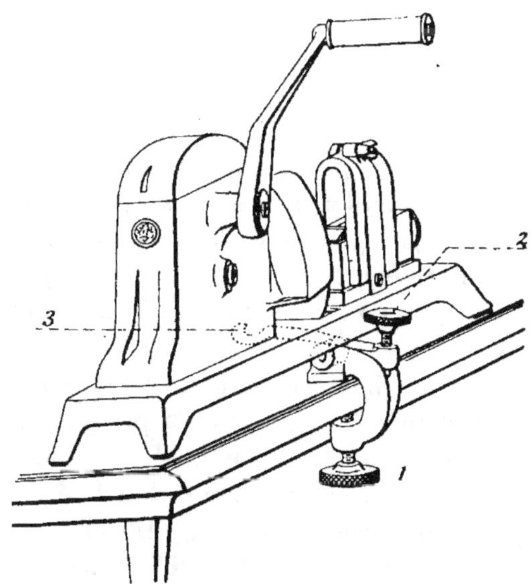

Fig. 126.

teur commandé lui-même par une grande manivelle destinée à être mise en mouvement par les bras d'un homme ou même d'un enfant. Progressivement, et sans beaucoup de force déployée, on doit arriver au régime régulier de 45 tours de manivelle à la minute et on obtient de la sorte des projections très bien éclairées, si l'on se sert en plus de bonnes lampes et de systèmes de condensateurs et réflecteurs bien appropriés.

Production personnelle de courant électrique. — Dans certains cas, de plus en plus rares aujourdhui, on peut être forcé de produire

Fig. 127.

le courant soi-même. Ce sont les groupes dits électrogènes qui donnent, dans ce cas, les meilleurs résultats; ils se composent d'un moteur à pétrole ou à gaz pauvre et d'une dynamo attelée directement sur ce moteur. Suivant les cas, on peut employer aussi des moteurs à vapeur, à gaz pauvre, à huile lourde, comme les Diezel, etc..., etc... (Fig. 127).

Ces groupes sont aussi bien au point que les moteurs d'automobiles, mais il est prudent de les choisir un peu plus puissants qu'il ne serait théoriquement nécessaire pour le travail qu'ils ont à fournir; sans cela, ils procurent un rendement irrégulier.

Dans certaines circonstances on pourra utiliser le moteur humain comme nous l'avons vu. Dans cet ordre d'idées, les nouvelles lampes à incandescence à grand rendement et à faible résistance intérieure sont encourageantes. Tout cela ne fournira évidemment que des solutions imparfaites, mais ceux qui sont éloignés des grands centres sont disposés à faire plus de sacrifices pour se procurer des satisfactions que les habitants des grandes villes, souvent blasés à cet égard.

Autres éclairages. — Dans le cas de transport impossible ou pour toutes autres raisons on peut être forcé d'employer des sources lumineuses autres que l'électricité. Actuellement, nous ne voyons que la lumière oxhydrique ou oxiacétylénique qui puisse fournir des projections bien éclairées sur 2 ou 3 mètres au plus. Tout le monde sait que cette lumière s'obtient à l'aide de chalumeaux spéciaux du genre représenté par la fig. 128. Ces chalumeaux admettent, par deux robinets, de l'oxygène et du gaz d'éclairage ou acétylène; on a proposé aussi des mélanges carburés d'éther ou d'essence entraînés par un courant d'oxygène.

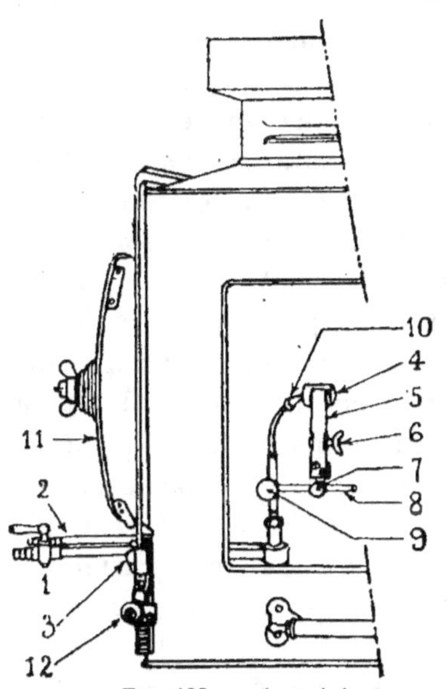

Fig. 128. — 1, arrivée des gaz; 10, chalumeau; 4, pastille incandescente; 7, 8, 9, moyens de réglages; 11, miroirs formant réflecteurs.

Anciennement, les chalumeaux oxhydriques envoyaient leur flamme sur un bâton de chaux pour former le point incandescent et lumineux qui devait éclairer la projection. Ce moyen avait bien des inconvénients, entre autres celui du manque de conservation du bâton de chaux, lorsqu'il avait servi une fois il s'effritait. Maintenant, on se sert de pastilles de magnésie ou composées de terres rares, procédé Pascal, comme celles qui servent à la confection des manchons à incandescence pour le gaz d'éclairage. Ces dernières matières résistent mieux à la chaleur et aux refroidissements successifs. Les tubes renfermant de l'oxygène sous pression et du gaz acétylène dissous sont d'un emploi que la soudure autogène a généralisé et vulgarisé; aussi ces deux produits se trouvent, avec une grande facilité et à bas prix, à peu près partout.

Mise en route et fonctionnement du poste de projection. — Lorsqu'on se dispose à donner une séance publique de projection animée, il convient, au préalable, de régler d'abord l'éclairage de poste comme nous l'avons déjà dit page 457, — cela se fait avant que le public soit entré dans la salle. Au moment où la séance va commencer, pendant que l'orchestre joue le morceau d'ouverture de la séance, l'opérateur doit fermer d'abord la porte par laquelle la lumière va passer de la lanterne sur l'image à projeter, après quoi il allumera sa lampe à arc ou bien sa lampe à incandescence; certaines de ces dernières lampes demandent un certain temps pour prendre leur régime normal qui ne s'obtient qu'après règlement de l'intensité par le rhéostat; il en est de même, du reste, d'un arc; il faut donc être paré du côté lumière, avant de s'occuper du côté appareil à projeter. Pour allumer une lampe à arc la manette de la résistance (fig. 114) devra être placée au point où elle laisse passer le plus faible courant en ampères, puis les deux charbons amenés en contact sont progressivement écartés pour que l'arc jaillisse; on doit faire cette manœuvre vite, sans cela on réaliserait un court-circuit et les plombs sauteraient. Comme la lanterne aura été préalablement fermée du côté de la projection on aura pu, avant la séance aussi, monter la pellicule dans l'appareil et la disposer pour qu'elle y défile normalement. Il y a beaucoup de précautions à prendre pour que cela se passe normalement pendant tout le défilage des 3 ou 400 mètres de pellicule qu'elle contient. D'abord, il faut que la bande soit très bien bobinée, ni trop serrée ni trop lâche et cela régulièrement sur toute sa longueur; elle devra être présentée à l'appareil dans le bon sens, puis on ouvrira les deux carters de l'appareil et la porte ou les portes des couloirs suivant les modèles d'appareils.

Une fois la bobine montée sur l'axe du carter protecteur supérieur faire passer un mètre environ de pellicule par les ouvertures et amener la pellicule sur le premier train de rouleaux entraîneurs, et, suivant les modèles et les indications des constructeurs, faire bien exactement la *boucle recommandée*, introduire la bande dans le couloir, puis sur le cylindre à entraînement alternatif, en refermant la porte du couloir; ensuite, effectuer une *autre boucle* suivant les instructions données, faire repasser la pellicule sur les tambours entraîneurs qui la dirigeront dans le carter protecteur inférieur où on viendra fixer le bout de la pellicule sur l'axe entraîneur qui s'y trouve; enfin faire tourner cet axe avec la pellicule dessus pour la tendre dans le sens où l'appareil doit la réembobiner. Au début, on tournera toujours du mauvais côté, mais au bout de peu de temps, le métier vous évitera cette peine. Enfin, on fermera les deux carters et tout ce qu'il y aura à verrouiller, suivant le modèle, pour que la pellicule ne *dégraine* pas des cylindres débiteurs et l'on fera faire quelques tours à l'appareil avec la manivelle à main pour s'assurer que tout marche bien et que la pellicule n'est pas coincée ou trop pressée sur son parcours. C'est pour éviter ces inconvénients et pour assurer un bon départ en séance que la pellicule doit porter en tête de la bobine une longue amorce avec repère pour le cadrage, c'est-à-dire quelques mètres de pellicule noire et sans image; de ce fait, l'appareil est déjà en marche normale pendant que l'opérateur éteint *progressivement* la salle et que les spectateurs s'apprêtent à lire le titre et les annonces de la vue que l'on va leur montrer, sans cela ils sont surpris et souvent n'ont même pas le temps de lire ce titre et ces annonces, ce qui les gêne pour la compréhension du scénario. L'opérateur, son appareil bien au point et toutes choses en place, le met en marche avant d'éteindre la salle; il ouvre alors la lumière de la projection; pour cela, il laissera passer le courant dans le moteur d'entraînement de l'appareil (fig. 129) avec toute la résistance dessus, afin de partir lentement; la salle et les spectateurs auront le temps de s'y reconnaître. Lorsque le titre apparaîtra, c'est sur lui que l'on vérifiera immédiatement le *cadrage* de l'image; puis on donnera à la pellicule son débit en vitesse normale en agissant sur la résistance du moteur d'entraînement (fig. 131). En cours de séance, on s'assurera souvent que la projection est nette.

Dans les grandes salles, on peut s'aider d'une bonne jumelle, ou se faire dire par le téléphone de l'orchestre si tout va bien quant à la netteté et surtout au *cadrage* sur l'écran; l'opérateur peut toujours être occupé à autre chose et ne pas voir de suite un décadrage; et il est bon qu'on puisse l'en avertir aussitôt. L'opérateur doit donc surveiller son appareil et la qualité de la projection pendant tout le temps que met à défiler la pellicule. Si celle-ci casse, ce qui arrive encore, il faut fermer la lumière de la lampe et en même temps ouvrir celle de la salle; le public sait ce que cela veut dire aujourd'hui et attend patiemment que le petit malheur soit réparé. (Voir page 333 le moyen de recoller la bande.)

La pellicule *bourre rarement* dans les appareils et il est encore plus rare qu'elle prenne feu autrement que sur quelques centimètres de longueur; lorsque ces petits incidents inévitables arrivent,

il n'y a donc aucune raison de les prendre au tragique. L'opérateur
n'aura qu'à réengrainer la pellicule cassée ou brûlée sur l'appareil

Fig. 129. — Moteur d'entraînement pour appareils cinématographiques, modèle Ragonot.
Ce moteur est le plus employé parce que c'est le plus robuste, le plus simple, et qu'il marche
sous tous les courants, continus et alternatifs.

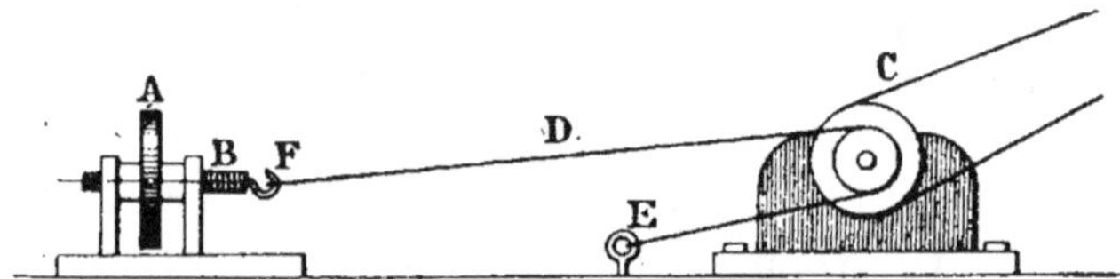

Fig. 130. — Modèle de résistance mécanique utilisée pour régler la vitesse de débit de la pellicule.
A, vis de serrage ou de détente ; E, point d'attache du fil fouet ; C, moteur et poulie
sur laquelle agit le fil fouet.

Fig. 131. — Résistance de précision et extrêmement sensible, modèle Gondoint, spéciale pour
régler la vitesse d'entraînement de la pellicule par moteur électrique.

un peu plus loin que la cassure, à faire arriver l'extrémité de
celle-ci dans le carter inférieur et à l'attacher ou à la presser
par un moyen de fortune à la suite de la pellicule déjà débitée, puis
à la tendre à nouveau, remettre en marche, s'assurer que tout défile
bien, éteindre la salle, ouvrir la lumière de la lanterne et surveiller

attentivement le réenroulement dans le carter du bas. Si tout est fait sans précipitation et normalement, il faut plus de temps pour le dire que pour l'exécuter.

Si le bout de la bobine ne constitue pas la fin du scénario, il faut être prêt à faire aussitôt projeter la suite par le deuxième appareil ou par l'appareil double que l'on a à sa disposition. Sinon on doit recharger la nouvelle bobine aussi vite que possible après avoir rendu la lumière dans la salle.

La manière dont est présenté le spectacle cinématographique n'est pas encore bien au point et ne préoccupe pas suffisamment les exploitants et les opérateurs. Un très bon scénario peut être très abîmé par une mauvaise présentation technique ou musicale. Le rôle de l'opérateur projectionniste est évidemment ingrat; c'est l'être invisible, inconnu et incompris qui accomplit une des besognes les plus fastidieuses que l'on puisse imaginer.

Toujours seul dans sa petite cabine qui ressemble à un cabanon, il y transpire plus que de raison; par sa petite lucarne, il surveille le débit de l'image, et l'écran lui apparaît toujours terne, sombre, ennuyeux, aveuglé qu'il est par les sources de lumière qu'il est forcé de regarder pour bien les régler. Le ronron de son appareil l'endort, la belle image qu'il projette n'a plus aucun attrait pour lui, il l'a trop vue, il est étranger à toutes les joies de ceux qu'il amuse, et les scènes qu'il anime et qui portent à l'enthousiasme la salle ne lui font attribuer aucun mérite propre; jamais il n'est applaudi, jamais il n'est cité, et pourtant c'est à lui que nous devons de nous divertir en sécurité. Un bon opérateur projectionniste de cinéma, c'est un monsieur que l'on pourrait aussi bien encourager que celui qui prend la vue, en le citant par exemple sur l'affiche comme on y cite ses confrères, le décorateur, le régisseur, le chef d'orchestre, les solistes, etc., etc. Ce spécialiste peut être aussi artiste, déployer autant de goût, de savoir que ses camarades. Les exploitants auraient tout intérêt à encourager de la sorte ces modestes techniciens, il y gagneraient parce qu'on saurait que chez un tel tout est assuré de se bien passer et d'être présenté correctement par X opérateur. Il ne faut pas non plus que les opérateurs abusent des patrons ignorants. Le bon cuisinier, *l'artiste cuisinier*, ne dédaigne pas de se faire aider par le maître d'hôtel savant qui sait sur les plus beaux plats d'argent et les couverts les plus scintillants faire valoir sa succulente cuisine! Messieurs les exploitants de spectacles cinématographiques, vous êtes des montreurs de cuisine intel-

lectuelle destinée à régaler le mieux possible vos spectateurs friands
et délicats. Si vous leur présentez la plus belle histoire du
monde sur un écran qui ne l'interprétera qu'imparfaitement,
vous en amoindrirez les principales qualités et cela au détriment
de tous. Plus de ces éclairages et cadrages irréguliers qui agacent
les spectateurs, plus de ces arrêts ou de ces reprises de projections
qui arriveront sans crier gare, de ces saluts et marches épileptiques
de personnages officiels dans les scènes d'actualité; plus de ces
scènes pathétiques défilant à des allures invraisemblables; ordre,
méthode dans la présentation des vues et choix de la musique
qui leur est le mieux appropriée; continuation régulière de la représentation sans *froids,* comme l'on dit au vrai théâtre, lumière régulière: voilà ce vers quoi doivent tendre un bon opérateur projectionniste et son collègue chef d'orchestre qui, à eux deux, peuvent
tant contribuer au succès du spectacle (1).

Soins à donner et entretien de l'appareil. — Les appareils
modernes destinés aux exploitations fixes sont de véritables
machines-outils semblables à celles qui sont faites pour marcher
normalement 12 heures par jour (pardon, nous devons dire
8 heures); ils sont donc très bien étudiés au point de vue du graissage de tous leurs organes; il faudra s'assurer de temps en temps que
ces derniers sont suffisamment approvisionnés de lubrifiant.

La croix de Malte qui entre dans tous ces appareils en est la partie la plus délicate; il faut s'assurer qu'elle est en bon état et n'a
pas pris de jeu dans ses déplacements, cela selon les modèles employés. Pour le graissage on se servira de bonne huile bien fluide
ne faisant pas cambouis, et ne se desséchant pas vite en produisant
des sortes de gomme qui encombrent les engrenages. Les appareils

---

(1) R. Filmos, dans son si intéressant *vade mecum* de l'opérateur cinématographiste, dit à ce sujet : « Dans certains établissements parisiens, notamment,
le métrage présenté à chaque séance est actuellement de 50 0/0 supérieur à ce
qu'il était il y a quelques années, sans que la durée des séances ait augmenté
proportionnellement.

« Le résultat est nettement préjudiciable à la bonne présentation des sujets,
mais l'opérateur et son patron ne peuvent que s'incliner devant la volonté du
public, seul juge en la question puisque c'est lui qui paye. »

Nous répondrons à cette remarque, qui a sa valeur commerciale, qu'on a
déjà dégoûté celui qui paye des insanités qui lui plaisaient tant il y a dix ans;
aujourd'hui, il goûte évidemment avec plaisir aussi les mets intellectuels plus
raffinés que l'on met à sa portée; il ne s'agit plus que de les lui faire avaler
avec plus de délicatesse et moins de gloutonnerie; c'est une ambition que peut
avoir le cinématographe, après les précédentes, car c'est ainsi qu'il contribuera
à élever le niveau intellectuel et moral des masses.

ne possédant pas de graissage automatique doivent être huilés avant de mettre la pellicule dedans. Après le passage de chaque bobine et lorsqu'on rouvre l'appaieil, il faut nettoyer avec une forte brosse dure spéciale le couloir et les autres passages de la pellicule : celle-ci en défilant laisse partout des petites particules qui rayeraient la bande suivante; avec l'ongle on peut aussi enlever ces petits débris qui, quelquefois, adhèrent très fortement au couloir. Après 50 heures de maiche environ, il est bon de laver au pétrole les engrenages et le carter de la croix de Malte.

Le condensateur (fig. 132) et l'objectif seront toujours maintenus en parfait état de propreté.

Au moment où l'on commence à projeter, l'objectif est froid, mais le passage des rayons caloriques et lumineux au travers de ses lentilles échauffe celles-ci graduellement; il en résulte le plus souvent

FIG. 132. — Condensateur ordinaires pour appareils cinématographiques.

une formation de buée à leur suiface; on doit essuyer cette buée le mieux que l'on peut, mais si elle est intérieure il faut attendie qu'elle disparaisse. Ce défaut se présente aussi sur les condensateurs et, la chaleur aidant, il arrive qu'ils éclatent.

Pour éviter cet accident, il est prudent d'écarter la lampe du condensateur au moment où on commence à faire passer le courant, puis on rapproche progressivement la lampe pour lui trouver sa bonne position. Un courant d'air froid passant dans la lanterne peut aussi faire fendre le condensateur, c'est pour cela qu'il est toujours prudent de tenir fermée la porte de la lanterne pendant qu'elle est allumée. Un condensateur fendu est encore utilisable, mais souvent aussi l'image de la cassure vient se mélanger à celle qui est projetée.

Scintillement de l'image projetée. — Aujouid'hui ce défaut de l'image animée n'existe presque plus, parce que les obturateurs des appareils de projection ont été très bien étudiés pour le diminuer autant que cela est possible. On a même pu le faire disparaître presque entièrement. Le scintillement est le résultat des périodes successives de lumière et d'obscurité provoquées par les alternatives de projection lumineuse et d'obturation complète nécessaire pour que l'image ne *défile pas* visiblement pendant son changement. Plus il y aura de différence de luminosité entre ces deux périodes, plus le scintillement sera visible; c'est pour cela qu'une image claire scintille plus qu'une image foncée; tout ce que peut faire l'opérateur adroit, c'est d'éclairer un peu moins vigoureusement les images claires pour masquer ainsi le plus possible ce défaut, s'il est visible.

Filage de l'image. — Nous venons de voir que pendant la période d'obturation l'image *filait* pour laisser la place à la suivante. Si, par suite d'un décalage toujours possible, l'obturateur laisse voir cette période au spectateur, celui-ci verra l'image en marche et non plus arrêtée et nette. Il n'y a qu'à remettre le disque de l'obturateur à sa bonne position pour que ce défaut ne se produise plus; il y a des repérages qui facilitent cette opération, cela sur tous les modèles.

Fixité de l'image. — Il faut que l'image reste parfaitement stable sur l'écran. Le manque de fixité peut provenir de l'appareil lui-même, s'il remue, par exemple, du fait qu'il n'est pas bien fixé et équilibré dans toutes ses parties. Le système d'entraînement de la bande peut être en mauvais état; la croix de Malte doit être vérifiée et souvent contrôlée, ainsi que la pression effectuée sur la pellicule par le couloir presseur; enfin la pellicule mal perforée, trop sèche, et de ce fait trop rétrécie, peut fournir des images instables et très désagréables à regarder. On dit aussi que la vue a des *flottements;* on entend par là que pendant certaines périodes la projection devient floue. Cela arrive avec des pellicules neuves et qui ont tendance à se gondoler en largeur ou en longueur; le couloir peut aussi presser insuffisamment la pellicule, les glissières du couloir presseur, quoique métalliques, peuvent se laisser creuser par le passage de la pellicule; cette usure est suffisante pour produire l'accident qui nous occupe; il en est de même si l'objectif se dérègle en mise au point, du fait des trépidations qu'il a à supporter sans cesse; en outre, comme il est sur l'appareil même qui vibre, ses lentilles peuvent aussi se desserrer; on le voit, tout est à vérifier souvent.

Soins à donner à la pellicule positive. — La pellicule positive a une grande valeur, aujourd'hui surtout. Elle n'est plus que rarement la propriété de l'exploitant, mais on la lui confie. En honnête commerçant et bon confrère, il doit s'en servir en pensant d'abord à ses intérêts propres évidemment, mais en songeant aussi à ceux du loueur et de ses confrères qui utiliseront la même bande après lui. Filmos, en homme du métier, cite deux opérateurs travaillant chez des forains et qui n'avaient besoin de renouveler leurs pellicules louées· qu'une fois par an. Après ce temps, les pellicules étaient encore en bon état et à peine rayées, mais ces opérateurs étaient très soigneux et ne se moquaient pas de la marchandise qu'on voulait bien· leur confier. Messieurs les exploitants doivent exiger de leurs opérateurs les mêmes soins et réclamer les mêmes précautions. Tout le monde cinématographiste en sera heureux.

La pellicule positive, comme la négative du reste, est une chose fragile et en somme très périssable. Le celluloïd, et encore plus l'acétate de cellulose, sont des matières coulées qui ne prennent de la consistance qu'après évaporation de leurs solvants; lorsque ces corps sont neufs ils restent souples et doux à la main; dans le celluloïd on met de l'huile de ricin pour lui conserver longtemps ces qualités; mais par le temps, l'usage, les manipulations mouillées, ces supports de l'émulsion continuent à laisser évaporer ou dissoudre une partie des matières qui ont servi à les constituer; alors ils deviennent cassants, raides et s'écaillent. Il en est presque de même pour la couche de gélatino-bromure qu'ils supportent, elle ne s'évapore pas, mais elle se dessèche, elle devient cornée, cassante et friable à la projection. Dans les mouvements intermittents de marche et d'arrêt, la pellicule est fortement secouée, tirée, malmenée; si elle ne frotte, aujourd'hui, que par ses bords sur les glissières qui la pressent dans le couloir, ces frottements sont pourtant des raisons d'usures et de rayures continuelles.

Si, au cours de tous ces frottements, la pellicule rencontre en plus des grains de poussière ou de petits corps durs étrangers, ce sont autant de rayures ineffaçables sur la pellicule et, lorsqu'on passe la vue, les spectateurs disent *qu'il pleut*, car l'effet produit est exactement celui de la pluie qui tombe; si c'est en plein air, passe encore, mais dans un salon l'effet est désastreux. Pour le loueur, c'est encore pis; la bande est perdue pour lui.

Les pellicules louées peuvent avoir eu déjà des malheurs dans leurs défilages précédents; des trous de perforation arrachés, fendus ne sont pas rares; la bande a pu aussi casser, être mal raccommodée et de ce fait faire décadrer l'image. C'est pour toutes ces raisons que l'opérateur consciencieux, au reçu de son nouveau programme, doit toujours le vérifier avant de le présenter en séance publique. Pour cela, il n'a pas besoin de le projeter, mais simplement de le faire défiler lentement sur une bobineuse du modèle représenté par la fig. 133. Avec de l'attention et de l'habitude, on

Fig. 133. — Bobineuse rapide à l'usage des exploitants.

verra vite les défauts de la bande ; si l'on rencontre des perforations abîmées, on les raccommode avec des morceaux de bande collés aux bons endroits, quelquefois même on est forcé de faire sauter une ou deux images ; à la projection, cela ne se voit pas. Pour recoller la bande ou les morceaux de perforation, on n'a qu'à opérer comme nous l'avons dit page 333 ; c'est une opération des plus faciles et sur

Fig. 134. — Colleuse à l'usage des exploitants.

le celluloïd ces collures tiennent bien. Il est entendu que l'on doit aussi coller les images et les perforations de façon que la bande ne dégraine pas et ne décadre pas du fait des collures. Lorsqu'une bobine arrive de la location, en la vérifiant comme nous venons de le dire, on doit s'assurer en plus qu'elle est dans le bon sens, c'est-à-dire que si l'on projette par réflexion, ce qui est le cas général, la vue doit être à l'envers et la gélatine de la pellicule tournée du côté de la lanterne. Après la projection, il faut remettre le bobinage dans cet ordre; pour cela on monte celle-ci sur l'enrouleuse double (fig. 133) et l'on tourne lentement; pour embobiner suffisamment serré, on freine avec la main; on facilite ainsi un bon serrage aux spires de la pellicule; on évite par là d'avoir ensuite à resserrer le bobinage à plat sur une table et en tirant sur l'extrémité de la pellicule. Cette pratique est des plus mauvaises et des plus dangereuses pour la conservation de la bande pelliculaire; en tirant sur ses spires, on les fait se frotter violemment les unes contre les autres et l'on raye infailliblement la bande.

Ce qui altère le plus la qualité de la pellicule après les rayures, les frottements et les déchirures, c'est, comme nous l'avons dit, son dessèchement. Lors du passage à la projection, la pellicule est soumise à une forte température, pendant peu de temps évidemment; puis la température élevée de la cabine aggrave ce défaut; nous avons vu pourquoi la nature de la bande réagissait mal contre ces éléments. Donc pour la conserver aussi souple que possible, il y a avantage à la placer dans un milieu frais et humide, l'évaporation du support en sera ralentie et la gélatine aura tendance à absorber un peu de l'humidité ambiante. Pour humidifier davantage les bandes, on a construit des boîtes spéciales (fig. 135). Comme le montre la figure, ce sont des récipients métalliques au fond desquels, le plus souvent, on place un double fond; sous celui-ci, on met une étoffe de laine ou des morceaux d'éponge imbibés d'eau à laquelle on a ajouté 3 0/0 de glycérine et tous les jours, si le temps est sec et chaud, on laisse les bandes dans la boîte deux ou trois heures.

Pour conserver les bobines du programme (Article 188), il n'y aura dans la cabine que la bande en service sur l'appareil, les autres bandes seront renfermées dans des boîtes métalliques placées dans une resserre isolée du public et ventilée.

Comme le dit l'article 188, jamais, dans une exploitation publique, il ne faut recevoir la pellicule en vrac sous l'appareil; cette coutume ancienne est trop périlleuse, car si le feu prenait dans le tas, les flammes seraient énormes. Du reste, avec les nouveaux appareils, les dangers d'incendie sont nuls; il faudrait une suite de circonstances extraordinaires pour qu'une brûlure de pellicule devienne dangereuse et, si la dalle est bien construite, le spectateur peut aller voir ses images préférées en toute tranquillité d'esprit.

Nous en avons terminé avec notre sujet. Nous souhaitons que notre lecteur ne nous en veuille pas si nous avons, parfois, mis par

trop à l'épreuve sa patience et sa bonne volonté à nous suivre dans
l'énoncé de ces considérations de métier souvent arides et fasti-

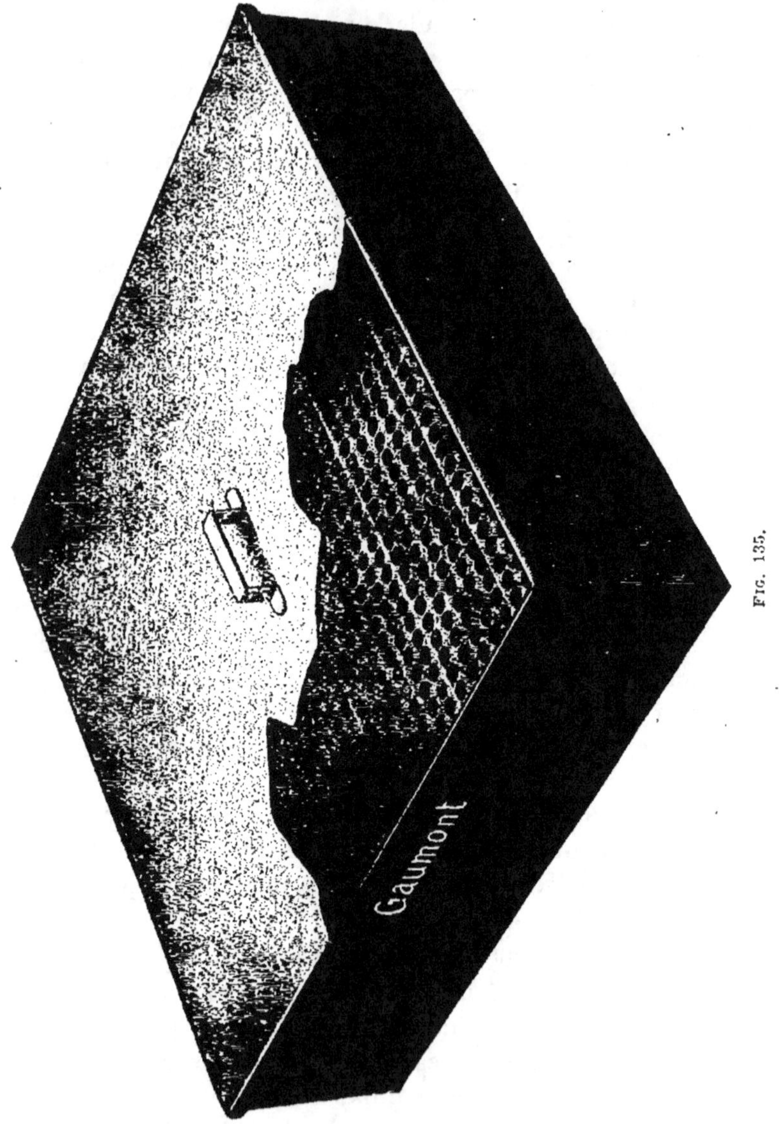

FIG. 135.

dieuses pour ceux qui n'y sont pas directement intéressés. En assu-
mant cette tâche notre seul but était de contribuer dans la mesure
de nos petits moyens à ce que le Cinématographe Français restât le
plus prospère et le plus intelligent de tous.

CHAPITRE COMPLÉMENTAIRE SUR PLUSIEURS PROCÉDÉS ET APPAREILS CINÉMATOGRAPHIQUES NOUVEAUX

Considérations modernes sur le tirage des images positives. — Le flou artistique en cinématographie et les nouveaux objectifs à lentilles trouées Actis de la Société Optis. — Etude sur l'application des vieux truquages cinématographiques à l'obtention de scènes actuelles et artistiques. — Le Cinématographe en couleurs; complément d'indications sur le procédé Keller-Dorian. — La nouvelle mitrailleuse cinématographique ou Horo-Ciné Debrie. — Perfectionnements apportés à l'appareil Cinex de M. Bourdereau. — Le Cinoscope, appareil cinématographique destiné aux amateurs. — Obtention directe de films positifs pour la cinématographie d'amateurs. — Du Cinématographe à la T. S. F. et à la Radiotéléphonie.

Considérations sur le tirage des images positives

Il arrive trop souvent qu'on néglige les précautions sans lesquelles on ne peut en cinématographie obtenir le maximum de rendement. On sait que deux éléments principaux interviennent ici, à savoir : 1° les qualités propres des émulsions positives; 2° les meilleurs traitements à leur faire subir par celui qui les emploie. Actuellement on sait préparer de la très belle et bonne pellicule positive; le principal est de bien la choisir; malheureusement, c'est encore souvent à l'étranger qu'il faut aller chercher les belles émulsions. Nous avons vu des bandes positives anglaises qui montrent de magnifiques images à contrastes puissants et en même temps harmonieux dans leurs liaisons avec les parties claires du sujet tiré.

On sait que l'émulsion positive est constituée par du gélatino-bromure lent presque pur et qui, de ce fait, possède un grain très fin. Comme pour le papier positif émulsionné de la même manière, il arrive encore et assez fréquemment que ces préparations manquent de stabilité quant à leur degré de sensibilité. Il en résulte qu'on éprouve industriellement des difficultés assez grandes à les bien travailler avec les tireuses et développeuses automatiques.

Ces irrégularités forcent les praticiens à les vérifier très souvent et cela en dehors de l'étalonnage spécial qu'ils doivent effectuer pour les approprier le mieux possible à chaque morceau du négatif général que l'on tire d'un seul coup actuellement.

Nous avons vu dans le corps de ce livre les considérations qui ont présidé à la détermination de la sensitométrie moderne appliquée à l'objectif. Les mêmes considérations s'appliquent à l'émulsion négative et dans le cas de la cinématographie, cette sensitométrie devrait être utilisée autant, sinon plus, pour l'étude de la pellicule positive.

Les courbes caractéristiques des émulsions positives présentent des particularités très déterminées car leurs effets sont puissants et très différenciés.

Par la pratique de ces moyens, on arrive facilement à produire des positifs dont les noirs seront opaques ou transparents à volonté, et comme dans notre cas c'est de là surtout que dépend l'aspect de l'image positive, nous ne devons plus négliger les indications certaines que cette science peut nous fournir dès aujourd'hui.

Le flou artistique en cinématographie et les nouveaux objectifs à lentilles à trous Aétar de la Société Optis

Tout le monde a remarqué combien souvent, à présent, on voit sur les écrans cinématographiques des figures d'artistes projetées à des grandeurs énormes. C'est pour mieux montrer et faire comprendre ce que souhaitent d'exprimer ces faces. Si l'on veut, c'est la microscopie de l'expression humaine.

Mais ici, il y a deux ordres de vérités à concilier : 1° La vérité matérielle réalisée par la photographie et qui n'arrive que trop bien à enregistrer les moindres détails et les plus petites valeurs d'expression du sujet en mouvement. 2° La vérité artistique qui voudrait mitiger la première, trop crue, trop sincère et insuffisamment idéalisée. C'est pour unir, en quelque sorte, ces deux vérités que l'on a inventé le flou dit artistique en photographie.

Depuis longtemps, les portraitistes de métier emploient ces moyens surtout lorsqu'ils veulent obtenir directement de beaux portraits sur les formats 13 × 18, 18 × 24 et plus grands. Pour eux on a construit des objectifs mal corrigés dans leur achromatisme et les clichés ainsi obtenus tirées sur des papiers à grains bien appropriés arrivent à fournir des images véritablement belles et qui plaisent aux artistes.

En cinématographie, le problème est plus difficile à réaliser parce qu'il faut tenir compte de l'étalement du flou de l'image agrandie et projetée et puis on ne peut pas, ou très peu, se faire aider par les moyens de tirage de l'image positive, la pellicule positive ne pouvant pas être grainée spécialement dans ce cas.

Précédemment, pour tourner ces difficultés certains opérateurs cinématographistes, plus artistes que les autres, cherchaient à rendre moins nettes certaines de leurs prises de vues en se servant, en grand mystère, d'écrans tramés plus ou moins finement et placés à proximité de leurs objectifs ordinaires; d'autres photographièrent leur sujet au travers d'étoffes très légères, c'était la chaîne et la trame de ces étoffes qui, photographiées à bonne distance, devait fournir le flou désiré.

La solution proposée par la Société Optis paraît bien plus sérieuse et donne des résultats des plus intéressants; elle consiste dans l'emploi de lentilles trouées, que l'on ajoute ou que l'on retire instantanément des objectifs Aétar. Tout le monde connaît ces objectifs si précis.

Dans le cas qui nous occupe, il faut choisir ces instruments dans la série qui ouvre à F : 2,5 et à long foyer : 75 ou 100 m/m., cela pour moins déformer le modèle et disposer de la plus grande quantité de lumière possible. Ces objectifs employés seuls ont une définition impeccable, mais si on ajoute une lentille divergente trouée on obtient sur la pellicule deux images superposées : une image nette venant du centre de l'objectif, à laquelle se superpose une image floue et d'une intensité moindre parce qu'elle couvre une plus grande surface : elle s'étale, elle auréole pour ainsi dire chaque contour de l'image nette et cet ensemble forme un tout plus doux, plus enveloppé, moins précis qui charme l'œil de l'artiste. Une lentille convergente donnera encore des effets différents mais peut-être moins recommandables que les précédents. A ces effets de flous généraux, l'emploi des lentilles trouées peut encore ajouter une sensation de volume de la vue et comme elles peuvent s'enlever ou se mettre instantanément dans la monture de l'objectif, leur emploi est des plus recommandables.

Etude sur l'application des vieux trucages cinématographiques à l'obtention des scènes actuelles et artistiques

L'industrie cinématographique vise à montrer au public des images toujours plus belles, de manière à retenir l'attention et l'admiration des spectateurs. L'image animée qu'elle montre en est l'attrait principal. Techniquement, on ne peut plus inventer grand chose pour rendre celle-ci plus précise, mais on peut lui appliquer des effets et des trucages inédits qui la rendront plus captivante.

En France, souvent on ne se donne pas suffisamment de peine pour cela; par contre, nous voyons réaliser sur ce point de louables efforts à l'étranger. Actuellement, par exemple, une pratique, répandue surtout en Amérique, est de se servir de la lumière électrique alliée à celle du jour, cela en plein air et dans les paysages les plus beaux. Dans ces milieux, à l'aide de projections électriques puissantes, le sujet principal peut être éclairé magnifiquement, idéalisé, mis en relief à souhait, tandis que le reste du tableau s'harmonise dans des valeurs plus discrètes. Dans *Robin des Bois*, nous avons vu des tableaux immenses dont l'éclairage était réparti par ces moyens, comme aurait pu le faire le meilleur des artistes peintres : les premiers plans très sombres et puissants en ombres portées, puis les autres allant en décroissant pour venir s'unir à souhait avec les valeurs du ciel encore ici truqué et idéalisé comme nous allons le voir.

Dans ce cas il s'agissait de la vue, imposante et terrifiante à souhait, d'un vieux manoir féodal anglais se profilant sur le ciel le plus impressionnant que l'on puisse composer; celui qu'aurait rêvé Gustave Doré qui réussissait si bien ce genre de composition. Ce ciel était plus beau que nature et encore marchait comme si réellement ses nuages étaient poussés par la tempête déchaînée! ·

Mais ces nuages on nous les faisait voir vite, juste le temps de nous laisser dire : Ah! comme c'est beau! et sans que nous puissions nous apercevoir que tout ce qui était en mouvement dans ce ciel marchait aussi vite au zénith de la vue qu'à l'horizon, parce que cette partie du tableau était peinte et éclairée par transparence sur une fine toile qui se déplaçait aussi vite en haut qu'en bas. Ce résultat avait été obtenu par surimpression au tirage et usage de caches garantissant la vue principale, la partie réservée aux nuages étant tirée sur la même pellicule grâce à de bons repérages des deux vues guidées par la perforation.

Depuis peu, on fait beaucoup de bruit au sujet de paysages truqués d'une façon dite nouvelle. Nous voulons parler de ceux où l'on se sert de caches et de maquettes en relief pour raccorder deux parties de vues prises à des échelles différentes. On a même, paraît-il, pris des brevets en Amérique ayant pour but de protéger ces sortes de prises de vues. Pour notre part, nous croyons peu à la valeur réelle de ces brevets, car si l'on cherchait bien dans les archives de la vieille cinématographie française on y trouverait probablement des manières de procéder semblables et ayant servi aux Méliès, aux Planchat, etc., à l'époque où ces sortes de vues étaient très à la mode dans notre pays.

Dans cet ordre d'idées, nous citerons un exemple : Sur un terrain immense mais qui se termine par une ligne droite ou à peu près, nous contemplons, vues de haut, les évolutions d'une armée venant mettre le siège devant un château féodal se profilant sur le ciel et perché sur la colline qui le supporte. Au-dessus de cette perspective déjà si pittoresque, l'ensemble du tableau est encore enrichi par un ciel immense où les volutes sombres des nuages menaçants roulent à souhait dans l'espace infini!

Nous savons déjà comment ces ciels ont été améliorés pour produire ces heureux effets, maintenant examinons les collines et le château se profilant sur le ciel ainsi adapté! Si nous sommes bons observateurs, nous découvrirons que les parties de la vue ont été réalisées par une maquette en relief, mais construite à échelle réduite. Sur cette maquette le terrain à sa base sera dessiné, modelé, colorié de façon à fournir des valeurs photographiques qui pourront se raccorder avec celles de la photographie du terrain sur lequel évolue l'armée assiégeante. Après, par tirage de l'image positive, il n'y aura plus qu'à raccorder toutes ces prises de vues pour en former un tout qui produira l'illusion désirée ; par exemple : à l'aide d'une tireuse automatique on impressionnera une première fois la pellicule positive avec le cliché qui représente l'armée du premier plan et le terrain sur lequel elle évolue; avec une cache on masquera les parties réservées aux collines et au château fort, puis sur la même pellicule et avec le cliché particulier, on impressionnera la partie des collines et du château en masquant la partie du terrain, enfin on agira de même pour le ciel comme nous l'avons dit.

Les vues composées que l'on peut réaliser dans ces conditions, sont innombrables, nous venons d'en indiquer une simple et où les trois images peuvent s'adapter facilement les unes aux autres; ce n'est pas à proprement parler, une difficulté, mais simplement une question de soins et de patience.

Nous tenons encore à signaler de très belles prises de vues truquées obtenues en Amérique. Par exemple, la catastrophe représentant la rencontre de deux trains ou le déraillement de l'un d'eux précipité ensuite, dans le ravin le plus terrifiant. Ces vues sont réalisées grâce à l'emploi de modèles réduits de trains ultra-modernes, auxquels il ne manque pas le moindre détail qui puisse faire découvrir la supercherie; on conçoit dès lors que si tout le reste du tableau est composé justement par rapport à l'échelle du train, l'illusion peut être parfaite; mais, il ne faut pas que les herbes, les buissons, les pierres des routes, etc., soient choisis imparfaitement car le tableau y perdrait de suite toute sa sincérité. Une vue qui dernièrement a déchaîné l'admiration de la salle où elle était montrée pour la première fois, est celle du torpillage d'un transatlantique en plein océan. On voit d'abord le navire voguer sur les vagues, qui le font rouler et tanguer à souhait. Comment ces vagues sont elles réalisées si bien à l'échelle et proportionnées au bateau réduit, voilà qui nous intrigue beaucoup, car l'illusion est parfaite. Vient la nuit; on voit la torpille entre deux eaux et le transatlantique venir la heurter; l'explosion soulève, comme il sied, une trombe d'eau qui retombe sur le navire avec tous les débris qui lui ont été arrachés, puis on voit peu à peu le navire blessé s'enfoncer dans l'eau par l'avant, tandis que son arrière s'élève en laissant voir ses hélices qui tournent en battant l'air, puis, insensiblement presque, il disparaît, car pour les besoins du scénario il faut que l'arrière flotte encore quelques jours pour que les héros du drame aient le temps d'être sauvés à souhait. Evidemment nous savons que ces moyens et ces effets ne sont pas nouveaux. Vers 1885, je crois, M. Solignac en avait réalisé de semblables à Paris, au cirque de la rue Saint-Honoré, pour un célèbre combat naval qui était manœuvré à distance par l'électricité. En 1900, à Neuilly, la même idée avait été reprise et n'eut du reste aucun succès, mais ce qui motive ici notre admiration, c'est la façon idéale dont a été mise en scène cette vue par les Américains, s'aidant de tous les trucages possibles dont ils font un emploi des plus habiles.

La Cinématographie en couleurs naturelles
Considérations sur le procédé Keller-Dorian

Nous avons déjà indiqué ce procédé à la page 406 de ce livre et si nous y revenons à cette place, c'est que, depuis, nous avons pu voir projeter des images fournies par lui. Théoriquement cet ensemble si séduisant nous paraissait complet, simple et pratique, mais à la projection qu'allait-il pouvoir produire?

Si nous allons formuler quelques réserves et demander quelques délais à ce sujet, c'est qu'on ne bouleverse pas instantanément une vieille industrie aussi bien établie que celle du cinématographe en noir. Pour bien étudier et discuter cette question, pensons-y froidement comme peut le faire l'exploitant devant sa comptabilité commerciale et les résultats qu'elle va lui montrer.

Que vont fournir à l'industrie cinématographique ces magnifiques vues en couleurs? Une amélioration incontestable, un attrait de plus, mais ces qualités accessoires ne pourront arriver à révolutionner, à surpasser la qualité maîtresse de l'image cinématographique qui est l'action même montrée par celle-ci. Après étude sérieuse et prolongée de notre part, voici ce que, à notre avis, bien des industriels pensent et répondent lorsqu'on leur parle de ces nouveaux procédés : Actuellement, on peut envisager l'édition et l'exploitation d'un sujet cinématographique de la même manière que s'il s'agissait d'un livre. C'est la matière spirituelle littéraire qu'il contient, la puissance de l'intrigue, l'intérêt de l'action qui priment tout et qui font la seule valeur commerciale de l'idée offerte à l'exploitation. Mieux cette valeur s'adapte à la mentalité humaine moyenne et universelle, plus elle a de chance de réaliser les meilleures recettes sur tous les écrans du monde. Il faut bien se persuader que ce ne sont pas les intellectuels savants ni les artistes qui font vivre l'industrie du cinématographe, du moins actuellement. Industriellement la réussite est même fort difficile à prévoir et à escompter; ainsi, par exemple, à la présentation d'un film nouveau, tout le monde invité pourra prédire un immense succès à l'éditeur heureux; puis lorsqu'on arrivera à la location positive de de la bande, personne n'en voudra plus ou bien on viendra vous chercher et vous redemander un sujet modeste et qui avait paru bien banal le jour de son exhibition.

Abstraction faite de cette valeur commerciale de caractère fugitif, on ne discute plus, du point de vue technique, la valeur de l'image animée; nous l'avons dit, on la regarde maintenant comme celle du vrai théâtre, d'une belle illustration, etc.; elle ne fatigue plus, elle ne scintille plus, elle ne bouge plus dans son cadre. On la contemple pendant des heures, sans penser à ce qu'elle est réellement, tant on est captivé seulement par l'intérêt de l'action qu'elle montre, mieux souvent même que le vrai théâtre.

On peut encore considérer cette partie technique comme on le ferait de l'édition matérielle d'un livre. Les grands succès actuels de librairie comme *L'Atlantide, Marie Chapdelaine, Mon Curé chez les riches*, malheureusement *La Garçonne*, etc. etc. sont-ils dus à la manière dont sont édités ces ouvrages? Certes l'illustration de ces œuvres, leur papier, leur bonne impression sont des nécessités indiscutées, mais pour nous rapprocher de notre cas, seront-ils plus lus parce qu'on les illustrera par de belles photogravures en couleurs?

A un autre point de vue, technique encore, tout le monde sait que la cinématographie en noir est obtenue par un procédé photographique ordinaire et des plus robustes. C'est ce qui explique que lorsque tous les autres moyens de faire de la photographie ont atteint leur extrême limite de rendement, le cinématographe donne encore quelque chose d'utilisable et cela même lorsqu'il est manipulé par les mains les moins expertes que l'on puisse rencontrer parmi ceux qui se disent photographes!

Si le procédé Keller-Dorian est complet, nous en croyons l'emploi très facile pour un photographe qui sait son métier; encore faut-il que, industriellement, ce concours indispensable puisse lui être apporté. On sait, aujourd'hui, quelles sommes énormes d'argent-papier sont nécessaires pour éditer les moindres scènes, où il entre un peu de figuration. On ne peut plus manquer une prise de vue; il faut que le procédé et l'opérateur employés en assurent la réussite immédiate; aussi ces nouveaux moyens ne pourront être pratiqués utilement que par des opérateurs mieux éduqués, et actuellement où aller les chercher? On nous promet une école qui se chargera de nous les former? Nous en acceptons l'augure, mais il faudra encore du temps pour que cette institution arrive à produire des artistes consommés en cinématographie. Par qui dans cette école l'éducation spéciale à notre art sera-t-elle donnée? On peut être savant illustre, chimiste parfait, mathématicien impeccable ou bon artiste, metteur en scène, savant manœuvrier des masses de figuration, sans se rendre parfaitement compte de ce que l'on récoltera sur l'image animée? Du fait des idées actuelles, c'est au photographe sachant son métier qu'on s'adressera le moins pour cela et pourtant cette image n'est qu'une photographie!

Mais revenons à notre cinématographie des couleurs et espérons qu'elle va triompher vite de tous ces obstacles passagers accumulés sur sa route par l'incompétence et la routine. Les sélections obtenues par M. Keller-Dorian montrent qu'elles peuvent être parfaitement justes, bien équilibrées, et aussi parfaites que possible, mais n'oublions pas que des goûts et des couleurs il ne faut jamais discuter; les uns trouvent qu'il y en a toujours de trop, les autres pas assez, etc. La finesse des éléments individuels colorés qui servent ici est plus que suffisante, on ne peut pas les voir mieux que le grain de l'image noir. La partie la plus curieuse du procédé Keller-Dorian c'est sa reversibilité, pour le tirage de l'image positive. Si cette reversibilité est aussi pratique industriellement qu'elle le paraît au laboratoire, c'est un élément de succès certain. Aussi, avec toutes les réserves d'usage en ces circonstances espérons que le procédé Keller-Dorian donnera bientôt industriellement de bons résultats.

La Société des Films Hérauld

Cette société vient de montrer les résultats obtenus avec un nouveau procédé qui se sert de trois clichés négatifs obtenus au travers de trois écrans colorés aux couleurs utilisées dans ce cas. Les images de ces trois clichés sont ensuite tirées positivement sur trois monochromes qui, obtenus sur pellicule, peuvent se succéder suffisamment vite à la projection pour que les trois images soient pour ainsi dire mélangées dans l'œil du spectateur du fait du phénomène de la persistance des images rétiniennes dans l'œil humain.

Nous avons déjà étudié dans ce livre comment peuvent se comporter tous les procédés de cet ordre. Il se peut que celui-ci soit bien mis au point, mais cependant nous pensons que son avenir est peut-être moins assuré que ceux de l'ordre du procédé décrit précédamment.

Le Ciné-Cible

Depuis longtemps, la Société Pathé s'occupait plus ou moins de l'exploitation de ce procédé; nous venons de voir qu'on l'installe à Magic-City. Par qui au juste? nous l'ignorons. Cette application très curieuse du cinéma consiste à faire apparaître sur un écran blanc et métallique l'image d'un gibier qui se lève ou qui fuit. A ce moment un chasseur peut tirer réellement sur ce gibier ou plutôt sur son image animée. A l'instant même où le coup de fusil part et où le projectile touche l'écran l'image animée s'arrête et l'on peut constater si le projectile se trouve placé dans l'image de l'animal visé. Ce sont des contacts électriques qui assurent ces résultats.

La nouvelle mitrailleuse cinématograpique
ou Horo-Ciné Debrie

Nous avons déjà signalé dans le corps de ce livre (page 94) la création et l'utilisation des mitrailleuses photographiques destinées au perfectionnement et à l'étude du tir à bord des avions. Par ce moyen

FIG. 136

nous avons vu que les Français et les Anglais étaient parvenus à obtenir des instruments enregistreurs très précis. Les appareils que nous avons décrit n'étaient pas basés sur l'emploi d'une véritable image cinématographique. Les documents que l'on obtenait étaient d'un format plus grand et pris à des intervalles variables et plus espacés que ceux auxquels nous ont habitués les vues animées.

M. Debrie, au contraire, se sert de la vue cinématographique normale. Comme le représente la fig. 136, cet appareil possède exactement les mêmes formes extérieures et les mêmes dimensions d'encombrement que la mitrailleuse Vickers. Sur les avions de chasse elle se place parallèlement à celle-ci et elle est mise en action par les mêmes déclanchements ou gachettes; sa construction est parfaite, on en jugera par la vue de la fig. 137 qui montre une partie du mécanisme de déroulement de la pellicule et de prise de vue. L'Horo-Ciné a été étudié pour pouvoir enregistrer en même temps la vue et le moment précis où celle-ci a été prise.

FIG. 137

Pour arriver à ce résultat l'appareil peut faire défiler 32 images à la seconde, au lieu de 16 comme le font normalement les autres cinématographes. Dans ce cas, sur le format d'une image la vue est enregistrée, après quoi alternativement, c'est celle d'une vue représentant l'image du cadran et des aiguilles d'un chronomètre en action. Par ce moyen, on a donc enregistré, à un décalage insignifiant près, le temps exact où a été prise la vue. Si on n'a pas besoin de connaître exactement ce temps, l'appareil peut redevenir normal, c'est-à-dire n'enregistrer que 16 images à la seconde ou encore une ou quelques images à la suite les unes des autres.

Comme tous les autres appareils chronophotographiques, l'Horo-Ciné se charge avec un magasin qui contient 40 mètres de pellicule au format normal. Il possède un objectif rapide de 210 mm de foyer. On remarquera combien ce foyer est long, mais en avion on ne peut jamais approcher beaucoup du sujet visé, et c'est pour conserver à celui-ci une bonne lisibilité que l'on a employé ce dispositif. Dans le cas de l'enregistrement du temps en même temps que de la vue, le cadran du chronomètre, bien éclairé, est photographié par un deuxième objectif disposé à cet effet sur l'appareil. L'Horo-Ciné de ce fait peut encore servir à mesurer la vitesse à laquelle se déplace l'avion ou celle à laquelle tombent les corps, la position relative de l'avion dans l'espace, etc., etc. A terre cette nouvelle mitrailleuse placée sur un affût spécial, comme ceux des petits canons à tir rapide, peut être épaulée et dirigée sur tous les objets à déplacements excessivement rapides; les opérateurs adroits ne manqueront pas d'en tirer les meilleurs résultats possibles et nouveaux. Cet appareil enregistre encore image par image.

Enfin la fig. 138 représente le tambour et les cuves construites par

Fig. 138

M. Bourdereau pour faciliter les manipulations de la pellicule mouillée à tous ceux qui font de la cinématographie. Ces appareils peuvent permettre de traiter 40 mètres de pellicule à la fois, le tambour est interchangeable et la cuve peut contenir de 3 à 4 litres de bain, ce qui est économique. Ces dispositifs servent au développement, au fixage et au lavage à l'inversion, à la teinture des pellicules; enfin on peut faire sécher la bande sur le même support, ce qui évite de l'abîmer.

Perfectionnements apportés à l'appareil Cinex
de M. Bourdereau

Nous avons déjà décrit l'appareil à la page 178 de ce livre, mais, depuis, son inventeur y a apporté plusieurs perfectionnements que nous sommes heureux de signaler ici : La fig. 139 représente d'abord

FIG. 139

le Cinex disposé pour la projection. On voit combien l'ensemble de ces dispositions est heureuse; l'opérateur a tout sous la main, comme dans les appareils les plus perfectionnés. Rien n'y manque : Résistance sur la lumière et sur le moteur. Les bobines peuvent contenir 200 mètres de pellicule à projeter; on peut arrêter la projection quand on veut. L'éclairage est assuré par une petite lampe à incandescence munie d'un réflecteur métallique qui l'enveloppe tout à fait et qui récupère bien la lumière tout en évitant dans la mesure du possible l'échauffement excessif de la lampe, ce qui prolonge considérablement son existence.

La fig. 140 représente le Cinex disposé sur son support spécial pour en faire un appareil d'agrandissement destiné à obtenir des épreuves sur papier au gélatino-bromure des formats 13×18 et même 18×24. On sait les services que rendent ces épreuves aux exploitants pour leur publicité. Les amateurs apprécieront également ce dispositif qui rendra pour eux l'emploi du Cinex encore plus intéressant.

FIG. 140

La figure 141 représente le Cinex installé pour servir au tirage des images positives; on ne peut pas imaginer des dispositions plus simples et pratiques.

La fig. 142 représente le nouveau dispositif qu'adapte sur ses appareils M. Bourdereau pour faire apparaître et disparaître progressivement les images à la prise de vue. C'est l'ancien œil-de-chat très perfectionné et remplacé ici par un diaphragme iris situé devant l'objectif et que l'on fait ouvrir et fermer à la main, suivant

FIG. 141

la vitesse désirée. Actuellement, on souhaite encore que l'image apparaisse ou disparaisse, de préférence dans une de ses parties, ou qu'une de ses régions reste plus lumineuse que d'autres. C'est pour cela que tout ce système obturateur à iris peut se décentrer sur sa monture et cela dans tous les sens.

Fig. 142

Divers

La Société Eastmann vient de présenter un nouvel appareil cinématographique destiné aux amateurs et à format réduit $10 \times 16\ {}^m\!/_m$, croyons-nous. Ce nouveau cinématographe comporte: un appareil prise de vues et un autre pour la projection; cela, pour permettre, au besoin, le recadrage, c'est-à-dire, de pouvoir remettre en bonne place, sur l'écran, l'image positive projetée. Pour faciliter l'usage de cet appareil, la Société Eastman annonce qu'elle se chargera de toutes les manipulations nécessaires, spécialement de celles nécessaires pour obtenir une image positive en retournant l'image négative. Elle emploie, dans ce cas, des procédés nouveaux très intéressants et de l'ordre de celui que nous indiquons ici, mais encore plus perfectionnés. Ce moyen utilise un deuxième noircissement, à la lumière très curieusement étalonnée.

M. Bourdereau construit en ce moment un nouvel appareil prise de vues et à projeter qui permettra, au besoin, le recadrage des images projetées.

Le Cinoscope, nouvel appareil cinématographique destiné aux amateurs

Depuis quelques années on cherche, par tous les moyens possibles, à entraîner les amateurs photographes à faire et à pratiquer la cinématographie. En France on y arrive encore difficilement; on nous affirme qu'à l'étranger il existe déjà un grand nombre de ces adeptes; nous en sommes très heureux et nous souhaitons que nos compatriotes suivent ce mouvement en masse pour le plus grand développement de la cinématographie, qui est une invention bien française. Nous avons déjà signalé l'appareil Sept qui a beaucoup de partisans dans le monde entier. Comme lui, le *Cinoscope* serait d'origine italienne; si l'on en juge par la devise que d'Annunzio a écrit pour lui :

> *J'emprisonne la fuyante vie,*
> *Et je la tourne en comédie.*

La fig. 143 représente le *Cinoscope* monté sur pied pour la prise de

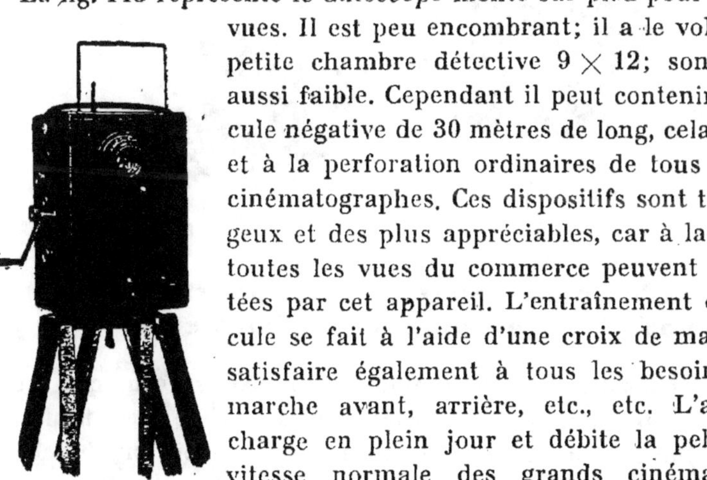

vues. Il est peu encombrant; il a le volume d'une petite chambre détective 9×12; son poids est aussi faible. Cependant il peut contenir une pellicule négative de 30 mètres de long, cela au format et à la perforation ordinaires de tous les grands cinématographes. Ces dispositifs sont très avantageux et des plus appréciables, car à la projection toutes les vues du commerce peuvent être projetées par cet appareil. L'entraînement de la pellicule se fait à l'aide d'une croix de malte et peut satisfaire également à tous les besoins : arrêts, marche avant, arrière, etc., etc. L'appareil se charge en plein jour et débite la pellicule à la vitesse normale des grands cinématographes.

Fig. 143   Après quoi on peut transformer l'appareil en tireuse pour obtenir les images positives.

Pour la projection l'appareil est monté sur un support spécial que représente la fig. 144. Sur ce même support et en-dessous de l'appareil sont installées les deux bobines métalliques qui peuvent contenir 200 mètres de pellicule positive bonne à projeter. Sur l'arrière de l'appareil on voit aussi installée la gaine de la lampe à incandescence qui éclaire les projections. Le Cinoscope est d'un maniement simplifié très facile pour l'amateur. Son prix est relativement très modeste vu la perfection de sa construction et la sécurité qu'il procure; aussi espérons-nous qu'en France il décidera beaucoup d'amateurs à faire de la bonne cinématographie.

Fig. 144

Obtention directe de films positifs
pour la cinématographie d'amateurs

M. A.-P. Richard nous communique le procédé suivant qui a été étudié et mis au point par la Société Optis et celle des films en couleurs Keller-Dorian. Comme nous venons de le voir, on cherche à faire faire du cinématographe aux amateurs, mais actuellement la pellicule est vendue à des prix très élevés, et un amateur n'a souvent qu'à tirer un ou deux positifs sur la même pellicule négative. Cela fait que son image animée lui revient très cher. Au contraire, si de son négatif il pouvait faire de suite une image positive, il réaliserait des économies. C'est pour cette raison que l'on a proposé le procédé suivant.

Dans ces conditions, pour obtenir une bonne image positive, il faut évidemment renoncer d'abord à la possession de son cliché négatif et à tous ses avantages particuliers; mais, nous le répétons, il y a souvent intérêt pour l'amateur à opérer ainsi.

Pour réussir avec la méthode qui va suivre on recommande d'employer dans l'appareil prise de vue de la *pellicule positive*, par exemple des marques Kodak, Gevaërt, Agfa qui donnent de bons résultats traités comme on va l'indiquer. Ces pellicules sont encore suffisamment rapides pour permettre de diaphragmer l'objectif prise de vue à F : 6; si la lumière est belle et s'il fait sombre on a encore des images complètes avec l'objectif *Optis* ouvert à F : 2,5. On tourne à la vitesse normale et la pellicule est impressionnée côté gélatine en avant, comme pour les prises de vues ordinaires. On recommande de développer avec la formule suivante : Eau : 1.000 c³; pyrocatéchine étoile B, Poulenc : 10 gr.; sulfite de soude cristallisé : 50 gr.; carbonate de potasse anhydre : 100 gr.; bromure de potassium: 5 gr. A 18 degrés centigrades la durée du développement peut être de 9 à 15 minutes; le bain peut resservir. Il faut pousser le développement *très à fond;* les marges de l'image doivent être grises et l'on doit voir l'image par réflexion au dos de la pellicule. On lave pendant trois minutes ou on passe pendant une minute dans le bain suivant : Eau : 1.000 c³; bisulfite de soude liquide : 50 c³; passer ensuite dans de l'eau pure pendant une minute.

Après quoi on procède à l'inversion de l'image en lumière jaune très claire sans fixer bien entendu. Pour effectuer cette opération on peut se servir des deux bains suivants :

Solution N° 1. — Eau : 1.000 c³; bichromate de potasse : 3 gr.; acide sulfurique à 66° B : 5 c³.

Solution N° 2. — Eau : 1.000 c³; permanganate de potasse : 2 gr.; acide sulfurique 66° B : 5 c³.

On prolonge l'effet du bain d'inversion pendant au moins 2 minutes. Le bain N° 1 a l'avantage, par suite de la formation d'alun de chrome de durcir la couche de gélatine et de la rendre par la suite plus solide.

Si on utilise le bain au permanganate qui donne des images plus claires et plus douces il faut au sortir du bain de bisulfite que nous allons indiquer, durcir la couche dans un bain d'alun de chrome ou de potasse. Pour éliminer le permanganate on le bichromate au sortir de l'inversion et en lumière blanche, on plonge la pellicule dans le bain suivant : Eau : 1.000 c³; bisulfite de soude liquide : 50 c³. Il reste à noircir l'image, car l'argent réduit est blanc et d'une tonalité peu agréable. On évite cet inconvénient en redéveloppant l'image de la pellicule. Si l'on se sert pour cela du bain à la pyrocatéchine on obtiendra des tonalités brun chaud très agréables; avec le diamido-phénol on aura d'autres tonalités, surtout si on dilue les solutions. Le lavage doit être d'environ 10 minutes.

On peut aussi se servir de la solution suivante pour obtenir le noircissement de l'image : hydrosulfite de soude : 13 gr.; bisulfite de soude liquide : 5 c³; eau : 100 c³; ;la solution ne se conserve pas.

Si l'image inversée est trop dense, on peut la réduire d'intensité par une formule au ferricyanure de potassium déjà indiquée dans ce livre; il en sera de même pour le renforcement de l'image; la formule au bichlorure de mercure marche dans ce cas. Si la pellicule est teintée ou voilée, on peut l'éclaircir en se servant d'un bain de permanganate de potasse neutre à 1 gr. de permanganate par litre. On élimine la teinte due au permanganate par le bain de bisulfite; on lave ensuite durant 5 minutes.

Pour obtenir du procédé le maximum de rendement, les inventeurs préconisent l'emploi de pellicules à couches minces. En quoi ils ont parfaitement raison et il faut souhaiter qu'en France on arrive à cette pratique le plus vite possible, car c'est elle qui donne une grande partie de leurs qualités aux couches de gélatino-bromure préparées à l'étranger.

Du cinématographe à la T. S. F. et à la Radiotéléphonie

Au premier abord, on ne voit pas bien les rapports qui peuvent existe entre ces deux applications scientifiques si différentes encore. Cependant ils existent et il faut en tenir compte. Déjà les appareils nécessaires à la radiotéléphonie sont vendus par les mêmes marchands que ceux qui s'occupent de la photographie et du cinématographe et les fervents du cinématographe sont tous devenus des adeptes convaincus de la radiotéléphonie.

La transmission de la vision à distance n'est pas encore une chose réalisée. Le Sélénium est un corps dont la sensibilité à la lumière et à l'électricité est remplie de promesses, d'espérances si vous voulez, mais, lorsqu'on revient de ce domaine à celui de la Radiotéléphonie on trouve des réalités plus substantielles et déjà utilisables.

Comme pour le cinématographe, l'usage de la Radiotéléphonie va devenir un élément indispensable de la vie moderne, car il en bouleversera les coutumes, les habitudes, les traditions; c'est une évolution dont on ne peut pas encore mesurer toutes les conséquences.

La Radiotéléphonie va avoir en même temps des fonctions plus utilitaires que celles du cinématographe; mais elle deviendra comme lui éducatrice et vulgarisatrice de premier ordre. Si ces manifestations doivent impressionner moins que celle du Cinématographe, nous savons pourquoi, mais malgré tout, sa fréquence, ses facilités, ses attraits particuliers vont en faire la compagne obligée de nos foyers. Déjà la Radiotéléphonie instruit, récrée, informe, comme le fait le cinématographe lorsqu'on va le regarder chez lui; mais la radiotéléphonie vous apporte, chez vous, dans votre bureau de travail, au coin de votre feu, dans votre fauteuil, une source considérable de plaisirs, d'avantages dont ne saura plus se passer votre vie moderne. Le ciné est plus agréable souvent, moins fatigant, mais entendre chez soi d'incomparables artistes musiciens, de parfaits chanteurs, les diseurs des plus belles poésies, ce sont des satisfactions, des attraits qui comptent et en plus, si cette voix transmise si justement, glisse à notre oreille quelques principes éducatifs discrets, nous partagerons forcément nos faveurs entre la radiotéléphonie et le cinéma.

A ses débuts, la Radiotéléphonie est tombée entre des mains instruites, désintéressées, qui ont du premier coup transmis et porté très haut ses manifestations éducatives et moralisatrices; nous voulons parler des fonctionnaires chargés de ce soin aux P. T. T. et à la Tour Eiffel. Parmi les artistes, les savants, les littérateurs, les auteurs, ils ont su faire des sélections très heureuses; ce qu'ils nous font entendre prend tous les jours une valeur plus grande. A cela ils ont un mérite particulier, car ils accomplissent pour nous cette œuvre, sans argent et en offrant leur temps en plus de celui qu'ils doivent à l'Etat. Nous savons qu'ils en sont récompensés par les encouragements, les félicitations qu'ils reçoivent de toutes parts de leurs déjà 150 à 200.000 auditeurs de chaque soir. D'ici peu, ils deviendront une puissance incontestée et tous les artistes qui leur prêtent leur concours gratuitement obtiendront de ce fait une popularité, une consécration qui leur permettra de mieux gagner leur vie et de se faire apprécier davantage par un public dont l'éducation artistique et littéraire aura été complétée par ce moyen si nouveau et si puissant. Il faut que ceux qui écoutent la radiotéléphonie actuelle encouragent mieux ces apôtres désintéressés.

Souhaitons que le Cinématographe possède aujourd'hui des animateurs de même valeur et que, quittant nos récepteurs pour aller regarder, toujours avec joie, l'écran, nous n'ayons plus le sentiment de nous livrer à un divertissement de moindre qualité intellectuelle. Nous avons, dès à présent, deux éducateurs modernes au lieu d'un. S'ils veulent conserver également nos faveurs, notre admiration et notre reconnaissance, une juste émulation doit les porter à se garder l'un comme l'autre de tout abaissement. Où la Radiotéléphonie devient admirable, c'est lorsque sur les lits de douleur, dans les chambres mêmes des malades, elle apporte de la distraction, un peu de joie et quelques moments d'oubli. Elle devient ainsi pour la médecine moderne, qui attache, on le sait, de plus en plus d'importance à l'état psychique de ceux qu'elle soigne, un auxiliaire précieux.

FIN

TABLE DES MATIÈRES

Chapitre VII

Chapitre VIII

Chapitre XII

CHAPITRE XVII

CHAPITRE XVIII

CHAPITRE XIX

TROISIÈME PARTIE

EXPLOITATION ET PROJECTION DES IMAGES CINÉMATOGRAPHIQUES

CHAPITRE XX

CHAPITRE XXI